Peter Urban
ON AIR

Erinnerungen an mein Leben
mit der Musik

ROWOHLT

Für meine Familie

In Erinnerung an
Klaus Wellershaus
(1938 – 2016)

3. Auflage November 2025
Originalausgabe
Veröffentlicht im Rowohlt Verlag,
Kirchenallee 19, 20099 Hamburg, Mai 2023
Copyright © 2023 by Rowohlt Verlag GmbH, Hamburg
Die Nutzung unserer Werke für den Text- und Data-Mining
im Sinne von §44 UrhG behalten wir uns explizit vor.
Innengestaltung Daniel Sauthoff
Lithografie Susanne Kreher
Satz Cardea OTCE bei CPI books GmbH, Leck
Druck und Bindung Druckerei C.H. Beck, Nördlingen
ISBN 978-3-498-00295-4

Kontaktadresse nach EU-Produktsicherheitsverordnung:
produktsicherheit@rowohlt.de

INHALT

VORSPIEL:
A SPLENDID TIME IS GUARANTEED FOR ALL!
9

1
SON OF A TEACHER MAN
15

2
SCHULD WAR NUR DER BOSSA NOVA
35

3
TICKET TO RIDE
55

4
LONDON CALLING: DIE DREIFALTIGKEIT,
DER NEUE MESSIAS UND DAS WALROSS
87

5
SOMETHING IN THE AIR
129

6
BAKED BEANS IN BERKSHIRE
151

7
VON DER GASOLINE ALLEY ZUR ROTHENBAUMCHAUSSE
183

8
HINTER DER ROTEN TÜR
221

9
TALKING BLUES
251

10
LADIES, DUKES & PRINCES
281

11
SCHATTEN UND LICHT
325

12
MANDELA UND MEHR
361

13
EURO GAMES
397

14
SATELLIT ÜBER OSLO
449

15
EUROPHORIA
475

NACHSPIEL – URBAN POP
529

OUTRO/DANKSAGUNG
541

BILDNACHWEISE
544

VORSPIEL: A SPLENDID TIME IS GUARANTEED FOR ALL!

GANZ QUAKENBRÜCK WAR IN AUFREGUNG, ES WAR DER 4. November 1961. Der Norddeutsche Rundfunk war mit einem riesigen Übertragungswagen angerückt, der die halbe Burgstraße neben der St. Marienkirche blockierte. Am Sonntag sollte aus unserer Kirche die Messe in Zigtausende nordwestdeutscher Haushalte übertragen werden. Techniker verlegten endlos lange Kabel, stellten Mikrofone auf, die am Samstagnachmittag bei einer Generalprobe getestet wurden. Ich war dreizehn und als Messdiener involviert. Wer schon einmal eine katholische Messe erlebt hat, weiß, dass da immer wieder Handglocken geläutet werden müssen; diese ehrenvolle Aufgabe war mir zugeteilt worden. Ich verfolgte die Operation des NDR genauestens, war vom technischen und personellen Aufwand schwer beeindruckt, denn selbst die Ansagerin war mit nach Quakenbrück gekommen, um in einem provisorischen Studio im Führerhaus des Lkw ihren Job zu machen. Ich fragte mich, ob man sie nicht auch aus Hannover oder Hamburg hätte zuschalten können, aber nein, der NDR war buchstäblich live vor Ort. So beobachtete ich von draußen durch die Scheibe, wie die Dame um 18.55 Uhr anhob und etwa Folgendes gesagt haben muss, ich konnte sie ja nicht hören: «Hier ist der Norddeutsche Rundfunk, Glocken und Chor, Sie hören die Glocken der St. Marienkirche in Quakenbrück, danach singt der Kirchenchor St. Marien unter der Leitung von Franz Milleg ‹Lobt Gott mit Schall, ihr Völker all›», so etwas wie der «Trailer» für die Übertragung am Sonntag.

Am Sonntagmorgen gespannte Stimmung in der Sakristei, selbst der sonst so souveräne Kaplan scheint nervös zu sein, er soll die Lesung vortragen. Punkt 9.45 Uhr ertönt die Orgel, das Vorspiel. Wir marschieren ein, vier Messdiener in weiß-roten Gewändern, drei Priester. Plötzlich stürmt ein NDR-Techniker hinter uns her, murmelt etwas wie «es pfeift bei uns» und überprüft die Mikrofone. Neugierig, wie ich bin, drehe ich den Kopf und sehe einen zweiten hektisch agierenden Techniker auf dem Orgelboden, bald darauf ziehen sie sich zurück, wir sind beim Gloria. Später erfahre ich den Grund für das Pfeifen, der clevere Organist hatte sich ein kleines Transistorradio mitgebracht, um den Gottesdienst besser verfolgen zu können. Das strahlte direkt in die Mikrofone des Chors und sorgte im Ü-Wagen für eine pfeifende Rückkopplung, meine erste Begegnung mit Feedback. Ab da läuft die Übertragung problemlos, ich schüttle die Handglocken mit einer solchen Kraft und Inbrunst wie nie zuvor, mein erster Auftritt im Radio war gerettet.

Es sollten noch einige mehr folgen, wie viele, ist nicht ganz exakt festzustellen, aber grob überschlagen sind es bis heute über viertausend Sendungen in fast fünfzig Jahren, einige Pannen waren auch dabei, dazu TV-Auftritte und Podcasts. Darin ging und geht es um Musik, wie sich Popmusik in den vergangenen sechzig Jahren entfaltet hat zu einem breiten internationalen und interkulturellen Strom aus vielen verwandten und verschiedenen Quellen, Stilen, Ausdrucksformen und Innovationen. Aber keine Sorge, ich erfinde auf den folgenden Seiten nicht die Geschichte der Popmusik neu. Ich erzähle vielmehr meine persönlichen Erfahrungen mit Musik, von meinen ersten Berührungen als Kind und als junger Musiker, meinen zahlreichen Reisen nach London, auf denen ich wegweisende Entwicklungen und wichtige Ereignisse der aufblühenden Popszene erleben konnte, wie den ersten Auftritt von Jimi Hendrix. Ich erinnere mich an die turbulente Phase der 68er und an die persönlichen und musikalischen Begegnungen eines langen Englandaufenthalts als Student. Natürlich hatten meine frühen Erlebnisse auch mit Fanverehrung zu tun – aber da war mehr: Rockmusik hatte etwas Befreiendes, war ein krasser Gegensatz zur Musik und Kultur der Eltern, es war Musik, die Beat und Groove, Bauch und Seele hatte, aus der Musik der Schwarzen Amerikas hervorgegangen, gemacht von Musikern, die anders aussahen, ein anderes Lebensgefühl beschworen. Heute ist das oft schwer nachzuvollziehen, heute ist Rock Mainstream, Massenkultur, da gehen Opa, Vater und Sohn gemeinsam zu den Stones oder Mutter und Tochter zu Harry Styles. Aber zu fast jeder Zeit, auch heute, gab und gibt es aufrüttelnde rebellische Musik, Folkrock, psychedelische Sounds, Punk, Ska, Reggae, Hip-Hop und Rap, Hardrock oder Metal in allen Varianten. Jede Generation hat eigene Helden, auch wenn der große einschneidende Durchbruch von Rock und Popkultur in den 60ern stattfand.

Wie bin ich aber dann zum Journalismus, zu Radio und Fernsehen gekommen, dahin, meine Interessen, Erkenntnisse und Vorlieben mit anderen teilen zu können? In meiner Geschichte haben einige wichtige Zufälle große Rollen gespielt, negative wie positive, aber eines hilft auch bei Zufällen immer, nämlich Engagement, Leidenschaft, Optimismus. Der Zufall, in Hamburg zu studieren, verschaffte mir nicht nur den Kontakt zum NDR, sondern auch eine höchst intensive Zeit als Musiker, die rund um einen der berühmtesten Musikclubs des Landes kreiste, das schwarze Ecklokal mit der roten Tür namens Onkel Pö. Davon berichte ich, genauso wie von meiner Rolle bei den Übertragungen epochaler Konzertereignisse wie

Live Aid und des Konzerts zu Nelson Mandelas siebzigstem Geburtstag und von meinen vielen Treffen und Gesprächen mit einigen der bedeutendsten Persönlichkeiten der Popgeschichte. Bruce Springsteen, Joni Mitchell, Paul Simon, Elton John, Harry Belafonte, Yoko Ono, Bob Marley, David Bowie, Bonnie Raitt oder Eric Clapton – sie alle haben deshalb hier einen Auftritt. Über fünfzigtausend Songs habe ich in meinen Sendungen gespielt, gut zweitausend Konzerte besucht, nicht wenige kommen auch in diesem Buch vor, daher empfiehlt es sich, durch einen Gang zum Platten- oder CD-Regal, oder mit der Hilfe eines Streaming-Dienstes und des Internets, die Lektüre zu einem zusätzlichen Hörerlebnis werden zu lassen.

Natürlich möchte ich auch erzählen vom Eurovision Song Contest, den ich seit 1997 im Deutschen Fernsehen kommentiere – Geschichten, Gedanken und Höhepunkte, die zeigen, wie stark der oft als skurriler Liederwettbewerb verschriene ESC an Bedeutung, Aktualität, Vielfalt und Qualität gewonnen hat. Ursprünglich 1956 als völkerverbindende Maßnahme begründet, damit sich die früher verfeindeten Nationen Europas auch auf dem Gebiet der musikalischen Unterhaltung näherkamen, wurde der ESC oder Grand Prix zum größten Fernsehmusikereignis der Welt, mit über 200 Millionen Zuschauern in über vierzig Ländern. Er kann auch in politisch schwierigen Zeiten immer noch ein wunderbares Beispiel für internationale Verständigung sein, bei Künstlern, Funktionären, Fans und exemplarisch auch unter meinen Kollegen, den Kommentatoren.

Wie man sieht, geht es in ON AIR um eine breite, bunte Palette von Musik und um die persönlichen Geschichten, die sie umgeben – und vielleicht geht ja beim Lesen John Lennons Versprechen aus «Being for the Benefit of Mr. Kite!» in Erfüllung ...

A splendid time is guaranteed for all!

1
SON OF A TEACHER MAN

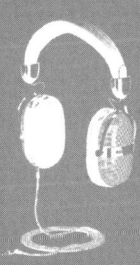

EIN KÜHLER GRAUER NACHMITTAG IM DEZEMBER 1954, ich bin sechs. Meine Eltern stapfen mit mir durch den Schneeregen zum Saal Sanders in der Otterbreite. Dort will die katholische Volksschule ein Weihnachtsmärchen aufführen, mein erster öffentlicher Auftritt steht bevor, passenderweise als Peterchen, der mit Schwester Anneliese und Maikäfer Herrn Sumsemann zum Mond fliegt, um dessen sechstes Bein zu finden. Hinter der Bühne lebhaftes Gegacker wie auf dem Hühnerhof, dazu heilloses Durcheinander. Jeder will sein Kostüm vorführen, das hilfsbereite Sandmännchen, die freundliche Nachtfee, der grimmige Mondmann, die hibbeligen Sternchen. Die bemalten Pappkulissen stehen bereit, das Kinderzimmer, die Mondrakete, die Milchstraße, die Weihnachtswiese. Ich werfe von der Seite einen Blick in den gefüllten Saal. Die Lichter verlöschen, meine Lehrerin schiebt mich sacht in die Mitte der dunklen Bühne, von dort soll ich das Eröffnungslied singen. Ich stehe ganz nah am geschlossenen Vorhang, er riecht alt und muffig, ich muss husten. Dann wird er weggezogen, das Scheinwerferlicht blendet brutal, ich kann nichts sehen, bin starr vor Schreck, wie hypnotisiert. Ein sanft gezischtes «Los, Peter» weckt mich auf, dann höre ich meine zittrige Stimme singen: «Leise, Peterchen leise, der Mond geht auf die Reise ...»

Willkommen zu Peterchens Mondfahrt.

Die Gartenstraße machte ihrem Namen alle Ehre, hübsche, großzügige Einzelhäuser aus dunkelrotem Klinker thronten unter alten hohen Bäumen inmitten grüner Gärten. Kurz vor ihrem Ende lag ein größeres lang gestrecktes Backsteingebäude, die katholische Volksschule, deren Leiter mein Vater war. Wir wohnten in der Lehrerwohnung im Obergeschoss der Schule, wir, das waren Mutter Anni, Vater Karl und mein vier Jahre älterer Bruder Klaus. Mein Schulweg war der kürzeste der Stadt, aus der Wohnungstür die Treppe hinunter auf den Flur direkt in die Klasse. Meine erste Lehrerin, Fräulein Wienert, schrieb mir später, dass sie als junge Anfängerin Angst gehabt hatte, den Sohn des Schulleiters zu unterrichten, dabei war die Situation für mich genauso unangenehm, ich musste den Eindruck widerlegen, dass ich bevorzugt wurde, was nie der Fall war, und hatte das ständige Gefühl, besonders korrekt und brav sein zu müssen, weil man das vom Sohn des Chefs eben erwartete. In den Zeugnissen tauchte regelmäßig die Bemerkung «zu still, sollte sich mehr beteiligen» auf, und das meine gesamte Schulzeit über bis zum Abitur. So still fand ich mich gar nicht, ich verlegte meine Aktivitäten nur lieber in die Pausen und in den Nachmittag. Kaum aus der Schule, flitzte ich durch den riesigen Garten, versteckte mich auf Bäumen und unter Rhododendronbüschen, tobte durch mein eigenes Paradies. Mein Erkundungsdrang endete nicht am Schulzaun, mit Nachbarkindern ging es über Leitern und Baugerüste auf das Dach des nahen Getreidespeichers am Bahndamm, über ein offenes Fenster hinein in unsere eigene Geheimwelt zwischen Säcken voller Roggen- und Weizenkörnern, wir waren nicht mal zehn.

Die Musik schlich sich konventionell in mein Leben. Bei uns

zu Hause fiedelte es kräftig, mein Bruder übte an Violine und Gitarre, auch mein Vater holte ab und zu seine alte Geige aus dem abgewetzten Koffer. Ich wurde zur Blockflöte abgeordnet, fing eher widerwillig damit an. Nach und nach kamen aber Töne aus dem schmalen Gerät, die nicht mehr piepsig, sondern schön und zart klangen, wenn man den Luftdruck nicht zu hart einsetzte. Es ließen sich überraschend schnell und einfach Melodien finden oder diese vom Notenblatt abspielen. Blockflöte machte mir tatsächlich Spaß, und so wurde ich in das Familienensemble aufgenommen. Musik eigenhändig zu spielen, gehörte zu unseren Ritualen, besonders am Weihnachtsfest, das katholisch, traditionell und sentimental inszeniert wurde, mit Geheimniskrämerei, Versteckspiel und sich steigernder Aufregung. Schon Tage vorher durfte das Wohnzimmer nicht betreten werden, bis endlich an Heiligabend das Glöckchen klingelte. Natürlich hatte das Christkind die Geschenke abgeliefert, nicht der unchristliche Weihnachtsmann, wie es im überwiegend protestantischen Niedersachsen üblich war. Die Lichter und Kerzen brannten, die Vanillekipferln und Haselnussmakronen dufteten. Vor der Bescherung musste gesungen und musiziert werden, Mutter führte am Klavier, die beiden Streicher kratzten mehr oder weniger gekonnt auf ihren Saiten, ich blies die Flöte. Ich liebte den glitzernden «Weihnachtszauber», auch nachdem mir klar wurde, welches Theaterstück da aufgeführt wurde. Ich spurte einen beinahe spirituellen Hauch von Geborgenheit, Wärme, Harmonie und Freude, der natürlich umso stärker blies, wenn der materielle Segen besonders üppig ausfiel und die neueste Märklin-Lok unter dem Baum haltgemacht hatte.

Nicht nur zur Weihnachtszeit trat unser Familienorchester in Aktion, auch wichtige Familienfeiern wie der 85. Geburtstag von Opa Korschil wurden von einer Darbietung des «Urbani-

Orchesters» gekrönt. Dabei hätte unser Ensemble eigentlich ganz anders heißen müssen. Mein Großvater trug den tschechischen Namen «Koril», für den er in der sudetendeutschen Heimat unserer Familie die deutsche Schreibweise «Korschil» verwandt hatte. Sein Sohn Karl war zwar das jüngste Kind, aber im Gegensatz zu seinen Schwestern durfte er seine Schulzeit verlängern und tat das an einer «Lehrer-Bildungsanstalt» in Brünn, der Hauptstadt Mährens. Drei Jahre später, mit neunzehn, war Karl Korschil Junglehrer an einer Dorfschule. Kurz vor der Annexion des Sudetenlandes 1938 durch Hitler-Deutschland nahmen er und seine Schwestern Anni und Paula offiziell den Mädchennamen ihrer deutschstämmigen Mutter an, sicherlich auch, um sich rechtzeitig den politischen Veränderungen anzupassen: aus Karl Korschil wurde Karl Urban. Im August 1939 zog ihn die Wehrmacht ein, gleich nach Kriegsbeginn wurde er in Polen verwundet und entging so dem späteren Schicksal seiner Garnison beim desaströsen Angriff auf Russland. Als Kinder erfuhren wir von ihm wenig über den Krieg und die Nazis, wir fragten auch nicht oft und selten intensiv.

Für meine Mutter Anni war als Tochter einer Arbeiterfamilie der Besuch einer höheren Schule aus finanziellen und logistischen Gründen ausgeschlossen – ihre Heimatstadt Bärn besaß weder Gymnasium noch Bahnanschluss. Zudem musste sie sich nach dem frühen Tod ihrer Mutter um den Haushalt und ihren jüngeren Bruder kümmern. Meinen Vater lernte sie mit neunzehn kurz vor dem Krieg kennen, für die Hochzeit blieb nur ein kurzer Weihnachtsurlaub Ende 1941. In den ersten vier Jahre ihrer Ehe sah meine Mutter ihren Mann nur bei kurzen Urlauben, 1944 kam mein Bruder Klaus zur Welt. Als im April 1945 russische Truppen Bärn besetzten, flüchtete sie zum Schutz vor Übergriffen mit dem einjährigen Baby aufs Land. Ihre späteren Schilderungen ließen nur vermuten, was sie erlebt hatte. Nachts versteckten sich die Frauen aus Angst mit den Kindern im Wald, manchmal wurden die Kleinen unter Wasser gehalten, damit sie ruhig blieben. Wenn wir tiefer bohren wollten, spürte man schnell, dass Mutter darüber nicht reden wollte.

1947 begannen die Abtransporte der deutschen Bevölkerung. Eingepfercht in einem Güterwagon, stehend, ging die tagelange Fahrt ins Ungewisse, das sich glücklicherweise als amerikanische Zone entpuppte. Nach drei Monaten in verschiedenen Flüchtlingslagern durften die «Heimatvertriebenen», so die offizielle Bezeichnung, im Juli 1947 zu Verwandten im norddeutschen Bramsche weiterreisen. Dort gab es einen Onkel, der schon vor dem Ersten Weltkrieg von großen Tuchfabriken und Webereien als «Gastarbeiter» und Streikbrecher gegen streikende einheimische Arbeiter angeworben worden war.

In Bramsche trafen sich auch meine Eltern wieder, Vater war schon 1946 aus der amerikanischen Gefangenschaft entlassen worden. Das Produkt des Wiedersehens kam im April 1948 auf die Welt und erhielt den Namen Peter Ernst, eine Hommage an den gastfreundlichen Onkel, der auch Pate wurde. Nachdem die Entnazifizierungsbehörde meinen Vater als früheren Wehrmachtsoffizier entlastet hatte, durfte er seinen Beruf wieder ausüben. Und nicht nur das, ehrgeizig, wie er zweifelsfrei war, nutzte er alle Möglichkeiten, das Bild des unbekannten «Flüchtlingslehrers» loszuwerden und sich in der «neuen» Zeit zu profilieren. Noch im selben Jahr gründete er den Kreisverband des katholischen Lehrervereins, wurde von der britischen Schulverwaltung beauftragt, seine deutschen Kollegen über die frisch verordnete demokratische Erziehungskultur zu informieren. Darüber hinaus engagierte er sich in der katholischen Kirchengemeinde, ließ sich in den Stadtrat und später in den Kreistag wählen – alles als Zugereister mit Anfang dreißig.

Meine Mutter schien länger zu brauchen, um die Traumata der Kriegszeit bis zu ihrer Ankunft im Westen zu verdrängen. Von Natur aus schüchtern, hatten sich ihre Ängstlichkeit und Anspannung verstärkt. Ich habe sie selten überschwänglich, unbeschwert, gelöst oder fröhlich erlebt, eher stets zurückhaltend, nachdenklich und übervorsichtig. Nur beim Musizieren lebte sie auf, am frisch erstandenen gebrauchten Klavier oder beim Singen schien sie glücklich zu sein. In Bärn hatte ein befreundeter Gönner der talentierten Anni den Klavierunterricht bezahlt, später hatte sie die Orgel in der Pfarrkirche gespielt und im Kirchenchor gesungen. Diesen Faden nahm sie in der neuen Heimat auf, knüpfte Kontakte in der katholischen Gemeinde, wurde Mitglied des Chors und half als Organistin aus.

Für unser Familienensemble war «Mutti» so eine Art Musical Director, sie gab den Einsatz, leitete uns durch die Berge und Täler der Notenzeichen. An Opas Geburtstag wurden Werke von Mozart und Telemann gegeben, mein Bruder Klaus (damals 14) hatte sogar ein eigenes Ständchen komponiert. Dem Programmzettel war eine Entschuldigung für eventuelle Misstöne und Disharmonien beigefügt, es habe angeblich zu wenig Zeit für die Proben gegeben.

Ich erinnere mich tatsächlich an eine hektische Phase damals. Ich hatte die Aufnahmeprüfung fürs Gymnasium bestanden, dem Urteil der Grundschule vertraute man damals nicht, und fuhr deshalb nach Abschluss der vierten Klasse wie mein Bruder jeden Morgen mit dem Zug ins 17 Kilometer entfernte Osnabrück. Dort besuchten wir das Gymnasium Carolinum, ein altehrwürdiges Institut, das Karl der Große im Jahr 804 gegründet hatte und das wie eine Trutzburg im Schatten des Doms lag, noch Ende der 1950er-Jahre war es nur Jungen vorbehalten. Doch die historische Aura des Caro beeindruckte mich nur am Rande, das Schönste am Fahrschülerleben war für mich, durch die Großstadt zu tigern, ohne Aufsicht unterwegs zu sein, das kleine Abenteuer der Zugfahrt, der tägliche Luxus am Bahnhofskiosk: ein Brausewürfel für fünf Pfennige, das Glas Wasser gratis!

Zwei Jahre zuvor waren dunkel gekleidete Damen und Herren in der katholischen Schule aufgetaucht, mein Vater wurde begutachtet, der nächste Karriereschritt stand an. Er sollte Schulrat für den Kreis Bersenbrück werden, und da das Schulratsamt im 30 Kilometer entfernten Quakenbrück lag, mussten wir umziehen. Aber der Veränderungen nicht genug, meine Mutter hatte noch eine Überraschung parat. Sie eröffnete mir, dass sie schwanger war und unser Familienorchester Zuwachs erwartete, worauf ich lauthals polterte, sie sei ja wohl verrückt geworden, ein Kind in ihrem Alter? Meine Mutter war 39. Ich war empört, wahrscheinlich, weil ich unbewusst meine bequeme Situation als Nesthäkchen der Familie bedroht sah – eine nicht ganz unbegründete Sorge.

Im Sommer 59 erblickte meine Schwester Gaby das Licht des elterlichen Schlafzimmers, bei uns wurde zu Hause geboren. Vier Wochen später gingen Krippe, Klavier, Kinder, Eltern und Jagdhündin Cora auf die kurze Reise ins neue Zuhause, eine großzügige Doppelhaushälfte in einem Viertel reich an Lehrern und Beamten. Quakenbrück war im Gegensatz zum nüchternen Bramsche eine architektonische Perle, eine hübsche, fast 800 Jahre alte Kleinstadt mit vielen alten Fachwerkhäusern, der Hohen Pforte, einem historischen Stadttor, das lange auch als Gefängnis gedient hatte, und der mächtigen Sylvesterkirche aus dem 13. Jahrhundert, der man in der Barockzeit einen spektakulären Turm aufgesetzt hatte, der weithin die flache Umgebung überragte. Auf unseren Urlaubsfahrten nach Süddeutschland hatte ich mit großen Augen romantische mittelalterliche Städte bewundert, Quakenbrück weckte diese Erinnerungen. Die Stadt war vom Bischof von Osnabrück als Grenzstadt begründet worden, um sein Bistum vor feindlichen Fürsten zu schützen. Dabei kam ihm der Lauf des Flusses Hase, den ich schon in Bramsche als übel riechendes verseuchtes Opfer der Textilindustrie kennengelernt hatte, zu Hilfe. In Quakenbrück strömte das gesäuberte Gewässer in mehreren Armen durch die Stadt, um danach abrupt im rechten Winkel nach Westen in Richtung Ems abzubiegen, als wolle es sich und das Osnabrücker Land vom «verfeindeten» Südoldenburger Münsterland abschotten und Eindringlinge abwehren. Noch heute verläuft die Kreis- und Bezirksgrenze entlang der Hase. Ich sollte bald die anderen praktischen Vorzüge des verzweigten Flusses lieben lernen, Radtouren entlang der Uferalleen, Kanuausflüge vom Bootshaus des Gymnasiums aus und kilometerlange Schlittschuhfahrten auf zugefrorenen Flussarmen in eisigen Wintern, die in den 1960er-Jahren noch zur Normalität gehörten.

Frische Wald- und Landluft bekam ich bald reichlich um die Nase. Mein Vater war für seinen Schulratsjob und andere ehrenamtliche Aktivitäten ständig im Landkreis unterwegs oder saß in Sitzungen und an Konferenztischen. Er war auf der Suche nach einem Ausgleich, Sport war wegen der Spätfolgen einer Kinderlähmung kaum möglich. Also fand er zwei Hobbys, für die er noch länger von zu Hause fort war, Forellen angeln und auf die Jagd gehen. Er hatte aber gerne einen Begleiter dabei, und der unwillige Mitstreiter sollte ich sein. Nichts fand ich langweiliger, als mit der Angel in der Hand auf anbeißende Fische zu warten, und noch unangenehmer, ihnen mit einem kräftigen Griff das Genick zu brechen, sie aufzuschlitzen und die glibberigen Gedärme zu entfernen. Wenigstens lagen die Forellenbäche und Fischteiche idyllisch in den Ausläufern des Wiehengebirges, genau wie die Wälder und Weiden des Jagdgebiets. Für die Jägerprüfung hatte mein Vater lange gepaukt, ein Gewehr gekauft und sogar besagte Jagdhündin Cora angeschafft. Die adelige Dame sollte eigentlich Fasane, Rebhühner und Feldhasen aufspüren und die abgeschossenen Opfer einsammeln. Dummerweise stellte sich heraus, dass sie keine lauten Geräusche ertrug, also «schussscheu» war. Bei jedem Gewehrknall schoss Cora auf und davon, aber nicht zum Apportieren, sondern auf Nimmerwiedersehen. Es dauerte lange, bis wir den verängstigten Hund mit lautem Rufen und Pfeifen gefunden und zurückgeholt hatten, was die übrigen Waldbewohner nun gänzlich verjagte. Aber so hatte ich Abwechslung, denn ich fand wenig spannend, tierische Zielscheiben aufzuscheuchen oder gefühlte Ewigkeiten vom Hochsitz nach einem bestimmten Rehbock Ausschau zu halten. Richtig befremdlich wurde es, wenn der Bock dann geschossen war und zu Hause weiter«behandelt» wurde: ausbluten, ausnehmen. Fell und Haut abziehen, was im Jägerlatein metaphorisch nett «aus der Decke schlagen» hieß, und schließlich zerteilen. Ich schaffte es meist, mich zu drücken, den Rehbraten mit Semmelknödel und brauner Soße, den meine Mutter später auf den Tisch zauberte, liebte ich allerdings sehr. Genau wie andere Spezialrezepte, die sie aus ihrer Heimat mitgebracht hatte und die böhmisch-österreichische Küchentradition verrieten, das Sudetenland hatte schließlich lange zur K.-u.-k.-Monarchie gehört. Meine Favoriten: eine himmlische leicht süße helle Dill-Soße und «Reisfleisch», ein Reis-Topf mit geschmortem Kalbs- oder Rindfleisch, der nicht auf dem Herd, sondern tatsächlich im Schlafzimmer fertig gegart wurde, genauer im Bett, eingepackt in dicke Federkissen.

Da die Jagd- und Angelausflüge nicht zu meinem Lieblingszeitvertreib wurden, konnte ich mich nicht mehr länger gegen den Wunsch meiner Mutter wehren, Klavierspielen zu lernen. Die Möglichkeiten an der Blockflöte waren mir zu begrenzt, das Überwinden dieser Klippe hätte enorm viel Fleiß, Zeit, Disziplin und, ehrlich gesagt, auch mehr Talent erfordert. Am Klavier konnte man durch das einfache Drücken bestimmter Tasten mehrstimmige Melodien und Harmonien erzeugen, mit wenig Aufwand hatte ich Töne und Tonfolgen ausprobiert und versucht, kleine Klangbilder zu malen. Dieses improvisierte Tapsen im Tastenwald sollte nun in korrekte Bahnen gelenkt werden.

Die Pädagogin des Vertrauens wohnte in unserer Straße nur drei Häuser weiter. Frau C., die Ehefrau meines Sportlehrers, führte ein strenges Regiment. Humor, Freude und Leichtigkeit, die man ja gerne mit Musik verbindet, schienen ihr fremd, und wenn ich ihr düsteres Klavierzimmer betrat und mir aus dem sächselnden Mund eine dicke Knoblauchwolke entgegenschlug, ahnte ich, ich würde wenig Spaß haben. Mir war schon klar, dass Tonleiter-Training, Fingerübungen und gleichzeitiges Notenlesen für beide Hände kein reines Vergnügen versprachen. Aber statt mit monatelangem Pauken von trockenen Czerny-Etüden zu quälen, hätte man doch mit einigen hübschen und leichten Stücken der Herren Mozart, Schubert oder Chopin den Unterricht ab und zu aufhellen können. Achtzehn Monate ertrug ich den Drill, dann stieg ich aus dem klassischen Klavierunterricht aus, meine Eltern waren zwar nicht begeistert, wollten mich aber auch nicht zwingen. Statt auf dem Klavierhocker Etüden zu üben, lebte ich lieber meinen Bewegungsdrang aus, sprang mit Vorliebe aus dem Toilettenfenster im Hochparterre in den Garten, turnte mit Freunden durch die halb fertigen Rohbauten des benachbarten Neubauviertels. Dort fanden wir geheime Ecken und Kellerhöhlen, in denen wir ungestört Zigaretten aus Fünferpacks oder Tabakpfeifen paffen konnten, die Zahnpastatube und Kaugummis in der Tasche, damit niemand später zu Hause unserem Mini-Exzess auf die Schliche kam.

Am Marktplatz stand der über 50 Meter hohe, neugotische Turm der katholischen Kirche. Sie war bei einem Bombenangriff zerstört und nach dem Krieg wieder aufgebaut worden, nur der Turm hatte überlebt. Aber das mittlerweile reichlich marode Bauwerk war vor meiner Neugier nicht sicher, große Höhen hatten mich schon immer gereizt. Ich begleitete manchmal meine Mutter, wenn sie an der Kirchenorgel probte, blätterte ihre Noten um, zog die Register und ließ mich von den fetten Tönen der großen Pfeifen vollblasen – ein ähnlich mächtiges Gefühl wie das Gitarrengewitter, das ich 30 Jahre später auf einer Festivalbühne miterleben durfte, als fünf Meter neben mir Neil Young seine Verstärker aufdrehte, voll in die Saiten griff und eines seiner berühmten sägenden Soli über die Menschen fliegen ließ – Like a Hurricane ...

Zurück zu St. Marien – am Aufgang der Wendeltreppe zum Orgelboden entdeckte ich eine vernagelte Tür mit dem Schild «Zutritt verboten», was mich natürlich eher einlud. Einige Tage später kehrte ich mit einem Freund zurück, wir rüttelten an der Tür, und, oh Wunder, sie gab nach. Dahinter begann eine endlos lange hölzerne Wendeltreppe den Turm hoch. Anfangs lief der Aufstieg ohne Probleme, aber irgendwann wurde deutlich, warum der Zugang verriegelt war. Nachdem wir das Gerüst, an dem die Kirchenglocken hingen, passiert hatten, waren viele der Treppenstufen und Teile des Geländers an- oder ganz durchgebrochen. Außerdem bröckelten Steine des backsteinernen Turms, sodass manche Stücke auf die Treppe und den Glockenboden herunterfielen. Ein gewisses Maß an Ehrgeiz, Eigensinn und Beharrlichkeit, außer beim Klavierunterricht, zeichnete mich offensichtlich schon damals aus. Es war sicher leichtsinnig, aber nichts hielt uns auf, wir kletterten weiter, bis wir in der immer schmaler werdenden Turmspitze vier kleine Ausblickfenster erreichten. On Top of the World, Quakenbrück von oben, vorne Marktplatz, Rathaus und Sylvesterkirche, nach hinten der Blick auf Kirchenschiff, Friedhof und unser Viertel. Ich hatte meine billige Rollfilmkamera in der Tasche, für die Beweisfotos, die ich meinen Eltern aber nicht zeigte, das hätte heftigen Ärger eingebracht. Ich war doch verdammt froh, als wir heil und mit allen Knochen intakt wieder auf dem Erdboden standen.

Unsere Familie integrierte sich schnell und fleißig in das Stadtleben und die katholische Gemeinde, Vater als hoher Beamter, CDU-Mitglied, Stadtrat und Kirchenvorstand in einer Vierfachrolle zwischen Karriere, Partei, Politik und Kirche, die mein Bruder und ich immer kritischer betrachteten, Mutter als Organistin, die Söhne als Messdiener mit den üblichen, eher irdischen als himmlischen Erlebnissen. Trotz aller Zweifel rollten mein Bruder und ich uns für die werktäglichen Frühmessen um Viertel vor sechs aus dem Bett, rasten bei jedem Wetter mit dem Rad zur Kirche, wo man in der Sakristei auf einen ebenso unausgeschlafenen Kaplan traf, den eine betäubende Wolke aus Restalkohol, Rasierwasser und Messwein umgab. Sonntags wehten uns in den festlichen Hochämtern Schwaden von Weihrauch um die Ohren, weil wir Messdiener die dampfenden Fässer mit dem glühenden Harz in wahrem Feuereifer hin und her schwenkten, wie ein Hammerwerfer seine Drahtkugel vor dem Abflug. Die lähmende Langeweile ausladender Predigten war dagegen nur durch intensives Wegträumen zu überstehen, nur gut, dass wir weite Talare trugen, die manch frühpubertäre Fingerübungen gnädig verdeckten.

Meinen ersten Radioauftritt als «live on air» klingelnder

Messdiener hatte ich ja schon hinter mir. Den Sonntagsgottesdiensten verdankte ich aber auch meine ersten Erfahrungen als «Sprecher». Seit den frühen 60er-Jahren wurde die Messe nicht mehr nach lateinischem Ritus, sondern in deutscher Sprache zelebriert, mit «Publikumsbeteiligung». Sogenannte Lektoren durften Gebetstexte, Fürbitten und Lesungen vortragen, ich war zunächst scheu und zittrig, gewann aber mit der Zeit immer mehr Sicherheit und bekam richtig Spaß daran, laut zu sprechen, mit Betonungen und Rhythmus zu spielen, für mich perfektes öffentliches Stimmtraining am Mikrofon. Moderne Zeiten in St. Marien, der Relaunch der katholischen Messe erlaubte uns später sogar, in der Kirche zu rocken, wenn auch mit gebremster Lautstärke. Wir, ein Kreis befreundeter Musiker, durften dank der Initiative eines fortschrittlichen Geistlichen einen der allerersten «Beatgottesdienste» mit Rockband und deutschen Texten abhalten – aber bis dahin musste ich Pop- und Rockmusik überhaupt erst noch entdecken.

Im Musikunterricht meiner Schule war davon jedenfalls noch nichts zu spüren, da versuchte ein chancenloser Herr Notbohm mit traditionsbeladenen Themen gegen eine desinteressierte lärmende Schülerschar durchzudringen. Mir tat der Mann leid, ich versuchte wenigstens zuzuhören. Seit Mitte der sechsten Klasse besuchte ich nun das Artland-Gymnasium in der Altstadt. Artland war die Bezeichnung für die sehr fruchtbare Region rund um Quakenbrück mit reichen Großbauern, zahlreichen wunderschönen alten Fachwerkhöfen und wohlhabenden Dörfern. Da das AGQ damals das einzige Gymnasium im gesamten Kreis war, pendelte über die Hälfte der Schüler aus den Gemeinden und Kleinstädten der Umgebung täglich per Bahn und Bus zur Schule. Vielleicht auch deswegen fiel mir als ehemaligem Fahrschüler der schulische Neustart leicht. Ich fand sofort Kontakt. Zwar war ich bei Weitem der Kleinste und Jüngste in der Klasse, dafür aber nicht auf den Mund gefallen, schnell dabei mit frechen Bemerkungen und versauten Witzen, mit denen ich große Lacher erntete, deren anzügliche Pointen ich aber oft selbst noch gar nicht begriff. In den Pausen hing ich mit den Großen und Coolen herum, fast als deren Hofnarr oder Maskottchen. Der starke Hermann nahm mich gerne am Hosenbund, stemmte mich zum Spaß einarmig nach oben, aber wenn Ärger mit anderen Schülern drohte, stand ich unter seinem persönlichen Schutz.

Zwar war das 1354 als Lateinschule urkundlich erwähnte Quakenbrücker Gymnasium 550 Jahre jünger als das historische Carolinum, galt aber dennoch als eine der ältesten Schulen im Land. Doch Alter schützt vor Torheit nicht, das demonstrierte Tag für Tag das schrille Lehrerkollegium. Ich weiß, zu jeder Zeit, an jeder Schule gab und gibt es exotische Species der Gattung, aber wir waren wirklich mit einer ganz speziellen Mannschaft gesegnet. Der hutzelige Biologielehrer schwärmte stundenlang von seinem Studienfreund, «dem Nobelpreisträger», die korpulente, schlecht gelaunte Lateinlehrerin fläzte sich in den Sessel, die Beine auf dem Tisch, bis die Strumpfhalter zu sehen waren, dazu war sie fast so cholerisch wie unser Klassenlehrer. Der rastete regelmäßig komplett aus, schrie, fluchte und pfefferte Bücher durch die Klasse, leider nahm ihn keiner ernst. Oder «Specki», der Deutschlehrer, dessen feuchte Aussprache sein schmuddeliges Jackett vollsprühte und uns in die Flucht trieb, wenn er zu nah kam. Angeführt wurde die Truppe von einem Direktor, dessen Vergangenheit als Major in der Wehrmacht nicht nur in seinem schneidenden Ton und seinem militärisch knappen Haarschnitt aufblitzte. Wenn er stechenden Schrittes den Schulflur heruntermarschierte, stand alles still. Aber es gab auch Lichtfiguren, den menschlich feinen, lässigen Englischlehrer, den alle nur «You See» nannten, oder den kühl-korrekten, souveränen Mathelehrer aus altem ostdeutschen Adel.

Da die Schule mich nur bedingt forderte, musste meine überschüssige Energie auf anderen Spielfeldern raus. Wegen meiner geringen Größe war ich im Winterhalbjahr der Champ beim Turnen, in den Sommermonaten lief, warf und sprang ich aber den anderen hinterher, im Gegensatz zu meinem vier Jahre älteren Bruder Klaus. Der war ein hervorragender Sprinter und Weitspringer, holte sich bei Schulsportfesten nicht nur die Preise, sondern wegen seines blendenden Aussehens auch die bewundernden Blicke der weiblichen Schülerschaft ab – ein Vorteil, der mir noch nützlich werden sollte.

Meine Leidenschaft und Neugier galt großen Sportereignissen, ich verschlang alles, was ich in Zeitungen und Magazinen darüber zu lesen bekam. Schon mit acht hatte ich die Berichte von den Olympischen Spielen 1956 in Melbourne ausgeschnitten, gesammelt und fein säuberlich thematisch geordnet in einer Mappe dokumentiert. Vier Jahre später hatten wir noch immer kein Fernsehgerät, weil meine Eltern dem Medium pädagogisch negative Einflüsse zuschrieben. Also musste ich selbst aktiv werden, um Sport live im Fernsehen miterleben zu können, und da kam mir die Beliebtheit meines Bruders bei den Damen zu Hilfe. Ich habe sicherlich furchtbar gebettelt und unendlich genervt, bis er mich am 25. Juni 1960 zu seiner Freundin, einer Notarstochter, mitnahm, damit ich 12-jähriger Knirps im Wohnzimmer der Familie das Fußballendspiel HSV gegen Köln sehen konnte. Mein Heimverein war eigentlich der VfL Osnabrück, doch obwohl ich nie in Hamburg gewesen war, geschweige denn ein Spiel des Clubs miterlebt hatte, war ich schon damals glühender HSV-Fan und bejubelte die Tore von Uwe Seeler und Gert «Charly» Dörfel zum 3:2 für die Hamburger. Ich konnte damals natürlich nicht ahnen, dass ich 30 Jahre später mit dem ungeheuer sympathischen, nie arroganten Uwe Seeler, Charly Dörfel und anderen früheren HSV-Stars wie Horst Hrubesch oder Peter Nogly in der NDR-Prominentenmannschaft durch die norddeutschen Lande touren würde. Charly war nach der Fußballkarriere Gerichtsvollzieher beim Ortsamt Stellingen geworden und verdiente sich in der Promimannschaft, einer Marketing-Aktion des NDR, gerne ein zusätzliches Taschengeld. Flanken schlagen konnte der sympathische Witzbold und Hobby-Clown mit seinen krummen Beinen wie früher, aber das Temperament ging öfter mit ihm durch, wenn er den Ball nicht passend erhielt und danach die Mitspieler beschimpfte. Da ich wegen mangelnder fußballerischer Qualitäten froh war, den Ball los zu sein, wurde mein Verhältnis zum eigentlich herzensguten Charly nie getrübt.

Einen zweiten Sporthöhepunkt des Jahres 1960 durfte ich auf keinen Fall verpassen, am 1. September schaffte es Klaus erneut, mich vor den Fernseher der Notarsfamilie zu schmuggeln, und so erlebte ich Armin Harys Olympiasieg über 100 Meter in Rom mit eigenen Augen, eine Sternstunde. Die anderen Highlights der Spiele erfuhr ich aus der Zeitung und dem Radio, die Bilder dazu liefen in meinem Kopf, schon immer hatte mich das grüne magische Auge der alten Empfänger fasziniert, Radio war meine wichtigste Informationsquelle, meine Verbindung zur Welt. Aber damit nicht genug, ich wollte selbst dabei sein und bastelte mir meine eigene olympische Fantasiearena ... für das Mannschaftsfinale der Springreiter. Seltsame Dinge gingen im Garten unseres Hauses Bonnusstraße 12 vor sich, Bänke wurden umgekippt und mit Zweigen und Blumen verziert, die Böcke der Tischtennisplatte blockierten den von Buchsbaum eingezäunten Weg, hinter den Stachelbeersträuchern versteckte sich die mit Wasser gefüllte flache Gartenwanne. Oxer, Steilsprung, Gatter und Wassergraben, fertig war mein Parcours. Das Finale begann, ich lief im Halbgalopp durch die Büsche, sprang über die Hindernisse, tapste in den Wassergraben und hastete ins Ziel. Ich war das Pferd, ich war der Reiter, erst Hans-Günter Winkler mit der legendären Halla, dann Fritz Thiedemann mit dem nicht weniger berühmten Meteor. Ich war Kampfrichter, Zeitnehmer und Radioreporter zugleich, mein Traumfinale wurde ja live übertragen. Während ich also über den Parcours jagte, schilderte ich, natürlich außer Atem, für einen imaginären Sender das Geschehen, stöhnte bei Springfehlern, mahnte zur Vorsicht, feuerte Pferd und Reiter an, litt unter der knisternden Spannung und bejubelte den Erfolg, denn die deutsche Equipe siegte natürlich, wie im richtigen Leben. Die Siegerehrung durfte nicht fehlen, dafür baute ich mir aus Steinen und Brettern ein Podest. Ich schloss die Augen und dachte für einen Moment, ich hätte wirklich die Goldmedaille gewonnen.

2
SCHULD WAR NUR DER BOSSA NOVA

«NOCH 'N VIERTEL?» DURCH DEN NEBEL AUS RAUCH UND dicker Luft erkenne ich die üppigen Umrisse der resoluten Bedienung, die mich fragend mustert, ich nicke. Die Musik ist zu laut, um Worte zu verstehen. Seit gefühlt zwei Stunden tönt Manuela aus der Musikbox, immer wieder: «Schuld war nur der Bossa Nova» - der Hit der Saison. Es ist Juni 1963, unsere 10. ist auf Klassenfahrt am Rhein, Kaub, Loreley, Rüdesheim und heute Bingen. Nach dem Abendessen sind einige von uns von der Jugendherberge am Hang über den Fluss runter in die Altstadt gewandert, Ziel: das erstbeste Weinlokal. Ich bin 15, sehe aber aus wie 13, habe nur an Feiertagen am Tischwein genippt und dürfte hier gar nicht sein. Meine älteren, in Bahnhofskneipen und auf Schützenfesten sozialisierten Klassenkameraden beruhigen mich, zu Recht, niemand scheint sich um mein Alter zu scheren. Ich bestelle Weißwein, ein Schoppen, werde ich gefragt? Als der riesige Kelch mit dem grünen Fuß eintrifft, mache ich große Augen, ich kenne nur die normalen Gläser bei uns zu Hause, aber hier ist ja fast ein drittel Liter drin. Der Wein schmeckt so wie der meiner Eltern süß, lieblich nennen die das, der Zucker transportiert den Alkohol umso schneller ins Blut. Wir trinken, quatschen, rauchen. Die Laune steigt, mir ist heiß und leicht schwindelig. Nach dem zweiten Viertel wanke ich zur Toilette. Als ich zurückkehre, steht da ein dritter Kelch, irgendein fröhlicher Rheinländer hat ihn dem lustigen jungen Norddeutschen spendiert. Man will ja nicht unhöflich sein, also trinke ich weiter, bis mir der Kopf rotiert, ja, ja, der Bossa Nova, schon wieder das verdammte Lied, zieht denn keiner den Stecker? Jemand bläst zum Aufbruch, die Jugendherberge schließt um zehn die Tür ab, ich schwanke, kann kaum stehen. Starke Artländer Arme schleifen mich aus dem Lokal den Berg hoch. In der Herberge werde ich wie ein Kartoffelsack die Treppen hinaufgeschleppt, zu den Waschräumen im zweiten Stock. Ich muss würgen, schaffe es nicht mehr bis zum Klo. In der Not hängen mich zwei Mitschüler aus dem Fenster, und der gesamte Inhalt des lustigen Abends segelt hinunter in die Nacht, ein Glück, dass ich nicht hinterherfliege. Dann stopfen sie mich in die Duschkabine, drehen das kalte Wasser auf, mein Kopf beginnt aufzuklaren, als laut schreiend unser Klassenlehrer (der Bücherwerfer) herbeitobt: «Urban, was haben Sie getan, das gibt Ärger!» Ich stammele irgendwas von Manuela und stolpere in mein Bett.

Am nächsten Morgen passt mein Schädel kaum durch die Tür. Vor dem Frühstücksraum wartet der Herbergsvater mit Eimer, Lappen, Putzmittel und einer Leiter. Wortlos zeigt er auf die großen Fenster, die normalerweise einen perfekten Blick auf den romantisch im Tal fließenden Rhein erlauben, die nun aber völlig verklebt sind. Mit hochrotem Kopf hole ich mir die Höchststrafe ab, noch schwindelig stehe ich auf der wackeligen Leiter und putze unter den grienenden Gesichtern meiner Klasse und anderer Schüler, die genüsslich in ihre Brötchen beißen. Ich drehe mich um und sehe unten im Fluss die kleine Insel mit dem berühmten Binger Mäuseturm, in dem würde ich mich jetzt gerne verstecken ... schuld war doch nur der blöde Bossa Nova, was kann ich dafür?

Meine erste Begegnung mit Popmusik war also eine schmerzhafte, immerhin war Manuelas Hit eine richtig gute, werkgetreue Coverversion des amerikanischen Originals «Blame It on the Bossa Nova», vom amerikanischen Autorenpaar Cynthia Weil und Barry Mann für die dünne Stimme der Sängerin Eydie Gormé verfasst. Weil/Mann waren Auftragskomponisten, die Anfang der 1960er-Jahre mit vielen anderen Teams wie Gerry Goffin/Carole King, Jerry Leiber/Mike Stoller, Doc Pomus/Mort Shuman, Ellie Greenwich/Jeff Barry oder Burt Bacharach/Hal David im New Yorker Brill Building an der Ecke Broadway/49. Street arbeiteten. Dort waren Hunderte von Musikverlagen zu Hause, die miteinander konkurrierenden Lohnschreiber saßen Tür an Tür in winzigen Bürokabinen, komponierten am Fließband und nahmen die Songs danach als Demos auf, Verkaufstrick und Kundenservice zugleich. Cynthia Weil und Barry Mann belieferten sehr unterschiedliche Klienten, aber wenn dabei zeitlose Klassiker vom Band fielen wie «On Broadway» für die Drifters, «Walking in the Rain» für die Ronettes oder «You've Lost That Lovin' Feelin'» für die Righteous Brothers, bewies diese Art der Produktion ihre starken Seiten. Schon Anfang des 20. Jahrhunderts hatten angestellte Autoren viele Evergreens der populären Musik in den Büros der großen Musikverlage verfasst, die in der Tin Pan Alley, einem kurzen Abschnitt der 28. Straße/Ecke Broadway in New York, angesiedelt waren, ähnlich wie im Zeitalter des Barocks und der Renaissance die klassischen Auftragskomponisten für europäische Fürstenhöfe und Königshäuser. Weil/Mann verhalfen der britischen Band The Animals 1965 sogar zu einer Rockhymne, die fast politische Dimensionen erreichte, «We Gotta Get Out of This Place». US-Soldaten in Vietnam demonstrierten damit ihren Frust über die andauernde Hölle des Krieges.

Aber all das ahnte ich im Sommer 1963 natürlich noch nicht. Die Revolution des Rock'n'Roll der 1950er war an mir vorbeigerollt, für die Musik von Bill Haley, Elvis oder Little Richard war ich zu jung. Auch die Stars der folgenden Generation, der raue Eddie Cochran oder der frische Buddy Holly, fanden bei mir zu Hause nicht statt, genauso wenig britische Ersatzspieler wie der pflegeleichte Cliff Richard. Der einzige Sender, der permanent Popmusik spielte, war Radio Luxemburg, aber nicht bei Urbans zu Hause, da liefen ausschließlich Klassik, Nachrichten, Schul- oder Kinderfunk. Als niedersächsischer Knirps hatte ich am Radio gehangen, um den neuesten Geschichten aus dem norddeutschen Waldhagen über Bauer Piepenbrink und sein Dorf zu lauschen oder um Meisterdetektiv Kalle Blomquist auf der Spur zu bleiben.

Ich war schon 14, als nach ewigem Zögern meiner Eltern endlich ein Fernsehgerät angeschafft wurde, natürlich die abschließbare Variante. So eingeschränkt das Angebot mit nur einem Programm damals war, das ZDF sendete erst ab 1963, das Fernsehen öffnete mein Blickfeld, ließ mich fern sehen, manchmal auch spätabends, wenn meine Eltern schliefen und ich mich heimlich ins Wohnzimmer stahl. Allerdings lief selten ein Programm, das nicht als «jugendfrei» durchging, und Sendeschluss war sowieso schon kurz nach Mitternacht. Ich liebte die Fallschirmabenteuer der US-Serie «Sprung aus den Wolken» und besonders den Agenten John Drake der britischen Serie «Danger Man», der sich vor jeder Folge mit «Mein Name ist Drake, John Drake» vorstellte. Kein Wunder, dass dessen charismatischem Darsteller Patrick McGoohan die Rolle des James Bond angeboten wurde, er sie aber angeblich als Katholik aus religiös-moralischen Gründen ablehnte. Sein Markenzeichen liehen sich die Bond-Produzenten jedenfalls ungeniert aus. Ich verschlang Durbridge-Krimis, Sportsendungen und «Einer wird gewinnen», die europäische Spielshow des genialen H.J. Kulenkampff, ein meisterlicher Moderator oder Conférencier, wie man damals sagte, mal flapsig-frech, mal freundlich-charmant.

Aktuelle Musik konnte man im Fernsehen nicht sehen, außer deutsche Schlager von Manuela und Co. – nur ganz selten blitzten kurze Einblicke in eine für uns neue aufregende Musikwelt auf, wenn mein Bruder und ich die Sendungen des American-Folk-Blues-Festivals im kulturellen Grau des Fernsehprogramms entdeckten. Nach einer Idee des SWF-Jazzredakteurs Joachim-Ernst Berendt präsentierten die deutschen Veranstalter Horst Lippmann und Fritz Rau in ihrer wegweisenden Konzertreihe amerikanische Blues- und Folkkünstler auf europäischen Bühnen. Darunter waren viele von jungen Fans und Musikern verehrte Legenden wie Memphis Slim, John Lee Hooker, T-Bone Walker, Muddy Waters, Sonny Terry und Brownie McGhee, die oft zum ersten Mal überhaupt in Europa zu sehen waren. Die direkte, einfache, ehrliche Art dieser afroamerikanischen Künstler zu musizieren, ihre Trauer, Schmerz, Sorgen, Sehnsucht, Einsamkeit, aber auch Freude, Abenteuer und Lebenslust mit Seele und Gefühl, eben mit dem Blues, spontan auszudrücken, schoss mir sofort unter die Haut. Ich war infiziert.

In England strömten junge Bands wie die Rolling Stones, die Pretty Things oder die Yardbirds mit Eric Clapton und Jimmy Page in die American Folk-Blues-Konzerte, um die Musiker live zu erleben, deren Songs sie bisher nur von Importplatten kannten. Anschließend spielten sie die Songs nach. Einige wollten ihren Helden besonders nah sein. Der Konzertveranstalter Fritz Rau erzählte mir 2006, wie Mick Jagger 1970 bei einer von ihm organisierten Stones-Tournee in schnippischem Ton zu ihm sagte: «Du hast uns vor acht Jahren in Manchester aus der Garderobe geschmissen!» Tatsächlich hatte Fritz 1962 beim Folk-Blues-Festival-Konzert in Manchester drei schmale blasse junge Engländer, die unbedingt die amerikanischen Bluesstars treffen wollten, aus der Künstlergarderobe entfernt, ohne zu ahnen, wer die drei waren: Mick Jagger, 19, Keith Richards, 18 und Brian Jones, 20, Mitglieder einer aufstrebenden Londoner Bluesband, die sich nach einem Song ihres Idols Muddy Waters genannt hatten: «Rollin' Stone».

In Quakenbrück versuchten sich indes die beiden Urban Brothers an einer wieder in Mode gekommenen Stilart, Skiffle. Ursprünglich in den 1920er- und 1930er-Jahren als Kombination aus Folk, Blues, Jazz, Country und Bluegrass entstanden, wurde Skiffle-Musik mit einfachen, oft improvisierten und selbst gebauten Instrumenten gespielt und in Bars, Tanzlokalen und auf Festen aufgeführt. In den 50er-Jahren wurde Skiffle-Musik vor allem in Großbritannien wiederbelebt, populäre Oldtime-Jazzbands wie die von Ken Colyer und Chris Barber begannen, in kleiner Besetzung beliebte Folksongs und Blues zu verjazzen. Besonders erfolgreich darin war Barbers Banjospieler Lonnie Donegan, dessen beschleunigte Version von «Rock Island Line», ursprünglich ein Song des Folkblues-Veteranen Lead Belly, ein Top-Hit wurde und im ganzen Land eine Welle von Skiffle-Combos auslöste – ein wichtiger Schritt auf dem Weg zum späteren Durchbruch britischer Beatmusik.

Diese Welle erreichte irgendwann auch die niedersächsische Provinz, mein Bruder Klaus hatte sich neben der Gitarre ein Banjo zugelegt, der Bass wurde aus einer Holzkiste, einem Besenstiel und einer Wäscheleine zusammengebastelt, ich lieh mir Mutters Waschbrett aus und klopfte mit Metallfingerhüten aus dem Nähkasten den Beat. Dazu sangen wir in unsere Version des Kazoo, meist eine Kirmeströte in Saxofonform, mit der wir unsere Stimmen verfremdeten und vorgetäuschte Trompeten- oder Sax-Soli bliesen. Unser Repertoire: bekannte amerikanische Folk- und Jazzsongs, von «When the Saints» zu «Take This Hammer» oder «John Henry», viele davon fanden wir in unserer speziellen Schatzkiste, einem dicken blauen Liederbuch mit Spirituals, Work Songs und Blues. Aus diesem Wunderwerk lernte ich die Akkorde der Songs am Klavier, brachte mir Harmoniezirkel und dessen Varianten und Verknüpfungen bei, begann endlich, Spaß an diesem Instrument zu entwickeln, zu improvisieren und frei mit den Tasten zu spielen. Zum sparsamen Skiffle-Sound passte Klavier allerdings nicht so recht, und die dazu erforderlichen Techniken des Barrelhouse, Ragtime oder Boogie-Woogie gaben meine Finger noch nicht her.

Für den Hausgebrauch brachte mein Bruder mir ein paar Gitarrenakkorde bei, was sich als sehr hilfreich bei der nächsten Freizeitaktivität, den katholischen Pfadfindern, erwies. Die trafen sich in einem eigenen Pfadfinderheim, das einsam unter großen Buchen auf einer Insel zwischen zwei Hase-Armen lag, ein idealer Platz, um unter sich zu sein, Musik zu machen, und allerlei Unfug anzustellen. An den traditionellen Ritualen und Regeln der Pfadfinder, an der Kluft mit Halstuch und Lederknoten, an Disziplin und Vereinsleben hatte ich kein Interesse, ich lavierte mich so durch. Umso erstaunlicher war es, dass ich zu einer Art Leitwolf, zum «Truppführer» bestimmt und später sogar zum örtlichen Häuptling, dem «Stammesführer» gewählt wurde – definitiv der erste in der Geschichte der Quakenbrücker St. Georg-Pfadfinder, der nicht imstande war, einen einzigen der für den Pfadfinder-Mythos «lebenswichtigen» Knoten zu knüpfen. Dafür konnte ich einige einfache Lieder auf der Gitarre begleiten, eine für die Stimmung am Lagerfeuer nicht zu unterschätzende Fähigkeit. Da wurden die Fahrten-Klassiker aus der obligatorischen «Mundorgel» in die Glut geschmettert, aber viel knisternder und spannender war die neue Art «Volksmusik», die wir nach und nach entdeckten, traditionelle amerikanische Folksongs und Spirituals wie «Michael Row the Boat Ashore» oder «500 Miles», wiederbelebt von Pionieren wie Woody Guthrie und Pete Seeger. Besonders ein Song wurde 1963 zu unserer Lieblingshymne, einfach, anklagend und poetisch zugleich, ein Lied gegen Krieg und Unterdrückung, für Freiheit, Gerechtigkeit und Respekt – ein neuer Song von einem 22-jährigen Sänger mit näselnder Stimme namens Bob Dylan aus der Folkszene New Yorks. Aber nicht dessen eigene spröde Fassung kam uns als erste zu Ohren, sondern die harmonisch-hübsche Hit-Version des Trios Peter, Paul and Mary. «Blowin' in the Wind» war im Pfadfinderheim an der Hase ein Instant-Klassiker, er reflektierte wie kein anderer Song, den ich bis dahin gehört hatte, die Stimmung in der Hochphase des Kalten Krieges, die Furcht vor atomarer Gewalt, vor sozialer Ungleichheit, vor dem Verlust von Freiheit – und man konnte ihn gemeinsam mit Herz und Gefühl an jedem Lagerfeuer der Welt singen.

Dylan hatte das Lied 1962 geschrieben, nach der Kuba-Krise, die im August die Welt aufgerüttelt hatte. Obwohl die Karibik weit weg war, waren wir in unserer westdeutschen Nachkriegsidylle betroffen, fühlten die Angst vor einem Atomkrieg, die auch ein Jahr später noch nicht verflogen war. Dazu kam, dass die konservative Regierung in Westdeutschland uns keine Visionen und Ideen anzubieten hatte und kaum positive Signale aussandte. Da wurde zwar der verknöcherte Kanzler Adenauer, der auch in den Augen eines 15-Jährigen schon ewig regiert hatte, gegen den glanzlosen, trägen «Wirtschaftswunder-Minister» Erhard ausgetauscht, aber ein mutiges Zeichen des Aufbruchs war das nicht. Das wurde uns besonders deutlich bewusst, weil in den USA seit zwei Jahren eine charismatische Lichtgestalt als Präsident im Amt war. John F. Kennedy verkörperte alles, was wir in der deutschen Politik vermissten, Ideale, Engagement, Optimismus, Charme, mitreißende Ansprache, Witz, Ausstrahlung und den Glamour eines Filmstars – ja, JFK war mein Hero. Dann kam der 22. November 1963, ich sah gerade die Tagesschau, als die Eilmeldung des Attentats von Dallas eintraf. Ich konnte es nicht glauben, war wie erschlagen. Danach die Hoffnung, er könne überleben, und schließlich die bittere Todesnachricht. Nicht nur ich, das ganze Land war im Schock. Ich fühlte mich, als sei ein enger Freund oder Verwandter umgebracht worden, war emotional aufgewühlt, als wäre die Brücke zu einer gerechteren Welt zusammengebrochen, unsere Hoffnung auf eine bessere Zukunft zerstört.

In dieser turbulenten Zeit startete ein musikalisches Projekt, bei dem meine frisch erwachte Zuneigung zum guten alten Piano nützlich wurde. Uli, mit dem ich im ersten Jahr in Quakenbrück die Schulbank geteilt hatte, bevor er den Französischzweig und ich Latein wählte, fragte mich, ob ich Lust hätte, in einer Jazzband mitzumachen. Wulf und Ulis Bruder Hans-Jürgen, ehemalige AGQ-Schüler, die jetzt in Hamburg studierten, waren von der dortigen Jazzszene so fasziniert, dass sie eine eigene Band gründen wollten, und zwar in der Jazz-Diaspora Quakenbrück. Vielleicht auch, weil hier der hochtalentierte Uli wartete, der mit seinen 15 Jahren schon herausragend Klarinette spielte. Sein älterer Bruder war Posaunist und trat sogar mit Hamburger Kapellen auf, Wulf, der Antreiber und Organisator, zupfte ein solides Banjo. Ich fühlte mich geehrt, fragte mich jedoch, ob ich gut genug war. Ich kannte Oldtime Jazz in der populären britischen Version, Bands wie die von Chris Barber und Monty Sunshine waren auch in Deutschland angesagt. Doch deren verwässerter Dixieland, der zwar erfolgreich war, aber oft nur schlagerähnliche Melodien verjazzte und für uns wie Hintergrundmusik für Autohauseröffnungen und Volksfeste klang, war bei puristischen Jazz-Jüngern wie uns verpönt. Wir wollten den ursprünglichen Jazz wiederbeleben, so wie er seit etwa 1915 von afroamerikanischen und kreolischen Musikern in den Bars und Bordellen der schwarzen Viertel von New Orleans gespielt worden war. Für mich hieß das, die Platten der Originale hören und davon lernen, Musik von King Oliver's Creole Jazz Band und von seinem Zauberlehrling, dem genialen Louis Armstrong, der schon als 17-Jähriger bei Oliver geglänzt hatte und der in den 20er-Jahren mit seinen Hot Five und Hot Seven Geschichte schrieb.

Damals waren die wichtigsten Jazzmusiker aus ökonomischen Gründen wegen fehlender Auftrittsmöglichkeiten von Louisiana nach Norden in die Metropole Chicago weitergezogen. Ausgerechnet eine Band weißer Musiker aus Chicago, die den Jazz aus dem Süden nachspielte, stand Pate bei der Namensgebung unseres ehrgeizigen Vorhabens. Ich bin nicht mehr sicher, ob das aus Absicht geschah oder nur, weil es gut klang: aus New Orleans Rhythm Kings wurden die Quaktown Rhythm Kings, und die wurden vervollständigt durch Dieter, der das Kornett blies, eine zusammengestauchte Trompete, und unseren Mitschüler Andreas, genannt Dicki, am Kontrabass, der mehr geschlagen als gezupft wurde, also der Bass. Das Kornett spielte die Hauptmelodien, Klarinette und Posaune phrasierten dazu und darüber, füllten die Zwischenräume, warfen sich Fragen und Antworten zu, improvisierten die Soli. Das Rhythmus-Trio von Banjo, Bass und Piano hatte schwer zu kämpfen, um sich gegen die lauten Bläser durchzusetzen und den Beat zu halten, zumal wir ganz traditionell auf Schlagzeug verzichteten. Verstärkung durch PA-Systeme steckte noch in den Babyschuhen, also hackte ich mit aller Kraft die Akkorde und Basstöne in die Tasten, die wir uns von den Platten abgehört hatten und die ich in ein graues Ringbuch schrieb. Beim Pianospielen waren die Tonarten mit vielen weißen Tasten die angenehmeren, also C-Dur, G-Dur, D-Dur mit Dominanten, Subdominanten und ihre Moll-Parallelen – für mich jedenfalls. Dummerweise waren die Instrumente unserer Bläser in B-Lagen gestimmt, ich musste daher viele Akkorde in B, Es oder As-Dur drücken, inklusive der ungeliebten schwarzen Tasten, eine weitere Hürde. Auf jeden Fall muss es ziemlich lustig ausgesehen haben, wie der kleine Junge mit dicken Wälzern unter dem Hintern besessen auf ein Klavier eindrosch und dabei sicher mal danebengriff, weil er sich kaum hörte.

Übungskeller mit Piano gab es nicht, und Bandproben in privaten Musikzimmern überforderten bald die Geduld noch so toleranter Eltern. Eher zufällig ergab sich die Chance, auf der Bühne des kaum genutzten Saals einer Gaststätte zu proben. Um auf die Bühne zu gelangen, musste man den schweren alten, muffigen Samtvorhang beiseitehieven, falls die Schnüre korrekt zogen. Dem reichlich verstimmten Klavier fehlten ein paar Hämmer, die Elektrik des Ladens musste aus Vorkriegszeiten stammen. Einmal griff ich auf der Suche nach dem Schalter für die Bühnenbeleuchtung daneben und landete im Sicherungskasten, der mit Blitz und lautem Knall explodierte. Der Stromschlag warf mich drei Meter zurück direkt auf den Klavierhocker. Meine Finger spielten die gesamte Probe Tremolo. Doch der Klang des alten holzgetäfelten Saals passte perfekt zum erdigen New-Orleans-Sound, so gut, dass wir mit einem Revox-Tonbandgerät einige Titel mitschnitten und davon eine eigene Schellackplatte pressen ließen.

Aber irgendwann wollten wir auch vor die Leute, die sollten

hören und sehen, was da im Verborgenen köchelte. Es musste etwas Auffälliges her. Die beiden Studenten hatten oft einer der beliebtesten Hamburger Oldtime-Kapellen zugesehen, den Jailhouse Jazzmen in ihren gestreiften Sing-Sing-Hemden, die aber eigentlich einfache Fischer-Kittel waren. Die Idee wurde geklaut, ich tauschte Messdienergewand und Pfadfinderkluft gegen ein blau-weiß gestreiftes Hamburger Fischerhemd mit Stehkragen, für Quakenbrück ein exotischer Look. Zur öffentlichen Premiere der Band blieben wir gleich in der Gaststätte «Mauermann», in der wir probten, allerdings nicht im großen Saal. In unserer Lokalzeitung wurde per Anzeige verkündet, man beachte die fortschrittliche Kleinschreibung: «die neuen quaktown rhythm kings stellen sich vor mit einem tanztee, am sonntag, 1. märz 1964 bei e.mauermann im cafe, 17 uhr, eintritt frei».

Die Resonanz war groß, das Publikum überrascht und begeistert, ob getanzt wurde, entging meiner Aufmerksamkeit, so konzentriert starrte ich auf mein Akkord-Büchlein. Außerdem kamen mir bei dem Wort «Tanztee» schlagartig die traumatischen Erlebnisse meines Tanzkurses wieder hoch – die für den kleinen 14-jährigen Pit, ja, das war mein Spitzname, viel zu großen Tanzpartnerinnen, bei einem Fehltritt rauschte ich ständig mit der Nase gegen knallharte Büstenhalter, in den 60ern waren die Dinger offenbar noch aus Metall. Oder die Einsamkeit auf der Bank, wenn man bei der Damenwahl wieder mal als Letzter sitzen blieb. Oder das schallende Gelächter des gesamten Abtanzballs, als ich bei der offiziellen Vorstellung neben meiner einen Kopf größeren peinlich berührten Dame statt einer Verbeugung wie sie zu einem Knicks ansetzte und schnell noch den hochroten Kopf senkte, was dann wie eine Mischung aus Kratzfuß und Diener aussah.

Da tat der Erfolg der Rhythm Kings dem Selbstbewusstsein

gut, als absolute Neulinge hatten wir uns für den bekanntesten Jazzwettbewerb im Nordwesten, dem Jazz Jamboree in Osnabrück, qualifiziert und erspielten uns dort nur einen Monat nach unserer Premiere völlig überraschend den zweiten Platz. Die Presse berichtete sehr positiv, und im Laufe des Jahres mehrten sich unsere Auftritte in der näheren und weiteren Umgebung in Jazzclubs, bei Festivals und Jazz-Tanzabenden, in Kneipen und Lokalen, an Schulen und Hochschulen, verbunden mit einer Einführung in die Geschichte des Jazz. Manchmal kam ich von Fahrten zu Konzerten erst weit nach Mitternacht nach Hause, argwöhnisch beäugt von meinen Eltern, die mich aber gewähren ließen, auch weil Bandleader Wulf für mein Wohlergehen bürgte, er studierte Pädagogik, was meinem Vater gefiel. Dennoch waren sie vielleicht froh, dass die Kings Zuwachs bekamen. Es hatte sich gezeigt, dass ein Kontrabass alleine der Band zu wenig Halt bot, es mangelte an Tiefe und Rückgrat. Im New Orleans Jazz übernahmen oft wie bei den traditionellen Brass Bands Tuba oder Sousafon diese Funktion. Das bot die Gelegenheit für meinen Bruder Klaus, der sich damals mit einem C schrieb und ebenfalls Pädagogik studierte, einzusteigen. Der Stuhl des Banjospielers war von Wulf besetzt, also brachte er sich innerhalb weniger Wochen das Tuba-Spielen bei, wurde viertes Bein der Rhythmus-Section, gab der Band den vermissten Wumms und meinen Eltern die Beruhigung, dass, wenn nötig, der ältere auf den jüngeren Bruder aufpasste.

Der weiteste Trip der QRKs führte nach Hamburg, unsere beiden «Senioren» hatten mit Geschick einen Auftritt im legendären Jazzlokal Riverkasematten in der St. Pauli-Hafenstraße direkt am Wasser der Elbe arrangiert. Als wir in Wulfs VW Cabrio über die Elbbrücken in die City fuhren und ich zum ersten Mal die Außenalster erblickte, in der Sonne glitzernd, mit Hunderten von Segelbooten übersät, war es um mich geschehen. Hier musste ich hin, egal wie.

Die Hamburg-Connection funktionierte auch in umgekehrter Richtung. Im Dezember 64 eröffneten wir in einem brach liegenden Luftschutzbunker aus dem Zweiten Weltkrieg unseren eigenen Jazzkeller. Quakenbrück war im Krieg Standort eines wichtigen Militärflugplatzes gewesen, der dazugehörende Bunker musste mit großem Aufwand entrümpelt, renoviert, gestrichen und eingerichtet werden. Nun trug er als plakativer Kontrapunkt zu seiner Nazi-Vergangenheit den Namen einer legendären afrokaribischen Bordellwirtin, die in der viel besungenen Basin Street von New Orleans ein berühmt-berüchtigtes Etablissement geführt hatte. Dort waren es Jazzgrößen wie Jelly Roll Morton, die als Hauspianisten die Kunden unterhielten: «Miss Lulu White's Jazz Saloon». Lustigerweise kündigte die Lokalzeitung in ihrer Überschrift eine «Miss Lulu Wheite» an. Zur Einweihung der Quakenbrücker Filiale reiste einer der bekanntesten Trompeter des Nordens an, Abbi Hübner mit seiner neuen Band «Low Down Wizards». Der Laden war randgefüllt, die Luft feucht und stickig, die Bunkerdecke tropfte, meine Finger glitschten über die Tasten. Ob der neue Hotspot des Hot Jazz ohne Rotlicht dem historischen Vorbild bei post-musikalischen Jamsessions irgendwie nahekam, entzog sich meiner jugendlichen Kenntnis oder eher naiver Unkenntnis. Ich «ging» in dem Jahr ein paar Monate mit meiner ersten Freundin Marianne, wir trafen uns zu langen Spaziergängen mit scheuen Berührungen und Küsschen, aber nie mit Zunge. Ich blieb verbal forsch, doch hinter der großen Klappe unendlich schüchtern.

Die Transferstrecke Hamburg-Quakenbrück lief bald wie drei Dekaden später die Spielerakquise des Bundesliga-Basketballtopteams der Artland Dragons, das damals als Teil des Quakenbrücker Turn- und Sportvereins noch in der Embryophase schlummerte. Für besondere Anlässe besorgten wir uns in Hamburg Verstärkung, Wilm, den Schlagzeuger der Low Down Wizards und der Jailhouse Jazzmen, und den Kornettisten John Rosolowski, einen eigenwilligen Typ mit US-Army Crew Cut, der mit Mitte 20 nur feine graue Anzüge trug. «Kid John», so nannte man ihn, war ein blendender Musiker und holte aus seinem Horn vibrierende emotionale Töne, dazu konnte er mit seiner kehligen Stimme singen und scatten, als sei der Geist von «Satchmo» Armstrong in ihn gefahren.

Mit diesen beiden «Aushilfen» fuhren die vergrößerten Rhythm Kings am 25. April 1965 wieder zum Nordwestdeutschen Jazz Jamboree in Osnabrück. Wir waren zwar keine Neulinge mehr, galten aber immer noch als Außenseiter unter den erfahrenen Combos aus Nord- und Westdeutschland, ja sogar aus Holland. Ich war nervös, wagte gar nicht, ins Publikum der über 500 Zuschauer im voll besetzten Haus der Jugend zu schauen, und stierte starr auf meine Tasten. Der Beifall war stürmisch, aber was würde die Jury sagen? Am Ende eines langen Tages dann die Sensation. Sieger waren die Quaktown Rhythm Kings aus der Kleinstadt! Zudem wurde der immer noch sechzehnjährige Uli als bester Klarinettist ausgezeichnet, Wulf als bester Banjospieler. Kid John erhielt lobende Erwähnung und ich überraschenderweise den Preis des zweitbesten Pianisten. Über fünfzig Jahre danach erzählte mir ein Drummer aus Gronau in Westfalen, dass er drei Jahre vor unserem Triumph als Fünfzehnjähriger beim gleichen Jazz Jamboree in Osnabrück zum besten Schlagzeuger gewählt worden war. Es war derselbe Drummer, der in den 70ern in unserem späteren Hamburger Stammlokal Onkel Pö bei Auftritten oder Sessions meiner Band gerne mal als Panikpirat die Bühne enterte – Udo Lindenberg. Ich schaute in die alten Programmflyer des NW-

Jazz Jamboree, die ich aufgehoben hatte, und tatsächlich, in der Ausgabe 1964 wurde er mit einer Fotoreihe vorgestellt, als «jüngster prämierter Schlagzeuger der Welt», Udo schon damals als Jazzer ein kleiner Star. 1964 mit 17 und 1965 bei unserem Sieg war er auch dabei, allerdings nicht im Wettbewerb, ich erinnerte ihn nur als den sehr jungen und verdammt guten Schlagzeuger eines Modern-Jazz-Quintetts aus Münster, als wir Quakenbrücker auf die Siegerehrung warteten.

In Quakenbrück waren wir endgültig die Local Heroes, das «Bersenbrücker Kreisblatt» titelte «Bombenerfolg beim Nordwestdeutschen Jazz Jamboree – Gesiegt: Quaktown Rhythm Kings». Der frische Ruhm brachte neue Einladungen zu Gastspielen, sogar das Angebot, bei einem großen Jazz-Festival im holländischen Hengelo aufzutreten. Bald darauf rief die nächste «battle», der offizielle Landeswettbewerb für Amateur-Jazz-Bands mit zahlreichen Bands aus ganz Niedersachsen und den anliegenden Bundesländern. Der Schauplatz der Veranstaltung war für mich persönlich heiliger Boden, der holzgetäfelte Große Sendesaal des NDR-Funkhauses Hannover, der Ort, an dem der legendäre Kuli sein EWG-Quiz zelebrierte, und ich durfte auf dessen Bühne den mächtigen Flügel bedienen, mehr ging nicht. Die Träume der erfolgsverwöhnten Rhythm Kings flogen zwar nicht auf den höchsten Gipfel, aber am Ende war der dritte Platz für uns ein Topergebnis, die heimatliche Presse, die uns vehement unterstützte, zweifelte allerdings das Urteil der Fachjury an und witterte Betrug, das Publikum im Sendesaal hätte eindeutig uns als Sieger gesehen.

Aber die Quakenbrücker Kings währten natürlich nicht ewig. 1966 gewannen wir noch einmal das Jazz Jamboree, doch nach 1967 liefen unsere Wege in viele Richtungen auseinander: Dieter «Pinko» Dietrich musste zum Bund und blieb danach in Quakenbrück, Dicki Tölle wurde Zahnarzt in Düsseldorf,

Klaus Urban wurde Professor für Hochbegabtenpädagogik in Hannover und danach ein sehr erfolgreicher Poetry-Slammer, Hans-Jürgen Wittmann wurde Oberstudienrat in Hamburg und spielte lange beim «Ballroom Orchestra», Kid John Rosolowski blies 2022 auch mit über 80 in Hamburg und Umgebung die Trompete bei den «Fidgety Feetwarmers», Wulf Wallrabenstein wurde Professor für Didaktik der deutschen Sprache an der Hamburger Uni, Uli Wittmann studierte Anglistik, Romanistik und Ethnologie, war Dozent in Nigeria und an der Sorbonne. Vor etwa 15 Jahren sah ich dann einen TV-Bericht über Michel Houellebecqs Roman *Möglichkeiten einer Insel*, da saß Uli neben dem Autor, er hatte die ersten großen Houellebecq-Erfolge ins Deutsche übersetzt. Noch wichtiger war seine Arbeit als Übersetzer der zahlrcichen Romane des französisch-mauritischen Autors J.M.G. Le Clézio, der 2008 den Literaturnobelpreis erhielt.

Und ich? Als ich den Rhythm Kings im Juni 1966 erklärte, ich könne beim Auftritt in Cloppenburg am 25. des Monats nicht mitspielen, weil ich zum Beatles-Konzert nach Essen fahren wollte, blickte ich in ungläubige, entsetzte Gesichter. Anscheinend hatten die Kollegen nicht mitbekommen, dass mein musikalisches Herz seit über einem Jahr bereits woanders schlug. Verbunden mit einer blasierten Arroganz dem Phänomen der neuen Popmusik gegenüber, die man sich noch nicht einmal angehört hatte, mündeten die Reaktionen der lieben Jazzer in blankem Unverständnis und kopfschüttelnder Ablehnung.

Egal, ich fuhr.

3
TICKET TO RIDE

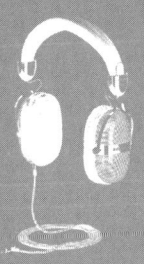

ICH SITZE IM TRIEBWAGEN VON QUAKENBRÜCK ÜBER Bramsche, Halen, Haste nach Osnabrück, meine frühere Schultour. Werden wir pünktlich am Hauptbahnhof sein? Um 16.55 Uhr startet dort der «Rasende John», einer der Sonderzüge, die meist jüngere Menschen aus allen Teilen des Landes rechtzeitig zum 21-Uhr-Konzert der Beatles, der größten Popsensation des Erdballs, nach Essen bringen sollen. Die anderen Züge haben findige PR-Manager mit entsprechenden Namen versehen, «Der fliegende Paul», «Der schnelle George», «Der rollende Ringo», «Die schnelle Michelle», der «Liverpool-Express» und der «Beat-Train», alles organisiert von *BRAVO*, Hummel Reisen und der Deutschen Bundesbahn. Kosten: 36 Mark für Hin- und Rückfahrt, dazu 13 Mark für einen Sitzplatz auf der Tribüne.

Ich haste die Treppen hoch, Osnabrück ist ein zweistöckiger Bahnhof, in dem sich zwei Hauptstrecken kreuzen, drängele mich durch aufgeregtes Geplapper in den Wagon. Es zeigt sich, dass der gute «John» kein Raser ist, er zuckelt gemächlich über Lengerich und Münster durch Westfalen, bei jedem Halt wird es voller und lauter. Haltern, Recklinghausen, Wanne-Eickel, Gelsenkirchen. Das Ruhrgebiet blickt an diesem kühlen Regentag wahrscheinlich noch düsterer drein. Ganz im Gegensatz zur besten Laune der Reisegesellschaft.

Um kurz nach halb acht dann Essen, der rasende John

spuckt uns in der Nähe des Grugaparks aus. Vor der Halle, die wie ein kantiger Schmetterling aus Beton daliegt, ein Meer von Menschen zwischen Absperrgittern und einem einschüchternden Heer von Polizisten mit Pferden und Schäferhunden. Die Vorfreude mutiert zu Stress, ich kämpfe mich durch Trauben transpirierender Teenager die Treppen hinauf zu meinem Platz, durchatmen, den Blick kreisen lassen. Aus jeder Ecke starrt mich protzige Werbung für *BRAVO* an, es ist mir richtig unangenehm, dass sich dieses Klatschblatt mit meinen verehrten Beatles brüstet. Ich mustere das Publikum, die meisten noch jünger als ich, aber auch Eltern und zahlreiche Interessierte über dreißig.

Ein ziemlich schmieriger, peinlich lauter Ansager eröffnet die Show. Die Rattles müssen als Erste auf die unspektakuläre Bühne und machen einen guten Job. St. Paulis Beatbotschafter rocken solide, ihr blonder sympathischer Frontmann Achim Reichel kann es mit jeder britischen Konkurrenz aufnehmen. Wären da nicht eigene Songs, die mich manchmal an Mitsing-Kracher aus Pfadfinderzeiten erinnern, nur in Beat-Version. Die nächste Band kenne ich aus den Lunchtime Radio Shows der BBC, dort zählen Cliff Bennett & The Rebel Rousers mit ihren populären Soulnummern zur Stammbesetzung. Ich finde sie großartig, besonders ihre Version einer neuen Beatles-Nummer «Got to Get You Into My Life», das westdeutsche Publikum fremdelt ein wenig, ist noch nicht bei amerikanischem R&B und Soul angekommen.

Das Kreischen wird immer lauter, die Leute unruhiger, aber noch ist es nicht so weit. Es folgt ein dritter Support-Act, Peter and Gordon, ein britisches Pop-Duo, das seine ersten Hits der Feder Paul McCartneys verdankt. Besonders «A World without Love», der Million-Seller von 1964, könnte direkt von einer frühen Beatles-LP stammen. Aber da sind ja noch engere Verbindungen, Familienbande, die angehimmelte Lady ist Peters Schwester. Seit drei Jahren lebt Paul mit der Schauspielerin Jane Asher zusammen, sie hat ihn zu einigen seiner schönsten Liebeslieder inspiriert, zu «And I Love Her» oder «Things We Said Today». Doch die Narben ihrer stürmischen Beziehung sind schon 1965 spürbar, in Songs wie «You Won't See Me» und «I'm Looking Through You» vom Album, das hintergründig «Seele aus Gummi» heißt, «Rubber Soul». Da scheinen die Wege der hochgelobten Schauspielerin und des umjubelten Weltstars schon auseinanderzudriften.

Eine letzte Pause, Helfer heben die berühmte Bassdrum mit dem Beatles-Logo auf ein Podest, schieben Verstärker heran. Es wird dunkel, der Ansager versucht, den aufbrausenden Lärm zu überschreien, wer braucht ihn schon? Alle springen auf, da schlendern sie in ihren smarten Anzügen entspannt scherzend auf die Bühne, schauen in die Runde, stöpseln ein, ein paar Töne zum Stimmen. Die Beatles sind seit Dezember nicht auf Tour gewesen, haben bis drei Tage vor ihrem Deutschlandbesuch im Abbey Road Studio zehn Wochen lang ihr siebtes Album «Revolver» aufgenommen, das im August erscheinen soll. Vier schnelle Gitarrenakkorde von John und rein in Chuck Berrys «Rock and Roll Music», das Kreischen ist unerträglich, vom Rest des Songs ist fast nichts zu erkennen. Wie soll das auch gehen, vier Musiker, aber nur zwei nicht einmal mannshohe Lautsprecherboxen gegen Tausende hysterischer Schreie, die Töne von der Bühne gehen in einer brausenden Brandung unter, ich wette, die Band kann sich selbst kaum hören. So kann es keinen Spaß machen, Musik live zu spielen. Ich finde die Songauswahl eigentümlich, einige simple Rock-'n'-Roll-Knaller, die leicht von der Hand gehen, auf die ich persönlich aber verzichten könnte. Dann aber auch große Single-Hits, die für die Bühne relativ kompliziert sind, «Day Tripper», «I Feel

Fine» oder «Paperback Writer», und drei ruhige Nummern, bei denen das Publikum tatsächlich etwas leiser wird, Johns «Nowhere Man», Pauls «Yesterday» und ganz überraschend als Walzer im Drei-Viertel-Takt «Baby's in Black», mit strahlenden und glücklicherweise auch mal hörbaren Harmoniestimmen von John und Paul. Nach elf Songs und knapp dreißig Minuten ist alles vorbei, Paul ruft «Auf Wiedersehen», es folgt eine Verbeugung, und weg sind sie. Hysterisch gekreischt wird immer noch, die Musik scheint eher Nebensache zu sein. Ich bin ein wenig verblüfft, dass der Auftritt so kurz war, und gleichzeitig enttäuscht über den Lärm der Zuschauer, der die Band fast zugedeckt hatte.

Raus aus der Halle, draußen das erwartete Chaos, einige Semi-Starke haben Litfaßsäulen umgeworfen. Schnell zur Haltestelle, der Rasende John steht schon bereit. Auf der Rückfahrt versickert das Adrenalin, und Müdigkeit übernimmt, it's been a hard day's night. Im Dämmerzustand wehen die Songs vorüber, die ich gern noch gehört hätte, hätte man denn etwas hören können. Für mich wäre unbedingt auf der Liste gewesen: «A Hard Day's Night», «All My Loving», «Can't Buy Me Love», «I Should Have Known Better», «If I Fell», «I'm a Loser», «I'll Follow the Sun», «Eight Days a Week», «Ticket to Ride», aber keiner will den Fahrschein sehen, «We Can Work It Out», ich träume, es wird alles gut, «Drive My Car», schrilles Erwachen, 2.15 Uhr, Endstation Osnabrück, kein Auto da für mich, es sind fünfzig Kilometer bis Quakenbrück, der nächste Zug fährt um sechs, ach ja, es ist Sonntag, also erst um sieben.

Im Wartesaal treffe ich auf Harald aus Diepholz, der im selben Zug saß und auch hier gestrandet ist. Wir gehen in die Innenstadt, finden eine Kneipe, die noch geöffnet ist, trinken Cola. Wenigstens haben wir ein Thema zum Reden. Zurück zum Hauptbahnhof, der Wartesaal ist zu. Ich setze mich auf die kalte Treppe, lehne mich an die Wand, döse ein. Irgendwann weckt mich ein Bahnpolizist, vielleicht denkt er, ich wäre von zu Hause durchgebrannt. Zeit für die Bahn nach Hause, zwischen Tran und Traum schwebe ich über die seufzenden holprigen Schienen. Es nieselt, in Quakenbrück läuten die Glocken von St. Marien, Frühmesse.

Kurz vor Weihnachten 1964 verlor Gerd die Geduld. Gerd Karrenbrock, ebenfalls Ministrant und Pfadfinder, war ein paar Wochen jünger als ich, ging eine Klasse tiefer. Schon damals überragte er mich aber um mindestens zwei Kopflängen, nebeneinander sahen wir aus wie Pat und Patachon. Seit Monaten lag er mir auf der Seele, ich solle doch endlich mal die Beatles hören, die ich stets mit der schnöseligen Überheblichkeit eines «Jazzmusikers» als substanzlose Wichtigtuerei abtat - dabei hatten die vier Briten in knapp zwei Jahren vier Top-LPs und zehn weltweite Single-Hits eingefahren und dabei alle amerikanischen Chart-Rekorde gebrochen. Diesmal ließ Gerd nicht locker, er drückte mir die gerade erschienene Single «I Feel Fine» in die Hand, ich hatte keine Ausrede mehr. Ich legte die Scheibe zu Hause auf den Plattenspieler, als Erstes kam ein sägendes Geräusch, das ich noch nie gehört hatte. Später lernte ich, dass es eine elektronische Rückkopplung, ein «Feedback» war. Das Geräusch verschmolz mit einer ziemlich trickreichen Gitarrenphrase, die von einem lebhaften Latin-Beat mit punktierten Tom- und Beckenschlägen angetrieben wurde, bevor Johns an das Gitarrenriff angelehnte Strophenmelodie im mehrstimmigen Harmoniegesang des Refrains mündete.

Dann ein hübscher achttaktiker B-Teil, dritte Strophe mit Refrain, ein kurzes Gitarrensolo mit Break, aus dem mächtige Tom-Schläge zurück zum Latin-Beat der Hauptmelodie führten, alles in 2 Minuten 20. Das war intelligent, frisch, schlau arrangiert und verblüffend originell.

Gerd sollte recht behalten, ich war rasch infiziert. Als Nächstes schleppte er mich in den ersten Beatles-Film, der gerade im Kino beim Bahnhof lief. Den Originaltitel «A Hard Day's Night» hatten die deutschen Verleiher mit dem dümmlichen «Yeah-Yeah-Yeah» ersetzt und sinnfremde Dialoge von bekannten Spaßmachern sprechen lassen. Egal, der Film war für mich die perfekte Nachhilfestunde. Ich spürte die Energie, das Charisma, den Charme und Witz der Musiker, ich war fasziniert von den extrem attraktiven Songs, ihren cleveren Ideen, ihren überraschenden eingängigen Melodien und hüpfte glückselig aus dem Kino.

Weiter ging die Aufholjagd, ich musste das aktuelle Beatles-Album haben. Dazu ging man zu Elektro Dähnke. Neben Kühlschränken, Lampen und Bügeleisen gab es dort alles fürs Sehen und Hören, Fernseher, Radios, Plattenspieler, gerne auch kombiniert in monströse Musikschränke verbaut, und die dazugehörigen schwarzen Scheiben. Die Auswahl von Platten war begrenzt, Hits waren vorhanden, alles andere wurde geordert. Das vierte Beatles-Album mit dem ironischen Titel «For Sale» gab es nicht im Ausverkauf, um die zwanzig Mark musste ich dafür hinblättern. Nach dem überschwänglichen Sturm und Spaß von «A Hard Day's Night» überraschte mich vor allem John Lennon mit dunkleren Tönen. In «No Reply» klagte er zu Folk-Gitarren die untreue Freundin an und schrie als Refrain ein fast hysterisches «I nearly died» heraus, das klang wie echter Schmerz eines Betrogenen. Ich hörte mir genau die Texte an, versuchte zu verstehen, worum es ging, für irgendetwas mussten sieben Jahre Englisch doch gut sein. Gleich danach folgte «I'm a Loser», das bittere Bekenntnis eines Versagers, der nicht das sei, was er vorgebe. Auch das erinnerte eher an einen Folksong, an eine Geschichte aus dem wahren Leben, als an ein fröhlich-naives Heile-Welt-Lied.

Mich hatte die Neugier gepackt, ich versuchte auf allen Wegen, mich über die neue Musik von der Insel zu informieren. Da in unseren heimischen Radiosendern noch Funkstille herrschte, war das englische Programm von Radio Luxemburg, das von London aus auf Mittelwelle gesendet wurde, eine nützliche Quelle, dazu das BBC-Programm, das mit starken Schwankungen auf der Langwelle zu hören war. Noch wichtiger wurde der Fakt, dass wir in der früheren britischen Besatzungszone lebten und rund um Osnabrück britisches Militär stationiert war. Das wurde von einem eigenen Radioprogramm, BFBS, dem British Forces Broadcasting Service, versorgt. Neben vielen hausgemachten Shows übernahm der Sender bekannte Produktionen des Musik- und Entertainmentprogramms der BBC, das bis 1967 «Light Programme» hieß, also «leichte Kost». Dafür waren die Sendungen, die auch in Deutschland über UKW zu empfangen waren, schwergewichtig, zum Beispiel der «Saturday Club», für den die berühmtesten Bands der Insel ins BBC-Studio kamen und ihre neuen Songs live vorstellten, oder die Lunchtime Shows, die direkt aus dem BBC-Theater im Londoner Westend übertragen wurden und angesagte Acts wie Tom Jones oder Dusty Springfield live präsentierten, aber auch die heißesten Rockbands. Da konnte es durchaus passieren, dass zur Mittagszeit Keith Moon, der exzentrische Drummer von The Who, live im BBC-Radio sein Schlagzeug zertrümmerte.

Ich war damals immer im Zeitstress, denn ich wollte neben meinen Aktivitäten als Schüler, Messdiener, Lektor, Pfadfinder und Jazzer nichts im Radio verpassen. Also bestellte ich mir über Kleinanzeigen, die in vielen Zeitschriften abgedruckt wurden, ein tragbares Mini-Radio mit Ohrhörern. So konnte ich ständig on air sein, beim Mittagessen, Abendbrot, abends im Bett. Ich war dabei so geschickt, dass die Familie meine neue Leidenschaft oft gar nicht bemerkte. Bei uns sah es kaum anders aus als in einem Haushalt des Jahres 2022, mit dem Unterschied, dass Smartphone und Mini-Ear-Plugs heutiger Kids schicker und effektiver sind als mein Equipment von 1965.

Mit der Zeit entdeckte ich immer neue Töne aus dem Äther, die von Schiffen in der Nordsee ausgestrahlt wurden, Ziel der werbefreie Radiomarkt des United Kingdom. Die «pirate stations» lagen außerhalb der 3-Meilen-Zone vor der Küste und brauchten daher keine Lizenz. Radio Caroline war der älteste und bekannteste Piratensender, ein kommerzielles Hitradio auf dem Wasser. Mir aber gefiel der kleinere Konkurrent Radio London viel besser, sein Musikangebot war frischer, aktueller, die Jingles witziger. Die Discjockeys, die ihre Musik, darunter die aktuellsten Neuerscheinungen, selbst aussuchten und darüber redeten, waren außergewöhnlich, der aalglatte Tony Blackburn, der kreative, überdrehte Kenny Everett und mein Held, der coole, gelassene Musikpionier John Peel. Nachdem die britische Regierung 1967 den Betrieb der Piratensender durch ein neues Gesetz untersagt hatte, sollten alle drei, jeder in seiner Sparte, auf dem Festland bei der BBC zu Legenden werden. Das Schiff aber, ein ausgedienter Minensucher, landete in Kiel, wo es 1979 sank und später verschrottet wurde.

Ich wollte alles über die neue Musik aus Großbritannien erfahren, ich nannte sie so, weil mir der gebräuchliche Begriff «Beatmusik» zu begrenzt war, die «neue Musik» passte eben nicht nur in eine Schublade, sie beschrieb Folk, Rock, Pop,

Blues und das, was aus Rhythm & Blues wurde, Soul. In deutschen Zeitungen und Zeitschriften wurde sie aber kaum registriert. Ich hatte herausgefunden, dass in England wöchentlich Musikzeitungen über die Popszene erschienen, also abonnierte ich das erfolgreichste Blatt, den *New Musical Express*, kurz *NME*. Kompliziert war die Bezahlung, ohne eigenes Bankkonto und weit entfernt von SWIFT. «International Postal Order» war das Zauberwort, ich ging ins Postamt, zahlte den Betrag, der dann als Postanweisung nach England geschickt wurde. So hielt ich es auch bald beim Kauf von LPs, die ich mir direkt in England orderte. Das lief meist schneller als die Bestellung bei Elektro Dähnke und hatte den Riesenvorteil, dass ich die Originalhüllen mit Texten und anderen Zusatzinfos in der Hand hielt, die bei den deutschen Veröffentlichungen oft fehlten, weil man sie für das hiesige Publikum für überflüssig hielt oder einfach Druckkosten sparen wollte.

Jede Woche bekam ich nun frische Storys, Interviews, Hintergrundinformationen, Kritiken von Platten und Konzerten per Luftpost ins Haus geliefert. 1965 blühte auf zu einem turbulenten wegweisenden Jahr, den Liverpooler Vorreitern folgten viele andere Bands aus allen Richtungen. Die Londoner Rolling Stones hatten schon im Jahr davor mit ihrer aufmüpfigen Variante des Rhythm & Blues die Szene aufgemischt und setzten nun mit eigenen persönlichen Statements Rock-Meilensteine wie «Satisfaction» oder «Get Off of My Cloud», aber auch mit emotionalen Balladen wie «Time Is on My Side» oder «Play with Fire». Das bis heute geübte Spiel «Beatles oder Stones» konnte ich nie nachvollziehen, die Bands waren völlig unterschiedlich, die Beatles vielleicht kreativer und raffinierter, die Stones vielleicht schnörkelloser und wilder, aber beide fantastisch in ihrer Art. Gerd und ich waren überzeugte Beatles-Fans, aber wir spielten liebend gerne Stones-Nummern bei gemeinsamen Sessions, und keiner konnte «Play with Fire», dieses geheimnisvolle Lied, intensiver singen als der zukünftige Notar Gerd. Ein anderes Session-Highlight war der Animals-Hit «The House of the Rising Sun», ursprünglich ein Folksong aus dem amerikanischen Süden, dem die Band um den kernigen Sänger Eric Burdon nun 1965 weitere R&B-Covers folgen ließen. Die klangen so überzeugend, als seien sie in einem Keller in Newcastle und nicht in Memphis oder New York erdacht worden. Die Riff-Könige des Jahrgangs waren die Kinks, die schon 1964 mit dem kantigen «You Really Got Me» und dessen Nachfolger «All Day and All of the Night» eine Marke geschaffen hatten. Riffs nannte man die kurzen, prägnanten «Leitmotive», meist von Gitarren gespielt, die ein klares Ausrufezeichen setzten, meisterlich beherrscht von den Stones und eben den Kinks. Die bestätigten mit «Tired of Waiting for You» und «Set Me Free» ihren Rang, bevor ihr Sänger und Songautor Ray Davies begann, in cleveren, hintersinnigen und musikalisch luftigeren Songs sein England zu beobachten, die Klassenunterschiede, die Scheinheiligkeit «anständiger» Bürger, die Traditionen, Freuden, Nöte und fehlenden Perspektiven der unteren Schichten. «A Well Respected Man», «Dedicated Follower of Fashion», «Sunny Afternoon», «Dead End Street» oder «Waterloo Sunset» waren brillante Zeitaufnahmen und hinterließen einen derart nachhaltigen Eindruck, dass ich sieben Jahre später an der Uni meine Examensarbeit im Fach Anglistik darüber schreiben sollte.

In den Konzertanzeigen des *NME* waren die Termine des Crawdaddy Club in Richmond, einer Vorstadt im Westen Londons, eine feste Größe. Einen Namen las ich immer wieder, The Yardbirds, sie hatten den US-Bluesstar Sonny Boy Williamson auf Tour begleitet und im Herbst 1964 die Stones als Hausband des Clubs abgelöst. Gitarrist der Band war der junge Eric Clapton, der im März 1965 für Schlagzeilen sorgte, weil er als Bluesliebhaber die kommerzielle Ausrichtung der neuen Yardbirds-Single ablehnte und die Band spontan verließ. Clapton blieb dem Blues treu, wurde Mitglied von John Mayalls Bluesbreakers und nahm mit ihnen eines der besten Bluesalben der 60er-Jahre auf. Die Yardbirds-Single «For Your Love» erfüllte ohne Clapton als weltweiter Top-Hit ihre Intention, neuer Gitarrist wurde der für seinen singenden, verzerrten Ton berühmte Jeff Beck. Mit dessen Soundexperimenten sorgte die Band in den folgenden zwölf Monaten für aufregende, meist dunkel gefärbte Rockklassiker – gekrönt im Februar 66 vom fulminanten «Shapes of Things», dessen Gitarren-Power und Dynamik die Rock-Epen der Psychedelic-Bands aus San Francisco oder von Led Zeppelin vorwegnahmen. Nicht zufällig half damals der spätere Led Zeppelin-Gründer Jimmy Page als Bassist und zweiter Gitarrist bei den Yardbirds aus.

Aus den Westlondoner Stadtteilen Acton und Ealing katapultierte sich eine Band von kaum 20-Jährigen auf die immer voller werdende Szene. Angeführt vom Kunststudenten Pete Townshend nannten sie sich forsch, provozierend und kurz The Who, ihre explosiven Liveauftritte im Marquee und anderen Clubs machten sie zu Lieblingen der Mods. Die Mods vertuschten Klassenunterschiede durch schick aussehende, oft sogar maßgeschneiderte Anzüge und Blousons und waren eine sehr populäre Jugendbewegung Englands, die sich im eifrigen Konflikt zu den verfeindeten Rockers befand, deren Statussymbole beschlagene Lederjacken und laute Motorräder waren. Klang ihr erster Hit «I Can't Explain» noch wie eine jüngere Kopie der Kinks, schlüpften The Who im Mai 65 mit einem Knall aus ihrer Schale. «Anyway, Anyhow, Anywhere» war eine juvenile Unabhängigkeitserklärung, wir können alles, und zwar wie und wo wir wollen, musikalisch demonstriert durch ein Gewitter aus Keith Moons donnernden Trommelschlägen, Townshends krachenden Gitarren, Rückkopplungen und scharfen Sägetönen, die entstanden, wenn man das Plektrum hart über die elektrisch verstärkten Saiten zog. Ich hatte noch nie Derartiges gehört, und auch die berühmteren Kollegen in der Abbey Road registrierten diesen Soundvulkanausbruch mit Sicherheit. Sechs Monate danach krönten The Who ihr Jahr 1965 mit «My Generation», einer entfesselten Rock-Ode gegen das Establishment der Älteren, mit gestottertem Gesang und heftigen Breaks, die von einem spektakulären Bass-Solo befeuert wurden, und wild wirbelnden Drums im Finale – alles sei, wie Townshend schnell in der Musikpresse nachlegte, aber nicht todernst gemeint, besonders die Zeile «Hope I die before I get old ...».

«My Generation» war ein Instant-Klassiker, erreichte Platz 2 in den UK-Single-Charts, die im Spätherbst 65 eine schrille Mischung aus «altem» und «neuem» Pop zeigten, mit Cliff Richard, Ken Dodd, den Everly Brothers, Chris Andrews, Gene Pitney oder den Seekers neben Stones, Bob Dylan, Yardbirds, Animals, Small Faces und eben The Who.

Die neuen Bands aus England schienen in Großbritannien die eingefahrenen Klassengrenzen zwischen Working Class, Middle Class und Establishment etwas aufzuweichen, ihr unkonventionelles Aussehen, auch ihr respektloses Auftreten symbolisierten die Befreiung von den gesellschaftlichen Traditionen und Zwängen der älteren Generation und die Schaffung einer neuen, eigenen Kultur. Für mich war dieser Generationenkonflikt nichts Neues, meine Eltern hatten schon unsere Sympathie für den Jazz schwarzer Amerikaner nicht verstanden, wie konnte es bei den «schrägen» und «ohrenbetäubenden» Klängen junger langhaariger Briten anders sein? Aber immerhin tolerierten sie meine Vorlieben, ich hatte Raum und Zeit, in die neue Welt einzutauchen. Der einzige größere

Streitpunkt war die Frisur. Selbst wenn meine Haare kaum die Ohren berührten, erntete ich missbilligende Kommentare, nicht nur zu Hause, sondern auch in der Schule vom Herrn Direktor, dem Major, der mich anschnarrte: «Urban, Sie müssen zum Friseur!»

Ab und an versuchte ich dennoch, meine Eltern von meiner neuen Leidenschaft zu überzeugen, aber selbst liebliche Beatles-Lieder fanden keine Gnade. Da griff ich zu einem Trick: Ich übte am Klavier «Yesterday» im klassischen Stil ein und präsentierte es ihnen unverfroren als ein unbekanntes Stück von Bach, das ich gerade gelernt hatte. Die Reaktion: freudige Zustimmung und großes Lob, der Junge wird ja doch noch vernünftig! Umso heftiger dann das ungläubige Staunen, als ich den wahren Komponisten verriet, doch ein Eingeständnis kam ihnen nicht über die Lippen.

Die Beatles, die nicht einmal Mitte 20 waren, absolvierten während dieses epochalen Jahrs 1965 gleich drei Tourneen, in Europa, im UK und in den USA, spielten im Shea Stadium in New York vor 55 000 Menschen, drehten einen zweiten Film mit Richard Lester, die Abenteuer-Komödie «Help!», der in Deutschland als «Hi-Hi-Hilfe» in die Kinos kam, und produzierten zwei LPs in den vertrauten Londoner EMI Studios in der Abbey Road. Trotz der belebenden Konkurrenz war für mich ein neues Beatles-Werk noch immer *das* herausragende Ereignis. Im August erschien das Album zum Film und fiel gleich überraschend mit dem Refrain ins Haus, da schrie jemand um Hilfe, wollte aus seiner Krise heraus wieder auf die Beine zu kommen, das klang für mich ehrlich, persönlich. Die Seelenbekenntnisse setzten sich fort, Lennon sang in «You've Got to Hide Your Love Away» mit belegter Stimme geradezu intim darüber, seine Gefühle verstecken zu müssen, alles in einer keltisch angehauchten Folkballade im Sechs-Achtel-Takt.

Genauso verblüffte und beeindruckte mich McCartneys «I've Just Seen a Face», noch eine akustische Perle in Folktradition mit schnell fließenden Melodieschritten, die perfekt auf die Worte passten, mit denen die Story einer flüchtigen Begegnung erzählt wurde. Und dann natürlich «Yesterday», mit dem ich meine Eltern so grandios täuschen sollte. Es war ein genialer Einfall Pauls, seine hübsche nostalgische Gitarrenballade mit einem klassischen Streichquartett zu veredeln.

Der Mut, die Freiheit, immerzu stilistische Schubladen zu ignorieren, begeisterten mich. Aber woher kam die verstärkte Neigung zu Folk-inspirierten persönlichen Songs? Die Antwort lag nah und fern auf der anderen Seite des Atlantiks, Lennon und McCartney erzählten in Interviews, wie sehr sie Bob Dylan und die Folk- und Protestsongszene in den Staaten schätzten. Die vier Briten hatten Dylan Anfang 1964 in New York kennengelernt und waren von dieser coolen, geheimnisvollen Persönlichkeit schwer beeindruckt, besonders Lennon schien motiviert, öfter über das zu schreiben, was ihm auf der Seele brannte.

Dylan war mir ja schon seit Lagerfeuerzeiten vertraut, aber in den Jahren danach fehlte mir schlicht der direkte Zugang zu seinen großen Alben der Jahre 1963/64 mit ihren politischen und sozialkritischen Songs oder eher Song-Gedichten. Ich besaß die Platten ganz einfach nicht, in deutschen Radiosendern gab es noch immer kaum internationale Musik zu hören, und die früheren Dylan-Songs waren auch für die britischen Pop-Stationen an Land und auf See zu speziell. So erfuhr ich nur aus zweiter Hand von Meisterwerken wie «Masters of War», «A Hard Rain's a-Gonna Fall», «The Times They Are a-Changin'» «With God on Our Side» oder «Chimes of Freedom». 1965 erhöhte Dylan seinen kreativen Output noch einmal, zunächst rüttelte er im Frühjahr mit einem von elektrischen Gitarrenriffs angetriebenen Talking Blues, dem «Subterranean Homesick Blues», einem beißendem Sozialkommentar, an den Pop-Charts. Das dazugehörige Album «Bringing It All Back Home» quoll über mit wunderbar warmen Liebesliedern wie «Love Minus Zero/No Limit», aber auch mit den dunklen Visionen von «It's Alright, Ma (I'm Only Bleeding)».

Als ich jedoch in einem meiner Sender die ersten Takte von «Like a Rolling Stone» hörte, das Intro von Piano, Orgel und elektrischer Gitarre, der wiegende, aber feste Beat, und dann die schneidende Stimme Dylans mit den sarkastischen Zeilen über den Abschied von Privilegien, raste ich mit dem Fahrrad sofort in die Stadt, um die Single zu kaufen. Ich fühlte, ich hielt etwas für die Ewigkeit in der Hand. Folkpuristen trugen in der britischen und amerikanischen Presse den Streit aus, ob Dylan, der in seiner Jugend in Minnesota schon Rock'n'Roll gesungen hatte, aber in New York als Folksänger bekannt geworden war, nun mit elektrischen Gitarren und Rockband-Besetzung spielen durfte. Ich hielt diese Diskussion für völlig überflüssig. Wer nicht bemerkte, dass hier ein Künstler mit neuen Ausdrucksmitteln ein bedeutendes musikalisches und poetisches Statement abgab, wer sich mal wieder nur darum sorgte, ob der neue Song in die gewohnte Zutatenschublade passte, der hatte auch Dylans frühere Songs über Veränderung, Ungerechtigkeit und Intoleranz nicht richtig begriffen – «Like a Rolling Stone» war ein monumentales Ausrufezeichen, das Signal des Aufbruchs zur perfekten Symbiose von Folk und Rock mit der Botschaft einer beißenden Bilanz des sozialen Abstiegs und des Abschieds von naiven bürgerlichen Jugendträumen.

Dass Dylans Songs auch durch etwas anderes als Folkgitarren überzeugen konnten, hatten Anfang 65 schon The Byrds aus Kalifornien demonstriert, eine der ersten amerikanischen Rockbands, die Aufsehen erzeugten. Ihre Versionen von «Mr. Tambourine Man» und «All I Really Want to Do» machten aus den eher spröden Dylan-Originalen attraktive Popnummern, mit dem typischen Klang der 12-saitigen Rickenbacker-Gitarre und sonnigen Harmoniestimmen. Das Rezept funktionierte auch bei nicht-Dylan-Songs, die Fassung von «Turn! Turn! Turn!», das der Folkpionier Pete Seeger zu einem Text aus dem Alten Testament verfasst hatte, schloss das Byrds-Jahr 1965 fulminant ab. Bei eigenen Kompositionen von Gene Clark, Jim McGuinn, Chris Hillman und David Crosby bestätigten die Byrds in den kommenden Monaten diese Qualität, das machte sie zu hochinteressanten Neu-Mitgliedern meiner «Class of 65».

Ich sammelte Singles, LPs konnte ich mir nur gelegentlich leisten, und zu den frühesten gehörte ein Song des 19-jährigen schottischen Folksängers Donovan Leitch. «Catch the Wind» war eine träumerische Ballade, romantisch in den Wind gehaucht. Ich liebte Donovans helle zarte Stimme mit dem eingebauten Vibrato, er wirkte wie ein lockiger Puck, den die Elfen aus dem Sommernachtstraum entführt hatten. Doch damit erzählte er nicht nur entrückte Geschichten, schmerzhaft konkret war seine Version des anklagenden Anti-Kriegsliedes «Universal Soldier», das bald darauf als EP mit vier Songs auf einer Singleplatte erschien. Geschrieben hatte es Buffy Sainte-Marie, eine Nachfahrin amerikanischer Ureinwohner vom Stamm der Cree.

Den größten Zauber beschwor die poetische Vision einer Londoner Straßenszene in «Sunny Goodge Street» vom zweiten Album «Fairytale», ich klaubte mir den Text zusammen und hörte da zum ersten Mal von «violent hash smokers», die in ihrem Appetitanfall einen Schokoladenautomat schüttelten, in ihrer Bekifftheit auf Neon beleuchteten Straßen herumstolperten, während man die Sonne trinkt, Jazz von Mingus hört und leise seufzt, «my my, they sigh». Musikalisch bebildert wurden diese Sketche mit einer cool swingenden Jazzballade in 6/8, fantasievoll instrumentiert mit Cello, Kontrabass, Jazzbesen und der Querflöte des renommierten Jazzmusikers Harold McNair. Dazu sang Donovan so intim und einfühlsam, als wäre er in einem New Yorker Jazzlokal und nicht in schottischen Folkclubs aufgewachsen. «Sunny Goodge Street» war ein zeitloses Juwel, das schon 1965 keine riesige Aufmerksamkeit fand, aber sicher das Kaleidoskop von Poesie und verschmelzenden Musikstilen in den späten 60er- und 70er-Jahren vorwegnahm – was ich noch nicht ahnen konnte, aber vielleicht fühlte, weil diese Art von musikalischer Schrankenlosigkeit perfekt meiner vielfarbigen Geschmackspalette entsprach.

Ähnlich zarte, reine Stimmen erklangen im Spätherbst 65 mit den Worten «Hello darkness, my old friend ...», die einem Duo mit einem seltsamen Namen gehörten, der zu einer exklusiven Marmeladenmarke oder einem Kräutertee gepasst haben könnte, «Simon and Garfunkel». Der eine, Paul Simon, hatte den elegischen Song geschrieben, von dem ich erst dachte, er sei ein verfrühtes Weihnachtslied, wegen der Ähnlichkeit mit einem Choral und den Gitarren, die wie Glocken klangen. Dazu kam, dass der andere, der Arthur – kurz Art – Garfunkel hieß, die volkstümliche Melodie geradezu engelsgleich sang. Doch der Autor erklärte bald, dass «Sounds of Silence» als Bild für Entfremdung und fehlende Kommunikation gemeint war, was eigentlich nur bedingt mit dem «Fest der Liebe» zu tun hatte.

Die beiden Musiker kannten sich bereits aus der Schule, Simon hatte als Sechzehnjähriger mit seiner Schulfreundin Carole King für Musikverlage in Manhattan Demos aufgenommen und war dann von der Folkszene in Greenwich Village angelockt worden. Das Duo mit Art wurde dort von Columbia, der Firma, die auch Dylan unter Vertrag hatte, entdeckt und engagiert, ein Debütalbum war 1964 wenig erfolgreich, aber es enthielt die Originalfassung von «Sounds of Silence» als akustischem Folksong. Dann verließ Simon New York und zog nach England, Garfunkel ging wieder zur Uni. Inspiriert vom Charterfolg der Byrds nahm sich Mitte 65 ihr Produzent Tom Wilson die Aufnahmebänder, heuerte einige Studiomusiker an und verwandelte das schöne, aber erfolglose Original in eine dynamische Folkrocknummer, ohne Wissen oder Mitarbeit der Künstler. Simon war gerade bei Auftritten in Dänemark, als er das Musikfachblatt Billboard aufblätterte und sah, dass sein Song weit oben in den Charts war. Sein englischer Freund Al Stewart spielte ihm den Hit vor, Paul war zunächst von der neuen Version mit Bass und Schlagzeug schockiert, doch der überragende Erfolg übertönte alle Zweifel. Schon im Januar 66 folgte der nächste Simon-&-Garfunkel-Hit «Homeward Bound», geschrieben von Simon bei einer Zugfahrt während seines englischen Exils.

All solches Detailwissen verdankte ich dem *New Musical Express* oder der BBC, die Singles und Album-Tracks saugte ich mir aus dem Äther, vorzugsweise nachts unter der Bettdecke, und eine leuchtende Musikwelt erwachte, in der zunehmend Stimmen und Grooves des Schwarzen Amerika auftauchten. Fast alle britischen Bands waren von Rock'n'Roll, Blues und Rhythm & Blues aus den USA geprägt worden, sie hatten die Musik der afroamerikanischen Künstler nachgespielt, Künstler, die in ihrer Heimat meist auf den eingeschränkten Konzert- und Plattenmarkt der Afroamerikaner angewiesen gewesen waren. Jetzt bekamen sie zunehmend die Aufmerksamkeit der weißen Öffentlichkeit, auch weil ihre Musik durch die Coverversionen der Beatles, Stones, Animals und anderen popularisiert worden war und durch Verschmelzung von weltlichem R&B, religiösem Gospel und Pop neue Attraktivität für ein breites Publikum erhalten hatte: Soul.

Schon Anfang 65 kam mir eine überwältigende Stimme zu Gehör, die all das in sich vereinte, Blues, Gefühl und tiefste Seele, die Stimme von Otis Redding, einem 24-jährigen Sänger und Songschreiber aus Georgia. Die Stones hatten schon Höhepunkte aus seinem Repertoire gecovert, darunter «Pain in My Heart» und «That's How Strong My Love Is», jetzt lernte ich die Originale kennen und merkte, wie einzigartig dieser Stimmvulkan war. Zum Beweis legte Redding im selben Jahr noch drei Klassiker nach, das beschwörende, hochintensive «I've Been Loving You too Long», das pumpende, fordernde «Respect» und das vorwärtstreibende «I Can't Turn You Loose». Aber Redding war nicht allein, auch andere Künstler des Labels Stax aus Memphis trafen mit Groove und Soul direkt in Beine, Bauch und Herz und reihten Hit an Hit, Wilson Pickett, Don Covay, Sam & Dave, Carla Thomas oder Booker T. & The M.G.'s. Aus Detroit kam vom Label Tamla Motown ein ebenso erfolgreicher Sound, der Soul und melodiestarken Pop sehr clever vermixte. Die Frauentrios Marvelettes, Supremes, Martha & The Vandellas oder Stars wie Marvin Gaye, Smokey Robinson & The Miracles, The Four Tops und Junior Walker & The All Stars dominierten die Hitlisten und sicherlich auch bald die Tanzflächen – nur nicht in Quakenbrück beim Tanztee im Saal Mauermann.

Den Vogel schoss jedoch Ende des Jahres ein 15-jähriger blinder Junge ab. Kaum dem Stimmbruch entwachsen, jubilierte Stevie Wonder ekstatisch sein «Uptight» über den Atlantik, angefeuert von einem strammen Beat, stechenden Bläsern und dem Motown-typischen Bass-Rückgrat des genialen James Jamerson. Der Detroiter Studiomusiker prägte mit seinem virtuosen, aber immer rhythmisch fundierten Stil unzählige Bassisten, auch Paul McCartney erklärte schon damals, stark von Jamerson beeinflusst worden zu sein.

Überprüfen konnte man das noch im Dezember, als «endlich» die neue Beatles-LP erschien, dabei war die letzte gerade mal vier Monate alt. Gleich beim ersten Song, «Drive My Car», demonstrierte McCartney seine dominanten Bassläufe, weiter bei «You Won't See Me» und dem an einen Soul-Groove angelehnten «The Word». Selbst in ruhigeren Stücken wie «Nowhere Man» oder «Michelle» brillierte er mit fantasievoll gesetzten Tonfolgen, die den Spannungsbogen der Melodien und Harmonien gekonnt erweiterten. «Michelle» war ein süßes französisch angehauchtes «Chanson» aus der Feder Pauls, das mit verminderten Akkorden und einem jazzigen Gitarrensolo neue Türen aufstieß. Genau wie Lennons desillusionierte Liebeserklärung in «Girl» mit seinem vielstimmig geseufzten Refrain und dem griechischen Ambiente von Bouzouki-Klängen. Ganz stark zog mich ein Sound an, mit dem Lennons Refrain bei «Norwegian Wood» gedoppelt wurde, für Popmusik ein absolutes Novum. Es war eine Sitar, ein indisches Saiteninstrument, das George Harrison durch seine Beschäftigung mit fernöstlichen Philosophien und seine Liebe zur Musik des Virtuosen Ravi Shankar kennengelernt hatte. Sie passte fabelhaft zu der mysteriösen Geschichte, die John besang, von einer kurzen unbefriedigenden Affäre, die mit angezündetem Mobiliar aus norwegischem Holz endete. Das roch wiederum nach der inspirierenden Nähe zu Bob Dylan.

Begleitet wurde «Rubber Soul» von einer Single mit zwei A-Seiten und den Songs «Day Tripper» und «We Can Work It Out», die beide aber nicht auf dem Album enthalten waren, wie ich enttäuscht feststellen musste. Gerade «We Can Work It Out» faszinierte mich, es besaß einen warmen, einnehmenden Klang, der durch ein ungewöhnliches traditionelles Instrument erzielt wurde, ein Harmonium, dazu eine optimistische, runde Strophenmelodie von Paul mit der Botschaft, «wir kriegen das hin», ging es da wieder um die Beziehung zu Jane Asher? Der Song war ganz deutlich eine Gemeinschaftsarbeit der beiden Chefkomponisten, denn im Mittelteil konterte Lennon, der Mahner, das Leben sei zu kurz, um ständig zu streiten. Ein kurzer rhythmischer Break von Vier-Viertel zu Drei-Viertel und zurück, und wir waren wieder beim positiven Paul, denn am Ende ergänzten sich beide Aussagen, wir wollen Harmonie! Was für ein großer Song und ein glorreicher, weihnachtlicher Abschluss des Jahres – ohne Sounds of Silence.

Nun war es an der Zeit, den neuen Beatles-Werken nicht nur staunend zuzuhören, sondern sie eigenhändig selbst auszuprobieren. Eigentlich spielte ich zum Nachspielen das falsche Instrument, Gitarre hätte besser gepasst. Dennoch fummelte ich mir am Piano die Akkorde für Strophen, Refrains und die B- oder C-Teile heraus, die man in Englisch «bridge» nannte. Beatles-Songs klangen ja meist so eingängig, dass man schnell auf die Idee kam, das sei doch leicht nachzuspielen. Aber immer wieder kam ich an Punkte, wo ein Zwischenakkord oder Harmoniewechsel eingebaut war, wo der Rhythmus umsprang oder ein Takt im Übergang weggelassen wurde, sodass man sich fragte, wie haben die das jetzt wieder gemacht? Auch fiel auf, wie wichtig gewisse Gitarrenphrasen oder Bassläufe für die Wirkung eines Stücks waren, Dinge, die am Klavier schwer nachzuvollziehen waren. Was sich einfach anhörte, steckte in Wahrheit voller Raffinesse. Vielleicht war das der Grund, warum Gerd und ich uns lieber an die Stones-Nummern heranwagten, wenn wir Musik machten, die waren definitiv einfacher zu spielen.

Im deutschen Radio waren die Beatles immer noch nicht präsent. Doch im Herbst 65 war etwas Außerordentliches geschehen, eine TV-Show mit neuer Musik wurde ins Leben gerufen, und das im Deutschen Fernsehen! Der «Beat-Club» von Radio Bremen, modelliert nach den britischen Shows «Top of the Pops» und «Ready Steady Go», war eine Erleuchtung, die einmal im Monat samstags nachmittags aufblitzte. Durch die Show führten der Bremer Club-DJ Gerd Augustin, der aber bald vom britischen Radio-Caroline-DJ Dave Lee Travis ersetzt wurde, und die Architekturstudentin Uschi Nerke, die wie eine Kopie der «Ready Steady Go»-Moderatorin Cathy McGowan aussah und zudem Ähnlichkeit mit der Emma-Peel-Darstellerin Diana Rigg in der TV-Serie «Mit Schirm, Charme und Melone» hatte. Zwar manchmal zu schrill und uninformiert moderiert, gab uns die Show nichtsdestotrotz die Chance, unsere Bands visuell zu erleben und dazu die Promotion-Filme zu neuen Songs zu sehen, die die ganz Großen, also Beatles und Stones, drehten, um nicht in den Live-TV-Shows antreten zu müssen. Bremen wurde feste Anlaufstation für britische und amerikanische Bands, auch weil es Initiator und Regisseur Mike Leckebusch perfekt gelang, die Musiker in Aktion abzulichten. Ich konnte damals noch nicht ahnen, dass ich sieben Jahre später in einer der letzten Folgen der Show als Interviewer und Moderator selbst im Bremer Studio stehen würde.

Während meiner musikalischen Entdeckungsreisen hatte ich ja eigentlich noch einen Hauptjob als Gymnasiast der 12. Klasse. In Niedersachsen begannen die Schuljahre bisher im April, 1966 sollte der Anfang auf August/September verschoben werden, und das betraf unseren Jahrgang, unser letztes Jahr sollte nur von April bis September gehen, einschließlich der Sommerferien. Ich hatte nichts dagegen, dumm nur, dass jetzt diskutiert wurde, ob wir in dieser kurzen Zeit auch noch die traditionelle Abiturreise unternehmen durften. Unser Englischlehrer Friedrich «You See» de Buhr, ein kerniger Ostfriese, boxte die Reise bei der Schulleitung durch. Ich war ihm besonders dankbar dafür, denn Ziel sollte der Ort sein, um den meine Gedanken im letzten Jahr hauptsächlich gekreist waren: London.

Unsere Klasse, der Lateinzweig 13 l, war auf elf Mitglieder geschrumpft, zehn männliche und ein weibliches, Annelene, zwei Jahre älter als der Rest und um Längen reifer. Anfang Juni ging es los, mit dem Zug nach Hoek van Holland, von da mit der Fähre nach Harwich und weiter per Bahn zur Liverpool Street Station im Osten Londons. Was für eine andere Welt im Vergleich zum beschaulichen Quakenbrück, die Masse der schnell in alle Richtungen strömenden Menschen, die Lautstärke der roten Busse, Autos und Taxen, das ständige Hupen, die Abgase. Dann die ewig langen Rolltreppen in die Tiefe, die schmalen Gänge und zugigen Tunnel, die schweren ungewohnten Gerüche in der U-Bahn, der Tube, mit der wir auf der Central Line über Oxford Circus und Notting Hill Gate zum Youth Hostel im Holland Park, Kensington fuhren. Die ersten Ausflüge per Bus, Tube und zu Fuß offenbarten, wie anders als im heimischen Deutschland 1966 das Leben in der Hauptstadt des Vereinigten Königreichs war, und das lag nicht nur am Linksverkehr, der uns zu Beginn oft beim Überqueren der Straßen gefährlich wurde. Auf denen fuhren erst wenige Fabrikate vom Kontinent, was Autonarr Achim in Verzückung versetzte, vom Morris Minor bis zum dicken Bentley, er bekam all das hautnah serviert, was man nur aus englischen Filmen kannte. Dann das Essen, wir entdeckten die Schnellrestaurants von J. Lyons & Co., kantinenartige Läden mit Selbstbedienung und für uns exotischem Menü: Fish and Chips, Yorkshire Pudding oder Sheperd's Pie, Alternative waren die vielen Lokale der aus den USA stammenden Fast-Food-Kette Wimpy, da gab es außer normalen Sandwiches etwas, was wir noch nie gesehen hatten und was die Gastronomielandschaft Europas nachhaltig prägen sollte, große runde Brötchen mit Scheiben aus gebratenem Hack und Salatblättern dazwischen, die zu unserem Amüsement Hamburger hießen.

Beim Bezahlen dann die nächste Verwirrung, ein Pfund, damals fast 12 DM, war in 20 Shillings unterteilt, jeder Shilling in 12 Pence, die Auswahl von Münzen war riesengroß, Halfpenny, Penny, Threepence, Sixpence, Shilling, Florin (2 Shilling) und Half Crown (2 Shilling und 6 Pence). Jeder Kauf geriet zu einem Gehirntraining für dezimal geeichte deutsche Besucher, die auch noch die Maßeinheiten begreifen mussten, Feet, Yards, Inches, Miles und die Gewichte, Grain, Ounce, Pound, was weniger wog als unser Pfund. Es war wie bei einem neuen komplizierten Gesellschaftsspiel, das gerne in den nächsten Pub verlegt wurde, um den Inhalt eines Pints zu erforschen. Da mussten unsere an Halbe gewohnten Fahrschüler ganz schön schlucken, zudem stellten sich einige der vielen verschiedenen Gerstensäfte als reichlich stark heraus. Ich war kein Bierfreund und fand ein neues goldgelbes Lieblingsgetränk, den Cider.

London war nicht nur die Musikmetropole Europas, es zog auch wegen des Kontrasts zwischen der historischen Vergangenheit, die immer noch stark präsent war, und der entstehenden neuen Kultur, des Lebensstils und der Mode Menschen aus aller Welt an. Für die aufstrebende Modebranche mit ihrer Galionsfigur Mary Quant hatten clevere Geschäftsleute eine eigene Straße okkupiert, die Carnaby Street im westlichen Soho, die aber hauptsächlich von Touristen frequentiert wurde, die echten Kreativen tummelten sich in Kensington und Chelsea. Für uns bieder gekleidete Quakenbrücker Modemuffel war die auffälligste Erfindung der Londoner Designer der Minirock.

Die Folge: spätpubertierende Provinzler, die reihenweise gegen Laternenpfähle und rote Postboxen liefen bei dem Versuch, endlos langen Beinen auf Pumps hinterherzuschauen.

Bei unseren Stadterkundungen ließ «You See» uns gerne für einige Stunden von der Leine. Ich verzichtete auf die Erfahrung, einen anglikanischen Gottesdienst zu besuchen, zu der mein Freund Franz-Gerd mich überreden wollte, und schloss mich der Gruppe an, die in die Tiefen des damals noch verruchten Viertels Soho eintauchen wollte. Dessen enge Straßen, Gassen und Plätze beherbergten Restaurants, kleine Theater, Cabarets und Musikclubs. Soho hatte aber auch noch viele Ecken, an denen das Rotlicht kräftig leuchtete. Da lockten Bars, Sexshops und Stripclubs, deren Türsteher uns herzlich willkommen hießen. Unser Direktor hatte sich unter einer Bildungsreise nach London sicherlich etwas anderes vorgestellt, aber der war ja weit weg. Die Fahrschüler drängelten, ich zögerte, ließ mich aber wie damals beim Wein in Bingen schnell überzeugen, zahlte ein Pfund Eintritt, und hinein ging es in die Höhle aus Plüsch, Spiegeln und bunten glitzernden Lichtern. Aus Angst, an den Cocktailtischen teure Drinks bestellen zu müssen, drückten wir uns an der Rückseite des kleinen Ladens herum wie beim Mogeln ertappte Schüler. An den Tischen laute Geschäftsleute und stille japanische Touristen, leise Nachtclubmusik in der stickig-schwülen Luft, auf der kleinen runden Bühne eine Tänzerin und der Strip mit den routinierten, angeblich verführerischen Posen, die mir als unerfahrene norddeutsche Jungfrau eher albern vorkamen. Kaum das romantischste Ambiente, um zum ersten Mal weibliche Busen in Natur zu erleben. Ende der Vorstellung, draußen hatten einige von uns hochrote Köpfe, andere taten bewusst lässig und cool.

Für mich viel wichtiger: Ich war im Mekka der Musik. Ich durchsuchte *NME*, *Melody Maker* und *Record Mirror* nach möglichen Auftritten und wurde rasch fündig. Reinhard, Klassenprimus und ebenfalls sehr an Musik interessiert, war sofort einverstanden, und Klassensprecher Johnny brauchten wir auch nicht lange zu überreden. Während der Rest sich in einem Pub in der Nähe des Youth Hostels an Pool Billard probierte, suchten wir drei auf dem riesigen, aber dennoch übersichtlichen Netzplan der Londoner Tube den Weg in den Norden der Stadt, mit der Central Line bis Holborn, umsteigen in die Piccadilly Line, vorbei an Arsenal und Finsbury Park zur Station Manor House, eine weite Reise. Der Saal der Manor House Tavern direkt neben der Tube-Station galt schon länger als einer der besten Blues-und-Rock-Clubs Londons, und an diesem Tag stand einer der heißesten Acts der letzten Monate auf dem Plan, die Spencer Davis Group aus Birmingham. Davis, von Beruf Deutschlehrer, war zwar der Leader, aber Star der Band war der knapp achtzehnjährige blasse, schüchterne Sänger, Keyboarder und Gitarrist Steve Winwood. Er sang mit einer ungeheuer starken, emotional ausgereiften Soulstimme, als hätte er sein Leben in Louisiana, Georgia oder Alabama verbracht und nicht in Mittelengland. Niemand hatte jemals zuvor eine solch überragende Stimme von einem weißen Teenager gehört. In meinen häuslichen Nachtsessions war er mir schon Anfang 65 mit seiner Version der Soul-Ballade «Every Little Bit Hurts» aufgefallen, da war er noch sechzehn und klang so tief verletzt, als hätte er drei gescheiterte Ehen hinter sich. Im November kam dann der kommerzielle Erfolg dazu, «Keep on Running» wurde ein internationaler Nummer-1-Hit, im März 66 die zweite Nummer 1 mit «Somebody Help Me», dazu ein Top-Album. Und dieses Ausnahmetalent sollten wir nun in einem Kneipensaal im weniger eleganten Teil Londons live erleben.

Die Schlange vor dem traditionsreichen Gasthaus, dessen Saal sich am Wochenende in einen Bluesclub verwandelte, war lang, aber wie immer auf der Insel geduldig. Der Auftritt erfüllte alles, was ich mir erträumt hatte, die Wunderstimme des stillen Stevie strahlte, druckvoll bei den lauten Tönen, voller Gefühl bei den leisen. Unglaublich seine Fassung des Ray-Charles-Klassikers «Georgia on My Mind» mit einfühlsamer Pianobegleitung. Es war nicht seine Stimme allein, die mich sprachlos machte, es war die Virtuosität, mit der dieser dünne Jüngling in die Pianotasten griff, die Orgel jubilieren ließ und dann noch Gitarrensoli ablieferte, die jedem Blues-Star Tränen der Bewunderung in die Augen getrieben hätten. Als Zugabe eine Premiere, ihre selbst geschriebene nächste Single, die sie live ausprobieren wollten. Bass und Drums eröffneten mit einer mächtigen Achtelfolge, eine markante, sägende Orgelphrase legte sich darüber, dann straffe vier Akkorde der ganzen Band als Überleitung zur Strophe, die Steve beinahe atemlos herausdrückte und die nach kurzer Bridge im ekstatischen Refrain landete «Gimme some lovin', gimme gimme some lovin'». Von der ersten Note an war dieser Song ein Feuerwerk, und nach Veröffentlichung fünf Monate später ein Welthit.

Nach diesem exklusiven Blick in die Glaskugel des Pop hasteten wir schnell zurück die Treppen hinunter in den Underground, um 10 nach 11 standen wir vor der verschlossenen Tür des Hostels, doch der Hausmeister war gnädig und öffnete. Ich war so überdreht, dass ich den anschließenden Rüffel unseres Reiseleiters kaum wahrnahm.

Wir hatten Feuer gefangen, einige Tage darauf gingen Reinhard und ich erneut auf Wanderschaft, diesmal zum Marquee Club in der Wardour Street nur ein paar Ecken vom Piccadilly Circus entfernt. Auf unserem Soho-Rundgang hatte ich mir den berühmten Rock-und-Blues-Club und seinen schwarz gestrichenen, mit Plakaten zugepflasterten Eingang schon von außen angesehen. Angekündigt war John Mayall mit den Bluesbreakers, deren Gitarrist immer noch Eric Clapton war. Doch Clapton tauchte nicht auf. Mayall murmelte ins Mikrofon, dass ein junger Gitarrist einspringen würde, und so erlebten wir das Debüt des brillant spielenden 17-jährigen Mick Taylor. Taylor würde 1967 fester Gitarrist bei Mayall werden, als Peter Green, der Claptons Posten übernommen hatte, seine eigene Band Fleetwood Mac gründete. Der hochtalentierte Mick sollte bis 1969 bleiben, bevor er als neuer Gitarrist der Rolling Stones in den Rock-'n'-Roll-Olymp aufstieg. Auch die Vorgruppe hatte schon mächtig Eindruck gemacht, eine ganz neue Blueskapelle mit einem Sänger und Gitarristen, dessen Finger in atemberaubendem Tempo über die Saiten flitzten, ihr Name «Ten Years After». Wer hätte gedacht, dass der blondmähnige Alvin Lee und seine Band nur drei Jahre darauf eine der Hauptattraktionen beim legendären Woodstock Festival werden sollten.

Zwei kulturelle Highlights hatte ich bereits genießen dürfen, ein drittes wartete auf unserem Abstecher nach Warwickshire in die Geburtsstadt William Shakespeares, Stratford-upon-Avon. «You See» hatte Tickets für die hochgelobte «Hamlet»-Inszenierung von Peter Hall am Royal Shakespeare Theatre ergattert. Hall hatte das Theater 1961 übernommen und eine feste Schauspieltruppe gegründet, die Royal Shakespeare Company, heute immer noch eine der renommiertesten Theaterkompanien der Welt. Wir hatten Shakespeare-Stücke in der Schule gelesen und das als schwere Kost empfunden, aber diese Sprache direkt und ohne Schnörkel gesprochen auf der Bühne zu erleben, war eine überwältigende Erfahrung. Man spürte, dass Shakespeare ein Geschichtenerzähler gewesen war, der keine «Hochkultur» produziert hatte, sondern populäre Kunst, die 1966 noch genauso lebendig, packend und bewegend war. Das lag natürlich auch an der physischen Nähe der Aufführung, deren Szenen, Bilder und Sprache jede Distanz von der in den

Saal reichenden Bühne zum Publikum aufhoben. Der 24-jährige David Warner, in seiner ersten großen Rolle, spielte den Hamlet als «normalen», unzufriedenen Studenten im Wollpullover mit rotem College-Schal, von der Welt der Älteren enttäuscht, mehr ein missverstandener Rockstar, mal gelassen, mal aufmüpfig, Shakespeares Dänenprinz als Abbild der kulturellen und sozialen Veränderungen im Lande. Ich hatte schon Theateraufführungen in Osnabrück und Oldenburg gesehen, aber nie hatte mich etwas im Entferntesten so gepackt wie hier. Das lag natürlich auch an Schönheit, Leidenschaft, Rhythmus und Dynamik der Sprache, die lebendig und gar nicht antiquiert klang, an der überragenden Qualität der Akteure auf der Bühne, bis in die kleinste Nebenrolle.

Erst Jahre später ging mir ein Licht auf, welches Ensemble wir in Stratford erlebt hatten. David Warner drehte während und nach seiner Zeit bei der Royal Shakespeare Company unzählige Filme, den britischen Schwarz-Weiß-Klassiker «Morgan: A suitable case for Treatment» von Karel Reisz, er arbeitete für Sidney Lumet und Sam Peckinpah, wurde mit seinem markanten Unterkiefer beliebter Film-Bösewicht in «The Omen», «Titanic», «Star Trek», «Tron» oder «Time Bandits». Warner starb im Juli 2022 im Alter von achtzig Jahren. Die von seinem Hamlet verwirrte Ophelia war in Stratford niemand anderes als Glenda Jackson, später bewunderte ich sie in Filmen wie «Women in Love» oder «Sunday Bloody Sunday», zweimal erhielt sie den Oscar als beste Schauspielerin. Dass auch berühmte Schauspieler mit kleinen Rollen anfangen, bekamen wir an diesem Tag ebenfalls vorgeführt, den Chef der Schauspielertruppe gab ein sechsundzwanzigjähriger Patrick Stewart, heute Weltstar als Captain Picard in «Star Trek», oder die Mini-Rolle des Boten hatte der dreiundzwanzigjährige Malcolm McDowell, er spielte nur wenige Jahre danach Hauptrollen in «If ...» und «O Lucky Man» für den Regisseur Lindsey Anderson oder in Stanley Kubricks «A Clockwork Orange».

Acht Tage England waren vorüber, London war die erste und einzige Weltstadt, die ich erlebt hatte, was für eine beeindruckende Erfahrung. Als auf der langen Fahrt zur Liverpool Street Station die Kacheln der Tunnelwände und die Schilder der Tube-Stationen vorbeirauschten, liefen Bilder in meinem Kopf, die grandiosen historischen Gebäude, das Parlament, die Westminster Abbey, die glitzernde Krake des Piccadilly Circus, die Gassen Sohos, die direkte sprühende Energie der Bands live auf der Bühne. Ich war fasziniert und infiziert, spürte ein unbestimmtes, aber starkes Gefühl von Sehnsucht, ich wollte mehr davon, mehr von London, mehr von England, mehr von der Welt, ich wollte raus. Zunächst musste ich aber rein, in unseren Zug zur Fähre nach Harwich.

Kurz vor der Abfahrt stieg ich noch mal aus und eilte zum Kiosk auf dem Bahnsteig, weil ich unbedingt die neue Ausgabe einer wichtigen Musikzeitschrift mit nach Hause nehmen musste. Offensichtlich hatte ich die Uhr nicht im Blick, denn als ich wieder einsteigen wollte, war der Zug weg und meine Klasse auch. Da stand ich nun, Pit allein in London, ohne Ticket, nur mit Wechselgeld in der Tasche, ohne Gepäck, was nicht tragisch war, darauf würden die anderen schon achten. Zum Glück waren die Mitarbeiter von British Rail äußerst hilfsbereit, beruhigten mich, als ich zitternd um Rat fragte, sagten, ich könne den Zug eine Stunde später nehmen, und funkten den Zugchef der verpassten Bahn an, der wiederum meinen Lehrer informierte. Der war als erfahrener Klassenreiseleiter ganz cool geblieben, die Fähre erwischten wir anschließend auch noch, mit mir an Bord ... Bye-bye, London, see you soon.

4
LONDON CALLING: DIE DREIFALTIGKEIT, DER NEUE MESSIAS UND DAS WALROSS

MITTE SEPTEMBER 1966, ICH SITZE AM KLEINEN AUF-klappschreibtisch in meinem Zimmer in der Bonnusstraße 16, es heißt immer noch Kinderzimmer. Ich teile es mit meiner siebenjährigen Schwester Gaby, allerdings durch eine Wand aus Presspappe und eine Tür getrennt, die eingezogen wurde, als wir von Haus Nr. 12 zu Nr. 16 umzogen, schalldicht kann man das nicht nennen. Es ist Zeit, die Unterlagen für die Einschreibung an der Uni zu sammeln, ich muss den Lebenslauf noch fertigstellen, sollen darin die Dinge stehen, die mich wirklich interessieren?

Lange habe ich überlegt, was ich studieren soll, bloß nicht Lehrer wie die ganze Familie, schon aus Prinzip, habe sogar über BWL nachgedacht, aber will ich Diplomkaufmann werden, über Tabellen, Zahlen, Steuergesetzen oder Börsenkursen sitzen? London, England, Shakespeare und die Musik haben so viel in mir ausgelöst, dass die Entscheidung am Ende logisch und leichtfällt, ich will Englisch studieren, das schließt natürlich erst einmal die Laufbahn als Lehrer ein, diese Kröte muss ich schlucken. Meine Eltern haben die Uni im katholischen Münster vorgesehen, ich aber beharre auf Hamburg, das wenigstens einen Hauch von London verspricht, und setze wie so oft meinen Dickkopf durch, allerdings unter der Bedingung, in einem katholischen Studentenheim namens Franziskus-Kolleg zu wohnen. Aber auch da sind freie Plätze rar, unter

Katholiken hat persönliche Einflussnahme schon immer nicht geschadet, also hat der Leiter des Studentenheims, ein Franziskanerpater, zwei Briefe erhalten, einen von meinem Vater, dem Schulrat, Kirchenvorstand und CDU-Abgeordneten, den zweiten von unserem promovierten Kaplan und Religionslehrer. Eine Woche später die Antwort, ich habe den Platz.

Weiter mit dem Lebenslauf, unter Hobbys trage ich ein: Musik hören und machen. Meine Gedanken kommen ins Kreisen, so schlecht ist die Schulzeit aber auch nicht gewesen, die denkwürdigen Erlebnisse mit der Schauspielgruppe unter der intensiven Leitung des Deutschlehrers Köster kehren im Kopf zurück, die aufregenden Probewochen weg von der Schule, weg von zu Hause, die umjubelte Premiere des Urfaust, meine Rolle ist klein, einer der Säufer in Auerbachs Keller, ich muss singen und Gitarre spielen, aber ich bin froh, dabei zu sein, Eberhard Haar aus der Parallelklasse brilliert mit einem wahrhaft teuflischen Mephisto, erntet überragende Kritiken, der muss einfach Berufsschauspieler werden, sagen alle, sogar das ZDF kommt und filmt Szenen mit ihm, dem Faust von Hans-Gert Pöttering, später einmal Präsident des Europäischen Parlaments, und dem zerbrechlichen Gretchen, der hübschen Annegret, dann der Spaß, auf Tournee zu sein, wir spielen die Inszenierung überall im Landkreis. Dann die großartige Klassenreise, die uns wirklich zu elf Freunden gemacht hat, genauer zu zehn und einer Freundin, stärker als all die Schuljahre davor. Die Abiturprüfungen scheinen schon weit weg, alles lief glatt, nur der Abi-Ball nicht, die Lehrer boykottierten ihn, weil ein paar ganz Schlaue den BMW Isetta einer Lehrerin entwendet, auf die Eingangstreppe unserer nagelneuen Schule gehoben und dabei eine Stufe zerbrochen haben. Da sind unsere Feiern lustiger gewesen, so klein unsere Klasse auch war, die Woche nach dem Abi wurde grandios. Jeden Tag an einem anderen Ort, in geduldigen Elternhäusern, Wohnzimmern, Kellern, Scheunen, Bauernhöfen, Kneipen. Viel, manchmal zu viel Alkohol, mal sinnlose, mal tiefe, oft komische Gespräche über Lehrer, den drohenden Wehrdienst, das Leben und die Welt. Und eines Nachts vor der Eingangstür eines Bauernhauses der erste Zungenkuss ...

Ach ja, die Fußball-WM hat auch stattgefunden, in England. Da hatte ich noch etwas zu klären. Im Mai habe ich an einem Preisausschreiben des *Osnabrücker Tageblatts* teilgenommen, es gibt einen Flug zur Fußball-WM 1966 in England zu gewinnen. Die Glücksfee hat meine Postkarte gegriffen, kaum von der Klassenreise zurück, hätte ich wieder losfahren sollen, die Abiturprüfungen vor der Tür. Obwohl ich fast genauso fußballverrückt wie musikbesessen bin, lasse ich den Juli verstreichen. Ende August, Deutschland ist Vizeweltmeister, rufe ich die Zeitung an und stoße auf erstaunte Ohren, als ich frage, ob der Preis auch nach der WM noch einlösbar ist. Ich bleibe stur und erreiche nach langen Diskussionen, dass ich meine Gewinnerreise Ende September antreten kann.

Da saß ich nun in der KLM-Maschine von Amsterdam nach London-Heathrow, mein erster Flug. Mir rauschte «Eight Miles High» der Byrds in den Kopf, einer der Songs des Jahres, abgehobene Harmoniestimmen und ungezügelte, kakofonische Gitarren, psychedelischer Trip oder gar Free Jazz? Hatten die Beatles, die gleichzeitig ihr Album «Revolver» aufgenommen hatten, den Byrds-Überflieger wahrgenommen? Bestimmt, genau wie «Pet Sounds», das im Mai erschiene Meisterstück der Beach Boys mit einem der schönsten Songs, den ich jemals gehört hatte, «God Only Knows». Ein Paradies aus wunderbaren Chören, traumhaften Melodien und schwelgerischen orchestralen Klängen, meilenweit entfernt von ihrem früheren albernen Fun-Sound für fröhlich feiernde kalifornische Surf Kids. «Pet Sounds» hatte auch die vier im Abbey Road Studio sicher schwer beeindruckt.

Im August war «Revolver» herausgekommen, mit seinem haarigen Cover, das Klaus Voormann, Freund aus Hamburger Zeiten und jetzt Bassist bei Manfred Mann, gezeichnet hatte. Ein weiterer Meilenstein, ihr anspruchsvollstes Werk, das erneut Grenzen verschob. Da wurden Aufnahmespuren von Stimmen und Instrumenten rückwärts abgespielt, was nie gehörte Effekte produzierte, genau wie die Innovationen bei der Aufnahme von Gesang oder Schlagzeug. Klassische Elemente, Bläsersätze und Georges inspirierter Einsatz der Sitar, sein Ausflug in indische Musik, vergrößerten das Spektrum. Ich liebte diese kreativen, mutigen Ideen, die raffinierten Harmoniestimmen und den scheinbar nicht versiegenden Strom faszinierender Melodien. Ich brauchte nur an «For No One» und «Here, There and Everywhere» zu denken, da lief mir das Herz über, oder an «Eleanor Rigby», niemand hatte schöner und zugleich trauriger über die Einsamkeit alter Menschen gesungen. Den weitesten Satz nach vorne hatten die Beatles aber mit «Tomorrow Never Knows» gewagt, Sitar-Klänge wiesen den Weg, ein mächtiger Bass/Drums-Groove legte den Grund, und darüber flossen Lennons Zeilen wie beschwörende tibetanische Gesänge. Aber damit nicht genug, Paul war von den Avantgardekomponisten Karlheinz Stockhausen und John Cage begeistert und hatte aus rückwärts gespielten Bandschnipseln, elektronischen Geräuschen, Möwenschreien und Soundeffekten futuristische Bandschleifen gebastelt, die rein, raus, hin und her flogen und sich mit wilden Gitarrensoli duellierten. Zusammen mit Johns Stimme, die wie durch ein Megafon immer tiefer in den Raum driftete, entstand ein hypnotisierender musikalischer Trancezustand, der nicht nur mir beim ersten Hören die Sprache verschlug.

Immer verständlicher wurde der Entschluss der Band, keine Livekonzerte mehr spielen zu wollen, viele Songs der letzten beiden LPs waren in langen Sessions mit großem musikalischen und technischen Aufwand aufgenommen worden und ließen sich nicht auf der Bühne reproduzieren. Außerdem waren die schrillen hysterischen Nebengeräusche bei Beatles-Auftritten in Hallen und Stadien so vehement, die Lautsprecher- und Monitoranlagen noch so unausgereift, dass allein deswegen Livekonzerte eher eine Qual als ein Vergnügen sein mussten, das hatte ich vor drei Monaten in Essen mit eigenen Ohren erlebt.

«Ladies and gentlemen, fold up your tables, please, we'll be landing at London-Heathrow in about ten minutes.» Die blecherne Stimme aus dem Bordlautsprecher riss mich raus. Welcome back.

Der Shuttlebus vom Flughafen zum Victoria Air Terminal brauchte ewig, von da zum vom Reisebüro gebuchten ziemlich sterilen Touristenhotel in der Nähe des British Museum per Tube, ich war glücklich, wieder die Londoner U-Bahn-Luft zu riechen. Ich hatte eine Woche, die Zeit drängte. Zunächst wollte ich mein erwachtes Interesse an Soulmusik stillen, die amerikanischen Originale waren gerade nicht auf Tour, doch es gab guten Ersatz. Geno Washington, ein amerikanischer Ex-G. I., war in England hängen geblieben und bot mit seiner Ram Jam Band in den Clubs des West End eine solide Soulshow, die das Tiles im Rahmen einer von Radio London organisierten «Ready Steady Radio Show» mit bekannten DJs des Senders auf die Füße brachte. Das Tiles war ein modern gestylter Club ohne Pub-Seligkeit, mit klaren Linien und viel Orange, obwohl er in einem Keller lag, direkt an der Oxford Street, der hektischen Haupteinkaufsmeile Londons, damals noch nicht von internationalen Ketten besiedelt, sondern Sitz der traditionellen britischen Kleidungsgeschäfte und Warenhäuser wie Marks & Spencer, John Lewis oder dem Platzhirsch Selfridges sowie Heimat meines Traumladens HMV, des angeblich größten Schallplattengeschäfts der Welt. Zurück zu Hausnummer 79, dem Tiles. Leader und Gitarrist der Ram Jam Band war Pete Gage, der Anfang der 70er dann die Band Vinegar Joe gründen und die famose Soulstimme des damaligen Kunststudenten Robert Palmer entdecken würde.

Das BBC Broadcasting House, ein runder Bau, der wie die Aufbauten eines riesigen Ozeandampfers wirkte, thronte in der Nähe des Oxford Circus am Portland Place. Ich hatte dort nachgeforscht, wann und wo die mittäglichen Radio Live Shows stattfanden, nicht im Funkhaus, sondern in BBC-Studiotheatern im Westend. Am nächsten Mittag pilgerte ich in eine kleine Seitenstraße des Strand nahe Trafalgar Square, die Craven Street. Dort befand sich das historische Playhouse Theater, das die BBC in den 50er-Jahren übernommen hatte und dort Comedy Programme wie die Goon Show vor Publikum produzierte. Nun wurden von dort auch Pop Shows übertragen wie an diesem Tag die Joe Loss Show. Start war um 1 p.m., 13 Uhr, ich zahlte zwei Shillings und war drin, das große Theater war fast gefüllt, meist mit Frauen in der Mittagspause. Rotlicht, dann kam der Moderator oder, wie die Briten sagten, der Presenter, der auch mir von der BBC-Langwelle vertraute Tony Hall. Tony sagte Joe Loss an, und dann saß auf der Bühne eine Swing Big Band, dirigiert von dem grau melierten Loss, einem Liebling der Queen, die ihn und sein Orchester gerne in den Palast einlud. Doch es begann keine Swing-Party, das Orchestra spielte aktuelle Pophits, gesungen vom angestellten

Sänger der Big Band, Ross McManus. Als Ende der 70er-Jahre der neue britische Star Elvis Costello erzählte, dass sein richtiger Name McManus und sein Vater Bigband-Sänger sei, wusste ich, ich hatte mittags in der BBC Live Show den Dad von Elvis Costello gesehen.

Einen deftigen Mittagslunch für Rockfans gab es aber auch in der Joe Loss Show, die Troggs spielten live und laut, gerade hatten sie mit dem Nachfolger von «Wild Thing» Platz 1 der Charts erreicht, «With a Girl Like You» sorgte für heftiges Kreischen in der Mittagspause.

Mein nächstes Ziel war der HMV-Shop in der Oxford Street, ich wollte mich nach neuen LPs umschauen und prüfen, wie viele davon mein Budget erlaubte. Ich blieb in der Gegend, denn nach einem Stopp in einem Wimpy's wollte ich abends wieder ins Tiles, derselbe Club, der gleiche Stil mit Chris Farlowe and the Thunderbirds. Farlowe, ein Mann mit kräftiger raspeliger Stimme, hatte im Sommer mit der Stones-Nummer «Out of Time» vier Wochen lang die britischen Single-Charts angeführt. Der Titel stammte vom jüngsten Rolling-Stones-Album «Aftermath», das für die Band einen Quantensprung darstellte. Zwar hatten sie schon früher gute Songs geschrieben, zum Beispiel die klassische Ballade «As Tears Go By» für die damalige Jagger-Freundin Marianne Faithfull, aber «Aftermath» war die erste LP mit ausschließlich eigenen starken Kompositionen von Mick und Keith, vom bissigen Sozialspott in «Mothers Little Helper», der knackigen Machohymne «Under My Thumb» bis zu «Lady Jane», der zarten höfischen Ballade im Renaissance-Stil. Das alles war höchst fantasievoll arrangiert und instrumentiert, denn Brian Jones war ein vielseitiger Musiker, der Mandoline, Dulcimer und Marimba spielen konnte und ebenfalls die Sitar entdeckt hatte. Doch ein spektakuläres Highlight getreu ihrer Tradition als Bluesband gab es auch, die elfminütige R&B-Orgie «Goin' Home», die mit einem harmlosen Shuffle begann, dann das Tempo zu einem schneller werdenden Beat wechselte, auf dem sich Jagger losgelöst von allen Schranken austobte, stöhnte, stotterte, winselte, schrie und vor Leidenschaft fast platzte. Seine Vorbilder Muddy Waters und John Lee Hooker wären stolz gewesen. Aber auch auf «Aftermath» fehlte wie bei «Rubber Soul» das beste Stück der Sessions, weil es als Single-Hit aufgespart werden sollte. «Paint It Black», eine düstere Vision mit einer orientalischen Melodie und donnernden Drums, die den Sänger und die Band vor sich herjagten wie der Teufel die arme Seele. Ja, die Stones waren mit «Aftermath» und «Paint It Black» endgültig aufs Treppchen gestiegen.

Nun gut, «Out of Time» mit seiner eingängigen Popmelodie hatten die Stones Farlowe geschenkt, dabei passte der Hit genau deswegen gar nicht zum Liveprogramm der Thunderbirds, Chris und seine Band waren eine reine R&B-und-Soul-Band mit hochkarätiger Besetzung, es trommelte Carl Palmer, der später mit Keith Emerson und Greg Lake als ELP König des Classic-Rock werden sollte. Gitarrist war der stille, aber großartige Albert Lee, der später von Kollegen und Kritikern zu einem der Allerbesten seines Faches hochgelobt werden sollte, ein Meister des schnellen Country-Fingerpicking, für das er sogar einen Grammy Award erhielt. Mit dem Organisten Dave Greenslade würde Farlowe in den kommenden Jahrzehnten in der Art-Rock-Jazz-Combo Colosseum Erfolge feiern. Aber im September 1966 glänzten Farlowe and the Thunderbirds mit originalgetreuem Stax-Sound, tight und musikalisch hochklassig. Das mehrheitlich weibliche soulaffine Publikum des Tiles, das ziemlich exakt dem Klischee des schicken «Swinging London» entsprach, hatte seinen Spaß.

Tagsüber liebte ich es, durch die große Stadt zu streifen,

schaute in das monumentale British Museum, starrte mit großen Augen auf die opulenten Auslagen der teuren Geschäfte der wundervoll gebogenen Regent Street, saugte wieder das verwirrende Durcheinander von Autos, Bussen, Taxen und Fußgängern zwischen den Leuchtfassaden des Piccadilly Circus auf, erkundete die überraschend hübschen stillen kleinen Plätze und Parks inmitten des eher düsteren engen Soho. Da ich allein unterwegs war, musste ich mich nach niemandem richten, ich fühlte mich wohl auf meinen Wegen, war schon immer ein glücklicher Loner ohne Angst vor Einsamkeit, der aber gerne von seinen Eindrücken und Erlebnissen erzählte, aber wenn keiner da war, redete ich eben mit mir selbst.

Am nächsten Tag also wieder Soho, Wardour Street, 27. September 1966. Die Schlange vor dem Marquee wand sich bis zum Pub an der Ecke. Jeder wollte in dem engen niedrigen Club einen guten Platz ergattern, denn seit zwei Monaten sorgte ein besonderes Trio für Aufsehen: Eric Clapton, Ginger Baker, Jack Bruce – Cream. Nach der bunt gekleideten, aber harmlosen Vorband The Herd mit Teenager-Star Peter Frampton, der zehn Jahre später mit «Frampton Comes Alive» einen Welterfolg feiern sollte, erschütterten plötzlich peitschende Toms den Raum, getrommelt von einem wirr blickenden Rotschopf hinter einem Arsenal von Schlagwerkzeugen, Ginger Baker. Dann setzte ein schmächtiger Mann am stark elektrifizierten Bass ein, mit einem Ton, den man so auf einer Rockbühne noch nicht gehört hatte: mächtig, beherrschend, treibend, aber dennoch melodisch, mit präzisen Phrasen, die auf und ab wanderten. Bis dahin hatten Rock- und Bluesbassisten meist nur die Grundtöne bedient, von den melodischen Ausflügen Paul McCartneys mal abgesehen, aber dieser kleine schüchterne Mann spielte den Bass wie ein Leadinstrument, eher begleitet vom dritten Mann im Bunde, der offene Rhythmussounds an der Gitarre beisteuerte, dann Riffs doppelte, bis er mit strammen Akkordschlägen zu langen singenden, wirbelnden und sägenden Soli abhob, Eric Clapton. Aber davor ging der kleine Mann ans Mikro, und während er intensiv und virtuos weiter seinen Bass griff, begann er zu singen, inbrünstig und mit unbändiger Kraft, als brauchte er kein Mikrofon, in einer Mischung aus Blues-Shouter und keltischem Troubadour, ein Naturwunder, das mich komplett umhaute. Es handelte sich um Jack Bruce, der Song hieß «N.S.U.», der später in der Studioversion nicht annähernd die Power haben sollte, die er auf der Bühne des Marquee entfaltete. Ein Geheimnis der Kompaktheit, Stärke und Ausstrahlung von Cream lag sicher in der unglaublich hohen Bühnen-Frequenz, nämlich fast täglichen Auftritten. Das brachte Routine auch bei komplizierten Arrangements, entwickelte und festigte aber auch die Qualität der langen, abenteuerlichen, exzessiven Solo-Improvisationen.

Im Herbst 66 war der gerade mal einundzwanzig Jahre alte Clapton schon ein Gitarren-Hero mit Stationen bei den Yardbirds und John Mayall: «Clapton is God» stand an den Wänden von Soho und Notting Hill. Jack Bruce war ein in Jazz und Rock erfahrener, virtuoser Musiker und doch erst dreiundzwanzig, er komponierte den Großteil der wichtigen Cream-Songs, voller ungewöhnlicher Riffs und Melodien, Tempo- und Taktwechsel, die für die Popmusik der 60er revolutionär waren.

Der 28. September sollte den Vorbildern und Idolen der neuen britischen Szene Reverenz erweisen, das American Folk Blues Festival gastierte in der Royal Albert Hall, dem spektakulären Schmuckstück des von rot geklinkerten Bauten aus dem 19. Jahrhundert dominierten Kensington. Als ich zum ersten Mal das Kolosseum-artige Rund der Albert Hall an der Südseite der Kensington Gardens betrat, blieb mir vor Staunen der Mund offen, was mir bei grandiosen historischen Gebäuden häufig passierte, es überkam mich dann immer Ehrfurcht bei dem Gedanken, wer diesen wunderbaren Raum schon alles mit Musik erfüllt hatte. Die deutschen Veranstalter Lippmann und Rau hatten für das 66er-Festival eine illustre Gruppe von Blueskünstlerinnen und Künstlern aus den USA eingeflogen, deren Europa-Tournee hier in der Albert Hall begann. Da war der Delta Blues-Sänger und Gitarrist Big Joe Williams, dessen bekanntester Song, «Baby Please Don't Go» von praktisch jeder britischen R&B-Band nachgespielt wurde, der Boogie-Pianist und Sänger Roosevelt Sykes, vom dem der Klassiker «The Night Time Is the Right Time» stammte, der Sänger und Mundharmonikaspieler Junior Wells, dessen «Messin' with the Kid» ein Bluesstandard war, der blinde Veteran Sleepy John Estes, Autor des berühmten «Milk Cow Blues» und die legendäre Sängerin und Pianistin Sippie Wallace, die schon in den 20er-Jahren in New Orleans und Chicago mit meinen Jazz-Heroes King Oliver und Louis Armstrong Platten aufgenommen hatte und später mit ihrem Song «Women Be Wise» die junge Studentin Bonnie Raitt dazu inspirieren sollte, selbst den Blues zu singen – doch dazu später mehr.

Für Eric Clapton wäre wahrscheinlich der wichtigste Künstler an diesem Abend eines seiner größten Idole, Otis Rush, gewesen, der Meistergitarrist des Chicago Blues, dessen Stil weiße Star-Gitarristen wie Michael Bloomfield, Peter Green, Clapton oder Stevie Ray Vaughan geprägt hat. Clapton hatte gerade auf dem Bluesbreakers-Album den Otis-Rush-Hit «All Your Love» gecovert, «Double Trouble», ein anderer Rush-Klassiker, sollte von ihm diverse Male aufgenommen werden und gehört bis heute zu seinem Standard-Repertoire.

Da saß ich nun im Parkett der historischen Halle, sah und hörte diese Legenden, die in ihrer amerikanischen Heimat zu wenig Aufmerksamkeit fanden. Ihre beseelten Stimmen, die seufzenden Mundharmonikas, die spielerischen Piano-Fills und Gitarren, die manchmal jauchzten, manchmal litten, stiegen hoch zum runden Dach der Albert Hall in den Blues-Himmel, und ich mittendrin.

Drei Tage später, am 1. Oktober, spielte Cream in einem College, dem Polytechnic in der Upper Regent Street, nördlich des Oxford Circus, dem nicht mehr ganz so edlen Teil der Prachtstraße. Mir gelang es, mich in die erste Reihe an der Bühne zu drängen, das Trio überwältigte mich erneut. Mitten im Set kündigte Eric in seiner typisch leisen vernuschelten Stimme einen Gast an, der gerade neu in London sei, dessen Namen ich aber nicht verstand. Ein großer wuschelhaariger Mann mit hellbrauner Haut und Gitarre in der Hand betrat die Bühne, spielte die ersten Phrasen des Bluesklassikers «Killing Floor» von Howlin' Wolf, sang die ersten Strophen und ließ ein flirrendes Gitarrensolo folgen, das er krönte, indem er die Gitarre an den Mund hob und mit den Zähnen spielte. Clapton, der sich freiwillig in den Hintergrund gestellt hatte, schien von der spektakulären Showeinlage, die das Publikum prompt bejubelte, nicht sehr begeistert, nach einem Song wurde der Gast freundlich, aber bestimmt verabschiedet. Ich hatte keine Ahnung, wessen Debüt ich da erlebt hatte, erst im Januar 67, als ich die grandiose Version von «Hey Joe» im Radio hörte und ein Foto des Sängers erblickte, wurde mir plötzlich klar, dass ich den allerersten Auftritt von Jimi Hendrix auf britischem Boden gesehen hatte. Hendrix' Entdecker und Manager Chas Chandler hat später oft behauptet, Clapton habe aus Frust die Bühne verlassen – das stimmte definitiv nicht, Eric war zwar offensichtlich not amused, aber immer auf der Bühne, ich kann es bezeugen.

Das Konzert ging weiter mit einem dieser eleganten packenden Gitarrensoli von Clapton, irgendwie hatte ich das Gefühl, ich müsste ihn aufmuntern, also klatschte ich nach Ende des

Solos, wie bei Jazzkonzerten üblich, laut und deutlich Beifall – er sah mich, verbeugte sich und lächelte – meine gute Tat des Tages. Ich habe Eric 25 Jahre später in einem langen Radio-Interview auf dieses Konzert und Jimi Hendrix angesprochen, er sagte: «Was, du warst da? Das ist Geschichte, ich hatte noch nie von ihm gehört, wir sprachen über Blues, er fragte, ob er mitspielen könne, das sei sein erster Auftritt in London.» Er selbst sei so überrascht und beeindruckt gewesen, «er war unglaublich, dieser Tag hat auch mein Leben verändert ...»

Auf dem Weg zum Oxford Circus und in der Central Line zu meinem Hotel zuckten mir die Bilder dieses grandiosen Abends durch den Kopf, aber ahnte ich, dass diese Musiker in den kommenden Jahren und Jahrzehnten die Rockwelt prägen, ja dominieren würden? Niemals, Mit einem besseren Trio hat der damalige Gast Jimi Hendrix in seiner leider nur kurzen Karriere als Megastar sicherlich nicht mehr gespielt – seine Experience- und Trio-Besetzungen kamen an die Qualität von Cream nie heran, bei aller Genialität von Hendrix als Gitarrist, Songschreiber, Klangzauberer und Sänger.

Montagmittag reizte mich wieder mal eine BBC Lunchtime Show, diese im kleineren Paris Theatre in der Lower Regent Street südlich des Piccadilly Circus kurz vor der Straße mit dem historischen von einer Zigarettenmarke missbrauchten Namen Pall Mall. Das frühere Kino wurde von der BBC ebenfalls als Studio für Liveshows mit Publikum genutzt, Presenter war der sehr bekannte Alan Freeman, Stargäste waren die Teenager-Lieblinge Herman's Hermits mit Sänger Peter Noone, die ihre brandneue Single vorstellten, «No Milk Today», später ein Dauerbrenner der Oldie-Sender, die Band spielte live, die anderen Gäste sangen halb-playback, die schottische Sängerin Lulu und der noch wenig bekannte US-Countrysänger Bobby Goldsboro.

Abends wollte ich im Cambridge Theatre in Covent Garden die Neuinszenierung von Shakespeares «The Winter's Tale» besuchen. Allerdings war ich weder an der romantischen Komödie interessiert noch am Hauptdarsteller, dem britischen Film- und Theaterstar Laurence Harvey. Mich reizte vielmehr die Vorstellung, die Darstellerin der Perdita live auf der Bühne zu erleben, Jane Asher, Paul McCartneys Langzeitfreundin, oft besungen, oft beschrieben. Die rothaarige Jane erfüllte all meine Erwartungen, spielte zwischen schüchtern und träumerisch, spritzig und charmant. Den gleichen süßen Charme versprühte sie auch nach der Vorstellung am Bühneneingang, als sie lächelnd und geduldig mein Programmheft signierte, bevor sie allein in der Dunkelheit verschwand. Der Beatles-Fan in mir nahm jede Gelegenheit wahr, eine möglichst enge Verbindung zum geliebten Quartett herzustellen, auch über die Freundin. Aber wer weiß, vielleicht hätte ich mir ihre Unterschrift auch geholt, wenn sie nicht der Grund für «And I Love Her» gewesen wäre.

Schnell war die Woche um, ich hatte sehr viel großartige Musik erlebt und gesehen, wie man in England live Shows im Radio präsentiert, ich hatte fantastische Konzertsäle und Theater, interessante neue Clubs gesehen, hatte neue Seiten und unbekannte Ecken dieser für mich überwältigenden Stadt erforscht. Mein Hunger war nicht kleiner geworden, ich hatte Appetit auf mehr.

Ohne Gitarrenhelden und Shakespeareprinzessinnen sah meine Welt nach der Rückkehr ziemlich nüchtern aus, mein Umzug nach Hamburg stand bevor.

Das Franziskus-Kolleg, ein internationales, vom Franziskaner-Orden geführtes Studentenheim, lag in der Sedanstraße, einer kleinen Seitenstraße der Grindelallee im Viertel Rotherbaum, das damals noch die «feine» Postadresse «Hamburg 13» trug. Allerdings konnte die Hauptverkehrsader Grindelallee mit ihren Zweckbauten der Nachkriegszeit mit der Eleganz der Patrizierhäuser im schönen Teil des Viertels in der Hochallee, an der Rothenbaumchaussee oder am Mittelweg kaum mithalten. Die Uni war in knapp zehn Minuten zu Fuß zu erreichen, die City in gut zehn mit der Straßenbahnlinie 2, die 1978 als letzte Hamburger Straßenbahn von Bussen ersetzt wurde. Als ich vor der Eingangstür des Franziskus stand, fiel mir spontan das alte katholische Krankenhaus in Quakenbrück ein, in dem ich manchmal als Schüler morgens Blut gespendet hatte, wofür es als Belohnung in der Krankenhausküche ein deftiges Frühstück gab. Mein Eindruck verstärkte sich, als ich eintrat. Nonnen liefen herum, Teller klapperten, das Kolleg bot auf Wunsch auch Mahlzeiten an. Ich blickte in einen langen Flur, von dem Zimmertüren abgingen, es roch nach Bohnerwachs, Putzmitteln und dem Mief, den man aus Schulen oder Altersheimen kannte. Ich klingelte, eine Klappe öffnete sich, dahinter erschien das runde freundliche Gesicht eines älteren Mönchs, der sich als «Bruder Elpidius» vorstellte, er sei Pförtner, Concierge, Mädchen für alles. Kurz danach erschien der Heimleiter, ein mächtiger Franziskaner mit wulstigen Lippen, ein ständiges Grinsen im Gesicht, und erklärte mir die Regeln. Sie seien ein internationales Haus mit 2/3 ausländischer Studenten, im ersten Halbjahr müsse ich ein Doppelzimmer beziehen. Duschen und Damenbesuche bis 22 Uhr, keine Zimmerpartys, am Sonntag heilige Messe in der Kapelle im ersten Stock. Schlagartig kamen achtzehn Jahre katholischer Vergangenheit in mir hoch, von der ich mich eigentlich befreit gefühlt hatte. Ein älterer Student mit schütterem rotem Haar ging vorbei und murmelte, sodass jeder es hören konnte: «Wie, nehmen wir hier jetzt auch Schüler auf?» Er meinte mich, nette Begrüßung. Mir wurde flau. Wenigstens stellte sich mein Mitbewohner James, ein Gaststudent aus den USA, als freundlicher und ruhiger Zeitgenosse heraus. Und wie der Prophet geraten hatte «dont think twice, it's alright», oft liefen die Dinge längst nicht so schlecht wie befürchtet. Nach zwei Wochen gab es sogar ein nachträgliches Willkommensgeschenk, ein Konzert im Speisesaal mit der bekanntesten deutschen Folkloregruppe, den City Preachers. Deren Sängerin mit braunen langen Haaren und einem Pony, der fast die Augen bedeckte, berührte mich schon damals mit ihrer eindringlichen Bluesstimme, die mich mein Leben lang begleiten würde, sie gehörte der damals zwanzigjährigen Inga Rumpf. Im Laufe der Zeit traf ich im Kolleg sehr interessante und ungewöhnliche Menschen aus vielen Ländern, fand gute Freunde vor allem unter nord- und südamerikanischen Gaststudenten, hatte viel Spaß beim regelmäßigen Samstagvormittags-Kicken und bei nächtlichen Skatrunden.

Bevor ich mich ins erste Semester stürzen und Hamburg intensiver kennenlernen konnte, musste noch das Bundeswehr-Problem von der Agenda. Meine Musterung stand an, und da ich jünger als meine Klassenkollegen war, wurde ich erst jetzt vorgeladen, hier an meinem Studienort. An einem trüben Novembermorgen lief ich auf wackeligen Beinen quer durch Rotherbaum zur Sophienterrasse in Harvestehude, ich hatte mir von zwei Ärzten in der Heimat Atteste besorgt. An Hausnummer 14 thronte in der Nähe der Außenalster ein monumentales Gebäude mit einem gigantischen Eingangsportal. Das Monstrum war in der Nazizeit erbaut worden und hatte als Generalkommando der Wehrmacht gedient, von der Bundeswehr wurde es als Standortkommando und als Kreiswehramt genutzt. An diesem Ort mit so viel negativer Energie sollte sich nun meine nähere Zukunft entscheiden? Bloß nicht den Helden markieren, aber auch nicht gespielt zu schwächlich wirken. Durch die fünfzehn Meter hohe Halle zu den Musterungsräumen, ausziehen, warten. Ich legte meine Bescheinigungen vor, was nur mildes Interesse der Ärzte fand, allerdings notierten sie meinen chronischen Heuschnupfen. Auf dem linken Ohr hörte ich schon damals schlechter, beim Hörtest übertrieb ich kräftig und offenbar überzeugend. Beim Rausgehen hörte ich wieder normal, der eine Arzt flüsterte zum anderen: «Nach zwei Wochen landet der sowieso im Lazarett, das hat keinen Sinn ...» Und so lautete der Musterungsbescheid T2, nur bedingt tauglich wegen geringer Körpergröße, Hörschaden und Heuschnupfen. Ich täuschte ein leises Bedauern vor und verließ innerlich jubelnd den alten Nazipalast.

Erleichtert konnte ich nun meine Hamburger Entdeckungsreisen beginnen, vor allem zog es mich ins Kino. In manchen Wochen besuchte ich drei bis vier Kinos in allen Stadtteilen, das Holi ganz in der Nähe, die Lupe in Othmarschen, das Streit's am Jungfernstieg, das Urania nah der Binnenalster, die Passage in der Mönckebergstraße oder das Thalia um die Ecke in der Grindelallee, manchmal sogar zweimal am Tag, um Filme der französischen Nouvelle Vague von Truffault, Godard, Resnais, Malle oder Chabrol aufzusaugen, ihre gebrochene radikale Sicht auf Bürgertum, Liebe, Erotik und Moral, ich liebte das Schräge, Schroffe, Unerwartete, Mutige, aber manchmal sehnte ich mich nach dem versöhnlichen Ende eines romantischen Films von Lelouch. Auch die übrigen Meister des internationalen Autorenfilms standen auf dem Plan und weiteten meinen Blick, Rossellini, Bergman, Antonioni, Buñuel. Mein Studium bot hingegen nicht nur Erfreuliches, die Kurse für Alt- und Mittelenglisch waren äußerst trocken, Chaucers amüsante «Canterbury Tales» hätten eigentlich unterhaltsam werden können, aber nicht bei unserer verknöcherten Dozentin. Mein Nebenfach Soziologie entpuppte sich als langweiliges Grauen, die Seminare und Vorlesungen quollen über mit gewagten empirischen Theorien, seelenloser Statistik und mir völlig fremdem Fachchinesisch. Vielleicht fehlten mir Ausdauer oder einfach Interesse, ich nahm Reißaus und wechselte im zweiten Semester zur Abteilung Geschichte. Mir ging es nur darum, ein passendes und nicht zu aufwendiges Nebenfach zu finden, mein Hauptgewicht lag eindeutig auf englischer und amerikanischer Literatur. An Geschichte reizte mich im Gegensatz zu Soziologie, konkrete Ereignisse, Fakten, Entwicklungen und deren Protagonisten zu untersuchen, beschreiben und bewerten, ohne aufgrund vager Erkenntnisse und Informationen spekulieren zu müssen.

Trotz meiner Neugier auf Hamburg zog es mich in den ersten Semestern an den Wochenenden oft nach Quakenbrück, es gab viele Gründe, Heimweh, fehlende enge Freunde in der Großstadt, Mutters Küche, der Wäschesack und BFBS, den ich in Hamburg nicht empfangen konnte, der Sender strahlte nur bis Bremen. Dabei war die Fahrerei eine Tortur, die völlig veraltete, ruppige A1 zwischen Hamburg und Bremen schüttelte alle Glieder durch, vor allem in den Käfern, bei denen ich mitfuhr, zudem war die Autobahn damals erst bis Wildeshausen ausgebaut. Für meine ersten Semesterferien besorgte ich mir in Quakenbrück einen Job beim Finanzamt, Akten aus den Regalen holen, Bescheide einheften, «ablegen». Nicht spannend, aber es brachte Geld, das ich mir für eine erneute Englandreise ansparen wollte. Kurz vor den Ferien hatte ich es noch geschafft, mein Dreigestirn Cream im Star Club in der Großen Freiheit zu sehen, es hatte nichts von seiner Power verloren. Den nächsten Höhepunkt verpasste ich, weil ich in der Amtsstube des Finanzamts saß: Jimi Hendrix und seine Experience gastierten im Star Club, am Nachmittag des 18. März fuhr das Trio für ein kurzes Gastspiel zum NDR Funkhaus an der Rothenbaumchaussee, um live in der Sendung «Twen Club» aufzutreten, 17 Minuten lang, fünf Songs: «Foxy Lady», «Hey Joe», «Stone Free», «Fire» und «Purple Haze», der geballte Hendrix.

Klaus Wellershaus, mein späterer Mentor, Radiokollege und Freund, der die Sendung als Producer betreute, erzählte mir Jahre später, was davor passierte. Hendrix kam für die Probe ins ehrwürdige NDR-Studio 1, 1930 als modernster Sendesaal Europas gebaut, steckte sein Gitarrenkabel in den Verstärker, drehte den Volume-Regler voll auf und ließ einen seiner typischen Töne herausfliegen. Blitzschnell rauschte der NDR-Toningenieur am verblüfften Hendrix vorbei an den Amp, drehte den Regler herunter und verkündete: «Das verzerrt doch!» Und auf Englisch legte er nach: «Distortion, distortion!» In seiner Ausbildung hatte er gelernt, im Rundfunk seien keine übersteuerten, nur «saubere» Signale erlaubt. Hendrix schüttelte nur den Kopf, grinste und drehte die Lautstärke zurück auf voll. «That's how it should be», sagte er und sägte mit seiner verzerrten rückkoppelnden Gitarre in das Intro von «Foxy Lady». Der gute Tonmann hatte lange an diesem Schock zu knabbern.

Dass Hendrix damals live in einer NDR-Sendung auftrat, war ungewöhnlich. Der NDR-Hörfunk hatte bis dahin die neue Popmusik nur in kleinen Häppchen angeboten. Die Sendung «Musik für junge Leute» stellte seit Ende 1965 dreimal in der Woche jeweils zweimal 25 Minuten lang neue Bands vor. Allerdings kam es 1966 zum Streit zwischen ARD und der Plattenindustrie, die höhere Gebühren für die Rundfunkausstrahlung ihrer Produkte verlangte. Daraufhin lief in den ARD-Sendern monatelang keine Musik der «Industrie», man füllte die Lücke mit eigenen Produktionen. Sehr viel üppiger wurde die Sendezeit für Pop auch nach Ende des Boykotts nicht, die «Musik für junge Leute» sendete ab 1967 täglich am frühen Nachmittag «nach der Schule» und später auch morgens «vor der Schule». Die Musik, die meist Klaus Wellershaus selbst aussuchte und von Schallplatten auf Band kopieren ließ, wurde bis Anfang der 70er von Tonbändern abgespielt und von den routinemäßigen Programmsprechern angesagt, die oft von Musik wenig wussten und manchen Künstler oder Titel auch noch falsch aussprachen. Im Glücksfall hatte ein Sprecher wie der großartige Henning Venske Dienst, der bissig, ironisch und informiert Musik und Zeitgeschehen kommentierte. Dazu gab es einige Spezialsendungen wie «Schallplatten für Kenner», in der Wellershaus beispielsweise Pop, Rock, Jazz und Klassik mischte. Erst Ende 1969 sollte man mit dem «Fünf-Uhr-Club» ein Programm einführen, das eine Stunde lang Popmusik mit «jungen» Themen kombinierte. Andere Sender in der ARD, die auch damals schon regional aufgeteilt war, präsentierten eigene Pop-Programme, auch bei der Hansawelle von Radio Bremen konnte man nachmittags Sendungen mit Rock und Pop finden.

Mir war das damals als Hörer alles zu zerstückelt und zufällig, wer hatte schon zu den verschiedenen Sendeterminen gerade Zeit? Die Radiosituation in Deutschland konnte mein Bedürfnis, ausführlich über die Musik und ihre Kultur, die seit vier Jahren die Welt eroberte, informiert zu werden, nicht erfüllen. Und so blieb ich bei meinen vertrauten Wellen, BFBS, BBC und Pirat Radio London, am besten mit den unaufgeregten, subjektiven, intimen, persönlichen, detailverliebten, wenig analysierenden Moderationen des John Peel in meiner Lieblingssendung «Perfumed Garden», es war weniger die Moderation, sondern mehr die spannende, vielfältige, innovative und oft überraschende Auswahl der Musik, die mich faszinierte.

Denn der Strom riss nicht ab, er wurde im Lauf des Jahre 1967 noch breiter und vielfarbiger. Die Stones überraschten mit einer sensationellen Single mit zwei A-Seiten, der mächtig rockenden simplen Einladung «Let's Spend the Night Together» und dem wunderschön melancholischen Abschiedsgruß an die freiheitsliebende Freundin «Ruby Tuesday», für den Brian Jones die gute alte Blockflöte hervorgezaubert hatte. Ende März hatten sie beide Songs live auf der Bühne der Bremer Stadthalle gespielt, zusammen mit ihren besten Titeln von «The Last Time» und «Satisfaction» bis zu meinem Liebling «Paint It Black». Ich war während meiner Finanzamtsferien von Quakenbrück mit einer organisierten Busreise nach Bremen gefahren, die Stones waren laut, druckvoll und dynamisch, besonders beim lang gezogenen, immer schneller stampfenden «Goin' Home», bei dem Jagger demonstrierte, dass er seine Bluesmundharmonika beherrschte. Überhaupt war Jagger mit seinen rasenden Lauf- und Tanzschritten und den wilden Armverrenkungen das Highlight der Show, auch wenn er sich diverse Bewegungen von James Brown und anderen Soulkünstlern abgeschaut hatte.

Bald darauf verwandelten Procol Harum Bachs «Air» mit getragenen Orgeltönen, seelenvoller Stimme und dunklen Traumbildern in eine bewegende, schrecklich-schöne Endzeitballade, Pink Floyd, eine Gruppe von Ex-Studenten aus Cambridge um den schillernden Jungpoeten Syd Barrett hoben mit «Arnold Layne» und «See Emily Play» auf avantgardistischen Soundteppichen zu neuen Ufern ab. Aus Kalifornien schwappte eine kräftige Welle aufregender Bands herüber, die keine Kopien britischer Bands waren und frische Marken setzten. Die Doors aus L.A. und ihr charismatischer Sänger-Poet Jim Morrison bliesen förmlich zum Aufbruch mit «Break on Through (To the Other Side)» und «Light My Fire», Organist

Ray Manzarek fegte durch das phänomenale Intro und die Soli, dass ich vor Neid erblasste, Morrisons Bariton rangelte sich vom intensiven Säuseln zum überwältigenden Schrei. Fast genauso außergewöhnlich klang eine andere Band aus L.A. namens Love um den dynamischen Arthur Lee, der bei «7 and 7 Is» wie ein Gewitter einschlug, auf anderen Songs des Albums «Da Capo» aber spielerische leichte Töne fand. Love blieben ein Geheimtipp, auch ihr episches drittes Werk «Forever Changes», ein Meilenstein, der im Herbst erschien, konnte das nicht ändern.

Wunderliches wurde hingegen aus San Francisco berichtet, wo Hippies, die aus der bürgerlichen Welt ihrer Eltern ausbrachen, eine Gegenkultur suchten, aber auch den politischen Protest gegen das immer stärker werdende militärische Engagement der USA in Vietnam äußerten. Der Traum vom Leben in Harmonie, Gleichheit und Frieden, die Faszination des sogenannten «Summer of Love» mit Blumen im Haar, angeblich freier Liebe und maßlosem Verzehr psychedelischer Drogen wie LSD, wirkten auf mich aus der Ferne damals naiv, realitätsfern, dubios und auch gefährlich für Kopf und Körper, offenbar war ich noch nicht so weit, mein bürgerliches Spießerhemd abzulegen. Ich hielt den Slogan «Summer of Love» eher für den gelungenen Marketingcoup eines Geheimkartells aus Coca-Cola, Unterhaltungsindustrie und Drogenmafia.

Doch die musikalischen Botschafter aus San Francisco rannten bei mir weit offene Türen ein, allen voran die unendlich spielfreudige Musikerkommune Grateful Dead, die auf vielen Feldern zu Hause war, Country, Rock, Folk, Bluegrass, Swing und Jazz, und Jefferson Airplane mit der heißen Chefpilotin

Grace Slick, deren zweites Album «Surrealistic Pillow» den Soundtrack für den Sommer schrieb. Ihr dramatischer Gesang in der Hymne «Somebody to Love», die exzessiven Gitarrensoli und das hypnotische «White Rabbit», das Lewis Carrolls Alice in ein nicht nur glückliches Drogenwunderland entführte, lockten auch mich sofort an Bord. Wobei der Sommer der Liebe in Hamburg, geschweige denn in den Quakenbrücker Ferien kaum zu spüren war, er war in Deutschland eher ein mediales Ereignis. Magazine berichteten, weniger mit Worten als mit exotischen Bildern, das Fernsehen sendete Beiträge im «Weltspiegel». Hippie-Mode wurde schick, die wichtigen Songs liefen in einigen wenigen Clubs oder eben privat zu Haue. Im norddeutschen Radio waren die Bands aus Kalifornien und ihre Kollegen von der Insel höchstens in der «Musik für junge Leute» zu hören oder in den anderen Sendungen von Klaus Wellershaus in der Rolle des einsamen Propheten.

Selbst Eric Burdon, der toughe Blueshouter aus Newcastle, war von der Hippie-Szene in San Francisco so hingerissen, dass er für seine Animals eine hübsche, ehrlich klingende Ode an die Stadt aufnahm, «San Franciscan Nights». Als regelrecht unerträglich empfand ich allerdings die schlagerartigen Pop-Produkte, die den Hype um den Hippie-Sommer kommerziell ausnutzten, der US-Sänger Scott McKenzie warb in «San Francisco» für die obligatorischen Blumen im Haar und die britischen Flower Pot Men – was für ein Name! – legten mit «Let's Go to San Francisco» nach. Doch die Tantiemen klingelten.

Damals machte sich der Begriff «psychedelisch» breit, eigentlich ein Ausdruck für die Wirkung halluzinativer Drogen, nun wurde er auch für Musik benutzt, allerdings viel zu pauschal und undifferenziert. Jede Band aus San Francisco war nun psychedelisch, auch wenn sie eigentlich Country-Rock spielte. Ich fragte mich, was eigentlich damit gemeint sein sollte, die langen Gitarrensoli, die Nähe zu außerhalb der klassischen Dur- und Moll-Leitern liegenden modalen Tonskalen, zu Jazz oder zu orientalischer Musik? Der pulsierende Rhythmus, oder nur das Image der Bands samt wild verlaufenen Farben und Schriften auf Covern, Postern und T-Shirts? Wann war der psychedelische «Tatbestand» erfüllt, wann begann ein Zustand von Trance, konnte man das definieren? Hatte nicht jeder Musiker und jeder Konsument eine unterschiedliche Wahrnehmung? Mir erschien der Begriff als weiteres Beispiel für den weitverbreiteten Glauben an Schubladen, die nie wirklich passen und dann ständig klappern.

Auf eine leider kurzlebige Band aus Los Angeles, die Wurzeln in Folk, Rock und Country hatte und zu den Pionieren der Folkrock wurde, traf der Begriff jedenfalls eindeutig nicht zu, Buffalo Springfield, bestehend aus den überragenden Talenten Neil Young, Stephen Stills und Richie Furay. Stills schrieb ihren großen Hit, der Anfang 67 die Ohren und Augen öffnete, «For What It's Worth», der Untertitel «Stop, Hey What's That Sound» erklärte besser, dass der Song eine Reaktion auf die gewalttätigen Auseinandersetzungen zwischen Polizei und Jugendlichen auf dem Sunset Strip war, schon bald gewann er aber größere Bedeutung bei Vietnam-Demonstrationen als ein populärer Antikriegssong. Auch die Byrds kehrten 1967 mit ihrer einflussreichen Mixtur aus feinen Harmoniestimmen, Folkmelodien, Rockgitarren und Country-Picking zurück, auf dem Album «Younger Than Yesterday» klangen sie genauso frisch, wie der Titel ankündigte.

Doch mein stärkstes Urerlebnis dieser Zeit erwischte mich aus einer ganz anderen Ecke. Anfang März hörte ich in einem meiner Spezialsender ein paar E-Piano-Akkorde, dann eine Frauenstimme, aufgebracht, emotional, scharf, «You're no good, heartbreaker, a liar and a cheat ...» Die Stimme klagte an, beschwor ihre fatale Abhängigkeit, «I never loved a man, the way I love you», und das mit einer unglaublichen Intensität, immer drängender, fordernder wie eine Gospelsängerin, die mit aller Inbrunst um Erlösung bittet. Ich hatte noch nie eine derart bewegende, aufrüttelnde Sängerin gehört – Aretha Franklin. Einige Monate danach die kaum vorstellbare Steigerung, ihre Version von Otis Reddings «Respect». Klang das Original mehr wie die Bitte eines beleidigten Liebhabers oder Familienvaters um mehr Beachtung, verwandelte Aretha den Song zu einem jubelnden, ekstatischen Aufschrei nach Respekt für alle Frauen, ja sogar zu einem flammenden Appell für gleiche Rechte von Afroamerikanern, egal ob Frau oder Mann. 1967 hatte sie schon eine lange, oft harte Vergangenheit als Wunderkind im Gospelchor ihres Vaters hinter sich, dann eine wenig erfolgreiche Zeit bei Columbia Records, wo man sie mit weichgespülten Arrangements zu einem Nightclub- und Entertainment-Star stylen wollte. Erst bei Atlantic Records unter der Obhut des Produzenten Jerry Wexler in den Studios in Alabama, in denen auch die besten Aufnahmen von Otis Redding entstanden waren, konnte sie ihrem überragenden Talent, ihrer emotionalen Kraft freien Lauf lassen und zur größten Soulsängerin aller Zeiten werden.

Ja, die «Class of 67» war nach der Euphorie der Jahre 65/66 eine weitere Offenbarung für mich, und nicht ganz überraschend hatten die unermüdlichen Beatles in der Abbey Road an einem besonders opulenten Geschenk gebastelt. Zunächst erschien im Februar wie gehabt auf Wunsch der Plattenfirma eine Single mit zwei A-Seiten, die erste Seite hörte ich zum ersten Mal bei John Peel, der Songtitel verwirrte mich, es ging um Erdbeerfelder, und das für die Ewigkeit? Dann verfremdete Flötentöne, später las ich, dass sie von einem Mellotron erzeugt wurden, einer relativ neuen britischen Erfindung, bei der eine Pianotastatur aufgenommene Tonbandschleifen mit verschiedenen Klangfarben startete und einen schwebenden Effekt erzielte. Lennons näselnde Stimme begann eine komplizierte Melodie, begleitet von mächtigen Drums mit wilden Tom-Fills und Kaskaden von ein- und ausdriftenden Sounds, Folkgitarren, rückwärts abgespielte Instrumentalparts und Stimmfetzen, hawaiianische Steelgitarren, indische Zither, gestrichene Kontrabässe und Celli, traditionelle Bläser und elektronische Effekte, ein dahintreibender Strom, mit Erinnerungsblitzen an seine Liverpooler Kindheit angefüllt. Strawberry Fields hieß ein Kinderheim der Heilsarmee in dem Viertel, in dem Lennon aufgewachsen war, erfuhr man schließlich. Ein Song ohne echten Refrain, aber darum ging es nicht, hier wurde die Tür zu einer neuen musikalischen Dimension aufgestoßen, unter Bedingungen, die durch die Vier-Spur-Technik stark eingeschränkt waren, denn wie konnten all diese Puzzleteile zusammengefügt werden? Durch unendlich viele Schneide- und Vormischaktionen, mit denen fertige Parts auf eine oder zwei Spuren überspielt wurden, damit die beiden übrigen wieder frei für neue Aufnahmen waren, und wenn diese im Kasten waren, wurde wieder zusammengemischt und so weiter. Aufwendige Kleinstarbeit.

Die andere Seite der Single erinnerte ebenfalls an Liverpool, Pauls Rückkehr in die «Penny Lane» mit realistischen und fiktiven Szenen und Bildern. Ein fast perfekter Popsong, süß, rund, harmonisch, klassisch aufgebaut und verziert von einem brillanten Barock-Trompetensolo, «Penny Lane» strahlte von Anfang bis Ende. «Strawberry Fields» und «Penny Lane» waren eigentlich als Teil des nächsten Albums geplant, nun stelle man sich vor, «Sgt. Pepper», das im Mai erschien, wäre auch noch durch diese beiden Schmuckstücke veredelt worden. Die Frage nach dem besten Album aller Zeiten hätte sich dann wahrscheinlich erledigt. Doch auch so war «Sgt. Pepper's Lonely Hearts Club Band» ein leuchtendes Ereignis, unvergessen das Gefühl, als ich das Doppelcover in den Händen hielt, die Figuren auf der Front studierte, die Texte verschlang, die sozialrealistischen wie «She's Leaving Home», die ironischen wie «When I'm Sixty Four» und die symbolisch-poetischen wie «Lucy in the Sky with Diamonds» und «A Day in the Life», und wenn man dann die Platte auf den Teller legte, ein heiliger Moment. Wie clever, sich als Klammer eine Figur wie den Sgt. Pepper auszudenken, einen fiktiven Army-Sergeant, der den einsamen Herzen ein wenig Spaß bringen will, und selbst für Ringo hatten sie sich diesmal einen sehr hübschen Song ausgedacht. Es war alles da, die Faszination der Melodien, der klassischen wie der ungewöhnlichen Instrumente und Klänge, die Illusion des großen Raums bei «Lucy», die rotierenden Spiralen der Zirkusklänge in «Benefit for Mr. Kite!», die in einem wirbelnden Walzertakt entfliehen, und ein Finale, von dem man gleich spürte, es würde Geschichte schreiben. «A Day in the Life», eine zweiteilige Traumreise mit realen und surrealen Skizzen und Assoziationen, gebrochen und beendet durch ein erschütterndes ungezügeltes kakofonisches Crescendo eines riesigen Sinfonieorchesters, diverser Pianos und ungezählter menschlicher Stimmen und Geräusche, bis zu einem fast unerträglichen Siedepunkt, der urplötzlich abriss und durch einen ruhigen tiefen ewig lang ausklingenden Klavierakkord erlöst wurde. Ich glaube, ich war nicht der Einzige, der nach «A Day in the Life» erst einmal durchatmen musste.

Am 25. Juni musste ich fernsehen, genau ein Jahr nach dem Konzert in Essen und fünf Wochen, nachdem «Sgt. Pepper»

Fans, Kritiker und sogar Feuilletonredakteure beeindruckt hatte, sollte man die Beatles während einer Aufnahme im EMI Studio live im Fernsehen erleben können. Der Anlass hieß «Our World», es war die erste direkte Satellitenübertragung mit Livebeiträgen aus aller Welt, die auf allen Kontinenten gleichzeitig empfangen werden konnte. Die Band, auf dem Höhepunkt ihrer Popularität, war von der BBC gebeten worden, den britischen Beitrag zu gestalten, und entschied, einen neuen John Lennon-Song zu präsentieren, der eine einfache, universelle Botschaft hatte: «All You Need Is Love». Der plakative Slogan passte natürlich auch perfekt in den «Summer of Love», bezog sich aber, so war mein Eindruck, auch auf die aktuelle allgemeine Friedenssehnsucht zwei Wochen nach dem Sechstagekrieg zwischen Israel und seinen arabischen Nachbarn. In der spektakulären Show, die um die Welt ging, spielten und sangen die Beatles live mit Streichern und Blechbläsern zu einigen vorproduzierten Tonspuren, im Abbey-Road-Studio von einem prominenten Chor unterstützt, in dem sich die Creme der Londoner Szene vergnügte, Mick Jagger, Keith Richards, Marianne Faithfull, Eric Clapton, Jane Asher, Patti Boyd, Graham Nash, Keith Moon, die Small Faces und andere, die ich so schnell nicht erkannte. «All You Need Is Love» klang beim ersten Hören erst mal simpel und eingängig mit seinem animierenden Mitmach-Refrain. Als ich mich aber zu dem Lied am Klavier begleiten wollte, stutzte ich. Da wechselten sich in der Strophe drei Sieben-Viertel-Takte mit einem Acht-Viertel-Takt ab, im Refrain folgte nach drei Acht-Viertel-Takten einer mit sechs Vierteln, das brachte jeden Gesangsverein durcheinander. Wieder einmal hatten die Beatles eine komplizierte Struktur einfach klingen lassen und dazu ihre bunte Friedenstaube mit schon üblichen Zitaten und Anspielungen verziert, der Marseillaise, Glenn Millers «In The

Mood», «Greensleeves», Johann Sebastian Bach und den eigenen Werken «She Loves You» und «Yesterday». Ohne den Wert der restlichen Sendung schmälern zu wollen, die Beatles, live aus den heiligen Hallen an der Abbey Road, waren natürlich der Knüller des TV-Abends.

Die Chance, in Hamburg Konzerte meiner Lieblingskünstler zu sehen, bot sich selten. Als Ersatz pilgerte ich mehrmals in der Woche, manchmal an fünf bis sechs Abenden auf den Kiez, denn nur dort existierten Clubs, in denen Livebands, vor allem britische, auftraten. Die Reeperbahn und ihre Seitenstraßen waren noch nicht das breit gefächerte Vergnügungsviertel für Musical- oder Revuebesucher, Touristen, Tanzwütige und allgemeines Partyvolk, sondern lagen fest in der Hand des Rotlicht-Geschäfts in Stripclubs, Animierbars, kleinen Puffs und großen Bordellen. Mir war es schon ein wenig unangenehm, über die von unzähligen Leuchtreklamen schrill erhellte Reeperbahn vorbei an Türstehern, aufdringlichen Koberern und Prostituierten durch Reihen von betrunkenen Kiezgängern zu laufen, der Hinweg war meist harmlos, unangenehmer wurde gelegentlich der Heimweg nachts um zwei oder drei. Mein Ziel war vorzugsweise der Top Ten Club direkt an der Reeperbahn, in dem auch die Beatles auf dem Weg zum Weltruhm zwischen April und Juli 1961 fast einhundert Mal Station gemacht hatten. Sechs Jahre danach waren die Bedingungen für die engagierten englischen Bands nicht leichter geworden, zwischen 20 und 3 Uhr mussten sie laufend Halbstunden-Sets spielen, dazwischen fünfzehn bis zwanzig Minuten Pause, eine Tortur. Und dennoch lieferten sie oft höchste Qualität ab, Musiker noch ohne bekannten Namen, die aber nicht selten eine große Zukunft vor sich hatten. Ihre Bands spielten meist keine eigenen Stücke, schlicht kopierende Coverbands waren sie aber nicht. Mit der Zeit wandelte sich das Repertoire, die Zahl der

R&B- und Rock-'n'-Roll-Klassiker nahm ab, immer mehr eigene Versionen von Songs der neuen amerikanischen Bands wie Love oder Buffalo Springfield belebten das Programm.

Mir kribbelte es zunehmend auch wieder selbst in den Fingern, es reichte nicht, ab und an auf dem Klavier im Speisesaal des Franziskus-Kollegs herumzuklimpern. Ich freute mich deshalb sehr, als Wolfgang, ein Medizinstudent aus Cloppenburg, der zu Hause Gitarrist einer Band war, eines Tages fragte, ob ich nicht Lust hätte einzusteigen, sie bräuchten einen Keyboarder. Die Combo nannte sich wenig originell «Moody Section» und war eine der vielen engagierten Amateurbands, die in Proberäumen und Kellern mit Herzblut und Ausdauer die Musik ihrer Vorbilder nachspielen wollten, was mal besser, mal schlechter gelang. Wolfgangs Gruppe war da schon weiter, hatte schon auf der Bühne gestanden, das Repertoire bestand hauptsächlich aus R&B-Nummern und aktuellen Rock-Hits. Ich lieh mir eine Farfisa Orgel oder ein Hohner Pianet, und die Proben begannen, meist an den Wochenenden. Aber ich wollte ein eigenes Spielzeug, und wo konnte man das günstiger besorgen als dort, wo die Musik gemacht wurde. Ein England-Trip war sowieso geplant, mit dem Ferienjob hatte ich genug verdient, das würde auch noch für ein Keyboard reichen.

Gegen Ende der Semesterferien nahm ich dann die günstigste Verbindung mit der Fähre von Bremerhaven nach Harwich. Mir gefiel der Name des Schiffes, «Prins Hamlet», zwei Jahre später übernahm der Prinz die Direktroute von Hamburg aus. Über 16 Stunden dauerte die teilweise recht wackelige Passage, es war ja schon gegen Ende September. Das Schwierigste war, die Nacht zu überstehen, ohne Kabine, zusammengekrümmt auf einem Sessel oder einer Bank, am nächsten Tag war ich völlig erledigt.

Für die ersten Nächte hatte ich mir eine billige Pension in Paddington gebucht, in der Nähe des großen Bahnhofs für alle Verbindungen nach Westen lag in der Straße Sussex Gardens eine günstige Unterkunft neben der anderen. Nach einer fetten Mütze Schlaf begann ich meine Erkundungsgänge. Es hatten sich neue Veranstaltungsorte etabliert, in Camden wurde das Roundhouse, ein ehemaliger kreisrunder Lokschuppen, nun für Theateraufführungen und Konzerte genutzt. In der Tottenham Court Road hatte ein halbes Jahr lang der angesagte Underground-Club UFO mit seinen Avantgarde-Konzerten, Lightshows und Installationen für Aufsehen gesorgt, bis der Gründer John Hopkins wegen Cannabis-Besitzes zu einer Gefängnisstrafe verurteilt wurde und der Club die Lizenz verlor. Hopkins war Fotograf und mit dem Autor und McCartney-Freund Barry Miles Mitbegründer der Underground-Zeitschrift *International Times* (*IT*), die von Paul finanziell unterstützt wurde und sich alternativer Literatur, Musik, Kunst und Politik, den Philosophien, Visionen und Erfahrungen einer Gegenkultur widmete, ja ihr Londoner Sprachrohr war. Nach dem Ende des UFO hatte ein Club in einem Souterrain in der King Street im Marktviertel Covent Garden dessen Rolle übernommen, «Middle Earth» hieß er nach dem Kontinent aus Tolkiens Fantasy-Romanen, die sich gerade ungeheurer Beliebtheit erfreuten. Ich fragte mich, ob der Autor, Literaturprofessor in Oxford, diese Variante der Mittelerde mögen würde? Man stieg die Treppen hinunter in einen relativ niedrigen Raum, an den weißen Wänden Lichtprojektionen aus Farben und zerlaufenem Öl, «Liquid Lightshows», man fühlte sich tatsächlich in einem bunten Fantasy-Traum, der ständig um dich herumwaberte wie in einer lebendigen Höhle, einem vielfarbigen Mutterleib. Die Luft war stickig, es roch intensiv nach Nebelmaschinen und Weihrauchstäbchen, vielleicht, um die Marihuana-Düfte zu verschleiern. Musik fand auch statt, allerdings verschwanden die Musiker häufig hinter den Schwaden und den changierenden Lichtern und Farben. Die erste Band, die ich im Middle Earth erlebte, wirkte in dieser Umgebung etwas fremd, Fairport Convention, die Band des Gitarristen und Sängers Richard Thompson, verband traditionelle britische Folkmusik mit Rock, erzählte Fabeln und reale Geschichten in neuen Versionen, man wollte zuhören und nicht in einem Licht- und Soundozean ertrinken. Da passte die nächste Band schon besser, Soft Machine aus Canterbury, offensichtlich inspiriert von William S. Burroughs' Roman. Soft Machine boten eine avantgardistische Mixtur aus vielen Zutaten, die mich verwirren, aber auch anfassen konnten, wechselnde Rhythmen, Breaks, lange freie Improvisationen der schwirrenden Orgel des Keyboarders Mike Ratledge, aufgelockert durch den fast lyrischen Falsettgesang des Drummers Robert Wyatt oder das ironische Brummen des Bassisten Kevin Ayers. Musikalisch und physisch benebelt verließ ich die Mittelerde.

Ich war immer noch nicht sehr kontaktfreudig, war gerne alleine unterwegs. Tagsüber pirschte ich durch Plattenläden, kaufte das erste Pink-Floyd-Album «The Piper at the Gates of Dawn», war neugierig auf «Velvet Underground & Nico» aus New York, von denen ich bis dahin nur die packende Junkie-Beichte «I'm Waiting for the Man» kannte, und auf John Mayalls «A Hard Road» mit Peter Green. Ich stöberte in Buchläden, besaß nun endlich die Penguin-Gesamtausgabe der beiden wunderbaren Nonsense-Bücher John Lennons *In His Own Write* und *A Spaniard in the Works*. Lennon hatte den ersten seiner beiden Bände schon 1964 veröffentlicht, eine Sammlung brillanter Gedichte, Texte und Zeichnungen, komisch, satirisch, beißend oder ganz einfach unsinnig, in der Tradition der großen englischen Nonsense-Poeten Edward Lear und Lewis Carroll, aber auch sicherlich beeinflusst von der beliebtesten Radio-Comedy der 50er-Jahre, «The Goon Show». John hatte in Interviews erzählt, wie sehr er als Jugendlicher die BBC-Serie des schrillen Spike Milligan genossen hatte, in der auch andere Spitzenkomiker der Insel wie Peter Sellers ihren Unsinn trieben.

Es lag nicht nur an Lennons «eigener Schreibe», dass ich am nächsten Tag die Idee hatte, mir die Studios in der Abbey Road wenigstens von außen anzusehen, ich wollte endlich mal den Ort erkunden, an dem meine Lieblingsmusik kreiert wurde. Es war der 29. September, ein Freitag, ich brauchte nur am Oxford Circus in den Bus 159 Richtung West Hampstead steigen und ihn bei der Tube Station St. John's Wood verlassen, dann fünf Minuten die Grove End Road hinunter, schon stand ich an dem Zebrastreifen, der zwei Jahre später weltberühmt werden sollte, aber damals völlig durchschnittlich wirkte. Ich ging hinüber und sah zwanzig Meter weiter an einer flachen Mauer mit Eisengittern vor Abbey Road Nummer 3 etwa zehn bis zwölf Fans stehen, fast alle Mädchen, die auf die Ankunft der vier warteten. Es war bekannt, dass sie nach dem plötzlichen Tod ihres Managers Brian Epstein am 27. August an einem Seminar des Gurus Maharishi Mahesh Yogi in Wales teilgenommen hatten und nun an den Songs für ihr kommendes Projekt «Magical Mystery Tour» arbeiteten. Aber wann, täglich? Die weiblichen Fans, zum Großteil Amerikanerinnen, schienen mehr zu wissen. Plötzlich öffneten sich die Zufahrtstore zum kleinen Parkplatz vor dem unauffälligen zweigeschossigen weißen Gebäude, ein roter, mit vielen Blumen bemalter Mini Cooper bog ein und parkte. George Harrison stieg aus, sein

Beifahrer Ringo Starr ebenfalls, beide grüßten kurz, eilten die Eingangstreppe hinauf und verschwanden hinter der braunen Holztür. Ungestört konnte ich den Parkplatz betreten und ging zu einem Morris, aus dessen Kofferraum Mal Evans, der langjährige Assistent, Roadie und Freund der Band ein hellbraunes Keyboard hievte. Ich kannte das Instrument aus Deutschland, eine Art elektrisches Cembalo, stellte mich aber dumm, um leichter ins Gespräch zu kommen. Mal sagte auf meine Frage «it's a Hohner, a new instrument called Clavinet», und als ich wissen wollte, wofür das gebraucht werde, ganz freundlich «for one of Paul's new songs for the new project». Plötzlich hörte ich aufgeregtes Geschnatter, Paul stand am Fuß der Treppe, wie er hergekommen war, hatte ich nicht gesehen, vielleicht sogar per pedes, er wohnte ja nur fünf Minuten entfernt in der Cavendish Avenue. Paul, immer gut im Small Talk, scherzte mit den Fans und schrieb Autogramme. Schnell hielt ich ihm meine Mitgliedskarte des Middle-Earth-Clubs hin, er unterschrieb, «thanks» und «good luck», fort war er. Fehlte nur noch einer. Einige Minuten später rollte der berühmte wild bemalte Rolls-Royce Phantom heran. Heraus trat ein gut gelaunter John Lennon mit den mittlerweile typischen runden Brillengläsern und verteilte ein paar flapsige Bemerkungen. Ich reichte ihm die Middle-Earth-Karte mit der Unterschrift seines Partners, er lachte, drehte sie um, nuschelte «I'll take the back» und signierte die Rückseite. Dann laut in die Runde: «We've got to work, bye, see you ...» Ich war perplex, was für ein Glück hatte ich gehabt, meine beiden größten Idole anzutreffen, wenn auch nur kurz. Ich ließ die noch immer ziemlich hysterischen Mädchen, die sich ereiferten, wer denn nun der Süßeste sei, hinter mir und marschierte zufrieden über den Zebrastreifen davon.

Als im Dezember 67 «Magical Mystery Tour» als EP mit sechs Songs erschien, traf mich «The Fool on the Hill» direkt in Herz und Seele, und ich konnte dabei deutlich das herbeigeschleppte Clavinet heraushören. Ebenfalls grandios fand ich das Lennon-Epos «I Am the Walrus», inspiriert von Lewis Carrolls Gedicht «The Walrus and the Carpenter», dem wundersamen Gedicht aus «Alice Through the Looking Glass» vom Treffen der beiden Hauptfiguren am Strand, um Austern aufmarschieren zu lassen und sie danach zu essen. Lennon türmte mit schneidender Stimme wirre Wortgebilde, Nonsens-Zeilen, bissige Metaphern, Stab- und Binnenreime fast im Stakkato aufeinander, von einer bedrohlich anschwellenden Welle aus Keyboards, Mellotron, echten Streichern und Bläsern getragen, nein getrieben. Im Finale, in dem sich alle Stimmen, Chöre, Schreie und Geräusche fast überschlugen, tauchten Fetzen einer gesprochenen Szene auf, die schon während des Songs bruchstückhaft zu hören gewesen waren und deren Text mir irgendwie bekannt vorkam. Hier zeigte sich der wahre Wert des Anglistik-Studiums, in einer Vorlesung war gerade *King Lear* Thema, ich durchforstete die Tragödie um den alten König und seine Töchter und wurde im vierten Akt fündig. Aber warum im Himmel hatte Lennon diese von Schauspielern gesprochenen Shakespearezitate in sein Walross-Drama eingebaut?

Später las ich in einer BBC-Programmzeitung, der *Radio Times*, die ich mir in London gekauft hatte, dass die BBC 3 am Abend des 29. September, also am Abend meines Ausflugs in die Abbey Road, *King Lear* in einer Radiofassung gesendet hatte, Lennon muss das zufällig im Studio mitgehört haben, so, wie die Einblendungen klangen, auf einem einfachen Mittelwellenempfänger, und sich gedacht haben, das schneiden wir mit und mischen es als zusätzlichen Überraschungseffekt noch dazu. Meine kriminalistische These sollte viele Jahre später von einer Reihe «Beatles-Forschern» bestätigt werden, die sich zur Lebensaufgabe gemacht hatten, jede Aufnahme, jeden Mix, jeden Tag, den die vier gemeinsam oder einzeln im Studio verbrachten, unter die Lupe zu nehmen und aufzuschlüsseln.

Zurück in den Londoner September, mittlerweile wohnte ich in einem reichlich abgewrackten Hostel in der Drury Lane in der Nähe der Covent-Garden-Markthallen, damals noch der zentrale Großmarkt für Lebensmittel, Obst, Blumen und Gemüse. In den Straßen und Gassen rund um die großen Hallen drängten sich Händler und Marktstände, dazwischen Lieferwagen und Karren, die Waren transportierten, es herrschte ein unglaubliches Gewimmel von Menschen und Stimmen, ein Dunst aus intensiven Gerüchen von altem Fleisch, fauligem Obst und verdorbenem Gemüse. So musste es dort schon Anfang des 20. Jahrhunderts ausgesehen haben, vor allem gerochen haben. Direkt daneben thronte in krassem Kontrast das pompöse Royal Opera House an der Bow Street, Heimat für die bekanntesten Opern- und Ballettstars der Welt, aber vielleicht fühlte sich London gerade wegen dieser Gegensätze so lebendig an. Zur Drury Lane war es nur eine Ecke weiter, das Youth Hostel belegte Erdgeschoss und Keller eines alten Gebäudes, die Räume boten Platz für vier bis sechs männliche Gäste, ein paar Stockbetten und dünne Schaumstoffmatratzen auf dem Boden. Man zahlte zehn Schillinge beim unfreundlichen Hausmeister, suchte sich einen Platz für die Nacht, tagsüber wurde das Gepäck eingeschlossen, am nächsten Abend «the same procedure». Schön war's nicht, aber preiswert, praktisch und sehr zentral. Nicht weit entfernt lag die Denmark Street, eine nur gut 100 Meter lange Seitenstraße der Charing Cross Road, sie galt als die «Tin Pan Alley» Londons, seit den 50er-Jahren drängten sich hier Musikverlage, die Büros der Musikblätter *Melody Maker* und *NME*, Studios, in denen in den 60ern die Stones, Small Faces oder David Bowie aufnahmen, dazu Musikalienhändler und Instrumentenshops.

Ich war immer noch auf der Suche nach einem eigenen Keyboard, inspizierte einen Laden nach dem anderen und wurde in der Denmark Street fündig. Für 80 Pfund, damals etwa 880 DM, ergatterte ich ein sehr gut erhaltenes Wunschgerät, eine original Continental Orgel der britischen Firma Vox. Das rote Instrument war besonders schick, weil die großen Tasten schwarz und die kleinen weiß waren, außerdem hatten berühmte Musiker die Vox Continental auf erfolgreichen Platten eingesetzt, Alan Price bei den Hits der Animals, Ray Manzarek von den Doors bei «Light My Fire» oder der Them-Sänger Van Morrison auf seiner ersten Solo-Single «Brown Eyed Girl». Wichtig war, dass man die Beine abschrauben und die Orgel einigermaßen leicht transportieren konnte. Mit einem Taxi brachte ich das verpackte Schmuckstück zu einem Post Office und ließ es per Schiffspost nach Hamburg schicken. Es kam tatsächlich an, selbst der Zoll war gnädig.

Von der Denmark Street waren es nur drei Minuten bis zu einem der schönsten Art-déco-Theater des West Ends, dem 1931 fertiggestellten Saville Theatre in der Shaftesbury Avenue. Brian Epstein, Manager der Beatles, hatte es 1965 übernommen und veranstaltete dort neben Theateraufführungen auch Konzerte, z.B. in der Reihe Sundays at The Saville. Zwei dieser Sonntage standen vor der Abreise noch auf meinem Plan, am 1. Oktober wollte ich miterleben, wie Pink Floyd den Sprung aus den Underground-Clubs auf die Konzertbühnen bewältigen würden. Ihr Debütalbum war sechs Wochen vorher erschienen und gerade hoch in den Charts, fast alle Songs waren im manchmal leicht verwirrten Kopf ihres Frontmanns Syd Barrett entstanden, er war Gesicht und Herz der Band, allerdings ein ziemlich wankelmütiges. Geschichten von Drogenexzessen und verpassten Auftritten machten die Runde. Aber als Floyd im Flackerlicht ihrer Lightshow zu den piependen Funkgeräuschen aus dem Weltraum in ihren Opener «Astronomy Domine» abflogen, dann in die spröden Melodien und eigentümlichen Akkordfolgen von «Lucifer Sam» stürmten, wirkte alles sehr souverän und gar nicht wackelig. Am klarsten glänzte das Genie des Syd Barrett bei zerbrechlichen ätherischen Songs, «Flaming», «Matilda Mother» und «Scarecrow», sanft an den hohen Theaterhimmel getupft, bevor das Quartett mit dem Finale des instrumentalen «Interstellar Overdrive» wieder ungestüm und geräuschvoll in den Orbit startete. Pink Floyd hatte gleich mit ihrem Debüt eine ganz neue, experimentelle, mutige Seite im schon recht dicken Wälzer des Pop beschrieben und bestätigten das in diesem Konzert fulminant. Doch nicht nur Pink Floyd machten diesen Sonntag im Saville zu einem besonderen Tag, als «support», in Deutsch gern geringschätzig als «Vorprogramm» abgetan, brachten Robin Williamson und Mike Heron ihre sensiblen Lieder auf die Bühne und machten ihrem Namen jede Ehre. Das schottische Folk-Duo nannte sich treffend «The Incredible String Band», ich hatte bei John Peel einige der versponnenen poetischen Songs gehört und mir ihr Album bestellt. «5000 Spirits or the Layers of the Onion» war ein Zauberkasten wundervoller akustischer Musik, gefüllt von schottischer und irischer Folklore, amerikanischer Folk- und Countrymusik, sogar indischen und arabischen Klängen. Das Album, das Paul McCartney später zur besten Platte des Jahres erklärte, versprühte feinsinnig Fantasie, Tiefe, Witz, Ironie, Geist, Liebe und Lebenslust.

Der Headliner am folgenden «Sunday at the Saville» war der Mann des Jahres mit seinem Trio, The Jimi Hendrix Experience. Ein Jahr war nun schon vergangen, seitdem ich zufällig Jimis allerersten Auftritt in Europa erlebt hatte. In dieser Zeit hatte Hendrix sein Trio mit Mitch Mitchell und Noel Redding formiert und mit den großartigen Singles «Hey Joe» und

«Purple Haze» den Weg zum sensationellen Debütalbum «Are You Experienced» geebnet, das wochenlang an der Spitze der britischen LP-Charts auf Platz 2 stand, weil Sergeant Pepper ihm den Platz an der Sonne versperrte. Gleichzeitig war Hendrix seit Ende 1966 neben den Plattenaufnahmen fast täglich zu Auftritten unterwegs gewesen, im UK, in Europa und in den USA, eine extreme physische und psychische Belastung. Hendrix war bekannt dafür, dass er von Konzert zu Konzert das Programm variierte, vielleicht wollte er bei der täglichen Auftrittsroutine die Spannung hochhalten und auf diese Art Langeweile vermeiden. An diesem Sonntag im Saville war auch die Pop-Prominenz in großer Zahl angetreten, um den spektakulärsten Rock-Act seiner Zeit zu begutachten, ich entdeckte die Mamas & Papas, Jeff Beck, die Bee Gees, Scott Walker, Graham Nash und Cat Stevens. Hendrix begann untypisch zurückgezogen mit zwei ruhigen Songs, die beide nicht auf dem «Experienced»-Album enthalten waren, dabei war «The Wind Cries Mary» vielleicht sein bester Song, zeigte eine lyrische sentimentale Seite. Auch der zweite Titel «Burning of the Midnight Lamp» entsprach wohltuend wenig dem Image des «wild man of rock», das vor allem sein Management gerne propagierte. Diesem Ruf machte er aber später alle Ehre, als er durch rasante Coverversionen von «Hound Dog» und einer Dylan-Nummer ratterte und mit den knallharten Riffs von «Purple Haze» und «Foxy Lady» das Theater erschüttern ließ. Hendrix war als Gitarrist und Sänger ein genialer Performer, ließ sich aber gerne zu Ausrastern auf der Bühne hinreißen, die wenig mit seiner Musik zu tun hatten und oft seine einzigartige Kreativität und Virtuosität überdeckten. So auch hier, bei der Schlussnummer «Wild Thing», einem Hit der Troggs, zerstörte er Gitarren und Verstärker, wälzte sich unmotiviert auf dem Boden. Beim Monterey Festival zwei Monate zuvor hatte

Jimi auf Initiative seiner Manager, die einen besonders spektakulären Auftritt verlangten, seine Gitarre mit brennbarer Flüssigkeit übergossen und in Flammen aufgehen lassen. Die Rechnung ging auf, Hendrix, der in den USA noch nicht den Durchbruch geschafft hatte, war in allen Zeitungen und Nachrichtenshows. Wahrscheinlich verhinderten nur die Brandschutzbestimmungen des historischen Theaters, dass er diese Aktion nicht auch im Saville wiederholte, mir war es recht.

Nach dem Hendrix-Konzert am 8. Oktober ging es schnell zurück nach Deutschland, das Wintersemester nahte und die Vox Continental musste eingespielt werden. Außer Platten, Büchern und Konzerteindrücken nahm ich noch ein paar weitere Andenken an den verblühenden Londoner «Summer of Love» mit nach Hause, hellbraune Stiefeletten mit großen Absätzen, um das Selbstbewusstsein zu erhöhen, eine dunkelrote Bell-Bottom-Hose aus Samt, genauer aus «crushed velvet», diverse Batik-Shirts mit zerfließenden Farben, Halsketten aus kleinen Muscheln und indische Weihrauchstäbchen. Als ich dieses Outfit meiner Mutter in Quakenbrück vorführte, war sie entsetzt, als Erstes entfuhr ihr «lass das bloß nicht die Nachbarn sehen», ihre Hauptsorge. Einige Tage danach, ich wollte gerade nach Hamburg abreisen, vermisste ich die Räucherstäbchen. Die hatten, das musste ich zugeben, in der nikotinfreien sterilen Luft unserer Schulratswohnung für gehöriges Aufsehen oder eher Aufriechen gesorgt, obwohl die gesamte Familie ein Leben lang den Weihrauchdampf katholischer Hochämter inhaliert hatte. Meine Mutter hatte sie heimlich im Müll entsorgt, sie dachte, es sei Rauschgift.

5
SOMETHING IN THE AIR

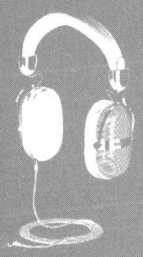

FETZEN VON «SOUL SERENADE» WEHEN AUS DEM NACH-
barzimmer herüber, gleich wird er wieder begeistert mit der
Hand gegen die Wand donnern, mit dem Fuß den Beat mit-
stampfen. Er, das ist Dieter, mein temperamentvoller Nachbar
in Zimmer 3 des Franziskus-Kollegs, er liebt King Curtis, hat
sich ein Saxofon gekauft und versucht, den Hit des besten Soul-
Saxofonisten mitzuspielen. Ich wohne in Zimmer 2, Hochparterre, mit Blick auf den gerade fertig gebauten Fernsehturm
an der Rentzelstraße, den habe ich aufwachsen sehen, Meter
für Meter, alle zweihundertsiebenundsiebzig. Neun Quadrat-
meter misst mein Zimmer, ein Waschbecken, Tisch, Stuhl und
Bett aus dem Möbellager eines Seniorenheims, rette sich, wer
kann. Ich versuche, mit dem schillernden Hendrix-Poster, das
ich aus London mitgebracht habe, etwas Coolness zu erzeugen,
davor der Plattenspieler und mein anwachsender Schatz von
LPs. Das Bett eingepackt in eine große US-Flagge, Pop Art zum
Draufsitzen. Ohne zu klopfen, tänzelt Dieter herein, er ist nicht
nur Soul- und Jazzfan, sondern auch ein brillanter Dribbler.
Habe ich die neue King-Curtis-Nummer schon gehört, «Memphis Soul Stew», ja, Dieter, habe ich, und raus ist er wieder.

Ich will noch einen Brief schreiben, an Klaus Wellershaus,
den Musikexperten des NDR, der hat gestern in seiner Sendung etwas Falsches über eine Band erzählt, eine Kleinigkeit
zwar nur, aber es wurmt mich, ich möchte ihn korrigieren. Ich

frage mich, ob ich kleinlich, rechthaberisch, oberlehrerhaft bin. Vielleicht, aber ich kann ja nett schreiben, ihm sagen, wie sehr ich mich freue, dass er nun täglich auf NDR 2 eine Stunde für seine «Musik für junge Leute» bekommen hat, und dann ganz schüchtern hinterher, übrigens gestern in der Sendung ... wenn er den Brief überhaupt liest.

Jetzt klopft es wirklich, Rodolfo, der etwas umständliche, aber extrem nette BWL-Student aus Kolumbien, fragt, ob ich ihm etwas Zucker leihen kann, kann ich. Ich schreibe die Adresse auf den Brief, Rothenbaumchaussee 132, Hamburg 13. Plötzlich steht Udo in der Tür, die Haare wie immer perfekt gescheitelt, der Anzug, die Krawatte, wie aus dem Ei gepellt. Udo muss zum Job, er ist neben dem Studium Discjockey im «Funny Crow», einem Club um die Ecke am Grindelberg. In seinem Metallkoffer hat er seine Musik, meist Singles, Soul, Motown, Pop und die aktuellen Teenagerhits, die Equals, Tommy James and the Shondells, Ohio Express, aber auch doppelten Zündstoff mit «Fire» von Arthur Brown und Brian Auger und Julie Driscolls «This Wheel's on Fire». Udo muss dafür sorgen, dass die ganz normalen Leute tanzen. Die Reichen ziehen zweihundert Meter weiter zum «Chesa» in der Straße, die allerdings ziemlich proletarisch «Beim Schlump» heißt. Ich liebe Hamburger Straßennamen, ganz in der Nähe liegt die «Rutschbahn» mit einem neuen türkischen Restaurant, im «Durchschnitt» gibt's einen sehr guten Plattenladen. An der Ecke zur «Bundesstraße» (ohne Zahl) treffen sich in meiner Lieblingskneipe «Cosinus» linke Studenten, Filmemacher, Künstler und in meinen Augen schöne Frauen.

Udo fragt, ob ich noch einen heißen Tipp für ihn habe, heute nicht. Tanzmusik habe ich selbst am vergangenen Wochenende in der Heimat produziert, live. Moody Section treten meist in großen Sälen auf dem Land rund um Cloppenburg auf, zum

Tanz für die Landjugend, aber anders als zu Jazz-Zeiten der Rhythm Kings mit Musik von heute. Wir sind eine Cover-Band, nicht originell, aber wir sehen aus wie eine Rockband und klingen auch so. Meine rote Vox-Orgel darf bei den neuen Klassikern glänzen, «Whiter Shade of Pale», «Nights in White Satin» und «Light My Fire», das komplizierte Intro immer eine Herausforderung, und beim langen Orgelsolo kann ich mich so richtig freimachen.

Udo marschiert los in seine Disco, Rodolfo bringt mir keinen Zucker, dafür eine Tasse Tee, Dieter macht wohl erschöpft ein Nickerchen. Hoffentlich hat Bruder Elpidius an der Pforte eine Marke, der Brief muss in den Kasten.

Es war 1968, und etwas lag in der Luft, selbst in Quakenbrück. Einige Monate zuvor hatte ich ein Fest an meiner alten Schule besucht und meinen Augen und Ohren nicht getraut. Da spielte eine Schülerband nicht die übliche Blasmusik, sondern anständigen Pop. Besonders hervor stach der Mann am Bass, Schnurrbart, Haare bis über die Ohren, eine prägnante Hakennase, der neue Musiklehrer, Herr Schüring. Man hörte, er habe im Unterricht sogar das Pepper-Album der Beatles besprochen, Respekt. Bei meinem jüngsten Heimatbesuch bekam ich das neue Heft der Schülerzeitung des AGQ in die Hand, *Skunk* ihr provokanter Name. Darin ein Interview mit Herrn Schüring, es stellte sich heraus, dass er bei Stockhausen studiert hatte, die Musikerziehung an den Hochschulen katastrophal fand, Musiklehrer für ihn nur ein Übergangsjob war, «für den ich Geld sehen will». Sein Verhältnis zum spießigen Quakenbrücker Bürgertum, das sich über die Länge seiner Harre echauffierte, war, gelinde gesagt, gespalten: «... zunächst sind sie ein Relikt des Christentums, Jesus trug auch lange Haare. Der andere Grund ist der frustrierte Zustand der Quakenbrücker Menschen. Wenn sie mich auf der Straße sehen, zeigen sie mir ihre wahre Seele. Ab 20 Uhr tut es dann wohl der Alkohol.» Donnerwetter, das war mutig, die Schülerzeitung wurde schließlich auch von der Schulleitung gelesen. Mir war klar, dass Schüring nicht mehr lange am Artland-Gymnasium tätig sein würde.

Ich hatte gerade meinen Ferienjob beendet, als am 4. April 1968 Martin Luther King erschossen wurde. Ich war tief betroffen, ich verehrte King für seinen unermüdlichen Kampf gegen Rassendiskriminierung und für die Bürgerrechte der Afroamerikaner, für seine Fähigkeit, Menschen, egal welcher Hautfarbe, aufzurütteln und zu mobilisieren. In letzter Zeit hatte er sich verstärkt gegen den Krieg der USA in Vietnam engagiert und gleichzeitig Armut und Ungleichheit im Land angeprangert. Er war stark verwurzelt in der afroamerikanischen Musik, in Gospel, Blues und Soul, nicht nur durch seine engen Verbindungen zu Künstlerinnen und Künstlern wie Nina Simone, Harry Belafonte, den Staple Singers. Für mich klangen die Reden und Predigten Martin Luther Kings in ihrer Dynamik, Melodie, Dramaturgie und Emotionalität wie Musik, wie Soul eben.

Seit einem guten Jahr regierten in Bonn die CDU und die SPD in einer «großen» Koalition, mir war es immer noch unverständlich, wie Willy Brandt oder Herbert Wehner, die vor den Nazis ins Exil geflüchtet waren, jetzt mit früheren NSDAP-Mitgliedern wie Kiesinger und Höcherl an einem Kabinettstisch sitzen konnten. Mit meinem Vater, dem eher liberalen CDU-Lokalpolitiker, hatte ich immer wieder Diskussionen über die für mich untragbare Rolle, die frühere Nazis in Politik, Justiz und Verwaltung immer noch spielten.

Inhaltlich lag ich mit meiner Kritik nicht weit entfernt von der immer lauter werdenden Opposition, der APO, die sich nicht im, sondern außerhalb des Parlaments artikulierte. Dazu gehörten Punkte wie die angekündigten Notstandsgesetze, den Krieg der USA in Vietnam, atomare Bewaffnung, soziale Ungleichheit, aber auch Studienreformen oder sexuelle Befreiung. Viele der Argumente rissen bei mir offene Türen ein, doch starre ideologische Klischees, pauschale Vorurteile, Beharren auf realitätsfernen Theorien und Doktrinen sowie die Verbohrtheit und Intoleranz vieler sozialistischer, marxistischer Aktivisten stießen mich ab. Dennoch war es ein ungeheurer Schock, am 11. April vom Attentat auf Rudi Dutschke zu hören. Die anschließenden Demos, Blockaden und Unruhen vor dem Hamburger Springer Verlag, der in seinen Blättern die Hetze auf linke Gruppen geschürt hatte, passierten jedoch außerhalb meiner Reichweite. Ich blieb in Quakenbrück, es war Ostern und dazu noch mein 20. Geburtstag, Grund genug für ein Familientreffen, das traditionell immer an Ostern stattfand. Mein Bruder, mittlerweile Lehrer in Bergedorf, reiste mit seiner Frau Sigrid an, meine kleine Schwester, die jetzt in die dritte Klasse ging, freute sich über die Abwechslung.

Als ich in diesem düsteren April zum Semesterbeginn wieder nach Hamburg fuhr, fiel mir die stärkere Polizeipräsenz rund um den Dammtorbahnhof und die Moorweide ins Auge. Im Studentenheim traf ich Hafed aus Tunesien, der wie viele unserer ausländischen Mitbewohner nachts bei der Auslieferung der Springer-Zeitungen jobbte und darüber klagte, dass er seit Tagen wegen der Blockaden kein Geld verdienen konnte, die Kehrseite der Medaille. An der Uni mehrten sich in den nächsten Wochen Vollversammlungen, Vorlesungsboykotte oder Sitzstreiks zu den Themen studentische Mitbestimmung, Springer-Presse, Notstandsgesetze und Polizeiaktionen, oft fielen Veranstaltungen und Seminare aus oder wurden in chaotische Diskussionsrunden umfunktioniert. Ärgerlich und schwer verständlich war das, wenn es meine Lieblingsvorlesungen traf, von Professoren, die für mich über jede Kritik erhaben waren, dem pazifistischen Philosophen und Friedensforscher Carl Friedrich von Weizsäcker und dem charismatischen Historiker Fritz Fischer, der gerade wegen seiner bedeutenden Forschung zur deutschen Schuld am Ersten Weltkrieg von konservativer Seite auf das Äußerste angefeindet wurde. Vielleicht war ich naiv, aber ich wollte nicht begreifen, warum mein Seminar über Shakespeares Verwendung von Songs und Musik einem pseudopolitischen Debattierklub weichen sollte oder warum mein von der britischen Tradition von Toleranz geprägter Anglistik-Professor nicht weiterhin allein entscheiden durfte, wie die Gedichte von John Donne oder Shakespeares Sonette literaturwissenschaftlich zu betrachten waren, ohne den verlangten «sozioökonomischen» Ansatz. Überhaupt hatte ich den Eindruck, dass in den meisten Runden nur ein paar Wortführer die Diskussion dominierten, während die anderen ihr Phlegma pflegten, auch in den Arbeitsgruppen, die gebildet wurden, um politisch «fortschrittliche» Aspekte zu vertiefen. Einmal lud ich die Arbeitsgruppe eines Pädagogik-Seminars, ich studierte ja mit dem Ziel «Höheres Lehramt», auf meine US-Flagge ein, die zuerst für Entrüstung sorgte, bis sie als mein persönlicher Beitrag zur Pop Art im Warhol'schen Sinne geschluckt wurde, außerdem setzten wir uns ja darauf, was ein ordentlicher US-Bürger nicht gewagt hätte. Unser Pädagogik-Thema wurde nur angekratzt, vertieft aber wurden manch zwischenmenschliche Beziehungen, statt trockener marxistischer Theorien wehte ein Hauch sexueller «Revolution» über den säuberlich gefegten Flur des Franziskus-Kollegs.

Der «Aufbruch» der 68er manifestierte sich für mich

weniger in konkreten Ergebnissen einer politischen Protestbewegung, sondern vor allem in kulturellen Veränderungen, im Sexualverhalten, in Modetrends und Frisuren, in Literatur und Gebrauchskunst wie den ikonischen Postern mit Che Guevara, Mao oder Frank Zappa auf dem Klo, die keine politischen, sondern eher ästhetische Statements waren. Gesteigert hatte sich die Akzeptanz und Verbreitung weicher Drogen, und das wurde mir täglich auf dem Weg zur Uni vorgeführt. An der Grindelallee neben dem Thalia-Kino, einem Eiscafé und einem Damenmodegeschäft lag die Kneipe Charly, schon vor dem Eingang wurde die neueste Ware angepriesen oder gleich verkauft, aber hinter der Tür öffnete sich für Haschischfreunde das Paradies. Auf den Tischen unverhüllt große Platten der verschiedensten Haschischsorten, Afghane, Libanese, Marokkaner, dazu Beutel mit dem damals seltenen Marihuana, da wurde offen gedealt, portioniert und verpackt – das an einer vierspurigen Hauptstraße, buchstäblich unter den Augen des Gesetzes, die nächste Polizeiwache war dreihundert Meter entfernt. Für Franziskus-Kollegiaten war es ein Leichtes, die drei Minuten zum Charly zu laufen und für 10 oder 20 Mark ein Piece zu holen, besonders Gaststudenten wie Patrick aus New Orleans oder Keith aus Nottingham kamen danach gerne zu mir, um zu kiffen und das zweite Pink-Floyd-Album «A Saucerful of Secrets» im entsprechenden Zustand zu genießen. Ich war Gelegenheitsraucher, der nur paffte, und bekam regelmäßig Hustenanfälle, wenn ich Haschischjoints auf Lunge rauchen wollte, außerdem hörte ich Musik lieber mit klarem Kopf und konnte kaum nachvollziehen, warum sie «high», mit manipulierter Wahrnehmung, schöner klingen sollte.

Egal welche Schwerpunkte die 68er-Bewegung setzte, Politik, Protest, Vietnamkrieg, Drogen, Mode, Sex, unterlegt, begleitet und angefeuert wurde sie vom Rock'n'Roll, dem Soundtrack der Zeit. Rock sprach eine internationale Sprache in San Francisco, Chicago oder New York, in Paris, Rom oder Berlin. Mick Jagger kommentierte die 68er-Revolten in «Street Fighting Man» aus dem grandiosen Album «Beggars Banquet»: «Überall hör ich den Klang marschierender Füße, der Sommer ist da, die Zeit ist reif für den Kampf auf der Straße ...» Doch politische Anführer des Aufruhrs wollten die Rolling Stones nicht sein, sie waren ja nur Musiker, und «im schläfrigen London war kein Platz für Straßenkämpfer». Aber egal wie missverständlich und unentschlossen die Signale mancher Texte waren, die Botschaft der Rhythmen und Töne klang umso eindeutiger und eindringlicher, angloamerikanische Rockmusik von Beatles, Dylan, Stones, Hendrix, Cream oder den Doors war der Sound der 68er. Da waren knallharte Weckrufe wie Led Zeppelins «Whole Lotta Love», beißende Politsatire wie «I-Feel-Like-I'm-Fixin'-to-Die Rag» von Country Joe and the Fish, optimistische Stimmungsskizzen wie «Time of the Season» der Zombies, nachdenkliche Sinnsuche bei Simon and Garfunkels «America», Zeichen der Hoffnung und Stärke in Curtis Mayfields «People Get Ready» und «We're a Winner» oder Visionen sexueller Offenheit in Jefferson Airplanes «Triad».

Dabei musste man die englischen Songtexte nicht unbedingt verstehen, die Aussage vermittelte sich auch nonverbal. Da genügten Reizworte und Riffs wie in vielen Stones-Songs von «Satisfaction» bis zum 68er «Sympathy for the Devil», um genau den Puls der Zeit zu treffen. Es reichte, die Stimmen von Grace Slick oder Janis Joplin zu hören, um ihre Nachricht zu fühlen, und wenn Aretha Franklin in «Think» das Schlüsselwort «Freedom» herausschrie, explodierte die gesamte Geschichte der Afroamerikaner von der Sklaverei bis zur immer noch nicht erfüllten Forderung nach Gleichheit und Gleichberechtigung.

Anfang der 2000er-Jahre stand eines Tages ein Mann in meinem NDR-Büro, lange graue Haare, Nickelbrille, hatte etwas von John Lennon. Ich kannte ihn vom Sehen aus dem erweiterten Hofstaat von Udo Lindenberg, wusste aber keinen Namen. «Du hast doch bestimmt die LP Surrealistic Pillow von Jefferson Airplane, ich brauche daraus White Rabbit», sagte er, offensichtlich bereitete er eine Radiosendung vor. Ich konnte ihm helfen. Es war Günter Amendt, Sozialforscher, Autor grundlegender Werke zur Rolle von Sex, Sucht, Drogen in Gesellschaft und Politik, aber auch profilierter Zeitzeuge der Musk der 60er. Wir lernten uns näher kennen und verbrachten 2008 zum 40. Geburtstag der «68er» eine lange Radionacht zusammen unter dem Motto «Der Sound der 68er». Günter sagte mir damals: «Wenn ich mit jüngeren Leuten spreche, die wissen wollen, was der Spirit der 60er gewesen ist, sage ich, ihr könnt alles nachlesen, aber wenn ihr es wirklich verstehen wollt, wo ihr am nächsten herankommt, dann hört euch die Musik an.» Der faszinierende, kluge Günter Amendt starb tragischerweise schon zweieinhalb Jahre später als unschuldiges Opfer eines furchtbaren Unfalls in «seinem Viertel» Hamburg-Eppendorf.

Günter war auch Dylan-Experte und hatte mehrere Bücher über den Mann geschrieben, dessen politische und sozialkritische Songpoesie sicherlich auch deutsche Liedermacher inspiriert hatte, die in den 60ern versuchten, nach der Zertrümmerung der deutschen Liedtradition durch die Nazis neue Liedformen zu finden. Dazu traf man sich bei Festivals auf der Burg Waldeck im Hunsrück, mit dabei auch die renommiertesten Autoren des «neuen Liedes» Hannes Wader, Dieter Süverkrüp und Franz Josef Degenhardt, der die Suche nach neuen Wegen in einem Radiointerview so beschrieb: «Wir versuchten, das aus diesem Schlamm herauszubringen und wieder singbar zu machen. Hat ja kein anderes Land so gehabt, so eine totale Zerschmetterung seines Liedguts.» Degenhardts politische wie private Songs beeindruckten mich stark, sie hatten Klasse, Klarheit, Kraft und Gefühl, bewiesen, dass es großartige und anspruchsvolle deutschsprachige Musik neben dem kommerziellen Schlagerabgrund gab.

1968 muss es auf der Burg Waldeck hoch hergegangen sein, es wurde mehr debattiert als musiziert. Hannes Wader kommentierte das später so: «68 fand eine Überpolitisierung statt, es wurde diskutiert, es wurden politische Programme aufgestellt, es wurde gefordert, stellt eure Gitarren in die Ecke, Waldeck sollte Zentrum des Widerstandes werden ...» Waldeck als Spiegel der manchmal hysterischen Situation im Lande.

Ende September kam es dann zu einem denkwürdigen Aufeinandertreffen, die deutschen Liedermacher stießen auf die Anfänge einer einheimischen Rockszene und auf deren Vorbilder aus den USA und dem UK. Der Anlass waren die «Internationalen Essener Songtage 1968», sie sollten das größte Festival alternativer Kultur werden, das bis dahin in Europa stattgefunden hatte. Also wieder Essen, für mich war das natürlich ein Pflichttermin, allein schon wegen der amerikanischen Gaststars. Erstaunlich war, dass dieses Festival der Gegenkultur offiziell von der Stadt Essen veranstaltet und vom Jugendamt zusammen mit einer Arbeitsgemeinschaft durchgeführt wurde. Die Organisation klappte, die auswärtigen Besucher und Künstler durften kostenlos in einer Zeltstadt am Baldeneysee übernachten, zu den Konzerten in der Stadt fuhr ein Shuttleservice, ich war begeistert.

Die Zelte boten jeweils zwanzig bis dreißig Schlafplätze, auf dem Boden lagen dicke Strohmatten, das erinnerte mich an die Pfingstlager in meinen Zeiten als Pfadfinder und roch ländlich-sittlich nach Scheune. Von unserem Nachbarzelt wehten allerdings andere Dämpfe herüber, dort residierte die Kommune I aus Westberlin mit Fritz Teufel, Dieter Kunzelmann und dem blassen Wuschelkopf Rainer Langhans, sozusagen die Royals der alternativen Szene. Ruhig wurde es nachts nie, denn, war es nun göttliche Fügung oder hatte der für die Verteilung der Zelte zuständige Behördenmitarbeiter zufällig einen Volltreffer gelandet: Im Zelt neben der berühmtesten WG des Landes lag die Münchner Künstlerkommune Amon Düül im Stroh, ein bunter Hippie-Clan, Frauen, Männer, Kinder und sicher auch Musikerinnen und Musiker. Schon am Nachmittag war mir eine unglaublich hübsche dunkelhaarige Bewohnerin des Düül-Zelts aufgefallen, die lachend einen Joint rollte. Offensichtlich war ich nicht der Einzige, dem sie auffiel.

Abends sah ich Amon Düül auf der Bühne, ein wildes Gewusel von zwanzig Personen, alle hüpften durcheinander, klopften auf irgendwelchen Trommeln, Congas, Bongos oder anderen Geräten herum und intonierten eine Art Stammesgesang ohne Melodie, ohne Groove, ohne Struktur. Das wirkte wie eine Therapiegruppe, die sich im Instrumentenlager austoben durfte, und war wohl tatsächlich nur bekifft zu ertragen. Und dann entdeckte ich sie, sie tänzelte am linken Bühnenrand, sah blendend aus und schüttelte schüchtern ein Tamburin. Später erfuhr ich, dass bei Amon Düül jeder mitmachen durfte, der wollte, also auch die schöne Lady, die eigentlich modelte und als Groupie mit nach Essen gekommen war, ihr Name war Uschi. Offenbar gab es später im Münchner Zelt großen Streit über diesen chaotischen Auftritt, sechs der ernsthafteren Musiker, darunter Chris Karrer, John Weinzierl und

Renate Knaup, beschlossen, sich vom Rest der Kommune zu trennen und in Zukunft als Amon Düül II zu agieren. Und mit diesem Schritt wurden sie später zum Prototyp des deutschen «Krautrock», der merkwürdigerweise in angloamerikanischen Fan- und Fachkreisen noch heute viele Freunde hat. Der Begriff Krautrock definierte keinen bestimmten Musikstil, er wurde als ironische Bezeichnung für Rockmusik aus dem Sauerkrautland Deutschland erfunden, dann aber von britischen und amerikanischen Medien, die an das abwertende Synonym «Krauts» für Deutsche gewohnt waren, für so unterschiedliche deutsche Bands wie die Elektroniker Tangerine Dream, Neu! und Kraftwerk, Avantgardisten wie Can oder Faust, Hard-Rocker wie Birth Control oder psychedelische Jambands wie Guru Guru oder eben Amon Düül II gebraucht – allerdings in positiver Absicht.

Harmonischer lief es anscheinend beim kleinen Grenzverkehr zwischen Berlin und München, zwischen dem Zelt der Kommune I und dem der Amon-Düül-Sippe. Alles, was zwischen Uschi, Rainer, Mick, Keith und Dieter in Berlin, München, London, dem Hamburger Weidenstieg, Los Angeles und Mexiko passierte oder nicht passierte, sollte in Zukunft für reichlich Stoff in Büchern, Filmen, Magazinen und Klatschblättern sorgen.

Die Internationalen Essener Songtage waren zwar ein Festival der «Gegenkultur», aber eben auch eine deutsche Veranstaltung, also standen Vorträge, Kolloquien und Diskussionsrunden auf dem Programm, in denen es hauptsächlich um die gesellschaftsverändernde Kraft und das revolutionäre Potenzial von Musik ging. Ich besuchte eine dieser Runden, an der auch Frank Zappa teilnahm, er hörte erstaunt zu, zog seine dichten schwarzen Augenbrauen hoch, sagte wenig und beklagte in seinem sonoren Bass, dass die Deutschen zu viel über Musik reden würden, statt sie zu hören. Der Mann sprach mir aus der Seele. Um ihn und seine Mothers of Invention zu erleben, war ich in erster Linie ins Ruhrgebiet gereist. Bisher hatte ich ihre drei Alben mehr oder weniger ignoriert, Zappas Musik erschien mir zu kopflastig und verwirrte mich, außerdem fehlten mir die abgeschlossenen Songs, da war ich wohl konservativ. Umso größer die Offenbarung, als die Mothers am Samstag auf der Bühne der Grugahalle ein spektakuläres Feuerwerk abbrannten, noch nie hatte ich eine solch verblüffende und gleichzeitig faszinierende Mixtur aus Rock, Doo-wop, Jazz, zeitgenössischer Klassik und Agitprop-Einlagen gesehen, dazu von ständigen Rhythmuswechseln und komplizierten Breaks durchzogen, wie bei meinen Lieblingsstücken «King Kong», «Peaches en Reagalia» und «Uncle Meat». Zappa, die zentrale Figur, der Kapitän, steuerte, dirigierte, beschleunigte und dämpfte mit kurzen Gesten sein neunköpfiges Orchester von Alleskönnern, die eine Vielzahl von Instrumenten bedienten, darunter zwei Schlagzeuge, mehrere Keyboards, Vibraphon, Timpani, Klarinette und Saxofone. Doch die größte Überraschung für mich war Zappa selbst als überragend virtuoser und variabler Gitarrist, dessen ausladende intensive fantasiereiche Soli das Betondach der Grugahalle zum Erzittern brachten. Ich hatte ja schon einige Ausnahmegitarristen erlebt, Zappa gebührte in dieser Kategorie ein Spitzenplatz. Am selben Nachmittag in der Grugahalle, die Auftritte begannen früh um 14.30 Uhr, war ein anderer Gitarrist aufgefallen, in der Gruppe des deutschen Vibraphonisten Gunter Hampel brillierte der schon damals phänomenale sechsundzwanzigjährige Brite John McLaughlin.

Das Programm der Songtage hatte manchmal Ähnlichkeit mit einer bunt belegten Pizza, entsprach aber dem Grundprinzip des Festivals, ein Miteinander unterschiedlicher Musikrichtungen. Das sah dann so aus, beim Sonntagskonzert in der Grugahalle trafen die New Yorker Beat-Poeten The Fugs mit ihrem schrammeligen Polit-Kabarett auf die deutschen Elektronikpioniere Tangerine Dream, die mit sphärischen Sounds ihrer Zeit weit voraus waren, ergänzt durch die britischen Newcomer Family mit ihrem explosiven Sänger Roger Chapman, dessen Vibrato bis nach Köln schallte. Im Jugendzentrum versammelten sich unter dem vagen Motto «Protest International» die Liedermacher Degenhardt und Süverkrüp, die Folksängerin Julie Felix, der britische Bluesförderer Alexis Korner und der New Yorker Dope-Prediger David Peel mit seiner Band The Lower East Side, dessen Album zielgerecht «Have a Marijuana» hieß. Musikalischer Höhepunkt aber die englische Jazz- und Soulsängerin Julie Driscoll mit dem Trio des Organisten Brian Auger, die mit ihren Versionen von Donovans «Season of the Witch» und Dylans «This Wheel's on Fire» das JZ in einen klebrigen dunklen Londoner Club verwandelte und mir vor Spannung die Haarspitzen aufstellte.

Ähnlich stark berührte mich in diesen an Eindrücken und Emotionen übervollen Tagen nur ein Sänger, der mir damals noch unbekannte 21-jährige Amerikaner Tim Buckley, dessen zweites Album gerade erschienen war. Buckley, eigentlich ein Folksänger und der Prototyp des Singer-Songwriters, war ein überschäumendes Talent, seine Songs schwebten zwischen Himmel und Hölle, landeten aber nie auf der Erde, sie konnten dir vor Leidenschaft das Herz springen lassen und es vor Schmerz zerreißen. Seine Stimme verfügte über eine riesige Reichweite von tief unten bis zu hellen Höhen und strahlte mit einem typischen Tremolo, jeder Ton reines wahres Gefühl, mal kraftvoll, mal zerbrechlich. Tim Buckley entwickelte gerade seinen Stil, spielte seine Songs in ungewöhnlicher Besetzung mit seiner breit klingenden 12-saitigen Akustikgitarre, perlendem Vibraphon und dunkel summendem Kontrabass und gab ihnen dadurch eine schillernde jazzige Farbe. Selten hat mich Musik so getroffen wie an diesem unvergesslichen Abend. In den kommenden Jahren war Buckleys Leben von vielen persönlichen Problemen gezeichnet, er nahm noch sieben weitere LPs auf, die kommerziell erfolglos blieben, darunter geniale Werke wie «Happy Sad», «Starsailor» und «Greetings from L.A.». Tim Buckley starb auf tragische Weise 1975 im Alter von achtundzwanzig Jahren, als er versehentlich reines Heroin schnupfte, das er für Kokain gehalten hatte. Seinen Sohn hat er nur einmal gesehen, 1974, da war Jeff Buckley acht Jahre alt.

Am 13. September 1994 stand ich mit etwa fünfzig anderen Zuschauern im Hamburger Club Knust, damals noch im Keller eines Geschäftshauses in der City zu Hause, und konnte nicht fassen, was ich sah und hörte. Auf der sehr kleinen Bühne der jetzt 28-jährige Jeff Buckley, äußerlich fast ein Abbild seines Vaters, die dunklen lockigen Haare, das fein geschnittene Gesicht, die zarte schüchterne Ausstrahlung. Sein großartiges Debütalbum «Grace» war im Jahr davor von den Kritikern bejubelt worden, seine Musik war weniger verspielt als die von Tim, rockiger, klarer, wilder, aber besonders bei den ruhigen Liedern wie «Lover, You Should've Come Over» oder seiner himmlischen Version von Leonard Cohens «Hallelujah» traf alles, was ich 1968 bei der Musik seines Vaters empfunden hatte, auch auf den Sohn zu, die Leidenschaft, Seele und Tiefe in dieser unvergleichlich elastischen vibrierenden Stimme. Ich hatte noch einmal das Glück, Jeff live auf der Bühne zu erleben, nur fünf Monate später im vollen Club Logo an der Grindelallee. Es war wieder ein überwältigender Auftritt, den wir für das NDR 2 Radiokonzert mitschnitten. Liveaufnahmen mussten sein Vermächtnis werden, denn Jeff Buckley hat nur ein Studioalbum hinterlassen. Zwei Jahre danach, am 29. Mai 1997, kam er auf tragische Weise bei einem nächtlichen Schwimmunfall ums Leben, in einem Seitenkanal des Mississippi bei Memphis, ohne Einfluss von Alkohol oder Drogen. Jeff Buckley war einunddreißig Jahre alt, unvollendet wie sein Vater.

Nach den Essener Songtagen fuhr ich nach Quakenbrück und absolvierte ganz prosaisch meine Führerscheinprüfung, die 68er-Generation hatte die gemeinsame Erfahrung einer neuen alternativen Szene gesucht, aber hatte sich viel verändert? Man strömte in viele Richtungen auseinander, musikalisch, kulturell, gesellschaftlich, politisch, ideologisch, einige versanken sogar im Abgrund des Terrorismus. Am Ende eines turbulenten Jahres holte mich und sicher manch andere das unbestimmte Gefühl ein, dass doch eine Gitarrenexplosion von Jimi Hendrix, ein Schrei von Jim Morrison oder eine «blue note» von Aretha stärkere revolutionäre Auswirkungen auf unser Leben gehabt haben könnten, als ein tagelanges Sit-in in Hörsaal B.

Und Herr Schüring, der Musiklehrer? Er verließ das Artland-Gymnasium, ging zurück nach Köln, angeblich, um eine Band zu gründen. Monate später hörte ich von einer neuen Gruppe, in der zwei Stockhausen-Schüler und der bekannte Jazzdrummer Jaki Liebezeit spielen würden, sie nahmen gerade in einem Schloss bei Köln ein Album auf. Kurz darauf sah ich ein Foto dieser neuen Band, ich stutzte, denn da war deutlich die Nase und der Schnurrbart von Holger Schüring zu erkennen, nur nannte er sich jetzt Holger Czukay und war Bassist der Gruppe mit dem ungewöhnlichen Namen «Can», Schüring klang für eine Band mit Ambitionen wohl nicht exotisch genug. Can entwickelte sich zu einer der kreativsten Avantgardebands der deutschen Rockszene und verdiente sich mit ihrer einflussreichen kompromisslosen mutigen Fusion aus Rock, Jazz, Funk, Klangexperimenten, Ambience und globalen Sounds höchste Anerkennung, besonders im europäischen Ausland, im UK und in den USA.

Eines Morgens klopfte Bruder Elpidius an meine Tür und brachte mir einen Umschlag, Absender K.W., NDR, Rothenbaumchaussee. Klaus Wellershaus hatte meinen Brief tatsächlich gelesen und sogar geantwortet. Er bedankte sich für meine Korrektur, schlug vor, dass wir uns mal treffen sollten, und bat mich, ihn anzurufen. Ich war überrascht und aufgeregt, an eine Chance beim Radio dachte ich aber nicht, ich war ja gerade erst im vierten Semester, ich freute mich, jemanden kennenlernen zu können, dessen Radiosendungen ich mochte und der meine Liebe zur Musik zu teilen schien.

Von der Sedanstraße zur Rothenbaumchaussee brauchte ich zehn Minuten, der NDR dominierte mit seinem mächtigen Hauptgebäude und den dahinter bis zum Mittelweg stehenden Einzelhäusern die Gegend. Nachdem mich der Pförtner angemeldet und mir den Weg zum vereinbarten Treffpunkt in der Kantine gezeigt hatte, ging ich eine gepflasterte Straße an parkenden Übertragungswagen vorbei zu einem hellen Backsteingebäude, über dem Eingang prangte «Kasino». Im ersten Stock, abgetrennt vom Speisesaal, ein steril und leicht schäbig wirkender Café-Bereich, ich suchte einen freien Platz und wartete. Mein Blick fiel auf die Nachbartische, es wurde laut diskutiert, kräftig geraucht und getrunken, da standen Bierflaschen und Weingläser, zum Kaffee wurde gerne Cognac oder Aquavit eingeschenkt, wir schrieben das Jahr 1968. Kantinen hatten ja in vielen Firmen, Behörden, Anstalten und sicher auch beim NDR eine tragende Rolle, nicht nur als Nahrungslieferant, sondern als Ort der Kommunikation, des Small Talks, der geplanten und spontanen Intrigen, der Gerüchte, der offenen und geheimen Lästereien, der Klatsch-und-Tratsch-Geschichten. Dieses Kasino war sicher Zeuge von Aufstieg und Fall so mancher Karriere, dachte ich, als ich mich umschaute. Eine Frauenstimme bat über Lautsprecher die Mitglieder der Big Band, ins Studio 1 zu kommen, schlagartig leerte sich der Raum, übrig blieben Flaschen, Gläser und volle Aschenbecher, die ein Kellner abräumte, ja, damals gab es Tischbedienung. Über die Jahre und Jahrzehnte änderten sich wie in der Gesellschaft draußen laufend die Gewohnheiten und Regeln, war 1968 Rauchen und Alkohol erlaubt, verschwanden in den 70ern Schnäpse und andere Spirituosen aus dem Angebot, Rauchen wurde zunächst in abgetrennte Gettos verbannt und später ganz untersagt, Wein und Bier wurden tagsüber noch bis ins neue Jahrtausend ausgeschenkt, heute ist auch das vorbei. Mich persönlich hat das nie tangiert, ich habe immer lieber ohne Zigarettenrauch in meiner Nase gegessen, und Alkohol am Tage hätte dem Job im Büro oder Studio wenig gutgetan.

Ich wartete noch immer, später hörte ich, dass Klaus meist etwas länger brauchte, weil er auf dem Weg von seinem Büro jede Frage, jedes Anliegen gewissenhaft beantwortete, freundlich, zuvorkommend, höflich, verständnisvoll, er war im besten Sinne ein Menschenfreund. Nach etwa einer halben Stunde kam ein großer schmaler Mann mit offenem Blick an meinen Tisch. «Bist du Peter?», fragte er. «Wir können uns doch wohl duzen, oder? Soll ich Kaffee holen, weiß oder schwarz?» Als er mit den Kaffeebechern zurückkehrte, sagte er in seiner leisen hohen Stimme, dass er sich über meinen Brief gefreut hatte, bedankte sich für die Korrektur und wollte sich einfach mit jemandem aus der jüngeren Generation, er war zehn Jahre älter als ich, der eine Menge über Musik wusste, austauschen. Klaus erzählte von seiner Vergangenheit als Musikstudent, seinem Anfang beim NDR als Producer, seiner Ausbildung im «Nachwuchsstudio» und seiner Arbeit als freier Musikredakteur der Musik für junge Leute, die manchmal frustrierte, weil die Sendezeit eingeschränkt und ihm die Präsentation durch die «normalen» Programmsprecher, die von morgens bis abends alles ansagten, nicht gefiel. Klaus war wohltuend normal, nie arrogant oder großspurig, er interessierte sich für meine Musikreisen nach London, meine musikalischen Vorlieben, für mein Studium und meine Pläne, schnell war eine Stunde vergangen.

Als ich durch den großen Torbogen das NDR-Gelände verließ, hatte ich ein gutes Gefühl, aber nie im Leben wäre ich auf die Idee gekommen, dass dieses Treffen meine Zukunft derart beeinflussen sollte. Wellershaus und ich blieben in Kontakt, freundeten uns allmählich an, telefonierten, einmal nahm er mich in seinem alten roten Saab mit nach Reinbek, wo er mit seiner Frau Helga und der kleinen Tochter Julia wohnte. Ein paar Monate später lud er mich zu einem Sommerfest im Garten der großen Villa ein, die Hausgemeinschaft feierte, Helga war gerade wieder schwanger. Ich erzählte Klaus, dass ich bald ein Jahr als Assistant Teacher nach England gehen wollte, dann musst du mir berichten, sagte er. Davor nahm er mich mit zu einer Livesendung in einem Studio im Hauptgebäude. In der Regie saß hinter der Glasscheibe ein Techniker, der Mikrofon und Musikeinspielungen regelte. Die Musik kam von Tonbändern, die der Techniker auf Handzeichen abfuhr und danach das Mikrofon wieder aufzog. Ein Thema war das außergewöhnliche Van-Morrison-Album «Astral Weeks». Plötzlich stupste Klaus mich ins kalte Wasser, fragte mich nach einem Kommentar zu «Cyprus Avenue», einem Song, der in einer teuren Straße von Belfast spielte. Er sagte, ich solle das gleich noch mal on air wiederholen. Der Techniker flitzte ins Studio, rückte das zweite Mikro zurecht und gab mir Kopfhörer. Das laufende Musikstück klang aus, das Rotlicht leuchtete, Klaus stellte mich als englanderfahrenen Musikliebhaber vor, ich erschrak über meine eigene Stimme im Kopfhörer und sagte etwas ziemlich Banales wie «stell dir vor, jemand würde bei uns so leidenschaftlich und voller Seele über die Rothenbaumchaussee singen». Na ja, das war also meine wirkliche Radiopremiere.

6
BAKED BEANS
IN
BERKSHIRE

ES IST MITTWOCH, DER 4. FEBRUAR, ICH TREFFE MICH abends im «George» mit Laura und ihrem Freund Jules. Kurz vor Barschluss kommt Traffics Road Manager Albert dazu. Er ist auf dem Sprung nach London zu Spooky Tooth, die Band aus seiner Heimat Carlisle an der Grenze zu Schottland nimmt gerade in den Island Studios ein neues Album auf. Beim Rausgehen fragt Albert, ob ich nicht Lust habe mitzufahren. Einer jener Momente, eine kleine Entscheidung, mit ungeahnten Auswirkungen. Ich könnte sagen, nein, heute nicht, ich hab morgen früh Unterricht. Ich sage aber ja, die Band im Studio zu erleben, reizt mich, und schon sitze ich in einer klobigen schweren Ford-Limousine, Modell Zephyr.

Es ist eine kalte Nacht gegen 23.30 Uhr, ungewöhnlich kalt für das Thames Valley. Wir fahren in Richtung Reading auf der A 329, um zur Autobahn M4 zu gelangen, kurz vor Pangbourne, unweit des Flusses, kommt unser Wagen in einer leichten Rechtskurve ins Rutschen, vermutlich auf Glatteis. Albert versucht gegenzusteuern, schleudert auf die rechte Fahrbahn. Ich sehe Scheinwerfer auf mich zurasen, ziehe im Reflex die Beine an und stemme sie gegen das Armaturenbrett, als wir frontal in das entgegenkommende Auto krachen, ein Knall, dann ist es still. Als ich aufwache, blenden mich helles Licht und Flashlights von Polizei und Feuerwehr, jemand hält durch die zersprungene Frontscheibe meine Hand und spricht beruhigend auf mich ein. An meiner Schulter liegt das blutende Gesicht des schwer röchelnden Albert, ein Arzt gibt mir eine Spritze, ich fühle mich seltsam wohl und geborgen, während die Feuerwehr versucht, mit Metallsägen das Auto aufzuschneiden, was eine Ewigkeit zu dauern scheint. Als man mich schließlich aus dem Wagen hebt, schießt ein unfassbarer Schmerz durch meinen Rücken, ich kann zwar die Füße und Zehen bewegen, den Rest der tauben Beine jedoch nicht.

Einige Monate zuvor, in meiner Hamburger Studentenbude: Zimmer 2 hatte neuen Wandschmuck erhalten, vier große Porträts von John, Paul, George und Ringo, die dem sogenannten «White Album» beilagen, klebten an der Wand über dem Plattenspieler. Das Doppelalbum mit dreißig neuen Songs war endlich Ende November erschienen, die Hülle komplett weiß, nur «The Beatles» war in Blindprägung zu sehen oder eher zu fühlen. Jedes Exemplar trug eine eigene Nummer wie bei einer limitierten Ausgabe, was bei einer Auflage von mehreren Millionen als kleiner netter Scherz zu werten war, meine Nummer war die 0311231. Musikalisch zeigten die beiden Platten eine noch größere Breite von Stilen, Einflüssen, Experimenten als zuvor, ließen fast jeder Idee freien Lauf, symbolisierten aber auch eine Loslösung der vier voneinander. Zahlreiche Songs waren nur zu dritt, zu zweit oder gar alleine entwickelt und aufgenommen worden, dazu kamen private Beziehungsprobleme bei John und Paul und interne Spannungen. Nach dem Tod ihres Managers lagen viele finanzielle Entscheidungen über Verträge, Verlagsrechte oder Investitionen wie in die eigene, naiv konzipierte und desorganisierte Firma «Apple» in ihren Händen.

Die musikalische Vielfalt auf dem Album war Programm. Es gab Exkurse in Hardrock bei Pauls «Helter Skelter» und Johns «Yer Blues», eine Menge Folk-Pop bei «I Will» oder «Mother Nature's Son», Salonmusik in «Honey Pie», Country bei «Rocky Racoon», Music Hall in «Martha My Dear», Ska oder Blue Beat bei «Ob-la-di», Lennon'sche Obskuritäten, die nicht zu kategorisieren waren, wie «The Continuing Story of Bungalow Bill» und «Happiness Is a Warm Gun» oder die ausladende, schrille Sound-Collage «Revolution 9», bei der ich mir wünschte, es hätte bei meinem Plattenspieler schon eine Skip-Taste gegeben. Und dennoch besaß jeder Song die persönliche Beatles-Note, besonders Lennons träumerisches «Dear Prudence» und seine elegische Liebeserklärung an seine Mutter «Julia», McCartneys Neo-Folk-Klassiker «Blackbird» und George Harrisons Durchbruch als Songschreiber «While My Guitar Gently Weeps», für das er sich starke Unterstützung holte, die Sologitarrenparts spielte sein Freund Eric Clapton, im Gegenzug verzierte George mit seinen perlenden Gitarrenharmonien unter dem Pseudonym «L'angelo misterioso» den Clapton-Song «Badge» auf Creams Abschiedsalbum «Goodbye». Eric erzählte mir dazu gut zwanzig Jahre später, George habe ihn als moralische Unterstützung mit ins Studio genommen, nachdem John und Paul wieder einmal eher gleichgültig auf seinen neuen Song reagiert hatten: «Ich sagte, klar, als Bluesmusiker fühlte ich mich sicher und selbstbewusst genug, mit den Beatles ins Studio zu gehen, es war leicht, wir probten den Song zweimal und nahmen dann live auf, alle Soli bis zum Ende. Es war Georges Art, den anderen zu sagen, wenn euch schon mein Song nicht gefällt, dann gefällt euch wenigstens die Art, wie dieser Typ Gitarre spielt.»

Ein besonders guter Song aus den White-Album-Sessions wurde, wie es bei den Beatles Sitte war, als Single vorgezogen.

«Hey Jude» besaß eine dieser unvergleichlich ergreifenden McCartney-Melodien, die den Song zu einem logischen Ende führen würde, aber nein, nach drei Minuten begann ein zweiter Refrain, erst von wenigen, dann von immer mehr Stimmen und Chören gesungen, von Bläsern unterstützt, sich immer höher schraubend, angespornt exaltierten Soulphrasen, über vier Minuten lang. Auch nach insgesamt sieben Minuten und fünf Sekunden wurde es nicht langweilig, jeder konnte einsteigen und mitjubeln. Ich dachte nur: Das ist wahre neue Volksmusik.

Das «White Album» symbolisierte auf gewisse Weise die vielen Pfade, die Popmusik gerade einschlug, wie ein Baum, der sich immer weiter verästelte. Beatles, Stones, Dylan und viele andere hatten aus Rhythm & Blues, Rock'n'Roll, Folk, traditionellem Pop, Jazz, klassischer Musik, Einflüssen aus Lateinamerika, der Karibik, Afrika und Asien die Basis geschaffen, sich selbst weiterentwickelt, erneuert, geöffnet. Für mich bedeutete diese Aufteilung in viele verschiedene, aber oft verbundene Seitenarme vor allem ein immer volleres Plattenregal, in dem die beiden Alben von Steve Winwoods neuer Band Traffic einen Vorzugsplatz hatten. Mit knapp neunzehn hatte Winwood die Spencer Davis Group verlassen für eine Band, die mit musikalischer Offenheit und Einflüssen aus Rock, Folk und Jazz der Zeit entsprach. Er zog sich mit drei Freunden in ein altes Cottage in Berkshire zurück, dort bastelten sie an ihrem ganz eigenen Sound und brüteten zwei famose LPs aus mit Ausnahmesongs wie «Dear Mr. Fantasy», «Coloured Rain», «Pearly Queen» oder «Feelin' Alright». Ähnliches tat sich im Staate New York, wo in einem pink gestrichenen Landhaus die Begleitband von Bob Dylan lebte und musizierte, sie nannte sich klar und einfach The Band. Ihr Debüt «Music From Big Pink» bestach durch Songs des Gitarristen Robbie Robertson wie «Chest Fever» und «The Weight» und kreierte mit seiner erdigen Fusion aus Gospel, Folk und Rock und den intensiven Soulstimmen der drei Sänger einen neuen, aber zugleich uramerikanischen Stil. Vier der fünf Band-Musiker stammten aus Kanada, von wo die helle, strahlende Stimme der Joni Mitchell erklang, die als Folksängerin begonnen hatte, sich aber schnell auf ihren ersten beiden Alben «Songs to a Seagull» und «Clouds» als Songschreiberin intimer, sensibler und poetischer Lieder etablierte. Ihr vibrierender Ton, ihr hochklassiges, innovatives Gitarrenspiel, die betörende Qualität ihrer Worte und Melodien bei «I Had a King», «Cactus Tree», «Chelsea Morning» oder dem reflektierenden «Both Sides Now» überzeugten mich so stark, dass ich mir sicher war, diese Liebe würde von Dauer sein.

Ähnlich einfühlsame Töne lockten aus einer anderen Ecke meines Regals beim Buchstaben «S». Paul Simon glänzte auf dem Album «Bookends» mit Liedern über Leid, Freundschaft, Zukunftsangst und Hoffnung. Nach dem Ende des Power-Trios Cream übernahm ein anderer Stargitarrist das Ruder auf deren Terrain, Jimmy Page führte sein Luftschiff Led Zeppelin zu erstaunlichen Höhen, aufgepumpt mit einer modernen, hart rockenden, exzessiven Variante des Blues, zelebriert vom Gitarren-Maestro selbst, dem Stimmwunder Robert Plant und dem Hammer-Drummer John Bonham. Ihr unbetiteltes Debütalbum katapultierte sich prompt in die Charts und besaß auch für mich ohne Zögern die Aura eines Rock-Klassikers, wobei mir persönlich jeglicher Sinn und Spaß am Headbangen abging. Beste Gelegenheit für diese Entspannungstechnik gab es in der Großen Freiheit Nr. 58, früher Musikpalast und Hippodrom, später Kino und Badeanstalt, jetzt zu einem spektakulären Tanzclub umgebaut, dem «Gruenspan». An den Außenwänden prangten großflächige Pop-Art-Malereien, drinnen zerflossen psychedelische Lightshows wie in London oder New York, aus den riesigen Boxen knallten die aktuellen Sounds, die ein DJ auflegte, ebenfalls ein Novum.

Bei der besten und schillerndsten Soul-Band dieser Zeit, Sly and The Family Stone, hätte es auch mich gejuckt. Ihre Alben funkelten vor Lust, stampfenden Rhythmen, vertrackten Funk-Riffs und stechenden Bläsern wie bei «Dance to the Music» und «Sing a Simple Song», Refrains jubilierten die gemeinsame Freude heraus wie bei «I Want to Take You Higher» oder «Everyday People». In «Stand!» wurde der Spaß dann zur politischen Message, zu einer lauten Forderung von Gleichberechtigung, zunächst bildlich, «steht auf, ihr wart zu lange still», und dann deutlich in «Don't Call me Nigger, Whitey».

Die Radiosituation in Norddeutschland hatte sich derweil nicht entscheidend verbessert, in Hamburg waren die Signale von BFBS und BBC zu schwach für einen guten Empfang. Es gab noch kein Kabel, keine Möglichkeit, andere Stationen über Satellit anzusteuern. Also blieben mir nur die eigenen LPs und Singles und Stippvisiten in Musikgeschäften in der City, in denen man Platten probehören konnte, mit Kopfhörern oder in einer Kabine, am besten im Steinway-Haus in den Colonnaden, in dem ich auch feine Pianos, Flügel oder das traumhafte E-Piano von Wurlitzer austesten konnte. Die andere Methode war das Tonbandgerät, mit dem man Musik aus dem Radio oder direkt von Schallplatten aufnahm, in Echtzeit, es dauerte also. Mir war das zu umständlich und fummelig, mein Franziskus-Mitbewohner Uwe schnitt dagegen klassische Musik aus dem Radio mit, für den Rest lieh er sich meine Platten aus.

Ich machte mir schon Gedanken, wohin ich meine Sammlung auslagern sollte, denn ich wollte Hamburg für ein Jahr verlassen. Ich hatte meine Zwischenprüfungen hinter mich gebracht, für Anglistikstudenten gab es eine Empfehlung nach dem sechsten Semester, ein Jahr in Großbritannien einzulegen, entweder als Gaststudent, eine relativ kostspielige Variante, oder als Assistant Teacher an einem britischen Gymnasium, was sogar bezahlt wurde. Nicht sehr viele Studenten nahmen diese Gelegenheit wahr, die meisten wollten ihr Studium schnell durchziehen und scheuten eine Unterbrechung. Doch gerade die Unterbrechung war Teil meiner Motivation, ich hatte mich in vielen Seminaren und Vorlesungen doch arg gelangweilt, und die Vorstellung, ein Jahr in meinem Lieblingsland zu verbringen, war ohnehin Anreiz genug. In meinem Antrag wählte ich die Grafschaften rund um London, Sussex, Surrey, Buckinghamshire, Oxfordshire und meinen Favoriten Berkshire, mich reizten die hügelige Landschaft und die Nähe zur Themse. Als am 24. August, knapp vierzehn Tage bevor im UK das neue Schuljahr beginnen sollte, Post aus London kam, erzitterte ein Freudenschrei die Wände, dass Dieter nebenan fast sein Horn fallen ließ. Wallingford, etwa 90 Kilometer von London entfernt, lag tatsächlich im County Berkshire, die Schule eine Grammar School «for boys». Mir rutschte halb Stonehenge von der Seele, ich durfte zurück auf die Insel.

Mein neues Zuhause lag auf der Strecke nach Oxford, die zunächst über die M4 (motorway 4) nach Westen führte, am Eton College vorbei, der Paradeanstalt britischer Public Schools, die alles andere als öffentlich, sondern sehr privat für den Nachwuchs der Oberschicht reserviert waren. Dahinter thronten in der Ferne die mächtigen Mauern von Windsor Castle. Kurz vor der Ortschaft Maidenhead verließ der Bus die Autobahn. Parallel zur Themse ging es weiter nach Henley, berühmt für die traditionsreiche Ruderregatta, von dort machte der Fluss eine große Schleife nach Reading, während wir über grüne und bewaldete Hügel nach Nordwesten fuhren, links und rechts der A4130 kleine hübsche Dörfer, Bix, Nettlebed, Crockers End, Nuffield. Wieder näherten wir uns der jetzt schmaleren Themse, die nächste alte Brücke, Bootshäuser und das Schild «Welcome to Wallingford». Der Bus fuhr die High Street herunter, bog nach links auf den Marktplatz und hielt fast direkt vor der historischen Town Hall.

Mr Fitzhugh, der Deutschlehrer, blond, drahtig und etwas kurz angebunden, den ich unterstützen sollte, holte mich ab und zeigte mir die Grammar School, ein verwinkeltes Backsteingebäude aus dem viktorianischen Zeitalter. Dann fuhr er mich zu meiner Gastgeberfamilie in ein Neubauviertel, das aus einem Bilderbuch über englische Kleinstädte hätte stammen können, kleine relativ neue Doppelhaushälften aus blassem Ziegelstein, semi-detached, in einem Halbkreis aufgereiht mit einer Sackgasse als Zufahrt, so wie sie Ray Davies von den Kinks in «Dead End Street» skizziert hatte. Da war ich nun, nach drei Jahren relativer Bewegungsfreiheit als Student, in einem engen Reihenhaus. Bei Ron, einem wortkargen Wachmann beim nahe gelegenen Kraftwerk in Didcot, seiner sehr gesprächigen und freundlichen Frau Brenda und ihren sieben- und vierjährigen Kindern Michael und Elisabeth. Die Calcutts vermieteten regelmäßig an Assistant Teacher vom Kontinent, um die Familienkasse aufzubessern. Mein Zimmer lag im ersten Stock, ein schmaler Raum mit Bett, Mini-Schreibtisch und Blick auf das Ende der Sackgasse. Die Schulbehörde zahlte monatlich 52 Pfund, das waren etwa 500 D-Mark, 30 Pfund kostete das Zimmer, allerdings inklusive Frühstück und Tea, mittags wurde in der Schule gegessen. Ich kam gerade rechtzeitig zur Teatime, die immer zum Feierabend gegen 18 Uhr stattfand. Tea bedeutete hier nicht die blassen Gurkensandwiches und Scones, mit denen der Afternoon Tea der feineren Gesellschaft zelebriert wurde, in der Middle und Working Class beschrieb der Begriff das deftige Abendessen, «Mash and bangers», Kartoffelbrei, Würstchen und Gravy, braune Soße,

«Shepherd's Pie», «Steak and Kidney Pudding», Fish and Chips oder gebratener Hering, der sich Kipper nannte, alles gerne mit Baked oder Kidney Beans, danach ein sehr süßer Pudding. Genauso typisch fiel das Frühstück am nächsten Morgen aus, Eggs und Bacon, wieder Baked Beans, Toast und Tea.

Ich mochte English Breakfast, es brachte mich weit in den Tag, an dem ich das «moderne» Viertel verließ und das alte Zentrum der Stadt erkunden wollte. Wallingford hatte auch wegen seiner strategischen Lage an der Themse eine lange Geschichte, es war eine römische Siedlung, erhielt vor über 800 Jahren die Stadtrechte. Wilhelm der Eroberer ließ im 11. Jahrhundert dort ein weiträumiges Schloss bauen, das später als Staatsgefängnis diente und den Ort im späten Mittelalter zu einer der wichtigsten Städte des Landes machte. Von dieser Bedeutung war jetzt in der Idylle einer hübschen Kleinstadt nichts mehr zu spüren, vom Castle, das einst größer als das Schloss von Windsor gewesen war, existierten nur die Reste eines Turms. Dafür hatten viele Häuser aus elisabethanischer Zeit und dem 17. und 18. Jahrhundert überlebt, die dem alten Wallingford den typisch englischen Charme verschafften. Die berühmte Agatha Christie machte die Stadt zu ihrem Wohnsitz, was mir stolz von meinen Gastgebern zugeflüstert wurde. Auch in Deutschland lernten seit 2005 Millionen von Zuschauern der Krimiserie «Inspector Barnaby» Wallingfords Charme lieben, die Reihe über das fiktive County Midsomer, die seit 1997 unter dem Titel «Midsomer Murders» im britischen TV lief, wurde dort und in umliegenden Orten gedreht. Nach meinem Rundgang durch die Gassen eröffnete ich in der lokalen Bank am Marktplatz ein Konto, irgendwo musste das üppige Salär ja auflaufen. Ich bekam ein Scheckheft, mit dem ich Geld abheben oder Rechnungen bezahlen konnte, EC-Karten und Bankautomaten waren gerade erst eingeführt worden.

Das Schuljahr in der Grammar School begann zu meiner Verblüffung mit einer Andacht und Gebeten in der Aula, die sich mittags in den Speisesaal verwandelte. Zusammen mit mir wurde der neue französische Assistant Gérard vorgestellt, der très chic in Anzug und Krawatte erschien, während ich in der Studenten-Uniform Jeans und T-Shirt glänzte, woraufhin ich im Lehrerzimmer von einigen älteren Lehrkräften skeptisch beäugt wurde. Auf meinem Wochenplan standen zwölf Stunden, die meist mit «German Conversation» gefüllt waren. Da Didaktik für mich ein weißes Blatt war, versuchte ich, mit den Schülern einfache Gespräche zu führen, was sich als höchst mühsam erwies, mir wurde Tag für Tag klarer, welch Klippen und Fallen die deutsche Sprache bereithielt. Ich hatte bislang nicht sehr viel darüber nachgedacht, aber nun wurde mir bewusst, warum Englisch weitaus besser für Popmusik geeignet war als das Deutsche, kürzere Sätze, flexiblere Worte und Silben, die man ziehen und biegen konnte, mehr Raum für Assoziationen und Doppelbedeutungen. Musik war auch ein Thema, das ich mit den Schülern diskutierte, ich wollte wissen, was die Jugendlichen hörten, Blues und härterer Rock wurden bevorzugt. Fußball war ein anderes Pflichtthema, die nächste WM stand 1970 an, und England und Deutschland gehörten zu den Favoriten. Kenner fragten, wie sich der junge Beckenbauer entwickelt hatte und ob Uwe Seeler noch dabei sein würde. Ich war erstaunt, als ich von den Schülern hörte, dass an der Grammar School nur die traditionellen Sportarten der Oberschicht gepflegt wurden, Cricket und Rugby, Soccer hatte anscheinend an «besseren» Lehranstalten nichts zu suchen.

Einer der älteren Schüler, Tim, zeigte mir am Ende einer meiner ersten Unterrichtsversuche den Pub George in der High Street. Ich war dankbar für die Ablenkung, der Unterhaltungswert meines Zimmers in Aston Close war begrenzt. Das

George Hotel im Zentrum verbreitete schon von außen mit seinen weiß getünchten Mauern geschichtsträchtige Gasthof-Atmosphäre, mit der Betonung auf Hof, der sich öffnete, wenn man das schwere schwarze Holztor hinter sich ließ. Rechts der Eingang zum Hotel, links zur Taverne und Bar, dazwischen genug Platz für Pferde und Kutschen. Auch der Pub atmete den Geist vergangener Zeiten, niedrige Decken, dicke dunkle Balken, die lange, verzierte Bar aus Holz, der brennende Kamin, bequeme Stühle und Sessel mit dunkelroten Polstern. Tim beruhigte mich, es wäre nicht ungewöhnlich, dass Lehrer mit älteren Schülern den Pub besuchten, besonders wenn es sich um Assistants handelte. Ich war einundzwanzig, auch nur drei Jahre älter als er.

In den folgenden Monaten wurde das George eine Art Wohnzimmer für mich, die angeblich so reservierten Briten entpuppten sich als das Gegenteil, offen, witzig und interessiert. Aber ich spürte auch an mir eine Wandlung. In Deutschland war ich eher zurückhaltend, ja verschlossen gewesen, hier fiel von mir eine Schale ab. Ich kapselte mich nicht mehr ab, wenn Menschen auf mich zugingen, und das lag vornehmlich an der Sprache. Auf Englisch konnte ich direkter und schlagfertiger kommunizieren, selbstbewusster in einen gepflegten Small Talk verfallen, Kontakte knüpfen, Brücken schlagen und verlor meine notorische Schüchternheit. Es half sicherlich, dass ich mit englischer Kultur gut vertraut war und mit einem britischen Akzent sprach, wodurch die Gegenüber erst später merkten, dass ich zugereist war, wenn sich Lücken im Wortschatz auftaten. Ich lernte Freunde kennen wie Mike und seine Frau Dot, die mich häufig nach dem Pub auf einen Kaffee nach Hause einluden. Mike war als Techniker beim Kraftwerk angestellt, Dot jobbte in einem Modegeschäft. Damals waren die Pubs nur bis 22.30 Uhr und samstags bis 23 Uhr geöffnet, es wurde aber deswegen nicht weniger getrunken, nur viel schneller. Mike rollte zu Hause gerne einen Joint, wir redeten über Musik, und hier hatte ich die Chance, sie zu hören. In Aston Close beschränkte sich mein Unterhaltungsprogramm auf gelegentliches Fernsehen bei Brenda und Ron, «Top of the Pops» am Donnerstag und einige Comedy-Shows, besonders die des brillanten Barry Humphries mit seinem Alter Ego Dame Edna Everage.

Ende September erschien das Beatles-Album «Abbey Road», niemand ahnte, dass es ihre letzte Zusammenarbeit sein sollte. Ich suchte mir in der Schule einen Musikraum mit Abspielgerät und genoss dieses souveräne Meisterwerk, von «Come Together» und dem spiralförmig sich nach oben drehenden «I Want You» bis zum in Harmonie zerfließenden «Because» und dem langen Medley auf Seite 2 mit «The End» und der in den Schlussrillen versteckten Mini-Ode an «Her Majesty», ein Übermaß an großen Melodien, und als Bonus die besten Songs, die George Harrison bisher komponiert hatte: «Something» und «Here Comes the Sun». Im Musikraum stand auch ein original Cembalo, ich übte meine Finger an diesem faszinierenden Instrument, das wie ein Klavier mit gezupften Saiten funktioniert und klare, helle Klänge produziert.

Der nette Musiklehrer Glynne und der Französischlehrer Hugh, die zusammen in einer WG lebten, waren die einzigen Kollegen, die Gérard und mich mal zu sich zum Essen einluden. Glynne überredete mich, dem Schulchor beizutreten, es mangelte an tiefen männlichen Stimmen, und der musikalische Anspruch war hoch, kurz vor Weihnachten sollten Ausschnitte von Händels «Messias» aufgeführt werden, natürlich im englischsprachigen Original. Händel war 1712 nach London gezogen und hatte seinen «Messiah» 1741 dort verfasst. Ich hatte zwar früher kurz im Quakenbrücker Kirchenchor gesungen, aber dies war eine andere Herausforderung. Inmitten eines rund und voll klingenden Chores zu singen, machte mir überraschend viel Spaß, und die Aufführung im Dezember in St Mary-le More, der achthundert Jahre alten Pfarrkirche von Wallingford mit ihrem Kirchenhall, die Wucht, Dynamik und Schönheit des Gesangs gaben mir eine leise Ahnung, was mit himmlischen Chören gemeint sein könnte.

Eines Abends sprachen mich im George Laura und Tessa an, wie sich herausstellte, waren sie Schülerinnen der Abschlussklasse der Grammar School für Mädchen im Nachbarort. Laura war relativ groß, hatte volle braune lockige Haare, die dunkelhaarige Tessa war zierlich. Sie fragten, ob ich Musiker sei, in der Umgebung würden so viele leben, ich war geschmeichelt. Laura und Tessa wussten bestens Bescheid, in Pangbourne, zehn Meilen die Themse hinunter, residierte Jimmy Page von Led Zeppelin, in einem Dorf bei Henley Alvin Lee von Ten Years After, Joe Cocker wohnte in einem Bauernhaus ganz in der Nähe bei Blewbury. Sie fragten mich, ob ich Traffic kennen würde, deren berühmtes Berkshire Cottage läge nur vier Meilen von Wallingford im Dorf Aston Tirrold, und die Band würde häufiger hier im George einkehren. Ich machte große Augen. Es kam aber noch besser, denn Laura erzählte, dass sie vage mit Chris Wood, dem Saxofonisten von Traffic, verabredet seien, er käme gerade aus London. Zehn Minuten später trat er durch die Tür, leicht zerzauste Haare, schlank, blass, äußerst freundlich. Chris berichtete von den Zukunftsplänen der Band, und ich wurde sofort in die Unterhaltung miteinbezogen. Die Band war gerade im Pausenmodus, weil Leader Steve Winwood mit Eric Clapton das Projekt «Blind Faith» gestartet hatte. Nach ihrer Premiere im Hyde Park vor hunderttausend Menschen gingen Blind Faith auf eine Tournee durch die Staaten, um ihr Debütalbum zu promoten, lösten sich jedoch schon Ende August wieder auf. Laut Chris war Steve nun dabei, ein Soloalbum zu produzieren, man wäre aber noch in engem Kontakt. Irgendwann fragte Chris, ob jemand ihm einen Lift zum Cottage geben konnte, Laura, deren italienischstämmiger Vater ein angesehenes und sicher teures Restaurant im Nachbarort Benson betrieb, war mit dem BMW ihrer Mutter da und bot sich an, Tessa und ich sollten mitfahren. Aus Wallingford heraus ging es über enge, von Hecken eingerahmte Landstraßen auf die Berkshire Downs, eine Hügelkette, die an die rollenden Hügel der Chiltern Hills anschloss. Nach Aston Tirrold, einem hübschen Kirchdorf, dirigierte Chris uns auf einen rumpeligen Feldweg, als plötzlich aus einem Seitenweg ein weißer Land Rover herausschoss und uns fast den Weg abschnitt. Chris schrie «Stopp», auch der andere Wagen hielt an, und heraus kletterte ein ziemlich kräftiger Mann mit wilden Haaren und kantigem Gesicht, hey Joe, rief Chris. Es war Joe Cocker, der ja in der Gegend wohnte, damals gerade 25, er hatte mit «With a Little Help» einen Riesenhit gehabt, stand aber dennoch erst am Anfang. Er kam gerade aus den USA zurück, war dort vor sechs Wochen von einer halben Million Menschen in Woodstock gefeiert worden, doch erst, als die Filmaufnahmen seines legendären Auftritts ein Jahr später in die Kinos kamen, hob seine internationale Karriere ab. Nach einigem Small Talk fuhr Joe davon, wir ratterten weiter, bis der Feldweg endete, in einiger Entfernung sahen wir zwar das Cottage, aber direkt heranfahren konnte man nicht. Chris stieg aus, bedankte sich, und wir drei traten die Rückreise an. Laura war so nett, mich an meiner Unterkunft abzusetzen, was in der ereignisarmen Sackstraße Aston Close für einiges Getuschel sorgte.

Chris traf ich noch mehrere Male im Pub und in London.

Im Januar 1970 verriet er mir leise, Traffic würden ein neues Album aufnehmen. Es sollte «John Barleycorn Must Die» heißen und im Juli erscheinen. Im Sommer 1971 sah ich ihn wieder und traf auf einen Chris, der sich stark verändert hatte, leider nicht zum Guten.

Trotz vieler Musiker in der Nachbarschaft fehlten mir Livekonzerte, möglichst von Bands, die ich noch nicht gesehen hatte. Die Konzerte in den Colleges der Elite-Uni Oxford, nur zwanzig Kilometer entfernt, waren meistens keine geschlossenen Events, sondern offen für alle. Im altehrwürdigen Trinity College spielten Free, deren Debütalbum gerade für Aufmerksamkeit sorgte, eine blutjunge bluesige Rockband, die von Blueslegende Alexis Korner in London gefördert worden war, Gitarrist Paul Kossoff und Sänger Paul Rodgers waren erst 19, Bassist und Songschreiber Andy Fraser gerade 17, als ich sie sah. Dennoch entwickelten Free ein intensives Feuer mit Kossoffs brillantem Gitarrenspiel, Rodgers markanter Bluesstimme und Frasers pumpendem Bass und seinen erstaunlich reifen Songs wie «I'm a Mover» und «All Right Now», in Oxford ihre Schlussnummer. Als Platte erschien sie erst sechs Monate später und wurde ein weltweiter Hit, der Durchbruch einer der erfolgreichsten Bands der frühen 70er.

An langen Wochenenden, ich hatte meist freitags und montags keinen Unterricht, tauchte ich nach London ab. Ich übernachtete generell in dem abgewrackten Hostel in Covent Garden. An der Straße Strand lag schräg gegenüber dem Sayoy Hotel das Lyceum, seit dem 18. Jahrhundert Opernhaus und Theater, dann nach dem Zweiten Weltkrieg ein Ballroom für alle Zwecke vom Miss World Contest zu Swing-Abenden mit bekannten Big Bands. Wochentags das Tanzparadies für vergnügungssüchtige Ehepaare, verwandelte sich das Lyceum an ein bis zwei Tagen der Woche zur Heimat spektakulärer Rockkonzerte. Das historische Ambiente veredelte für mich die epischen Klänge eines der außergewöhnlichsten neuen Acts: King Crimson. Das Quartett wirkte in einer Landschaft posierender Rockstars wie ein intellektueller Singkreis, zeigte aber mit der mutigen Fusion aus Neo-Klassik, Jazzelementen, Taktwechseln, komplizierten Breaks und Mellotron-getränkten schwelgerischen Popmelodien eindrucksvoll, welche Kreativität und Innovationskraft zeitgenössische britische Musik freisetzte. Seit Anfang des Jahres war die neue Rocksensation Led Zeppelin in aller Munde, auf ihren Auftritt im Lyceum war ich gespannt wie die hohe E-Saite von Jimmy Page, und das zu Recht. Zeppelin bestachen nicht nur durch ihre Urgewalt und ihre laute, leidenschaftliche Interpretation des Blues, sie überraschten mich live auch mit ruhigen, sphärischen, keltischen Folkklängen. Einige Wochen später dann, ebenfalls im Lyceum, einer meiner amerikanischen Favoriten, die kalifornische Band Spirit. In Hamburg hatte ich die Rillen ihrer ersten LPs «Spirit» und «The Family That Plays Together» glatt geraspelt, wunderbare griffige Riffs, clevere Melodien und die lockere Kombination aus groovigem Rock und coolem Jazz waren Spirits Geheimnis. Live konnten Lieblingsbands gerne auch mal enttäuschen, nicht aber die Band von Sänger Jay Ferguson, Gitarrist Randy California und seinem Stiefvater Ed Cassidy an den Drums.

Für den späteren Abend hatte ich in der Nähe des Oxford Circus ein neues Ziel gefunden, das Speakeasy im Keller des Hauses 48, Margaret Street, einen Members' Club im Schatten des Broadcasting House der BBC. Einen Namen hatte das Speak wegen seiner Gäste, es war ein exklusiver Late-Night-Treff für Musiker, Manager, Agenten und andere Mitglieder des Musikbusiness. Ich hatte in einem cleveren Reiseführer gelesen, dass in manchen Members' Clubs Studenten aus dem

Ausland Zutritt bekamen, und so war es auch im Speakeasy, ich zeigte meinen Pass, zahlte drei Pfund für eine Gastmitgliedschaft und schlüpfte durch die gepolsterte Tür und die dicken Vorhänge dahinter. Der düstere und nicht sehr weiträumige Laden war nach dem Vorbild eines verbotenen Alkoholausschanks der Prohibitionszeit eingerichtet, auf der rechten Seite ein durch Glas abgetrenntes Restaurant, links die Bar mit einer kleinen Bühne. Bei meinem ersten Besuch war ich schon etwas eingeschüchtert, war das in der Ecke nicht Pete Townshend, der mit Ronnie Lane von den Faces redete? Ich sah eine Menge Gesichter, die ich aus den Musikblättern kannte, viele schöne Frauen und die für dieses Ambiente typischen Wichtigtuer mit teuren Uhren am Handgelenk. Leider erwischte ich auf der Bühne nur noch die letzten Songs eines Trios, ein Brille tragender Pianist und Sänger, ein blonder Bassist und ein Drummer mit dunklen langen Haaren. Die Schlussnummer hatte ich schon einmal gehört, eine schöne Ballade, sie hieß «Skyline Pigeon», ich ging zum Eingang, wo ein Poster des Monatsprogramms hing, da stand «The Elton John Trio». Es war der damals noch völlig unbekannte Elton, der gerade seinen Geburtsnamen Reginald Dwight abgelegt hatte, dessen Album «Empty Sky» im Sommer erschienen war und der nur 18 Monate vom Aufstieg zum Weltstar entfernt sein sollte. Damals, im Herbst 69, orderte ich einen möglichst preiswerten Drink, setzte mich an die Seite und sah zu, wie das Trio sein Equipment eigenhändig zusammenpackte und aus dem Club schleppte. Nach einem solchen Weekend im überfüllten London war schon die Rückfahrt mit dem Bus die reine Erholung, ich freute mich auf die Ruhe in Berkshire. Wallingford fühlte sich mittlerweile fast wie zu Hause an, die Parallelen zu Quakenbrück lagen nah, allerdings konnte die Hase nicht wirklich mit der sagenumwobenen Themse mithalten.

Bis Weihnachten warteten noch weitere Höhepunkte. In einem Platten- und Buchladen in der High Street konnte ich für den 1. Dezember ein Ticket im Parkett der Albert Hall ergattern. Unter der Überschrift «Delaney & Bonnie and Friends» ging Eric Clapton nun mit einer neuen Musikerkommune auf Europatournee. Zunächst erfüllten unwiderstehliche Beats die hohen Ränge der Halle, nach und nach fügten sich die anderen Instrumente aneinander wie Zahnräder einer gut geölten Maschine und entfachten einen rockenden, groovenden Tornado, den die elf Musiker auf und ab schwellen ließen. Ich hatte noch nie eine solch geschlossen und dynamisch zusammenspielende Band erlebt, im Englischen gab es dafür den Begriff «tight», dieses Ensemble war «tight» und «loose» zugleich, eng beieinander und dennoch luftig, locker, unverkrampft. Eine Melange aus Südstaaten-Soul, Blues und Country, Ursprung des Stils, der in den 70er-Jahren «Southern Rock» genannt wurde. Nach der Pause stand dann plötzlich ein zwölfter Musiker mit Gitarre am Bühnenrand. Es dauerte ein wenig, bis das Publikum begriff, wer der schüchterne Typ mit langen dunklen in der Mitte gescheitelten Haaren war, dann stellte Delaney ihn vor, und die Halle tobte. Eric hatte George Harrison mitgebracht, und der hatte sichtlich Spaß an seinem Gastspiel, strahlte und genoss den mitreißenden Groove, den die neuen Kollegen zündeten. Der Kern der grandiosen Band, Drummer Jim Gordon, Bassist Carl Radle, Keyboarder Bobby Whitlock, Saxofonist Bobby Keys und Trompeter Jim Price, wurde zum Rückgrat von Harrisons legendärem Meisterstück «All Things Must Pass» und einigen der wichtigsten Produktionen der kommenden Jahre wie Claptons erstem Soloalbum oder Joe Cockers «Mad Dogs and Englishmen». Gordon, Radle und Whitlock zeigten ihre Qualitäten zudem als Mitglieder des nächsten Clapton-Projekts «Derek and The Dominoes» auf dem

bahnbrechenden, noch heute von mir heißgeliebten Album
«Layla and Other Assorted Love Songs». Price und Keys wurden
ab 1970 die Bläser-Section der Rolling Stones, Bobby Keys ging
mit ein paar Unterbrechungen bis zu seinem Tod 2014 mit den
Stones auf Tournee und hinterließ vor allem auf deren Album
«Sticky Fingers» einige Saxofon-Soli für die Ewigkeit.

Nach dem überragenden Konzert verließ ich Kensington
bester Laune und bekam Lust, noch kurz im Speakeasy einzukehren, nahm also den Bus über Piccadilly und Regent Street
zum Oxford Circus. Als ich ankam, hielten gerade Taxen und
Limos, etliche dünne Musikerbeine in Boots mit hohen Absätzen samt Begleitung klapperten die Kellertreppe hinunter, ich
befürchtete schon, heute nicht eingelassen zu werden. Doch die
Sorge war überflüssig, drinnen suchte ich mir wie üblich einen
Platz am Rand und atmete durch. Nach und nach strömten
immer mehr Leute herein, es waren Roadies, die Instrumente
und Verstärker trugen, mehr und mehr, für einen gewöhnlichen Bandauftritt war es eigentlich zu spät. Auf einmal kam
Bewegung in den schmalen Eingangsbereich, tatsächlich, die
Hauptdarsteller des Abends drängten sich durch die Leute in
Richtung Bühne, Delaney und Gattin, Clapton, die wunderschöne Rita Coolidge und die gesamte Kapelle, sogar der neue
Rhythmusgitarrist George Harrison. Noch eine Weile wurde
aufgebaut und eingerichtet, dann verebbte die Barmusik, und
die zwölf eben noch in der Albert Hall bejubelten Musiker versuchten, auf der Mini-Bühne Platz zu finden. Dann stürmte Jim
Gordon am Schlagzeug voran, der Rest der Band stieg ein, und
der Zug fuhr ab. Anders als in der weiten Halle kam der Sound
in diesem kleinen Raum mit einer Größe von etwa 50 qm direkt
aus den Verstärkern, trocken, fett, unmittelbar. Ich stand sechs
bis sieben Meter von der Bühne entfernt, die Energie übertrug
sich physisch, der Boden bebte. Eine Stunde lang kochten die

Friends auf höchster Flamme, ich konnte mein Glück nicht fassen. Nach dem Set verschwand die illustre Musikergesellschaft schnell im Restaurant des Clubs, ich zockelte aufgekratzt in die Gegenwelt meines Hostels in der grauen Drury Lane. Morgen früh musste ich den ersten Bus nach Berkshire nehmen, die Schule wartete.

Zehn Tage später, am dritten Advent, durfte ich dann ein ganz großes Türchen öffnen. Abends hatte ich ein Ticket für das Coliseum, Heimat der English National Opera, dem zweiten Londoner Opernhaus neben der Royal Opera, für The Who mit ihrer Rockoper «Tommy». Zudem wusste ich, dass die Stones am selben Tag kurzfristig zwei Shows im Saville Theatre angekündigt hatten. Vor gut zwei Wochen war ihr hervorragendes Album «Let It Bleed» erschienen, vor acht Tagen erst hatten sie ihre sehr erfolgreiche US-Tour beendet, das Debüt ihres neuen Gitarristen Mick Taylor. Am 6. Dezember hatten sie ein Gratis-Konzert beim Altamont Free Festival mit dreihunderttausend Besuchern angehängt. Die eklatant schlechte chaotische Organisation dieses Events, die Gewalttätigkeiten zwischen Publikum und den als Ordner angeheuerten Hells Angels und schließlich die Ermordung eines Zuschauers durch Messerstiche unweit der Bühne, während Jagger hilflos versuchte, die Lage zu beruhigen, ließ aus einer gut gemeinten Idee eine Katastrophe werden. Die Reaktionen der Presse waren vernichtend, Fragen nach Aufklärung, Schuld oder Mitschuld hingen in der Luft. In dieser Situation sah ich nun die Rolling Stones hautnah in einem Theater mit nur 1500 Plätzen. Im Parkett war ein Steg von der Bühne ins Publikum aufgebaut, Auslauf für Mick wie im großen Stadion. Es wurde dunkel, die ersten Gitarrenakkorde peitschten von der Bühne direkt aus den Verstärkern, so nah saß ich, mit seinem schon legendären Riff zu «Jumpin' Jack Flash» blies Keith sogleich zur Attacke.

Nach Chuck Berrys «Carol» der nächste Knaller «Sympathy for the Devil», Mick trug dasselbe Outfit wie auf der US-Tour, schwarze Hose mit Seitenknöpfen, enges schwarzes T-Shirt mit einem Schlangenlogo, roter langer Schal. Alles wie immer. Kein Satz, kein Kommentar zu dem, was eine Woche zuvor passiert war. Jagger tanzte, trippelte, sprang, rannte auf den Steg, direkt vor meine Nase. So nah sollte ich ihm später nur dreimal kommen, 1973, als die Firma der Stones eine Party im Hamburger Schickeria-Club «Die Insel» schmiss, zur Premiere der neuen Stones-Platte «Goats Head Soup», glücklicherweise wurde keine Ziegenkopfsuppe serviert, dafür ein wild hüpfender Jagger auf dem Dancefloor, der seinen schwankenden Kumpel Keith fast umrannte. 1990, als ich auf Einladung der Plattenfirma eine sehr entspannte Band in Hannover backstage besuchen durfte und beim Erinnerungsfoto direkt neben ihm stand. Und 1998 auf der Trabrennbahn in Hamburg auf der Bühne in den Kulissen, als ich vor 80 000 Menschen Off-Sprecher für organisatorische Ansagen war. Mick stürmte nach dem letzten Song die Treppe herunter, öffnete im Laufen die Hose, verschwand blitzschnell im Dixi-Klo und rannte für die Zugaben wieder nach vorne. Auch ein Superstar musste mal für kleine Jungs.

1969 im Saville konnte ich die Stones so unmittelbar erleben, als spielten sie zu Hause bei uns im Wohnzimmer. Vier Songs aus dem neuen Album folgten, «Live In Vain», ihre Ehrerbietung an den unvergessenen Straßenbluespionier Robert Johnson, dann das als Showhighlight inszenierte «Midnight Rambler», zu dem Jagger seinen schwarz-roten Umhang dämonisch flattern ließ. Die Schlussnummer «Gimme Shelter» sollte auch 50 Jahre später noch eine der großen Stones-Hymnen sein, ihr Schrei nach Liebe, Schutz und Sicherheit war im Dezember 1969, acht Tage nach Altamont, das ehrlichste Bekenntnis.

Die folgende Woche und damit der Herbst-Term wurden auch an der Grammar School musikalisch abgerundet, zuerst mit der Messias-Aufführung unseres Schulchors und am Samstag mit einem Rockkonzert, das die Schülervertretung in der Turnhalle organisiert hatte, die Londoner Bluesband Juicy Lucy mit dem fabelhaften Steelgitarristen Glenn Campbell, nicht zu verwechseln mit dem gleichnamigen Popsänger. Campbells frühere Band «The Misunderstood» war eine der Lieblingsgruppen von John Peel und mir daher sehr vertraut, diesen Zauberer der Rock- und Blues-Steelgitarre, einen der Besten seines Fachs live an meiner Schule zu erleben, war eine verfrühte Weihnachtsüberraschung. Als sentimentaler Weihnachtsfan flog ich über die Feiertage nach Düsseldorf und fuhr von da mit dem Zug nach Quakenbrück. Anfang Januar schaute ich in Hamburg vorbei, besuchte Klaus Wellershaus, der mich in seiner Livesendung als Freund vorstellte, der gerade in England lebte, und mich dann von einigen meiner britischen Erlebnisse erzählen ließ. Am folgenden Tag reiste ich mit der Fähre zurück nach England.

Der Januar verlief so, wie es mir gefiel, ein wenig Schule, ausgewählte Konzerte und schöne Abende im George mit Mike, Laura und ihren Freundinnen und Chris, der jetzt öfter Traffics Roadmanager und Mädchen für alles Albert mitbrachte. Zwischendurch erinnerte ich mich daran, dass ich eigentlich noch Student war. Mir war bekannt, dass mein Professor für Neuere Geschichte Fritz Fischer gerade ein Urlaubssemester in Oxford verbrachte. Mitte der 60er-Jahre hatte Fischer mit seinem kontroversen Werk «Griff nach der Weltmacht» über die Schuld des Deutschen Reiches am Ausbruch des Ersten Weltkrieges für Furore gesorgt. Ich hatte große Lust, den Mann zu treffen, dessen Vorlesungen ich liebte, also verabredete ich mich mit ihm und traf ihn in seinem Gastcollege St. Anthony's, dazu dachte ich mir, dass ein persönlicher Kontakt nicht schadete, egal, ob ich bei ihm oder seinem Schüler Imanuel Geiss Examen machte.

Nach einem sehr angenehmen Gespräch fuhr ich mit dem Bus zurück, es war Mittwoch, der 4. Februar, der Abend des Unfalls.

Im Krankenhaus in Reading musste ich erfahren, dass mein zweiter und dritter Lendenwirbel zerquetscht waren, wie langwierig und schwer die Lähmungen sein würden, war nicht abzusehen. Sonst hatte ich außer einer kleinen Schürfwunde auf der Stirn keine weiteren Verletzungen, ein kleines Wunder. Wir waren mit 80 bis 90 km/h frontal auf einen Kleinwagen geprallt, der 60 km/h fuhr, das wäre so, als würde man mit 150 gegen eine Mauer crashen. Meine blitzschnelle Reaktion, die Füße als Puffer hochzuziehen, hatte mir wahrscheinlich das Leben gerettet, dabei allerdings durch den Druck des Aufpralls die Wirbelsäule gebrochen. Albert, unser Fahrer, erlitt schwerste Beinverletzungen, als der Motorblock in den Fußraum des Wagens gedrückt wurde, und gravierende Kopf- und Gehirnverletzungen. Den ebenfalls schwer verletzten Fahrer des anderen Autos sah ich nur in der Notaufnahme, trotz allem grüßte er mich freundlich und sagte, es werde schon alles gut.

Meine Eltern wurden am nächsten Morgen über Interpol von der Polizei informiert, diesmal machten sie sich zu Recht Sorgen. Mein Vater setzte, obwohl er kein Englisch sprach, alle Hebel in Bewegung, um über die Polizei, das Krankenhaus, die Schule und die Deutsche Botschaft in London mehr zu erfahren, und erlebte von den britischen Stellen große Hilfsbereitschaft, seine Angst vor mangelnder Krankenversicherung war unbegründet, als offiziell im UK Beschäftigter waren alle Kosten vom Nationalen Gesundheitsdienst NHS gedeckt.

Das Battle Hospital in Reading hatte im Krieg War Hospital geheißen und wirkte noch immer so, düster und renovierungsbedürftig, die Wände schrien nach frischer Farbe. Wegen meiner gebrochenen Wirbel musste ich starr auf dem Rücken liegen, durfte mich nicht bewegen, nach einer Woche legten sie mich in ein Gipsbett, die traditionelle Methode, bei der aber unweigerlich wunde Druckstellen entstanden. Eines Tages kam ein Polizist an mein Bett, um mich nach dem Unfallhergang zu befragen, er erwähnte fast nebenbei, dass man eine kleine Menge Cannabis im Auto gefunden habe, man würde das aber ignorieren, da der Fahrer noch nicht vernehmungsfähig sei, davon wusste ich nun wirklich nichts. Nach einer weiteren Woche, in der meine Lage im Gipskorsett immer unerträglicher wurde, endlich Licht im Tunnel, ich wurde verlegt, in das sechzig Kilometer entfernte National Spinal Injuries Centre in Stoke Mandeville bei Aylesbury, wo die Ärzte nur mit dem Kopf schüttelten und mich als Erstes von dem antiquierten quälenden Gips befreiten. Vielleicht war es Glück im Unglück, dass mein Unfall, wenn überhaupt, in England passiert war, das vom deutschen Arzt Ludwig Guttmann in den 40er-Jahren gegründete Centre galt als weltweit führende Klinik zur Behandlung von Wirbelverletzungen und Querschnittslähmungen. Während auch in Deutschland noch die Verletzten monatelang in starren Korsetts liegen mussten, hatte man in Stoke Mandeville motorisierte Betten entwickelt, die die Druckbelastung alle drei Stunden von Rücken- zur Seitenlage variierten und so die gefährlichen Lagerungswunden vermieden. Der später von der Queen geadelte jüdische Arzt Guttmann war 1939 vor den Nazis nach Großbritannien geflohen, hatte nicht nur das Centre aufgebaut, sondern dort auch sportliche Wettkämpfe für Querschnittsgelähmte eingeführt, die Stoke Mandeville Games, aus denen sich die Paralympics entwickelten.

Stoke Mandeville war ein riesiger Betrieb, ich landete in Ward 2x und erschrak, als ich hineingerollt wurde, da lagen über zwanzig weitere Wirbelverletzte, allerdings konnte jedes Bett durch Vorhänge abgetrennt werden, was alle drei Stunden geschah, wenn per Knopfdruck eine Hälfte des Betts von der horizontalen in eine Schräglage gebracht wurde, drei Stunden später wieder flachgestellt und weitere drei Stunden danach die andere Bettseite hochgefahren wurde. So kam keine Langeweile auf, auch sonst nicht. Trotz der Schwere der Verletzungen herrschte eine lockere, fast gelöste Atmosphäre, neben mir lag Peter McAuley, ein schottischer Bauarbeiter, der vom Gerüst gefallen war, gegenüber Peter Banyard, hochintelligenter Spross einer Adelsfamilie aus der Grafschaft Kent, der sich beim Militär das Genick gebrochen hatte, als der Versuch einer Flugrolle missglückte. Zwei Betten weiter Ian, ein sehr lauter Australier, der mit dem Motorrad verunglückt war. Sie alle waren querschnittsgelähmt ohne Aussicht auf Heilung, ich hatte mir einen Funken Hoffnung erhalten.

Nach den ersten Röntgenuntersuchungen kam der behandelnde Arzt PD Hancock zu mir und machte mir Mut, ich hätte großes Glück gehabt, meine Fraktur läge einen Zentimeter unterhalb des Hauptkanals des Rückenmarks, daher seien nur Seitenkanäle betroffen, deren Nerven für Teile der Beine zuständig waren und eventuell wieder zusammenwachsen würden. Vom ersten Tag an erreichte mich eine Welle von aufmunternden Besuchen, Lehrer und Schüler meiner Schule, meine Herbergsmutter mit Freundin, John Glover von Island Records, den Eigentümern des Unfallwagens, Freunde aus dem George und Laura, die allein oder mit Tessa jeden zweiten Tag die vierzig Kilometer von Wallingford nach Stoke und zurück fuhr, obwohl sie kurz vor dem Highschool-Abschluss stand, ich konnte ihr gar nicht dankbar genug sein. Ende Februar erreichte mich die Nachricht, dass ich Onkel geworden war und der Pate vom kleinen David werden sollte. Selbst meine Mutter und ihr Bruder kamen über den Kanal, einige Wochen später mit dem Flugzeug auch mein Vater und die Kirschke-Brüder, meine Bandkollegen bei Moody Section.

Zwölf Wochen hieß es Warten und Liegen, ich konnte fernsehen, Radio hören, mich ablenken. Meist bewahrte ich meinen grundsätzlichen Optimismus, war froh, am Leben zu sein, aber manchmal, besonders nachts, krochen Angst, Niedergeschlagenheit, Unsicherheit und Frust in mir hoch, ich fühlte mich getroffen und verzweifelt.

Es war die Musik, die mir half, wieder Hoffnung, Zutrauen und eine Perspektive zu finden, der Song, der all das ausdrückte, war gerade, ich glaubte fast an eine Vorsehung von oben, Nummer 1 der Charts: «Bridge over Troubled Water» von Simon und Garfunkel. Tiefer und genauer konnte ein Lied nicht meine Lage und die vieler anderer treffen als das Bild des Trostes und der Zuversicht, das Paul Simon hier zeichnete. Wenn das Lied lief, und es lief oft, kamen mir regelmäßig die Tränen. Der «Border Song», ein Soul-Gospel des noch unbekannten, mir aber aus dem Speakeasy schon vertrauten Elton John, war Balsam für die Seele, gab Hoffnung. John Lennons Solo-Hit «Instant Karma!», «Let It Be», Pauls gefühlvoller Vorbote der allerletzten Beatles-Veröffentlichung, Nilssons «Everybody's Talkin'» und die erhebende Version von Joni Mitchells positiver Hymne «Woodstock» der jetzt zum Quartett angewachsenen Crosby, Still, Nash & Young waren für mich ebenfalls Stimmungsaufheller. Schon im Vorjahr hatte ich das Debüt von CSN, dem neuen Trio aus drei meiner Lieblingsmusiker, geliebt, genau wie das zweite noch schönere Album von

The Band mit dem sentimentalen Hauch vergangener Zeiten in «The Night They Drove Old Dixie Down» und «King Harvest (Has Surely Come)».

In der elften Woche dann die Erlösung, plötzlich bewegte sich eine Kniescheibe minimal, als ich versuchte, die Muskeln anzuspannen, ein Zeichen der Hoffnung. Auch andere Beinmuskeln begannen wieder zu funktionieren, die motorischen Nerven versahen wieder ihren Dienst. Ihre sensitiven Geschwister aber blieben in vielen Bereichen meiner Beine taub, bis heute. Nach zwölf Wochen, am 21. April, durfte ich mich zum ersten Mal aufsetzen, drei Tage danach aus dem Bett in den Rollstuhl, eine Woche später der erste Versuch, an Holmen auf den Beinen zu stehen und einen Schritt zu machen. Ich musste vollkommen neu wieder lernen zu gehen, erst an Gehhilfen, später an Stöcken, mit einem Korsett als Sicherheit. Dazwischen ein Wochenendausflug nach Wallingford, selbst die Treppen zu meinem Zimmer konnte ich schon wieder hochklettern, und endlich wieder ein Abend im George mit den versammelten Freundinnen und Freunden.

Das Wochenende danach war ein langes mit Bank Holiday am Montag, ich hatte wieder «Freigang». Laura holte mich mit dem großen BMW ihrer Mutter ab, damit ich bequemer sitzen konnte, wir fuhren zum Spring Festival gen Westen in die schöne Stadt Bath. Die erste Livemusik seit Januar, und gleich ein historischer Moment, Peter Green, genialer Gitarrist, Sänger und Gründer von Fleetwood Mac, trat zum letzten Mal mit seiner Band auf, in den Kulissen wartete schon seine Nachfolgerin am Mikrofon, die Sängerin und Pianistin Christine McVie, die zuvor mit ihrer Band Chicken Shack auf der Bühne gestanden hatte. Es war ein entspannter Tag auf dem Weg zurück in die Normalität.

In Stoke gab es ebenfalls Abwechslung und Freizeit für

Patienten, die auf ein zukünftiges Leben im Rollstuhl vorbereitet wurden, da waren «social evenings» mit Drinks und Tanzmusik, Partys in Station 2x mit Fritz Schönberg, dem deutschen Assistenzarzt, und Karin, der deutschen Physio, oder Pub-Besuche, meine beiden Peters in Rollstühlen, der dritte Peter mit Gehhilfen. Nach mehreren Abschiedsfeiern wurde ich Ende Mai entlassen, nach vier Monaten. Einige Tage später stand ich wieder in der Schule, zu den Stunden wurde ich von Bekannten gefahren, zu Fuß war der Weg noch zu weit. Viel Unterricht musste ich aber nicht mehr geben.

Ich hatte viel versäumt und wusste die freie Zeit zu nutzen. Laura und ich trafen uns häufig, ihre Eltern luden mich in ihr Restaurant «Home sweet Home» in einem alten Landhaus aus dem 16. Jahrhundert ein, wahrscheinlich wollten sie endlich den Typen kennenlernen, den ihre Tochter monatelang alle zwei Tage besucht hatte. Ich war ziemlich nervös, Laura hatte mir vorher gezeigt, wie man bei einem feinen Dinner Messer und Gabel hält, nie schaufeln und immer die Gabelspitzen nach unten. Alles ging gut, es gelang mir, die Beilagen mit der korrekten Gabelseite in den Mund zu bugsieren, ich durfte sogar danach im Living Room auf dem großen TV-Gerät das extrem spannende Halbfinale der WM in Mexico zwischen Italien und Deutschland sehen, Familie Trapani siegte 4:3 nach Verlängerung. Wir fuhren nach Oxford und London, trafen uns im Speakeasy mit Chris und Freundin Jeanette sowie Mike, dem Sänger von Spooky Tooth, die ich in der Unfallnacht hatte treffen wollen. Ausgerechnet auf diesem exklusiven Spielplatz des Rock-Establishments trat an diesem Abend die linkspolitischste, aufrührerischste und härteste Rockband Amerikas auf, die legendären MC5 aus Detroit. Beide Seiten, Band und Publikum, schienen reichlich verwirrt und erstaunt, als die Kellerwände wackelten.

Vielleicht lag es an der langen Zwangspause, in der mir viele Erlebnisse und Erfahrungen durch den Kopf gegangen waren, ich verspürte ein dringendes Bedürfnis, diese zu teilen, zu Hause in Deutschland, ein Auftritt im NDR reichte mir nicht. Also nutzte ich den Juni und schrieb einen Artikel mit London-Reisetipps für junge Musikabenteurer, ich packte alles hinein, Albert Hall, Lyceum, Marquee, Roundhouse, Underground-Theater, Selbsthilfegruppen, Free Concerts und sogar das Speakeasy. Das schickte ich an die Feuilleton-Redaktion der ZEIT, die prompt antwortete, mein Artikel würde am 3. Juli in der ZEIT erscheinen, unter der Überschrift «Wohin in London? Ein Guide durch die Pop-Szenerie einer Stadt im Post Pot Age», mein Debüt.

Zwei musikalische Großereignisse, die auch in dem Artikel auftauchten, lagen noch auf dem Weg, Ende Juni pilgerten zweihundertfünfzigtausend Menschen in ein ursprünglich grünes Tal in Somerset zum Dorf Shepton Mallet nahe Bath. Das dreitägige «Festival of Blues and Progressive Music» lockte auch uns an, allerdings standen wir auf den schmalen Landstraßen stundenlang im Stau. Angekündigt waren große Acts, Steppenwolf, Johnny Winter, Pink Floyd, Santana, Mothers of Invention oder Led Zeppelin. Wegen chaotischer Zustände auf den Straßen und sonstiger Organisationsprobleme standen viele Bands erst Stunden nach der angesagten Zeit auf der Bühne, Led Zeppelin um ein Uhr nachts, Pink Floyd um drei, die Mothers morgens um fünf. Gut, dass ich die meisten der Gruppen schon früher gesehen hatte, hier kamen wir nicht näher als 300 Meter an die Bühne heran, und der Sound war bei solch riesigen Festivals dünn und vom Winde verweht. Wir schliefen mehr schlecht als gut im Auto, und ich war froh, als wir vor Ende abreisten, meine immer noch schwachen Beine waren für Massen-Events nicht fit genug. Doch drei Wochen später gab es noch eine Chance, «Atom Heart Mother», das neue pompöse Werk von Pink Floyd, live zu erleben, lange bevor es im Oktober als Platte mit einer dicken Kuh auf dem Cover erscheinen sollte. Floyds Management Blackhill Enterprises veranstaltete an einem sonnigen Samstag im Juli ein Free Concert im Hyde Park, Roy Harpers mal melancholische und elegische, mal dramatische Lieder erfüllten die große Parkwiese, und zusammen mit einem großen Blasorchester zelebrierten Pink Floyd die Premiere ihres neuen dreißigminütigen Epos als rundes voluminöses Klangerlebnis.

Das Jahr in Wallingford hatte mir unglaublich viel Schönes, Überraschendes, Schmerzhaftes, Bewegendes gebracht, ich hatte wunderbare Menschen getroffen, unendlich viel gelernt und dabei ein ganzes Königreich großartiger Musik genossen. Ich sagte Bye zu Brenda und Ron in Aston Close, zur Grammar School, zu meinen Freundinnen und Freunden im George und dankte Lauras Eltern, dass sie ihrer Tochter erlaubten, einen langhaarigen deutschen Studenten zurück nach Hause zu fahren, mit einem kleinen Umweg. Und so brausten wir am 18. August los in ihrem gelben getunten FIAT 500, über Dover und Calais nach Paris, in die Alpen, über Turin und Genua an die Riviera, danach über Mailand, den Comer und Luganer See in die Schweiz, zum Bodensee, über Freiburg, Frankfurt und das Sauerland nach Quakenbrück. In Hamburg besuchten wir meinen Bruder, seine Frau Sigrid und meinen sechs Monate alten Patensohn David, die Reeperbahn am Abend mochte Laura nicht so sehr. Dann zurück nach Quakenbrück und weiter nach Hoek van Holland, wo sie die Fähre nach Hause nahm. Ich stand am Kai, winkte und wusste, ich würde viel vermissen, nur nicht die Baked Beans.

7
VON DER GASOLINE ALLEY ZUR ROTHENBAUMCHAUSSEE

HAMBURG, SCHANZENVIERTEL, 16. APRIL 1971. EIN UNBE-
bautes Ruinengrundstück in der Vereinsstraße. Der schlanke, stachelhaarige Sänger steht zwischen den vom Krieg verschonten fünfgeschossigen Wohnhäusern aus der Gründerzeit, sein rosafarbener Anzug, das rote Hemd und die roten Stiefel, ein bunter Farbklecks inmitten grauer Steine und kahler Hauswände. Rod Stewart beginnt zu singen, alleine, ohne Band, nur mit seiner raspelnden Stimme.

«Going home, running home
Down to Gasoline Alley where I started from
Going home, and I'm running home
Down to Gasoline Alley where I was born»

Das Lied über die Sehnsucht nach der Heimat, nach dem vertrauten Hinterhof der Kindheit, ist der Titelsong von Stewarts zweitem Soloalbum, die von seiner schottischen Herkunft inspirierte Melodie des Refrains hallt über das große offene Trümmerfeld, kehrt von den Wänden der umliegenden Häuser zurück wie ein Echo in den Scottish Highlands. Fenster öffnen sich, neugierige ältere Frauen lehnen sich raus, wundern sich über den lauten Gesang. Ich stehe nur zehn Meter entfernt, mir läuft ein Schauer über den Rücken. Seit seinen spektakulären Auftritten mit der Jeff Beck Group bin ich von diesem Sänger mit dem kratzigen Timbre begeistert, seine beiden Soloalben haben darüber hinaus seine sensible Seite gezeigt und mit ihrer exquisiten Songauswahl bestochen. Jetzt erlebe ich eine der außergewöhnlichsten Stimmen der Rockszene in einer Privatvorstellung, open air, mitten in der Stadt. Am Ende des Vortrags verbeugt sich ein gut gelaunter Rod vor seinem unverhofften Publikum, irgendwo ein Klatschen. Er ruft «That's it, alright?»

Wir sind zufrieden, wir, das sind Horst Königstein, Kameramann Jens Heik, sein Assistent Laszlo Farkas, der Tonmann und ich. Horst hat sich diesen A-cappella-Auftritt auf dem Trümmergrundstück einfallen lassen, ich begleite ihn als Mitarbeiter, wir drehen für eine elfteilige Fernsehserie über «Jugendkultur» im NDR-Bildungsprogramm. Gestern hat Rods Band The Faces ein so rauschendes wie berauschtes Konzert im Großen Saal der Hamburger Musikhalle gegeben, wir drehen mit, nachdem wir die Musiker aus dem Hotel Reichshof am Hauptbahnhof abgeholt und den Sänger in der Garderobe interviewt haben. Grinsend hält er mit Gitarrist Ronnie Wood eine Packung AN 1 in unsere Kamera, ein sehr beliebtes Aufputschmittel zur «Leistungssteigerung», das wie das verwandte Captagon rezeptfrei in der Apotheke erhältlich ist, obwohl es abhängig macht. The Faces, die diese Mittel auch unter den Namen «Uppers» und «Speed» kennen, sind aber eher dafür berühmt, ihre blendende Laune auf der Bühne mit einer großen Dosis Alkohol zu unterstützen, und dementsprechend feuchtfröhlich ist auch das Konzert, manchmal laut, wild und unkontrolliert, aber auch ehrlich, emotional, geradeaus und uneitel. Die Dreharbeiten mit den Faces und Rod sind erst der Anfang, Aufnahmen in ganz Deutschland, der Schweiz und Holland sollen folgen, bei denen ich seltener dabei sein werde, das Sommersemester hat angefangen. Ich bin aber sehr auf die zweiwöchige Drehreise nach England im Juni gespannt, die wir gerade vorbereiten, dafür werde ich gerne einige Seminare schwänzen.

Ich war erst zehn Tage zurück in Deutschland, genoss die Ruhe und die Dill-Soße aus Mutters Küche, als völlig überraschend am 18. September die Meldung aus London einschlug: Jimi Hendrix ist tot. Ich war erschüttert, aufgewühlt, dachte an seinen ersten Auftritt mit Cream zurück, was für ein unfassbarer Verlust. Ich hatte Hendrix noch ein drittes Mal live erlebt, bei einem seiner letzten Konzerte mit der Experience im Januar 1969 in der Hamburger Musikhalle, mittlerweile war er der bestbezahlte Act im Rockgeschäft. Er spielte grandios und konzentriert, verzichtete auf unnötige Mätzchen. Ich war gespannt, welchen Weg er in Zukunft gehen würde, vielleicht hin zu ruhigen, atmosphärischen, intimen Klängen, vielleicht mehr in Richtung Soul und Funk, vielleicht zu einer neuen spannenden Fusion von Rock, R&B und Jazz, wie seine enge Freundschaft zu Jazzgrößen wie Miles Davis und Gil Evans vermuten ließ? Sein zufälliger, sinnloser und viel zu früher Tod durch Ersticken nach der fatalen Kombination von Alkohol, Aufputschdrogen und Beruhigungsmitteln vereitelte tragisch die Antwort auf diese Fragen. Nur sechzehn Tage später der nächste Schock, am 4. Oktober starb Janis Joplin in Los Angeles an einer Überdosis Heroin. Joplin hatte gerade mit großer Zuversicht ihr Solowerk «Pearl» aufgenommen. Als es posthum erschien, demonstrierte das Album einmal mehr, welch einzigartige, ausdrucksstarke und intensive Soulsängerin sie gewesen war, keine andere weiße Frau konnte an sie heranreichen. Auch Joplins Tod offenbarte auf brutale Weise die Kehrseite im angeblich glamourösen Lebensstil des Rock'n'Rolls. Hendrix und Joplin waren siebenundzwanzig Jahre alt, als sie starben; aus ihren und den tragischen Todesfällen anderer Musikerinnen und Musiker wie Brian Jones, Jim Morrison oder Amy Winehouse, die ebenfalls zufällig im Alter von siebenundzwanzig starben, wurde in jüngerer Zeit ein dunkler Mythos gebastelt, der «27 Club», ein zynischer, herzloser Vorgang, als sei nicht jedes dieser traurigen Schicksale individuell gewesen oder wäre gar einer düsteren Vorsehung gefolgt. Einen Gruppenfluch aus einem zufällig identischen Todesalter zu konstruieren, machte aus der Tragik der Ereignisse einen peinlichen, würdelosen Marketing-Trick für den Verkauf von T-Shirts, Hoodies, Kaffeebechern, Videos oder Playlists. Vierzig Jahre später musste ich mir eine Art Musikrevue über den «27 Club» ansehen, ein ziemlich billiges Vehikel, zu dünnen Storys über Leben und Sterben der «Clubmitglieder», deren zeitlose Hits nachsingen zu lassen, um damit Kasse zu machen. Mir blieb die Freude an «Hey Joe» oder «Riders on the Storm» im Hals stecken.

Im Franziskus-Kolleg erhielt ich mein altes Zimmer im Erdgeschoss zurück, Treppensteigen fiel mir nach meinem Unfall immer noch schwer. Es hatte sich nicht viel geändert, Dieter übte am Saxofon, Udo trug seinen feinen Zwirn, nur einige neue freundliche Gesichter und potenzielle Skatpartner belebten Flur und Fernsehraum, Günter aus Lingen, Kalle aus Bremen, Gerry und Jim aus Indiana oder Hans Diego aus Cuenca in Ecuador. Noch etwas war neu: Die Bundesrepublik hatte zum ersten Mal einen sozialdemokratischen Kanzler, auch ich hatte im vergangenen September per Briefwahl für einen Wechsel gestimmt, unterstützte Willy Brandts mutige Ostpolitik.

Die Vorlesungen des Wintersemesters hatten gerade begonnen, als Bruder Elpidius mich zum Telefon holte, ein Herr Wellershaus wäre dran. Das Haustelefon befand sich unpraktischerweise im Flur des ersten Stocks. Während ich langsam die Treppen hinaufkletterte, machte ich mir Gedanken über den Grund des Anrufs. Seit Ende 1969 gab es nun endlich im NDR eine tägliche Sendung von 17 bis 18 Uhr mit aktueller Musik und «jungen» Themen, den Fünf-Uhr-Club, betreut von der Redaktion Jugendfunk. Ich hatte erst wenige Sendungen gehört, fand die Moderatoren manchmal etwas betulich und uninformiert. Die Musikauswahl variierte je nach Moderator, der seine Lieblingsplatten auflegte. Das konnte Langeweile verbreiten, aber auch spannend werden, wenn ein Kenner wie Henning Venske in Aktion war und dazu auch noch mit spitzer Zunge ironisch kommentierte. Die Musik für junge Leute am frühen Nachmittag lief dagegen noch immer vom Band. Außer Atem griff ich zum Hörer, ich hatte Klaus aus England geschrieben und von meinem Unfall berichtet, er hatte zurückgeschrieben und mir erzählt, dass seine Frau Helga und er eine zweite kleine Tochter bekommen hätten, Isabel. Nun wollte er sich erkundigen, wie es mir ginge und mit mir eine Idee besprechen. Beim Fernsehen würde eine Serie über Jugendkultur und Popmusik geplant, ob ich mich nicht beteiligen wolle, in welcher Form, werde man sehen. Fernsehen, ich war überrascht, aber klar wollte ich dabei sein. Eine Woche später nahm mich Klaus mit zum NDR Fernsehen nach Lokstedt, einem Wohnviertel voller Einzel- und Reihenhäuser zwischen zahlreichen Kleingartenvereinen. Das NDR-Gelände lag direkt neben Hagenbecks Tierpark, aus vielen Flachbauten ragte ein neues Hochhaus hervor. Horst Königstein, der zuständige Redakteur, hatte sein Büro im sechsten Stock; wir trafen einen schlanken, jugendlich wirkenden Mann, stark gebogene Nase, blitzende Augen, intensiver, aber freundlicher Blick: Horst war erst 25 Jahre alt, unglaublich jung für den Posten. Während und nach seinem Soziologiestudium hatte er für Radio Bremen als Autor gearbeitet, war 1970 vom NDR als Redakteur für das Bildungsprogramm abgeworben worden. Engagiert und sehr eloquent breitete er die Eckpunkte seines Konzepts aus, populäre Kultur und deren Geschichte, Symbolik, Vermarktung, jugendliche Subkultur, die Rolle von Rockmusik im Leben von Jugendlichen, die aktiver Teil der Serie sein sollten, die im besten Falle Erkenntnisse über sich selbst, ihre Wünsche und ihre soziale Abhängigkeit gewinnen sollten. Ein Mammutprojekt, aus dem mindesten elf 45-Minuten-Filme entstehen würden. Er fragte nach meinen England-Erfahrungen, fand meinen Artikel in der *ZEIT* über Musikszene und Counter Culture in London sehr interessant. Ich war erstaunt, dass er den gelesen hatte, erzählte mehr von mir, betonte, dass ich keine Erfahrung im Filmemachen besaß. «Das lernst du», lachte er nur. Schließlich stellten wir fest, dass wir beide die bissigen Songs von Ray Davies und die Musik von Procol Harum liebten und deren poetische Texte aus der Feder von Keith Reid. Beim Rausgehen stellte er uns noch seiner Abteilungschefin Ursula Klamroth vor, eine Dame mit strenger Aura, die gerade dabei war, eine amerikanische Kinderserie für den NDR und das deutsche Fernsehen einzukaufen, «Sesame Street».

«Wir sehen uns im Januar», rief Horst Königstein Klaus und mir nach. Ich war schwer beeindruckt von Horsts umfassendem Wissen, obwohl ich manche seiner Fachausdrücke und Formulierungen kaum verstanden hatte und ein wenig verunsichert war.

Im Januar lud Horst alle Autoren der geplanten Serie zu einem Workshop nach Hamburg ein, Treffpunkt war ein nüchterner Konferenzraum in Lokstedt, der wahrscheinlich selten eine derart legere Versammlung gesehen hatte. Auf dem Tisch die üblichen Mineralwässer und Säfte, Kaffeekannen, Kondensmilch und Kekse. Ich schaute mich um und entdeckte gleich zwei prominente 68er, Tom Schroeder, einer der Organisatoren der Essener Songtage, bärtig mit cooler Sonnenbrille, und Manfred Miller, ebenfalls in Gesprächsrunden bei den Songtagen aktiv, im Hauptjob Journalist bei Radio Bremen, seine anspruchsvollen Sendungen über Blues, Soul und Jazz hörte ich, sooft ich konnte. Aus Frankfurt angereist war zudem der frühere Liedermacher und jetzige Rundfunkjournalist Christopher Sommerkorn, Teil des in den 60ern relativ erfolgreichen Folk-Duos Christopher & Michael, dem von Kritikern Weichheit und Sentimentalität vorgeworfen wurde, dabei konnten das doch auch sehr schöne Eigenschaften sein, dachte ich. Dann war da noch ein Filmkritiker, dessen Thema die rebellischen Filme mit James Dean und Marlon Brando sein sollten, der Autor Jürgen Seuss, der einen fabelhaften Band über *Beat in Liverpool* verfasst hatte, und ein Wuschelkopf in meinem Alter, Günter Scheding, Initiator einer Musikerinitiative in Herford und Erfinder der «Umsonst und Draußen»-Festivals. «Sympathy For The Devil» nach der bekannten Rolling Stones-Nummer sollte die Serie nun heißen, sehr laut, sehr symbolisch, vieldeutig und mir persönlich viel zu offen für Missverständnisse, denn wer war da nun «der Böse»?

Horst eröffnete mit einem langen Vortrag die Veranstaltung, beschrieb das Projekt, seine Hintergründe, Absichten, Ziele, «Anleitungen zum Umgang mit der angepassten Auflehnung» sei der Leitsatz aller Filme. Ziemlich verkopft, dachte ich bei mir, würden das Jugendliche, die angesprochen werden sollten, überhaupt verstehen? Dann ging die kontroverse Grundsatzdiskussion los, um Begriffe, Definitionen von Subkultur, Gegenkultur, Musik als gemeinsamer Ausdruck und als Ware, individuelles und kollektives Verhalten, Rollenkonflikte, Kommunikation, die verändernde Kraft der Musik, Symbolkultur und gesellschaftliche Zusammenhänge, echte und manipulierte Bedürfnisse, Freiheit, Protest, innere Fluchten, Entfremdung und Aufbruch zur Selbstbestimmung.

Ich fühlte mich zurückversetzt in die quälenden Essener Diskussionsrituale oder in ein soziologisches Hauptseminar, Fachausdrücke und Fremdworte flogen mir um die Ohren, mit den Termini und Theorien von Benjamin, Adorno, Marcuse oder Habermas war ich offenbar nicht so vertraut wie einige der dominant und überzeugt dozierenden neuen Kollegen. Abends in der Wohnung von Horst Königstein in der Eppendorfer Löwenstraße fanden die verbalen Duelle ihre Fortsetzung und wurden noch hitziger nach einigen Flaschen Rotwein als Brennstoff. Nur Horst nickte um halb zehn auf dem Sofa ein, als Frühaufsteher war sein Tank abends regelmäßig leer; ging man mit ihm ins Kino, bekam er von der zweiten Hälfte des Films selten etwas mit. Einigermaßen verwirrt und ausgelaugt verabschiedete ich mich, ich war nicht sicher, ob ich nicht doch erst ein Diplom in Sozialwissenschaften, Politologie, Musiktheorie und dazu noch Hermeneutik erwerben sollte, um hier mitreden zu können, hoffentlich würden die späteren Filme nicht in solch elitäre Sphären abdriften. Ich zockelte zur Hoheluftchaussee, nahm die Straßenbahn zum Grindel und entspannte mit einigen Tracks vom wunderschönen Debütalbum von Derek and the Dominos, Eric Claptons neuer Band.

Am nächsten Tag wurden die Gespräche sachlicher, die Arbeit praxisbezogen. Die Themenbereiche mussten auf elf Filme aufgeteilt werden, Treatments sollten geschrieben werden, Vorschläge zur Visualisierung und Drehpläne waren die nächsten Schritte. Ich sollte zahlreiche Interviews zu verschiedenen Themen während der Dreharbeiten in England führen, aber auch als Co-Autor zusammen mit Horst Königstein und Klaus Wellershaus bei einer Folge aktiv werden, Thema: jugendliche Subkultur als Ware der Freizeitindustrie. Ich war ziemlich aufgeregt, als ich bald darauf den Brief vom NDR mit der ersten Honoraranweisung öffnete, und auch ein wenig stolz.

Vor den Filmaufnahmen in England schickten wir ein sechsseitiges Paper über Inhalt und Konzept der TV-Serie an die potenziellen Interviewpartner, Musiker, Journalisten, Manager, Agenten, Vertreter der Counter Culture. Horst formulierte, ich half beim Übersetzen, dabei war ich mir sicher, dass kaum einer der Adressaten diesen schwierigen Erklärtext zu Ende lesen würde. Unser Plan sah sechzehn Drehtage vor und einen freien Tag, das Hotel in Hampstead lag fern vom Westend oder einem alternativen Viertel wie Notting Hill, doch diese hübsche Ecke der Stadt war mir noch neu, vor allem der Blick auf die City von der großen Parkwiese der Hampstead Heath war sensationell. Die Technik-Kollegen hatten ihren NDR-Wagen auf die Insel gesteuert, der bei den weiten Entfernungen sehr hilfreich war. Jeder Tag war angefüllt mit Vorgesprächen, Interviews, Musikaufnahmen und anderen Terminen, die mir manchmal wie ein Déjà-vu vorkamen. Treffen in der Nähe des noch sehr ursprünglichen Ladbroke Grove in Notting Hill mit Peter Jenner von Blackhill, dem ersten Pink-Floyd-Management und den Organisatoren der Free Konzerte im Hyde Park, Aufnahmen mit unserer Lieblingsband Procol Harum oder mit Roy Harper, Joe Cocker und Al Kooper, dem amerikanischen Musiker, der mit seinem prägnanten Orgelspiel Dylans «Like a Rolling Stone» veredelt hatte. Oder der Besuch beim Londoner Bluesvater Alexis Korner, einem warmherzigen, liebenswerten Mann in seiner Wohnung in Queensway, Ecke Bayswater Road. Korner hatte wundervolle Storys aus jenen Zeiten zu erzählen, als er Mick Jagger, Brian Jones und einem pickeligen Keith Richards den ersten Auftritt ermöglichte. Alexis sprach in einer weichen vollen Baritonstimme, für die er auch als BBC-Moderator und Werbesprecher sehr gefragt war. Dem Blues sehr nah kamen wir in den Polydor-Studios nahe Selfridges, als wir mit der grandiosen schottischen Sängerin Maggie Bell von Stone The Crows ein Interview mit Blues-Session aufnahmen, ich setzte mich an den Flügel, spielte einen improvisierten Blues, Maggie sang und Manfred Miller blies dazu eine ordentliche Mundharmonika. «Blues erzählt von deiner Herkunft, egal ob du schwarz oder weiß bist», sagte Maggie, sie kam aus den Arbeitervierteln von Glasgow.

Für den Dreh mit der Folkgruppe Third Ear Band kehrte ich zur Abbey Road zurück, aber diesmal durfte ich auch hinein. Third Ear, einer von John Peels Favoriten, arbeiteten dort an ihrem neuen Album. Ich saugte die Aura der heiligen Hallen auf, die aber ganz unspektakulär ausschauten, ließ meine Fantasie über historische Songs wandern und machte mich auf die Suche nach einem Kaffee in der legendären etwas schäbigen Studio-Kantine, deren Wände unzählige Geschichten erzählen konnten, gegen die das NDR-Kasino aber ein Gourmettempel war. Offenbar hatte ich wieder das richtige Timing, denn auf dem kahlen Gang von der Kantine zu Studio 2 begegneten mir Paul McCartney mit Frau Linda, die wohl gerade das erste Wings-Album vorbereiteten. Beide trugen Jeans, Paul dazu ein weißes Hemd, Linda ein weites ausgeschnittenes Oberteil, sie grüßten extrem freundlich, Linda fragte, ob ich zu den Musikern gehörte, die im Studio aufnahmen, ich erzählte von unseren Dreharbeiten für eine TV-Serie in Deutschland, sie wünschten «Good Luck» und gingen weiter. Ich dachte bei mir, was für ein nettes harmonisches Paar.

Am Sonntag drehten wir im Roundhouse in Camden. In

der Halle fühlte ich mich in den Hippie-Sommer 1967 zurückversetzt, lange Gewänder, glimmende Räucherstäbchen, dazu die Verkaufsstände der alternativen Szene mit Bootleg-LPs, Ledertaschen, T-Shirts, Ketten und Kleidern. Plötzlich wurde das schummrige Licht grell, auf der Bühne stand ein Typ, den ich eher im Pub nebenan, oder an der Straßenecke im Fish-and-Chips-Shop erwartet hätte. Er war dick, hatte kurze Haare, hieß Terry Stamp und war der Sänger und Texter von «Third World War», einer Band aus den Westlondoner Arbeiterbezirken Acton und Sheperds Bush. Ihre Musik war laut, simpel, ungekünstelt und derb. Stamp stampfte und hackte brutal auf seiner Gitarre herum wie eine nagelnde Maschine, seine Stimme röhrte, «Let's free the working class, we're tired of licking the Government's arse» und «Power to us all, when the old man dies on Ascension Day, when we rise». Ich war mir nicht sicher, ob das ähnlich ironisch gemeint war wie sechs Jahre früher Pete Townshends «My Generation», aber vielleicht glaubte Stamp wirklich, was er sang. Wir hatten seine Band über ihren Manager Jon Fenton kennengelernt, einen erfahrenen, gewieften Agenten, dem ich den Weltverbesserer nicht abkaufte. Fenton hatte die aufrührerische Anti-Establishment-Pose von Third World War nach dem Vorbild der US-Band MC5 als Marktlücke in der lethargischen, selbstverliebten, von Drogen und Illusionen gelähmten Szene gesehen, das konsternierte Publikum im Roundhouse dabei jedoch voll verfehlt. Rückblickend kam das Projekt Third World War zu fruh, fünf Jahre später wäre die Band vermutlich einer der wichtigsten Acts der Punkszene geworden. In einer Epoche aufstrebender Superstars, spektakulärer Artrock-Bands und sensibler, introvertierter Singer-Songwriter aber versandeten Fentons Punk-Propheten in der Wüste des kollektiven Desinteresses.

Alle zwei bis drei Tage suchte ich aus alter Tradition die Kontaktbörse des Speakeasy-Clubs auf, manchmal in Begleitung von den leicht fremdelnden Horst und Manfred. Ich traf mich dort mit meinem Bekannten Chris Wood von Traffic, die jetzt als Trio wieder zusammen waren. Chris hatte mittlerweile seine Freundin Jeanette geheiratet und lebte in Notting Hill. Jeanette war Sängerin beim New-Orleans-Pianisten, Sänger und Voodoo-Priester Dr. John, Chris hatte sie kennengelernt, als er im Sommer 1969 während der Traffic-Pause in Dr. Johns Tourband gastierte; es hieß, sie wäre mit der harten Drogenszene ihrer Heimatstadt New York sehr vertraut gewesen, manche unkten, sie hätte keinen guten Einfluss auf Chris. Ich redete mit ihm über unsere TV-Serie, er meinte, er könne uns dafür etwas sehr Interessantes vorführen, bei sich zu Hause, ich war gespannt.

Am nächsten Abend fuhren Manfred Miller und ich nach Notting Hill, Pembridge Gardens war eine hübsche Straße mit gepflegten, vierstöckigen weißen Häusern aus der frühviktorianischen Zeit. Wir betraten den säulengesäumten Eingang von Nr. 18, und ich drückte den obersten Klingelknopf rechts ohne Namen, wie Chris mich instruiert hatte. Nach längerer Pause antwortete eine gequält klingende Frauenstimme aus der Sprechanlage, Geduld, sie würde Chris holen. Wieder Pause, dann war Chris dran, fragte, ob ich es sei, und drückte den Summer. Wir kämpften uns die teppichbelegten Treppen hoch bis zum Dachgeschoss über dem vierten Stock, ich klopfte an die Tür. Nach einiger Zeit öffnete sich ein Spalt, Chris blinzelte heraus, sagte: Moment, und schob einen schweren Sandsack hinter der Tür zur Seite, bis die Lücke breit genug zum Durchgehen war, offenbar ein Schutz gegen Überraschungsbesuche der Polizei. Vom langen Flur aus konnte ich mehrere Zimmer erkennen, in denen Leute am Boden saßen und sich unübersehbar Drogen spritzten. Chris, der einen gestressten

Eindruck machte, beeilte sich, uns zügig in einen Raum zu bugsieren, und schloss hinter sich die Tür. Wir redeten kurz, dann schaltete Chris ein aufrecht stehendes Bandgerät an, suchte im Regal darüber ein Tape und legte es ein. Zu hören waren Studiogeräusche, Stimmen, dann ein langsamer Groove, Piano, Saxofon und kurz angeschlagene rhythmische Gitarrenphrasen, das Ganze klang wie eine Variation von «Voodoo Chile» aus dem Electric-Ladyland-Album. Mir war klar, wen wir hörten, Chris selbst mit Steve Winwood am Klavier und Jimi Hendrix, danach ein weiterer Jam mit Flöte und Orgel. Chris, der mit Jimi befreundet gewesen war und schon 1968 auf Livesessions und im Studio mit ihm gespielt hatte, berichtete, dass diese Aufnahmen vom Juni 1970 aus Hendrix' neuem Studio in New York stammten, eine der letzten vor seinem Tod. Chris hatte das Band aufgehoben wie einen Schatz. Mir war unklar, wie das Tape uns für die Fernsehserie weiterhelfen sollte, aber es war in jedem Fall eine nette Geste von ihm, uns in sein kleines Geheimnis einzuweihen. Eine sehr blasse Jeanette schaute zur Tür rein und rief Chris zu sich. Wir bedankten uns, der Sandsack vor der Tür wurde kurz weggeschoben, wir waren draußen und heilfroh, diese Drogenhöhle hinter uns zu lassen. Da trinken wir doch lieber einen Rotwein, knurrte Manfred trocken. Ich habe Chris noch zweimal getroffen, 1972 beim Soundcheck und hinter der Bühne der Hamburger Musikhalle, als Traffic mit der famosen Rhythmus-Crew aus Muscle Shoals auf Tour ncc waren, den Musikern, die mit ihrem geschmackssicheren Funk die besten Platten der Soul-Queen Aretha geprägt hatten. Beim letzten Treffen 1974 nach einem Traffic-Konzert im CCH war Chris gesundheitlich angeschlagen, es gab Berichte, dass er wegen seiner verschlimmerten Drogen- und Alkoholsucht mehrere Auftritte hatte platzen lassen. Er begrüßte mich mit glasigen Augen, erzählte, dass Albert, der Fahrer meines

Unfallwagens, kürzlich an den Spätfolgen seiner Verletzungen verstorben war. Nach Ende dieser Tournee löste Traffic sich auf, Chris' Zustand verschlechterte sich immer mehr, er starb im Juli 1983 im Alter von 39 Jahren.

Wir waren nicht nur auf diese Drehreise nach England gegangen, um Musikerinnen und Musiker zu sprechen und Auftritte zu filmen, sondern auch, um den aktuellen Stand der subkulturellen Bewegung drei Jahre nach den Anfängen einer Counter Culture zu skizzieren. Dazu besuchten wir Hilfsorganisationen wie «Release» und «Bit» und den «Metro Club», ein «community centre» der schwarzen Bevölkerung Notting Hills, denn der Bezirk war nicht nur die Heimat der weißen Boheme, sondern auch der Nachkommen von Einwanderern aus den Commonwealth-Ländern der Karibik und Afrikas, die seit einigen Jahren selbstbewusst an ihre Herkunft erinnerten und ihre kulturellen Wurzeln beim Notting Hill Carnival feierten. Horst Königstein hatte die Idee, führende Persönlichkeiten des Underground zu einer Diskussion einzuladen, Gastgeber war der frühere Radio-London- und jetzige BBC-Moderator Pete Drummond in seinem Wohnzimmer. Wir hatten Pete, einen äußerst freundlichen und hilfsbereiten Zeitgenossen bei Blackhill getroffen, er bot sofort seine Unterstützung bei unseren Recherchen an. Bei Radio London wie bei der BBC stand er trotz ähnlicher Musikvorlieben immer im Schatten von John Peel, der ebenfalls zu unserer Gesprächsrunde kam. Vielleicht war die Symbolfigur der neuen Musikkultur gestresst oder schlecht gelaunt, Peel wirkte mürrisch, verstand das Anliegen und die bohrenden Fragen dieser deutschen TV-Journalisten nicht so recht und antwortete ziemlich wortkarg. Weitere Teilnehmer waren Mick Farren, Musiker, Herausgeber der *International Times*, der wichtigsten Zeitung der Alternativ-Szene und Vorsitzender der linksradikalen «White Panther Party», dazu noch ein Autor des Underground-Magazins *Oz*, das gerade mit einem aufsehenerregenden Gerichtsverfahren wegen der angeblichen Darstellung obszöner Bilder konfrontiert war. Wegen dieses Prozesses sollten vier Tage später Tausende vor dem Gericht gegen Zensur und für Meinungsfreiheit demonstrieren. Die Teilnehmer an unserer Diskussion erkannten, das war der Tenor, resigniert die verfahrene Situation der alternativen Szene, die in Gefahr war, sich wegen Geschäftemacherei, Drogenproblemen und der Flucht in weltfremde Mystizismen selbst aufzulösen. Dennoch blieb man bei dem naiven Glauben, man könne allein durch die «Befreiung des Bewusstseins» und individuelle Kreativität die gesellschaftlichen Verhältnisse ändern, Hauptsache, es herrschten «good vibrations».

Um diese Schwingungen zu suchen, fuhren wir am Ende unserer Reise nach Glastonbury in die Grafschaft Somerset, eine Gegend reich an Legenden. König Arthur und seine Ritter sollen dort nach dem Heiligen Gral gesucht haben, und ebendort, so sagte die Sage, hätten die alten Druiden die Geheimnisse des Universums erfahren. Zur Sonnenwende 1971 pilgerten etwa achttausend Menschen zur nahe gelegenen Worthy Farm in Pilton, wo der engagierte alternative Milchbauer Mike Eavis die zweite «Glastonbury Fair» veranstaltete. Hauptanliegen von Eavis, der das «Glastonbury Festival», wie es heute heißt, bis in die Gegenwart organisierte, war laut Pressemitteilung ein «spirituelles Erwachen», die junge Generation werde «durch Freude, Singen, Musik die Erde mit Liebe erfüllen». Um Fruchtbarkeit und Sonnenkraft zu versinnbildlichen, war die Bühne in Gestalt einer ägyptischen Pyramide erbaut, der

Eintritt war frei, Nicholas Roeg drehte einen Dokumentarfilm, dessen Erlöse zum Kampf gegen Umweltverschmutzung verwendet werden sollten. Leider war das Wetter weniger sonnig, aber die Milch von der Farm gab es umsonst. Die Auftritte an den Tagen zuvor von Traffic oder David Bowie in plüschiger «Hunky Dory»-Garderobe hatten wir leider verpasst, dafür filmten wir die Edgar Broughton Band, eine der ersten Politrock-Gruppen, und die Avantgarde-Pioniere Henry Cow. Die Pyramid Stage ist noch immer die Hauptbühne des «Glastonbury Festivals», heute eines der wichtigsten kulturellen Ereignisse des UK mit zwei- bis dreihunderttausend Besuchern und der Weltelite des Pop als Headliner, den Rolling Stones, Bruce Springsteen, Beyoncé oder Paul McCartney.

Bevor die Masse an Filmrollen, die wir aus England mitgebracht hatten, verarbeitet wurden, brachte ich in Hamburg die restlichen Wochen des Semesters hinter mich und leistete mir Anfang August noch eine Zugabe, ich reiste auf eigene Faust nach London und Berkshire, um dort Freunde zu sehen und in London Kontakte zu vertiefen. Ich traf Peter Jenner von Blackhill und Pete Drummond wieder, der mir im Broadcasting House die BBC-Radio-1-Studios zeigte und mich bei seiner Show zuschauen ließ. Überraschenderweise legte nicht er selbst, sondern ein Techniker die Platten auf die Teller, das war auf dem Radio-London-Schiff anders gewesen. Mittlerweile waren die Herausgeber des *Oz* verurteilt worden, aus Protest gegen das Urteil wurde ein Marsch durch Mayfair und die Oxford Street organisiert. Ich lief mit, schaute mich um und erblickte die mitziehenden John Lennon und Yoko Ono fünf Meter entfernt. Noch sechs Wochen zuvor hatte ich in seinem Domicil Tittenhurst Park in Ascot angerufen, um John zu einem Interview für *Sympathy* zu bewegen, doch ein Assistent hatte mich abgewimmelt. Der politische Aktivist Lennon hatte schon früher mit «Give Peace a Chance» und «Power to the People» sein Engagement demonstriert und nun aus diesem speziellen Anlass unter dem Namen «Plastic Oz Band» eine Single mit zwei Songs zur Unterstützung der Zeitschrift veröffentlicht, «God Save Us» und «Do the Oz». Am Tag nach dem Marsch für Oz flogen Yoko und er nach New York, Lennon sollte seine Heimat nicht wiedersehen.

Zurück in Hamburg, musste ich zunächst mit den technischen Vorgängen des Filmschnitts vertraut werden, im abgedunkelten Schneideraum wurden am Schneidetisch die Filmrollen gesichtet, vor- und zurückgerollt, geordnet und später Szene für Szene, Bild für Bild aus- und aneinandergeschnitten, mühevolle, zeitaufwendige Handarbeit. Während die Filme in den Lokstedter Schneideräumen ihre Form fanden, fuhren wir für die Endproduktion der beiden Sendungen von Manfred Miller über die Sozialgeschichte des Blues in die TV-Studios von Radio Bremen zu Regisseur Mike Leckebusch. Der hatte sich im Beat-Club mit seinen oft spektakulären Fernsehinszenierungen mit fantasievoll genutzter Blue-Screen-Technik und anderen Videotricks international einen Namen gemacht. In «Magara oder: Das Glück Angst zu haben» beschrieb Miller die Wurzeln des Blues in Afrika, den Weg über Sklaverei, Ausbeutung und Rassendiskriminierung zu Spirituals, Work Songs, ländlichem und städtischem Blues zu Gospel, Soul, R&B und Rock. Alexis Korner moderierte singend an der Gitarre vor einer Blue Screen, auf der Bilder, Filme, Konzertausschnitte, Texte und Zitate liefen, eine derart spannende visuelle Präsentation eines dokumentarischen Themas hatte es im Fernsehen bis dahin nicht gegeben. Ich lernte wieder viel dazu, hielt den Kontakt zu Mike Leckebusch und kam so zu der unverhofften Gelegenheit, zusammen mit Manfred Miller und Horst Königstein in einer der letzten Beat-Club-Sendungen in einer neuen

Rolle aufzutreten. Mike hatte die Show reformiert, es wurde komplett live gespielt, der Ton in hervorragender Qualität aufgenommen, es gastierten keine Hitparadenbands, sondern angesagte Rock-Acts. In unserer Folge traten auf die deutschen Avantgarde-Rocker Guru Guru, der Soulstar Edwin Starr, die mir schon aus dem Speakeasy vertrauten US-Rebellen MC5 die Jeff Beck Group, das neue Projekt von Stephen Stills «Manassas» und die Steve Miller Band, zu der Zeit sicher eine der wichtigsten US-Bands. Der Beat-Club sollte sich stärker musikjournalistisch ausrichten, Inhalte untersuchen, Fragen stellen. Meine Aufgabe war es, einen Themenblock, der sich Workshop nannte, mit dem Interviewgast Steve Miller zu moderieren. Ich hatte nun schon eine Reihe von Interviews geführt, aber vor der Kamera im Bild sprechen? Da musste ich erst mal schlucken. Leider war am Tag des Interviews der gerade aus den USA angereiste Chef der Steve Miller Band etwas indisponiert, litt an Jetlag und hatte seine Müdigkeit mit einigen Getränken zu viel bekämpft. Dementsprechend zäh lief das Gespräch mit dem genervten Miller, der sich unangenehmen Fragen nach der Vermischung von sozialkritischen Botschaften und Kommerzialität ausgesetzt sah und pampig reagierte. Einige Tage danach entschuldigte sich Millers Plattenfirma und bat darum, das Interview nicht zu senden, was wiederum Mike Leckebusch auf die Palme brachte, der zwölfminütige Workshop wurde wie geplant gesendet. Da stand ich nun am Samstagnachmittag in der ARD im braun-schwarz gestreiften Pullover, schulterlangen Haaren und Vollbart und gab den ernst dreinblickenden Rock-Kritiker. Egal wie misslungen sein Interview war, der musikalische Part von Steve Millers Auftritt gelang erstklassig, mit dem «Jackson-Kent Blues» über die brutale Niederschlagung von Studentenprotesten unter Nixon und dem ironischen «Living in the USA».

«Sympathy For The Devil», nun auf dreizehn Folgen angewachsen, hatte Gestalt angenommen, Dramaturgie und Text waren zu meiner Erleichterung allgemein verständlich. Nach einigen Abnahmerunden in der NDR-Hierarchie, es kamen ja schließlich eine Reihe von kontroversen Stimmen abseits des bundesrepublikanischen Mainstreams zu Wort, blieb die Serie unbeschnitten und ging ab Januar 1972 in den dritten Programmen auf Sendung. Eine vielteilige Reihe über populäre Kultur, Jugend, Rockmusik und subkulturelle Strömungen war ein Fernsehereignis und die erste von Horst Königsteins Pioniertaten. Es folgten viele weitere, als preisgekrönter Drehbuchautor und Regisseur zahlreicher Filme und Dokumentationen, bei Songtexten für Udo Lindenberg und Peter Gabriel, bei den Doku-Dramen, die er zusammen mit Heinrich Breloer entwickelte, von «Das Beil von Wandsbek» bis «Die Staatskanzlei», «Die Manns» und «Speer und Er». Horst Königstein starb im Mai 2013 an den Folgen seiner Parkinson-Krankheit.

Inspiriert durch viele Gespräche mit den Jazzexperten Miller und Wellershaus wurden in den nächsten Jahren die gemeinsamen Fahrten zu den Berliner Jazztagen zur Pflichtübung, dem renommiertesten Jazzfestival in Europa. Die fünfstündige Autofahrt durch Städte und Dörfer der DDR über die Fernverkehrsstraße 5, die Transitautobahn war noch nicht in Betrieb, war jedes Mal eine bedrückende Demonstration der unterschiedlichen Lebensverhältnisse in den beiden Teilen Deutschlands. Vor allem der abrupte Übergang auf dem letzten Teil der Fahrt von den ärmlichen Dörfern Brandenburgs zu der fast provokant glitzernden Metropole Westberlin führte die Diskrepanz besonders krass vor Augen. Wir wohnten meist in einer Pension nahe Kurfürstendamm, damals war der Westen Berlins überschaubar, noch nicht der multinationale Schmelztiegel, sondern in seiner Mischung aus biederem Kleinbürgertum und alternativer Szene sympathisch provinziell. Das ganz und gar nicht provinzielle vielfältige Programm der Jazztage hatte historische Tiefe und gleichzeitig brandaktuelle Relevanz. Die Konzerterlebnisse in der Philharmonie mit Earl Hines, Duke Ellington, Stan Getz, B.B. King, Herbie Hancock, Sonny Rollins, Gato Barbieri, Keith Jarrett oder eben Miles Davis erweiterten gewaltig meinen musikalischen Horizont. Die geheimnisvollen, oft gedämpften Trompetentöne dieser Jazzikone haben mich später noch mehrmals verzaubert, zuletzt bei einem Open-Air-Konzert hoch über Nizza im Juli 1991, einem seiner letzten Auftritte, acht Wochen vor seinem Tod.

Nach und nach wurden Anfang der 70er-Jahre auch von deutschen Musikern und Bands bemerkenswerte Rockplatten veröffentlicht, von Inga Rumpfs Bands Frumpy und Atlantis mit bluesgetränkter Stimme im klassischen Rockmantel, von Ton, Steine, Scherben mit ihrem ungestümen leidenschaftlichen Protest aus den Straßen und Hinterhöfen Kreuzbergs oder «Hoch im Norden», das mutige Ansinnen von Udo Lindenberg in Hamburg, britischen Pop und deutsche Sprache zu verheiraten. Die deutschen Charts waren aber 1972 dennoch von der Schlagerwelt von Tony Marshall, Jürgen Marcus, Vicky, Christian Anders oder dem seichten Pop von The Sweet und Middle Of The Road dominiert.

Außer der obligatorischen Englandreise im August konzentrierte ich mich nach dem turbulenten letzten Jahr auf mein Studium. Doch auch da war Musik ein wichtiges Thema, im Englisch-Hauptseminar schrieb ich über den jungen Liverpooler Lyriker Roger McGough, der mit Paul McCartneys Bruder Mike das erfolgreiche Musik-Trio The Scaffold betrieb. Thema der Hauptseminararbeit in Geschichte waren die «sozialen und historischen Hintergründe afroamerikanischer Musik», bei der ich stark von den Quellen, Texten und Beispielen der

Sympathy-Folgen über Black Music profitieren konnte. Für meine Staatsexamensarbeit schlug ich meinem als konservativ geltenden Anglistikprofessor die zeit- und sozialkritischen Songs von Ray Davies vor, dem Kopf der Kinks. Popmusik als Thema einer Examensarbeit? Professor Dr. Kleinstück, ein temperamentvoller, sinnesfreudiger Mann, traf sich gerne nach den Seminaren mit uns Studenten in einer Kneipe oder beim Italiener, jeden Sommer lud er zu einem Seminarausflug an den Schulsee bei Mölln ein. Herr Professor kannte natürlich weder die Kinks noch Ray Davies, ließ sich aber auf meine Idee ein, und so erlangte Ray Davies akademische Weihen.

Wenige Tage nach dem mündlichen Examen im Juni erhielt ich von meiner Mutter die Nachricht, dass mein Vater einen Schlaganfall erlitten hatte. Meine Eltern lebten mit meiner jetzt 14-jährigen Schwester wieder bei Bramsche, weil mein Vater seit einigen Jahren als Regierungsdirektor im nahen Osnabrück tätig war. Mutter versuchte, die Schwere des Anfalls herunterzuspielen, aber Vater hatte Lähmungserscheinungen und Sprachstörungen. Sie legten sich später wieder, aber er verbrachte lange Zeit in Rehakliniken und erlangte nie seine frühere Leistungsfähigkeit wieder. Mit 59 Jahren musste er seinen Beruf aufgeben und wurde pensioniert. Ich fragte mich nach den Gründen für seinen Schlaganfall, er trank keinen Alkohol, rauchte nicht, aber hatte sehr viel Stress im Beruf und bei seinen ehrenamtlichen Aktivitäten. So hatte er beispielsweise mit großer Eigeninitiative für den Aufbau einer heilpädagogischen Hilfsorganisation im Kreis Bersenbrück mit angeschlossener Behinderten-Lehrwerkstatt gesorgt. Ein wesentlicher Grund konnte aber auch die jahrelange Einnahme zahlreicher Medikamente sein, die in den 50er- und 60er-Jahren massiv von den Ärzten verschrieben wurden. Während meiner Kindheit nahmen meine Eltern täglich bei jeder Mahlzeit mehrere Pillen und Tropfen ein. Herz- und Kreislaufmedikamente machten ja noch Sinn, aber starke Beruhigungsmittel wie Valium, Psychopharmaka und Schlaftabletten?

Es war Sommer 1973, ich stand nach dem Staatsexamen wieder an einer Kreuzung mit zwei Abzweigungen. Ich war drauf und dran, die Familientradition fortzusetzen und die Lehrerausbildung zum Studienrat anzutreten, als Kleinstück einen verführerischen Vorschlag machte: «Warum entwickeln Sie nicht aus Ihrer Examensarbeit eine Dissertation?» Ich überlegte nicht lange, ich würde das Thema auf die Texte angloamerikanischer Populärmusik seit dem 17. Jahrhundert bis heute ausbreiten, von Folk-Balladen zu Songs der 60er- und 70er-Jahre. Leicht gemacht wurde mir die Entscheidung durch die Möglichkeit einer finanziellen Unterstützung. Es gab damals eine staatliche «Graduiertenförderung», die für Doktoranden ein monatliches Stipendium von 800 DM ausschüttete, zwei Jahre lang. Ich bewarb mich und erhielt nach einigen Monaten die Zusage. Derweil hatte ich begonnen, meine neue Fernseherfahrung zu nutzen und Filmbeiträge zu drehen für die Büchersendung im NDR, das «Bücherjournal». Auch da war Musik Thema, ich berichtete über neue Bücher zum Thema Popmusik und über das damals neue *Rock-Lexikon* von Barry Graves und Siegfried Schmidt-Joos, der zufälligerweise in der Jury gesessen hatte, die meinen Quakenbrücker Jazzern 1965 in Hannover den Sieg verwehrt hatte. Aber nicht aus später Rache, sondern aus faktischen Gründen kritisierte ich sein Werk: zu viel Klatsch und Tratsch, fehlende Erwähnung wichtiger Künstler wie J.J. Cale, Gladys Knight, der Staple Singers,

Junior Walker oder der Blues-Ikone Robert Johnson, dazu andere Mängel. Damit konfrontierte ich ihn im Interview, für das ich das Onkel Pö als Drehort ausgesucht hatte. Siegfried «Sigi» Schmidt-Joos, damals Kulturredakteur beim *Spiegel*, war mir nur kurz böse. Anfang der 80er-Jahre, als er Musikchef beim «Rias» war, produzierte ich für ihn diverse Radiofeature-Serien, die danach in der von ihm herausgegebenen Buchreihe *Idole* erschienen. So spannend die Arbeit beim Fernsehen war, die Abnahmen der Manuskripte durch «Bücherjournal»-Chef Zilligen waren gefürchtet. Sie gerieten regelmäßig zum angsteinflößenden Belehrungsritual, sicherlich manchmal zu Recht, man ging immer zitternd hinein und kam oft zitternd heraus. Besonders genau schaute er bei mir als Neueinsteiger bei außermusikalischen Themen hin, bei meinen Filmen über Krimis von Chandler, Hammett und Highsmith, über emanzipatorische Autorinnen wie Kate Millet, Germaine Greer und Simone de Beauvoir, über aktuelle Fußball-Literatur zur Fußball-WM 1974 oder über den Südstaaten-Autor und Nobelpreisträger William Faulkner. In diesem Film konnte ich mich auch musikalisch austoben, mit Blues, Ragtime, Country, New Orleans Jazz bis zu The Bands «The Night They Drove Old Dixie Down» und Bob Dylans Rassismus-Anklage «Oxford Town».

Bald wurde mir die Arbeit für das «Bücherjournal» zu zeitaufwendig, ich wollte schließlich eine Doktorarbeit schreiben, für die ich ein Stipendium bezog, dazu war ich als Musiker aktiv, und außerdem hatte sich eine Tür geöffnet, die lange verschlossen war. Klaus Wellershaus war endlich 1972 in der Unterhaltungsabteilung fest angestellt worden, und zwar für die neu geschaffene Position als «Redakteur für progressive Musik», er konnte jetzt stärker Einfluss nehmen und Dinge in Bewegung setzen. Klaus erreichte, dass ab Mai 1974 die «Musik für junge Leute», die ja bisher von Tonbändern gespielt wurde, nun live von Schallplatten gesendet werden sollte. Ein Studio für Nachrichten und Ansage wurde umgebaut, ein Pult mit zwei Plattentellern, Mikrofon und Reglern eingerichtet. Er fragte mich, ob ich Lust hätte, ihn bei der «Musik für junge Leute» zu unterstützen. Das hieß: Musik zusammenzustellen und zu moderieren, live auf NDR 2 von 14 bis 15 Uhr. Natürlich hatte ich Lust, jubelte innerlich und äußerlich, nach der langen Anlaufzeit und den Erfahrungen als Studiogast beim NDR und Beobachter des britischen Radios war ich mehr als bereit. Zunächst musste ich üben, mit dem Pult, dem Mikrofon und den Reglern umzugehen. Zum Studio ging es durch einen Seiteneingang, der auch zum großen historischen Studio 1 führte, oft an den rauchenden Bigband-Musikern in ihrer Pause vorbei die engen Treppen hoch bis zum ersten Stock. Gegenüber dem Regieraum lag das Büro des L.V.D.s, des Leiters oder der Leiterin vom Dienst, die den Ablauf des Programms kontrollierten und An- und Absagen sprachen, was natürlich im Studio stattfand. Nur wenn das frei war, hatten wir die Chance, die Technik zu testen. Zu Hause war man ja gewohnt, eine Platte auf den Teller zu legen und abzufahren, hier musste ich den Track wählen, die Nadel aufsetzen, mit dem Kopfhörer den exakten Anfang des Songs durch Hin- und Herdrehen der Platte fixieren und dann den Teller ein vorgeschriebenes Maß, meist etwa eine achtel Umdrehung, zurückdrehen. Nach Start des Plattenspielers lief der Musikanfang dann gleich in der korrekten Geschwindigkeit, ohne diesen kurzen Leerlauf würde die Musik anjaulen, wenn der Spieler losfuhr. Die jeweilige Geschwindigkeit war auch zu beachten, 33 Umdrehungen pro Minute (Upm) bei LPs, 45 Upm bei Singles - wenn man vergessen hatte, die richtige Zahl einzustellen, gab es tief brummende Singles und hoch gepitchte LPs zu hören. Das Abfahren des Tellers geschah durch das Hochziehen des Reglers oder per Knopfdruck, das Mikrofon zog anfangs der Techniker hinter der Scheibe hoch, später schaltete man sein Mikro selbst an und aus. Während ein Song lief, musste ich also die Platte auf dem zweiten Teller einrichten und bei der Planung bedenken, dass ich nicht zwei Songs von einer LP hintereinander spielen konnte, es sei denn, ich ließ die Nadel weiterlaufen und stoppte kurz in der Pausenrille, um zu moderieren. Schöner war es, wenn ich zwei Exemplare der Platte zum Wechseln hatte, was nicht immer möglich war, besonders bei neuen oder seltenen LPs, die niemand anders besaß, auch das NDR-Schallarchiv nicht. Es gab ja keine Chance, eine Kopie zu ziehen, man hätte diese ja auf Vinyl pressen müssen. In mancher Sendung waren also solch einfache Fakten für die Reihenfolge der Musik mitverantwortlich, nicht immer lag es am Feingefühl oder an genialer Eingebung.

Am 9. Mai war es dann so weit, ich wohnte noch immer in der Sedanstraße und bereitete meine erste Sendung also in Zimmer 2 vor. Bei der großen Auswahl, die mir meine Platten boten, war die Frage, was ich auflegen wollte, kompliziert. Ich entschied mich schließlich für die Musikrichtung, von der ich das Gefühl hatte, sie sei bisher in der Musik für junge Leute zu kurz gekommen, nämlich afroamerikanische Musik, Soul und Reggae. Für die erste Livesendung schrieb ich mir den Moderationstext auf, so marschierte ich mit Zettel und LPs in meinem hässlichen lila Plattenkoffer aus Plastik durch die Hallerstraße zur Rothenbaumchaussee. Je näher ich dem Funkhaus kam, desto heftiger zitterten meine Nerven, ein ähnliches Gefühl wie vor den mündlichen Examensprüfungen kroch in mir hoch, als ich die vier Treppen zum Studio hochlief, wackelten meine Knie. Ich richtete meine ersten beiden Platten ein, musste dann aber während der Nachrichten, die im selben Studio verlesen wurden, absolut ruhig sein, während Klaus Wellershaus als geistiger Beistand von der Regie aus zuschaute. Der Techniker fuhr den Vorspann vom Band ab, eine speziell von Tony Sheridan eingespielte kurze akustische Bluesphrase, auf die der britische Beat-Veteran «Musik für junge Leute» rappte. Dann mein Einsatz mit leicht flatternder Stimme, scheu und etwas steif, nüchtern, aber ohne Versprecher oder sonstige Einbrüche. Die erste Platte lief an wie geplant, Soul und Gospel der Familie Staples, da hatte ich das hochkarätige Album «Bealtitude: Respect Yourself» aus dem Jahr 1972 mitgebracht, das ich auch fünfzig Jahre später noch spielen würde, danach aktuelle LPs vom rauchigen Bobby Womack, von der Soulshouterin Millie Jackson, die ich lieber von ihrer sinnlichen Seite zeigte, und von Esther Phillips, einer der bewegendsten Blues-Stimmen überhaupt, die in jedem Ton die tiefen Verletzungen ihrer Biografie atmete. Ich musste mich auf das Einrichten der folgenden Platte so konzentrieren, sodass ich die Musik nicht wirklich genießen konnte, aber sie war mir ja nicht neu. Im zweiten Teil gab es dann eine Premiere, ich war mir sicher, dass vorher niemand im deutschen Radio das erste Album der jamaikanischen Band The Wailers für die britische Firma Island gespielt hatte. «Catch a Fire», dessen Cover wie ein Feuerzeug zu öffnen war, hatte ich von einem meiner regelmäßigen England-Trips, mitgebracht, die Songs von Bob Marley, der damals noch von Peter Tosh und Bunny Livingstone unterstützt wurde, brannten heiß und intensiv, eine derart packende Mixtur aus karibischer Musik und westlichem Rock hatte ich noch nie gehört. «Catch a Fire» erschien in Deutschland erst 1975, als mit dem Livealbum und dem Hit «No Woman, No Cry» Marleys Durchbruch auch bei uns erfolgt war. «Concrete Jungle» über die schwarzen Gettos der Großstädte und «Kinky Reggae» über schräge Sex-Abenteuer erzählten neue Geschichten nach der Schule, kurz vor drei am frühen Nachmittag. NDR 2 war damals ein Mischprogramm, ein Setzkasten mit vielen Einzelfächern, vormittags gab es ein Unterhaltungsmagazin mit unterschiedlicher Musik, je nach Zusammensteller und Moderator, danach die politische Information im Mittagskurier, dann unsere Schiene, danach Tanzmusik und die als «Erbschleicher-Show» diffamierten «Glückwünsche und Musik» für die ältere Klientel.

Klaus war mit meinem Debüt zufrieden. Von jetzt an war ich zwei bis drei Mal im Monat an der Reihe, hatte aber keinen festen Tag. Die Musik für junge Leute verfügte nur über einen kleinen Etat, Wellershaus musste bei der Dienstplanung schwer hin und her jonglieren, er übernahm selbst viele Sendungen und füllte einige Termine der Woche mit fest angestellten Mitarbeitern, die kein Extra-Honorar erhielten, Brigitte Rohkohl, Günter Fink, Gerd Timmermann und andere. Als nächsten Freien fand Klaus einen Spezialisten für Rock'n'Roll der 50er-Jahre, Werner Voss, der im wahren Leben Verwaltungsbeamter im Liegenschaftsamt des Bezirks Wandsbek war. Weiter stieß Bernd Matheja als Experte für die 60er dazu, in den späten 70ern folgten dann die famose Soul-Spezialistin und Wortkünstlerin Ruth Rockenschaub und der Punk- und New-Wave-Prediger Stefan Kühne, Anfang der 80er schließlich Paul Baskerville aus Manchester, Matias Boem, Andreas Schulz und die aus Berlin zugewanderte Gitti Gülden. Klaus gab sogar engagierten Schülern die Chance, auf Kassetten produzierte Aufnahmen von Amateurbands vorzustellen, einer der Schüler hieß Tim Renner, später Journalist, bevor er die Seite wechselte und Geschäftsführer der Musikkonzerne Polygram und Universal Music wurde.

Nach Ende einer Sendung wartete noch eine Hausaufgabe, die ich nie gerne erfüllte, die aber auch zum Job gehörte: das schriftliche Musikprotokoll für die GEMA und die Redaktion, die eventuelle Nachfragen beantworten musste, also Angaben wie Songtitel, Interpret, Komponist, Plattenfirma, Bestellnummer, später Labelcode und natürlich die Spielzeit. Elf Tage später, meine zweite Sendung, diesmal hatte ich Musik aus einer ganz anderen Ecke im Koffer, aber ebenfalls voller Seele, Gefühl und starker Melodien, Platten von Stealers Wheel und The Humblebums aus Schottland, den frühen Bands des später sehr erfolgreichen Gerry Rafferty, dazu das dritte Album der Eagles «On theBorder», die kalifornische Band hatte zwar in den USA und in Großbritannien durch ihr geschicktes Verknüpfen von Country, Folk und Rockquellen immer mehr Zuhörer gewonnen, beglückte in Deutschland aber nur Eingeweihte. In einem Jahr, in dem die Topstars in Deutschland Suzie Quatro, Mud, Abba, Chris Roberts, Gunter Gabriel oder die Rubettes waren, servierte ich in den folgenden Wochen zur Mittagszeit im meistgehörten Radioprogramm Musik und Infos zu Themen wie Van Morrison und seine frühere Band Them, Funk und Politik von Sly and the Family Stone, frühe Blues- und Soulcover der Rolling Stones, Motown-Acts, britische Songschreiber wie Roy Harper, den Sutherland Brothers oder dem 1974 tragisch verstorbenen Nick Drake, neue Platten der Soulklassiker Johnnie Taylor und Etta James. Also eine Mischung aus Rückschau und Aktualität, breit gefächert zwischen Pop, Soul, Rock, Folk, Singer-Songwriter oder Jazz. Ich wollte mich nicht auf eine Schublade festlegen lassen, es war Musik, die entweder eine direkte klare Botschaft hatte oder Bilder im Kopf malte, die Sinne berührte und die Fantasie fliegen ließ. Da liefen David Bowie, Joni Mitchell, Fleetwood Mac, Cannonball Adderley, Al Jarreau, Little Feat, Doobie Brothers, Sandy Denny, B.B. King, Poco, Dylan, Bonnie Raitt, Paul Simon, Marvin Gaye, Latin-Star Willie Colon, Weather

Report und viele Musikerinnen und Musiker, deren Namen im immer umfangreicheren Meer aus Talent, Hoffnung, Aufstieg, schlechten Beratern, Scheitern, Misserfolg und Vergessenheit versanken, deren Musik aber überlebt hat.

Die Resonanz war überwältigend. Der NDR hatte ja das Monopol im Norden bis Dänemark, im Westen bis Holland, im Süden bis weit nach Hessen und Nordrhein-Westfalen, im Osten bis nach Brandenburg und Thüringen. Was uns anfangs gar nicht bewusst war: Außer der regionalen Konkurrenz von BFBS, Radio Bremen oder Radio Luxemburg gab es Popmusik mittags nur auf NDR 2 zu hören. Die Zeit passte, die Schülerinnen und Schüler kamen aus der Schule, schalteten vor oder während der Hausaufgaben unsere Sendung ein, wir waren der eigentliche Musikunterricht, nach der Schule, und dass im Studio eine Person saß, die ähnliche Interessen wie die Hörer zu Hause hatte, über Musik informierte und Neues und noch Unbekanntes präsentierte, schien eine enge Verbindung aufzubauen. Das bestätigten unzählige Reaktionen per Brief oder Postkarte, Danksagungen, Ratschläge, Wünsche, Nachfragen, eigene Playlisten, Kritik, positive und natürlich auch negative, und ja, Liebeserklärungen und Kontaktwünsche. Oft wurden ganze Sendungen oder einzelne Songs mit Tonbandgeräten und Kassettenrekordern mitgeschnitten, daher war Sprechen auf Anfang oder Ende eines Stücks vollkommen verpönt und zog, falls es mal passierte, wüste Beschimpfungen nach sich. Noch vierzig Jahre später hörte ich immer wieder Beteuerungen, wie wichtig die mittägliche Musik für junge Leute für die musikalische Sozialisation des jungen Publikums war.

Auch die Schallplattenfirmen registrierten die gestiegene Bedeutung unserer Sendung, die natürlich ein vorzügliches Vehikel darstellte, neue Songs bekannt zu machen. Außer seltenen Importstücken musste ich bald keine LPs mehr kaufen, die kamen per Post als «Bemusterung», zunächst schleppte der arme Bruder Elpidius die schweren Pakete heran, ab 1975, nachdem ich mit Saxofon-Dieter und Tonband-Uwe in eine Dreizimmerwohnung in der Eimsbütteler Bismarckstraße gezogen war, stöhnten Postbote und Paketfahrer. Zur Mittagszeit versammelten sich im Laufe der Jahre immer öfter die Radiopromoter der Plattenlabels in der NDR-Kantine, um für ihre Singles bei den Moderatoren des Club und der Musik für junge Leute, die auch Musik zusammenstellten, zu werben, Bestechungsgeschenke waren aber nicht im Gepäck. Ob diese Marketing-Strategie erfolgreich war, konnte ich nicht nachprüfen, denn mir waren die Vorträge über potenzielle Hitchancen und Trends egal. Ich spielte einfach, was mir gefiel und was meinem Gefühl nach in die Sendung passte, ganz gleich, ob es nun Hits waren, solche werden würden oder eben nicht. Ob Musik gut, spannend oder bewegend war, hatte auch damals nichts mit ihrer Platzierung auf Verkaufslisten zu tun oder auf den Listen der Airplay-Charts, die eingeführt wurden, um zu dokumentieren, was in den Radiosendern wie oft lief. Ermittelt wurde das angeblich durch Gefängnisinsassen, die für kleines Geld Sender abhörten und genau registrieren mussten, was dort gesendet wurde, ein gruseliger Gedanke. Später gab es dann elektronische Methoden, das Airplay zu überwachen. Wie auch immer, die armen Promoter der Firmen wurden nach der Anzahl der Einsätze ihrer Produkte bewertet, gelobt, getadelt oder entlassen. Hamburg war in den 70er- und 80er-Jahren Zentrum des Musikbusiness in Deutschland, mehrere Plattenfirmen hatten hier ihren Sitz, daher besuchten oft amerikanische und britische Künstler die Stadt, die dann auch gerne mal live in unsere Sendung kamen. Ich freute mich, den Mann zu empfangen, der meine Examensarbeit inspiriert hatte, Ray Davies, den Boss der Kinks, er behauptete, entgegen meiner These, er wäre gar kein Chronist der britischen Unter- und Mittelschicht, sondern eher ein internationaler Troubador, Humor hatte er. Oder die Sängerin Kiki Dee, die gerade mit Elton John einen großen Hit hatte, wobei ich mehr an ihrem feinen Debütalbum interessiert war. Nils Lofgren, der Meistergitarrist und Partner von Neil Young, erzählte seine Lebensgeschichte vom jugendlichen Akkordeon-Virtuosen und Turntalent bis zu seinen brillanten Solo-LPs und Bühnenauftritten mit echten Salti, als er von seiner Zukunft als Gitarrist von Bruce Springsteen noch nichts ahnen konnte. Bryan Ferry schritt cool im stylischen Trenchcoat über den Parkplatz und kletterte mit mir die Stufen zum kleinen Studio hoch, um von seinem ersten Soloausflug zu berichten. In Leo Sayer hatte ich einen Gast, der hoch in den deutschen Charts platziert war, den ich gebeten hatte, eine Wunschliste aufzuschreiben, die einen exquisiten Musikgeschmack verriet. Neben drei seiner eigenen Songs sorgte seine Liste für eine bunte Stunde mit Bo Diddley, 10cc, Little Feat, Bob Marley, Ry Cooder, Leon Russell, Donny Hathaway, B.B. King und Bobby Bland. Ähnlich verfuhr ich 1975 beim Wiedersehen mit der Frau, die ich in London beim Dreh für «Sympathy» begleitet hatte, Maggie Bell. Drei Titel ihres Albums «Suicide Sal» wurden eskortiert von Maggie's Choice: J.J. Cale, John Lennon, Ray Charles, Jazz von Chick Corea, Gladys Knight, Joe Cocker und Arethas Klassiker «I Never Loved a Man ...». Zu den deutschsprachigen Gästen zählten Udo Lindenberg, der aufstrebende Marius Müller-Westernhagen, Edo Zanki, Trio, Heinz-Rudolf Kunze, Ulla Meinecke, Ideal und der Chef-Kommissar aus Wien, Falco, der fast die gesamte Stunde ohne Pause, Punkt und Komma durchparlierte. Erst hielt ich das für eine extrovertierte Variante des Wiener Schmäh, bis ich von seiner ausgeprägten Neigung zum muntermachenden weißen Pulver hörte. Schmerzhaft war

Mitte der 80er-Jahre das Gespräch mit der beeindruckenden Tamara Danz, Sängerin der DDR-Band Silly, ein Tanz auf dem Drahtseil, weil Tamara gerne genauer von der Zensur und den Bedingungen in der DDR erzählt hätte, aber nicht durfte, und ich mich mit meinen Fragen zurückhielt, weil ich sie nicht in Verlegenheit bringen wollte.

Über die Jahre hatte auch die Vorspannmusik der Musik für junge Leute gewechselt, erst zu Mick Ronsons epischer Gitarrenversion von Richard Rodgers' «Slaughter on Tenth Avenue», einer Ballettmusik von 1936, dann zu Claptons nicht weniger epischem Riff, die klassische Musiklehre würde es Leitmotiv nennen, von «Layla». Ab Oktober 1978 verlängerte sich die Sendezeit, ich sendete fast jede Woche, und wir starteten jetzt schon um 13.35 Uhr. Über die Jahre hatte ich Sicherheit und Routine gewonnen, man durfte sich nur nicht bildlich vorstellen, dass man gerade zu Hunderttausenden von Menschen sprach, sondern moderierte am besten so entspannt, als redete man zu Hause am Küchentisch. Ich betrachtete die Sendung als Magazin, baute Interviews ein, wies auf Tourneen und Konzerte hin, berichtete von Auftritten der letzten Woche, kommentierte Vorgänge, die auch mal nicht nur mit Musik zu tun hatten. Nach einem Satz über einen Polizeieinsatz bei einer Anti-AKW-Demo wurde ich zum Programmdirektor zitiert, das war damals der väterliche Wolfgang Jäger, der einen leisen Rüffel aussprach. Unangenehmer war 1981 die Reaktion auf meine flapsige Bemerkung über den neuen US-Präsidenten Ronald Reagan. Ein CDU-nahes Mitglied des Rundfunkrats beschwerte sich beim Intendanten, der delegierte an den Programmdirektor, damals der frühere CDU-Bundestagsabgeordnete Olaf von Wrangel. Ich wurde zum Gespräch gebeten und ernsthaft ermahnt, mich mit politischen Äußerungen zurückzuhalten. Keinen Ärger bekam ich natürlich, als ich Ronald

Reagan lobte und in einem Kommentar in meiner ersten Sendung nach John Lennons Ermordung die Reaktionen in den USA hervorhob, Trauerbeflaggung in New York, Funkstille der Radiosender, Beileidstelegramme an Yoko Ono von Präsident Carter und dem gewählten Nachfolger Reagan. Dagegen in Deutschland, wo viele steuerzahlende Bürger ebenfalls tief betroffen von Lennons Tod waren: nichts. Ich hatte deswegen extra im Bundespresseamt in Bonn angerufen und bemängelt, dass weder Bundespräsident Carstens noch Bundeskanzler Schmidt der Witwe ihr Beileid ausgedrückt hatten, «was sicher vielen Deutschen aus dem Herzen gesprochen hätte und in dem Moment wichtiger gewesen wäre, als Diskussionen über den Verteidigungshaushalt oder den Diskontsatz», so mein Kommentar.

Am 1.1.1981 wechselte nach einer Programmreform die Musik für junge Leute von NDR 2 zu NDR 1, wir verabschiedeten sie von der Welle mit einer Liveübertragung aus dem Onkel Pö. Auf NDR 1 sendeten wir nun von 13.20-15.00 Uhr, ab 1984 lief sie wegen der Aufwertung und Aufteilung der Landesprogramme auf NDR 1 nur noch bei der Hamburg-Welle 90,3, wo sie 1988 abgesetzt wurde, begleitet von Protesten vieler Hörer und deutlicher Kritik in der Presse. Ich moderierte die Sendung bis zum Schluss, ab 1981 immer samstags, das bedeutete, dass ich freitags für das Wochenende einkaufen musste, denn am Sonnabend schlossen die Geschäfte um 14 Uhr außer einmal im Monat am «langen Samstag». Zudem spielten wir jeden Samstag um 10.30 Uhr Fußball an der Alster, bis wir wegen Beschädigung der Alsterwiese zu einem Bußgeld verdonnert wurden und in den Stadtpark umzogen. Wir, das waren die Fußballer aus dem Franziskus-Kolleg plus andere Freunde, Berni, Jürgen, Herbie, Tom, Uwe oder Paul, doch ich musste stets nach Hause hetzen, schnell duschen, um rechtzeitig im

Studio zu sitzen. Noch in den 70er-Jahren hatte ich begonnen, zusätzlich auf NDR 2 von 18-20 Uhr den «Club» zu moderieren, der vom Jugendfunk betreut wurde. Andere Sendungen folgten, der «Nachtclub» von 22-24 Uhr auf NDR 2, der später auf NDR 3 und NDR 4 lief, «Soultrain», die Sendung mit Schwarzer Musik, bei der ich mich mit Ruth Rockenschaub abwechselte, dann Spezialsendungen auf NDR 4, das später in NDR Info umbenannt wurde, zu den Themen Blues und «Tropical Music», eine ziemlich unglückliche Bezeichnung für Musik aus Lateinamerika, der Karibik, Südeuropa und Afrika.

Die Flut von Briefen und Karten nahm nicht ab. Da ich als freier Mitarbeiter kein Büro hatte, war es schier unmöglich, mehr als einen Bruchteil davon zu beantworten. Das war weder arrogant noch gleichgültig oder undankbar, ich war schlicht überfordert. Was sollte ich mit Zuschriften machen, in denen jemand erzählte, er würde aus Niedersachsen nach Hamburg ziehen, um physisch näher am NDR zu sein? Was mit Horoskopen und astrologischen Gutachten? Was mit mehr oder weniger deutlichen Angeboten und was mit düsteren Drohungen, schwarzrandigen Bildern und wirren Zeichnungen, wenn jemand von meiner fehlenden Reaktion enttäuscht war? Mir war klar, dass ich als öffentliche nicht sichtbare Stimme aus dem Radio und sogar durch die Emotionalität der Musik, die ich auswählte, Projektionsfläche für jede Art von irrealen Wunschvorstellungen, Fantasien, Irrtümern und Missverständnissen sein konnte, aber ich hatte Probleme, damit umzugehen. Nach einigen unangenehmen Anrufen hatte ich meine Nummer schon früh aus dem Telefonbuch austragen lassen, dennoch schafften es einige Unermüdliche, sie doch zu erfahren, glücklicherweise hielten sich die Stalking-Anrufe in Grenzen. Auch beim Pförtner des Funkhauses wartete hin und wieder jemand auf mich, oder es gelang ihm oder ihr, mit cleveren

Argumenten den Wachmann zu überzeugen, man sei doch mit mir verabredet und würde sich im Kasino oder der Redaktion treffen, auch wenn ich gar nicht mehr auf dem Gelände war. Es gab aber Episoden, die die rote Linie berührten oder überschritten. Eines Morgens, als die WG in die Wrangelstraße im selben Viertel umgezogen war, ging ich zu meinem Auto und sah, dass es mit Hunderten von Bonbons von oben bis unten, von hinten bis vorne vollgeklebt war, jedes einzelne Bonbon mit Tesa auf den Wagen fixiert. Was für eine Mühe, und was für eine Botschaft sollte das sein? Ich fluchte zwar, als ich jede Süßigkeit einzeln sorgfältig und lackschonend losfummelte, fand die Aktion nach dem ersten Schreck aber ganz amüsant. Weniger komisch war einige Jahre später eine Person, die mich mit Briefen und Geschenken bombardiert hatte. Plötzlich stand sie vor meiner Tür, mir war völlig unverständlich, wie sie an meine Privatadresse gelangt war, sie wollte mir, wie sie sagte, eine Kleinigkeit vorbeibringen. Das Telefon klingelte in dem Moment, ich ließ sie an der geöffneten Haustür stehen, als ich den langen Flur mit den mittlerweile Tausenden von LPs hinunterging, um den Apparat zu suchen. Als ich zurückkam, war sie scheinbar verschwunden. Ich rief, keine Antwort, und nahm an, sie sei gegangen. Da fiel mir die halb geöffnete Tür zu meinem Schlafzimmer auf, die vorher geschlossen war. Ich schaute hinein, da lag die Person nackt auf meinem Bett, verlegen und schüchtern lachend. Wie fehlgeleitet konnte jemand sein, hatte sie irgendetwas nicht richtig verstanden, hatte ich etwas falsch gemacht? Als ich meine Stimme wiederfand, sagte ich nur: «Zieh dich sofort an und dann raus, aber schnell!», und war hin- und hergerissen zwischen Schock, Entrüstung, Fassungslosigkeit, Unverständnis und Mitleid.

8
HINTER DER ROTEN TÜR

EIN WARMER SPÄTHERBSTTAG ENDE 1968, ICH SITZE IM Schatten des Phil-Turms am Von-Melle-Park auf der Randmauer des trüben Teichs, den sich ein bemühter Landschaftsarchitekt ausgedacht hat, um die Steinwüste des Unigeländes von Hamburg aufzulockern. Ich bin hier verabredet. Mein Bruder, der mit seinen eigenen Liedern und Gedichten auftritt, hat bei einem Konzert in Marcels Folk Cellar in Wandsbek einen Bluessänger kennengelernt, der Kontakt zu anderen Musikern sucht. Klaus hat mich als Pianisten erwähnt, der ebenfalls interessiert ist, und deshalb sitze ich jetzt hier auf der Mauer. Ich komme gerade aus der Vorlesung «Die Geschichte der Afroamerikaner» des ziemlich linken Imanuel Geiss, aber selbst dieser Dozent musste sich heute wieder von vorlauten marxistischen Theoretikern reinreden lassen. Ich schüttele immer noch den Kopf, was für ein Kindergarten. Derweil nähert sich ein schlaksiger großer Mann mit schwarzem struppigem Haar und einer runden Nickelbrille im freundlichen Gesicht, in der Hand trägt er einen Gitarrenkasten.

«Hallo, bist du Peter? Ich bin Abraham Wallenstein, du kannst mich auch Abi nennen.» Er setzt sich, wir fangen an zu reden, ich erzähle von meinen Englandreisen, meinen musikalischen Lieblingen, Beatles, Stones, Steve Winwood, Aretha, Otis, Schwarze Musik. Abi hakt ein, das passt alles, wenn er auftritt, spielt er zwar amerikanischen Folk-Blues, aber sein

Geschmack ist viel breiter. Dann erzählt er von sich. Geboren ist er in Jerusalem, seine Eltern waren rechtzeitig vor den Nazis nach Palästina emigriert, als er 15 ist, kehrt die Familie nach Deutschland zurück, bis dahin sprach er nur Hebräisch. Er lernt Deutsch, bekommt eine Gitarre, spielt schon als Schüler Skiffle und Rock'n'Roll, sein Idol ist der erste britische Teenager-Star Tommy Steele. Später landet Abi beim Original, dem Blues. In Hamburg studiert er Soziologie, ist politisch engagiert, seine Eltern ziehen wieder nach Israel, der Einzug der NPD in einige Landesparlamente ist ein Schock für sie. Wir reden und reden, ich verpasse beinahe den Beginn meines Shakespeare-Seminars. Beim Verabschieden lädt Abi mich zu einem seiner kommenden Auftritte ein.

Einige Wochen später sitze ich in einer Musikkneipe am Mittelweg. Der Laden liegt in Pöseldorf, einem überschaubaren Viertel an der Außenalster, in dem sich zwischen Mittelweg und Harvestehuder Weg alte Häuser, Villen, Antiquitätengeschäfte, Modeläden, Restaurants und Bars in schmalen Straßen und Gassen drängen und das gerade zum angesagten Ausgehviertel aufsteigt. An der Ecke zum Broders Weg befindet sich im Erdgeschoss eines angeschlagenen Gebäudes Onkel Pös peu à peu, der spießige Name passt zur Umgebung. Drinnen vom Rauch vergilbte Lampen und Wände, an denen alte Reklameschilder kleben, mittlerweile die Standardeinrichtung von Kneipen. Neben der kleinen Bühne, eher ein Podest, ein betagtes Piano mit Kerzenhaltern an der Front, im Raum gut zwanzig Leute. Abi sitzt auf einem Barhocker, pickt die tiefen Saiten seiner Gitarre und schlägt helle Akkorde auf den oberen, spielt also Bass- und Rhythmusgitarre gleichzeitig, sein rechter Fuß klopft den Beat. Dazu singt er «Shake Your Boogie» von Big Joe Williams, den ich vor zweieinhalb Jahren in der Albert Hall erlebt habe. Abis Stimme ist rau und kehlig, er kopiert nicht das

Original, seine Version fühlt sich echt an und eigen. Ich staune, wie cool dieser eigentlich recht schüchterne Student aus Neuss bei Düsseldorf auf seinem Hocker thront, mir grüßend zunickt und danach ein paar Saiten umstimmt, in ein offenes Tuning, mit dem man variabler Slide spielen kann, indem man mit einer Metallröhre, einem Glas oder Flaschenhals über die Saiten gleitet. Das ist praktisch, wenn ein Song ohne Wechsel auf einem Grundakkord bleibt. Genau das passiert, als Abi auf den tiefen Saiten lostuckert, in den Groove von Slim Harpos «Hip Shake», das auch die Stones gerne covern.

Nach der Nummer großer Beifall und eine kleine Pause, ich teste das Klavier, wir besprechen die Songs, die ich mitspielen kann, klären die Tonarten. Dann rein in den Muddy Waters' Klassiker «I Can't Be Satisfied», den die Stones für ihr zweites Album ausgeliehen und Muddy damit einen fetten Tantiemen-Scheck verschafft haben, danach «I'm Free», eine der ersten besseren eigenen Stones-Kompositionen mit einem wiegenden Soulbeat, schließlich J.B.Lenoirs «Mojo Boogie», einen geraden 12-taktigen Shuffle-Blues, bei dem meine Finger zu dampfen beginnen, aber Abi hält uns beide zusammen. Es macht mir richtig Spaß, Abi anscheinend auch, das müssen wir wiederholen. Zeit für einen Drink. Der Hausherr kommt zu uns, erzählt, dass Onkel Pö wahrscheinlich umziehen muss, das Gebäude werde abgerissen, er habe aber schon etwas Größeres im Auge, in Eppendorf ...

Mitternacht – aus dem schwarz gestrichenen Vorbau des Eckhauses tönen Musikfetzen, ein dumpfer, aber treibender Bass, jubelnde Orgelklänge, Bläserstöße, stechende Gitarrenphrasen und ekstatischer Bluesgesang, schon während der Musik

Beifallsrufe, die danach zum Sturm anschwellen. Vor dem Eingang eine Menschentraube, die breite rote Tür geht auf, dichter Qualm dringt nach draußen, und hinter wippenden Köpfen erblicke ich einen rundlichen schwarzen Musiker und seine Band auf der Bühne des kleinen Clubs. Ich stehe nicht im New Yorker Village oder auf der Southside Chicagos, sondern in Hamburg, im noch nicht glatt polierten Eppendorf an der Ecke Lehmweg/Eppendorfer Weg. Wir schreiben den Oktober 1975, der Musiker auf der kleinen Bühne ist der Blues-Gigant Freddie King bei einem seiner letzten Konzerte vor seinem Tod, der schwitzige Club heißt jetzt ganz bescheiden Onkel Pös Carnegie Hall.

Es dauerte bis Anfang 1971, bis ich Abi wiedertraf, er arbeitete an seiner Doktorarbeit, stand aber auch ständig auf einer Bluesbühne in der näheren oder weiteren Umgebung. Davon gab es immer mehr, im Blauen Hahn am Großneumarkt, im Kanister und im Mikis in der Karolinenstraße oder im Z an der Feldstraße.

Oder im Danny's Pan in Hammerbrook an der Nordkanalstraße im Keller eines alten Kontorhauses. Das Pan war ein Ort für französische Chansons, deutsche Liedermacher, Folk- und Bluesmusiker. Der Kunststudent Otto Waalkes kellnerte dort so überzeugend komisch, dass er bald auf die Bühne geholt wurde und seine Comedy-Karriere ihren Lauf nahm. Abi hatte in Danny's Pan einen Kommilitonen von Otto kennengelernt, der eindrucksvoll die Congas bearbeitete, Reinhard Lehmann. Zusammen mit dem Bassisten Christoph bildete dieses Trio die erste Abi Wallenstein Band, und in der fehlte nur der Keyboarder. Ich hatte in den vergangenen beiden Jahren so viele Konzerte, so viele Musikerinnen und Musiker nur als Zuschauer, Berichterstatter oder Interviewer erlebt, dass es für mich höchste Zeit war, wieder aktiv zu werden. Im Franziskus-Kolleg gab es einen Partykeller, der wurde unser Übungsraum, ich besaß ja noch immer meine Vox-Orgel, Lehmann brachte sein Schlagzeug, Abi seinen AC-30-Verstärker, Christoph seinen Bass. Unser Programm, Rock- und Bluesklassiker, «Hound Dog», «Hoochie Coochie Man», «Little Queenie» und Stones-Nummern wie «Jumpin' Jack Flash» und «Honky Tonk Women». Wenn wir zu laut wurden, steckte eine der Schwestern ihren Kopf durch die Tür, aber den Studenten im Keller gefielen die anfangs ziemlich wilden Sessions. Unser erster gemeinsamer Auftritt fand unter freiem Himmel statt, bei einem Fest für die Bewohner des Soziallagers Eggerstedtstraße in Altona. In der früheren preußischen Viktoria-Kaserne aus dem 19. Jahrhundert, einem monumentalen Backsteingebäude, waren damals bis zu 2500 Asylsuchende, Aussiedler und Obdachlose untergebracht. Vor der trutzigen Festung der alten Kaserne war ein flaches Holzpodest als Bühne aufgebaut, vor uns saßen Kinder am Bühnenrand, die Sonne schien, die Stimmung war entspannt, unser Quartett dagegen agierte leicht verkrampft. Weitere Auftritte folgten, auch im neuen Onkel Pö am Lehmweg, dem Chef Peter Marxen den wunderbar hochstaplerischen Beinamen Carnegie Hall verpasst hatte. Marxen machte ein buntes Programm aus Blues, altem und neuerem Jazz, aus Funk und ein wenig Skiffle, vor allem hatte er aus dem früheren Ball der Einsamen Herzen eine gemütliche Kneipe mit Bühne geschaffen, meine Stammkneipe. Ein Nachtlokal für Musiker, die noch nicht nach Hause gehen wollten, die fabelhafte Inga Rumpf, die nach Frumpy gerade ihre neue Band Atlantis aktivierte, schaute rein, und der frühere Jazzdrummer Udo Lindenberg, der 1972 mit seinem deutschen Debüt «Daumen im Wind» viel Aufmerksamkeit, aber kleine Verkaufszahlen erzielte. Er nahm in der Nähe des Pö sein nächstes Album auf, enterte gerne danach noch die Bar und die Bühne für eine kleine Session, «kannimamitspieln» war seine genuschelte Standardansage, wenn er das Podium erklomm und auch gerne mal das Fell von Reinhards Snaredrum durchlöcherte. Das Onkel Pö war aber längst nicht der einzige Ort für lebendige Musik in der Stadt, seit 1971 bot die FABRIK, das aus einer alten preußischen Munitionsfabrik entstandene Kulturzentrum in Altona einen wunderschönen kirchenschiffartigen Raum für Konzerte von Kraftwerk, Ton, Steine, Scherben oder von Bands der einheimischen Rock-, Blues- und Jazz-Gemeinde.

Eine noch längere Tradition als Musikclub konnte ein Kellergewölbe in der Nähe des Dammtorbahnhofs aufweisen, das passenderweise Remter hieß. Dort lag das Gewicht auf Folk und Blues, aber genauso traten im Remter Pop-, Rock-'n'-Roll- und Jazzbands auf, auch die neue Abi-Band. Wir hatten den alten Bassisten ersetzt, einen zweiten Gitarristen dazugenommen und einen neuen Namen. Abi Wallenstein hatte sein Studium abgebrochen, er war der personalisierten Universitätshierarchie zum Opfer gefallen. Sein Doktorvater war plötzlich verstorben, und dessen Nachfolger wollte aus politischen Gründen den kritischen Ansatz von Abis Dissertation nicht akzeptieren, zwei Jahre Arbeit waren umsonst gewesen. Jetzt jobbte er als Siebdrucker und trat verstärkt als Blues-Solist auf. Auch mit der neu besetzten Gruppe spielten wir weiter Bluesnummern, aber öffneten das Spektrum zu Funk und Soul, zu Südstaaten-Rock à la Allman Brothers und probierten eigene Songs. Ich steuerte ein recht kompliziertes Werk bei mit dem traurigen Titel «Summer's Here and I Feel Old», in dem ich über den Abschied meiner ecuadorianischen Freundin Karen und das

Leben im Allgemeinen philosophierte: «records, books and magazines, they don't chase away sad dreams», Platten, Bücher und Zeitschriften waren anscheinend doch nicht alles.

Um Abis wachsende Bluesgefolgschaft nicht zu verwirren, änderten wir den Namen der Band zu, ja, man glaubt es heute kaum, «Pussy». Es war mein Vorschlag, ich kannte natürlich die umgangssprachliche Doppelbedeutung des Wortes, die damals in Deutschland wenig verbreitet war. Aber ich hatte eher eine soulige Katze im Sinn, und Soul und Funk lieferten wir mit Stücken von den Isley Brothers und Curtis Mayfield, dazu virtuose Doppelgitarrenläufe von Abi und dem «Neuen» Christian bei den Allman-Brothers-Epen «Jessica» und «Revival» und die perfekte groovende Rhythmusarbeit von Reinhard und dem ebenfalls neuen Bassisten Wolfgang. Schon seit Langem liebte ich den perlenden Klang des E-Pianos von Wurlitzer, der besonders brillant auf dem Livealbum des US-Pianisten und Sängers Donny Hathaway zu hören war. Als mir ein gebrauchtes Wurlitzer angeboten wurde, griff ich sofort zu und veränderte auch damit den Sound der Band. So streunte die neu formierte funky Pussy durch die Musikclubs, am 3. Juli 1974 schnurrte sie im Remter, der mich stark an das Weinlokal in Bingen erinnerte. Dumm für einen fanatischen Fußballfan wie mich, dass am selben Abend das entscheidende Spiel der WM zwischen den Niederlanden und Brasilien um den Einzug ins Finale anstand, es war die Ära des großen Johan Cruyff. Was tun? Ich schleppte einen kleinen tragbaren Fernseher mit Ausziehantenne heran, platzierte ihn leicht verdeckt neben mein Piano und konnte so das Match verfolgen, ein Wunder, dass in dem Souterrain ein Fernsehempfang möglich war. Ganz ordentlich Klavier gespielt habe ich aber dennoch, es hat sich jedenfalls niemand beschwert.

1974 sah auch die Eröffnung des Logo. Der Flachbau in

einer Baulücke an der Grindelallee gegenüber der Staatsbibliothek diente erst als Studentencafé, wurde schnell ein beliebter Musikclub mit Platz für gut 400 Besucher. Störendes Markenzeichen des Logo wurde ein Stützpfeiler auf der Bühne, der manchen Auftritt behinderte, aber gerne auch als lustiges Requisit eingebaut wurde. Einheimische Acts wie Lake, Dirty Dogs oder der Folkband Ougenweide und internationale Gäste wie Kevin Ayers, Herman Brood, die B-52 s und Country Joe McDonald aus den USA hatten ihren Spaß daran.

1976 tauchte ein neuer Punkt in der City auf der Musikclub-Karte auf, denn an der Brandstwiete, wo in den 60er-Jahren das Jazzhouse für Highlights gesorgt hatte, eröffnete das Knust. Es hatte Platz für höchstens 200 Personen und die kleinste Bühne der Stadt, auf der sich in den kommenden Jahren neben vielen einheimischen Bands auch große Namen drängten, Heather Nova, Beck, Jeff Buckley und 1984 R. E. M. bei ihren ersten Auftritten in Deutschland.

Haupthafen der Szene blieb aber das Onkel Pö, Peter Marxen buchte uns einmal im Monat, machte uns zu einer Art Hausband, der dunkle holzgetäfelte Laden wurde voller, die Schlangen vor der roten Tür länger, besonders am Wochenende, wenn die Vorstädter aus Pinneberg oder Norderstedt in das neue Vergnügungsmekka Eppendorf einfielen. Der Musikjournalist Jörg Gülden kürte im Mai 1975 Pussy in einem Porträt der Hamburger Musikszene zu seinen persönlichen Favoriten, «eine Gruppe mit tierischem Funk, die sich bislang glücklicherweise vor allen Hamburger Szene-Verträgen retten konnte. Aber ... das musikalische Potenzial der Band, das gestehen selbst Konkurrenten neidvoll zu, ist immens.» Gülden spielte damit auf die Welle an, die Boulevardpresse und Plattenfirmen nach dem Riesenerfolg von Udo Lindenbergs «Alles klar auf der Andrea Doria» unter dem Banner der fröhlichen «Hamburger

Szene» losgetreten hatten, ein Hype, der aber kaum der Realität in der Stadt entsprach. Udo hatte unser Stammlokal mit der Zeile «bei Onkel Pö spielt 'ne Rentnerband / seit zwanzig Jahren Dixieland» verewigt. Daher und aufgrund der üppigen Präsenz seiner Kollegen aus der lokalen Comedy- und musikalischen Kleinkunstwelt in Klatschspalten und TV-Shows erschien manchen fälschlicherweise das Pö als Heimstatt und Wallfahrtsort der berühmt-berüchtigten «Hamburger Szene». Udo trat dort mit dem Panikorchester nur ein einziges Mal auf, nutzte aber das Pö als Kulisse für eine Fernsehshow. Die anderen, Okko, Lonzo & Co., Leinemann, Gottfried oder Truckstop waren an und ab zu sehen, öfter aber im Fernsehen und außerhalb Hamburgs, das schlagerartige Abfallprodukt des Songs, die danach formierte «Rentnerband», suchte ihr fiktives Zuhause glücklicherweise fast gar nicht heim.

Der Schwerpunkt des Onkel Pö lag woanders, in seiner besten Zeit von 1975 bis 1981 war es sicherlich einer der schärfsten Rock/Blues- und Jazzclubs in Europa. Das risikoreich zusammengestellte Programm war sensationell, Chef Peter Marxen und später Programmgestalter Andreas Kiel gelang mit Geschick, Geschmack, Beziehungen, der Hilfe des NDR, der viele Auftritte für Radio und TV mitschnitt, ein spektakuläres Musik-Menü, und das in einem Raum, der mit 250 Besuchern schon übervoll wirkte. Wichtig war auch die Unterstützung diverser Plattenfirmen, die Pö-Auftritte nutzten, um internationale und nationale Künstler vorzustellen. Der Begriff «hautnah erleben» traf wirklich zu, als Randy Newman, Lou Reed, Willy deVille, Patti Smith, Johnny Guitar Watson, XTC, Talking Heads oder Ultravox auf der engen Bühne standen, als Dexter Gordon, Jan Garbarek, Pat Metheny, die Brecker Brothers, Archie Shepp, Charles Mingus, Chet Baker oder der unvergessene Dizzy Gillespie internationale Jazz-Luft atmen ließen und ich dankbar war, wenn ich über den Flur des Nachbarhauses durch eine Hintertür in den Laden schlüpfen konnte.

Für den 12. März 1976 stand auf dem Programmzettel «Erstmalig in Europa: The Al Jarreau Soul Show», ich spielte vorher einige Songs von seinem schönen Album «We Got By» in der Musik für junge Leute, doch abends im Pö erlebte ich ein Wunder, ein Stimmwunder. Was Al Jarreau an jenem Donnerstagabend aus seiner Stimme, mit E-Piano, Bass und Drums, zauberte, riss die nur vierzig Zuschauer zu Jubelstürmen hin. Durch Mundpropaganda war dann an den folgenden zwei Abenden das Haus voll. Glücklicherweise hatte Michael Naura am ersten Abend einen Ü-Wagen der NDR-Jazzredaktion geschickt, sodass diese Sternstunde erhalten blieb. Nach dem Auftritt standen Reinhard Lehmann und ich am Billardtisch in der hinteren Ecke, als Al aus der Garderobe kam, total entspannt fragte, ob er mitmachen dürfe, und wir daraufhin gemeinsam eine gesellige Runde Poolbillard hinlegten. Am nächsten Vormittag interviewte ich den immer noch auf einer Wolke schwebenden Sänger, er hatte selten solche Akzeptanz erlebt. Weil er kein Instrument besaß, hatte er in seiner Jugend begonnen, zu singen und Instrumente mit der Stimme zu imitieren, er hatte dann studiert, war heute Psychotherapeut. Gesungen hatte er nur abends als Gast bei dem Pianisten George Duke, weil er sich keine eigene Band leisten konnte. Jetzt sei er schon sechsunddreißig, reif, aus der Nische herauszukommen. «Ich kann mir auch Hits vorstellen, ohne Kompromisse», sagte er mir und ahnte nicht, wie recht er behalten sollte. Al Jarreau verdiente sich nach dem Start im Pö sieben Grammy Awards in den Sparten Jazz, R&B und Pop.

Weltstars am Beginn ihrer Karriere, das war eine Spezialität des Onkel Pö. Als U2 1981 zu Gast waren, hatten mit mir nur etwa dreißig Eingeweihte dieses einmalige Erlebnis, bei den Damen der Bangles waren es einige mehr. Für größeren Zulauf sorgten heimische Bands, deren Stammhaus das Pö war, die Heimat der wahren Hamburger Szene. Da ließen Randy Pie mit ihrem schweißtreibenden Soul-Funk den alten Holzboden erbeben, Inga Rumpf fand mit ihrer Band aus britischen Studiomusikern endlich einmal die richtigen Partner für ihre genialen Gesangskünste, und Trio waren nie schlagfertiger und lustiger als im intimen Onkel Pö.

Dass der dunkle Raum so gut groovte und klang, lag auch am Holz an den Wänden und im Boden, die Bühne vibrierte so stark, dass man jederzeit mit verstörten Mäusen rechnen musste, aber wir liebten es, dort zu spielen, Auge in Auge mit dem Publikum. Auch wenn man in den ersten Jahren mit dem ständigen Risiko eines Stromschlags musizierte. Einmal bei einem Soundcheck berührte ich mit der einen Hand den Volume-Knopf meines Wurlitzers und gleichzeitig mit der anderen das Mikrofon, wie von einer Donnerfaust getroffen wurde ich von meinem Hocker zwei Meter zurück an die Rückwand der Bühne katapultiert, ein Flashback zu meinem früheren Stromschlag, nur mächtiger. Es stellte sich heraus, dass einige Steckdosen der Pö-Bühne nicht geerdet waren, was dann endlich überprüft und behoben wurde, es hätte Tote geben können. 1983 musste das Pö für einige Monate schließen, der morsche Holzfußboden gab nach und drohte einzubrechen, der Boden wurde entkernt und betoniert, genau wie Innenraum und Bühne, von deren Wanden vorher das Holz entfernt worden war. Das Ergebnis: der alte Pö-Zauber war weg, Boden und Bühne schwangen nicht mehr, der Raum klang kalt und tot, eben wie Beton. Ein grandioser Fehler, man hatte vergessen, dass dies ein Ort für Musik war und kein Supermarkt, die nun fehlende Aura des Clubs war sicherlich auch ein Grund für seinen späteren Niedergang.

Zurück in den Herbst 1975, wir hatten immer nach einer zweiten Stimme neben Abi gesucht, um flexibler zu sein. Über den Pianisten Vince Weber hörten wir von einer siebzehnjährigen Sängerin aus Gießen, die neu in Hamburg war. Lonzo Westphal, der Geiger, hatte sie auf einer Tournee kennengelernt und überredet, mit nach Hamburg zu kommen. José Caro, Tochter eines holländischen Musikers, packte ihre Sachen, ließ die Schule sausen und verließ gegen den Willen ihrer Eltern ihre Heimat. Abi und ich trafen sie und spürten sofort, welch großes Talent uns da vorsang. Caro kam zur Bandprobe, sie überzeugte alle durch ihre unbekümmerte, oft ungestüme Art zu singen, und da sie in den USA gelebt hatte, war sie mit unserem Repertoire aus Blues und Soul vertraut. Das Problem war nur, dass wir keine Profiband waren. Lehmann plante eine Ausbildung zum Physiotherapeuten, ich machte Radiosendungen und schrieb eine Doktorarbeit. Wir konnten Caro zwar Auftrittsgagen garantieren, aber kein ausreichendes Einkommen, also jobbte sie als Barfrau im Nach Acht, der angesagten Nachtbar am Mittelweg. Das Auftreten von Pussy mit der neuen jungen Frontfrau gab unserem lokalen Erfolg bei Publikum, Presse und Kollegen noch mehr Anschub. Inga schaute vorbei, um «die Neue» zu sehen, und kam für ein Duett auf die Bühne, Fotografen buhlten um Pressefotos, Plattenfirmenmitarbeiter und Manager steckten ihr Visitenkarten zu, und Caro freute das natürlich. Ich bemerkte aber bei dem scheuen Abi ein Unwohlsein, mit dessen Grund er aber zunächst nicht herausrücken wollte. Er hatte eine sehr puristische Einstellung zu allem, was kommerzielle Verwertung von Musik betraf, er wollte zwar mit Livemusik Geld verdienen, aber nur damit; er wollte keine Platten aufnehmen oder sich auf Pressefotos präsentieren. Drei Monate nach Caros Debüt zog sich Abi, Gründer und Frontmann der Band zurück, für mich ein gehöriger Schock, ich verlor meinen langjährigen musikalischen Partner. Sein Abschied wurde allerdings durch einen außergewöhnlichen Neuzugang abgefedert. Der zweite Gitarrist Christian hatte ebenfalls die Band verlassen, der Platz war frei für den hochtalentierten 22-jährigen Karsten Hoock, den Abi von Sessions im «Blauen Hahn» kannte und uns als Nachfolger ans Herz legte. Karsten war ein Volltreffer, ein technisch brillanter, emotionaler, mitreißender Gitarrist. Natürlich änderte sich unser Repertoire durch den Abgang Abis, aber wir blieben eine soulige, bluesige Band mit neuen Songs, die ich häufig aus meinen Radiosendungen mitbrachte, Little Feats «Two Trains» oder Millie Jacksons «Hurts So Good», mit Soul- und Bluesklassikern wie Sam Cookes «A Change Is Gonna Come» oder Robert Johnsons «Sweet Home Chicago» oder souligem Pop und Reggae wie Dobie Grays «Drift Away» und Jimmy Cliffs «Many Rivers to Cross». Das enthusiastische Stammpublikum des Onkel Pö war auch von der neuen Ausgabe von Pussy begeistert und immer gespannt, ob unsere Auftritte in einer überraschenden Session münden würden. Spontane Sessions, die im Chaos enden konnten, waren für viele Musiker ein rotes Tuch, im Onkel Pö entwickelten sich Late-Night-Sessions oft zu spannenden unterhaltsamen Jams. Da griff sich Jeff «Skunk» Baxter, viel gefragter Studiogitarrist und damals Mitglied der Doobie Brothers, eine Gitarre und stieg ein, oder John Oates, die Hälfte vom US-Erfolgsduo Hall & Oates, sprang bei den Zugaben zu Caro auf die Bühne, um einen alten Soul-Hit mitzuspielen. Der gute John war von unserer Sängerin so beeindruckt, dass er ihr wochenlang Postkarten schickte und sie einlud, ihn auf der Hall & Oates-Tournee zu begleiten. Noch befriedigender waren allerdings organisierte Sessions mit befreundeten Musikern, man probte einmal und freute sich später über einen euphorischen Abend. Zu einer solchen Session hatte sich an einem Donnerstagabend im Januar 1979 Joe Cocker angekündigt, der für Interviews und Promotion in der Stadt war. Meine letzte Begegnung nach dem Treffen in Berkshire hatte ich in wenig guter Erinnerung. Klaus Wellershaus und ich waren 1972 für ein Interview nach Hannover gefahren, es war bekannt, dass Joe ein Alkoholproblem hatte, aber als wir ihn in seinem Hotelzimmer besuchten, war er sturzbetrunken. Wie konnte sein Manager überhaupt ein Interview in dem Zustand zulassen, und schlimmer, ihn dann auch noch abends auf die Bühne des Kuppelsaals schicken, wo er verwirrt lallte und miserabel sang? Der alkoholisierte Auftritt war in Cockers Umkreis anscheinend Normalität.

Sieben Jahre später konnte man nicht behaupten, Joe wäre nüchtern, er war heiterer Laune, als er in die rote Tür des Pö trat. In dem Moment fiel der Strom aus und damit der gemeinsame Jam, doch nicht komplett. Kerzen wurden angezündet, das alte Piano herangeschoben, ich setzte mich an die Tasten, spielte das Intro von Cockers Hit «Feelin' Alright», Joe kletterte auf die Bühne und begann zu singen, ohne Mikrofon, Verstärkung brauchte er nicht. So kam das Pö in den Genuss einer exklusiven akustischen Duo-Session, ich griff die Akkorde von «With a Little Help», Joe stieg ein, Strophe, Refrain und gegen Ende der legendäre lange Schrei, nicht nur mir lief ein Kribbeln den Rücken entlang. Dann noch George Harrisons «Something» und ein emphatischer langsamer Blues. Meine Finger brannten, weil ich sehr hart anschlagen musste, um gegen Cockers gewaltige Stimme durchzudringen, Zeit für die Bar und ein Getränk von Harriet. Der Strom kam wieder, kurz nachdem Joe gegangen war, als hätte es jemand geplant.

Das Onkel Pö war *der* Treffpunkt für Musiker, für Menschen aus Medien und Musikbranche, aber ohne Kastendenken und arrogantes Getue. Oft machte ich mich nach meiner Schreibtischarbeit gegen Mitternacht noch mal auf den Weg, ich brauchte zu Fuß zehn Minuten, um einen Drink zu nehmen, zu entspannen und Freunde oder Bekannte zu treffen wie den Journalisten Werner Burkhardt, der wunderbar in der WELT, der *Süddeutschen Zeitung* und in seinem Popkommentar im NDR von Musik erzählte, Henning Venske oder Teja Schwaner, Übersetzer und Sounds-Redakteur. Da war es gut möglich, dass ich Mitch Ryder, Otto oder Billy Joel auf die Füße trat, wenn ich um ein Bier kämpfte. Noch nach vielen Jahren erzählten mir Musiker wie Southside Johnny oder Garland Jeffreys mit leuchtenden Augen von ihren Pö-Gastspielen. Die spontanen After-Show-Begegnungen konnten auch sehr unterhaltsam werden. Eines Abends stand ich an der Bar und kam nach dessen Auftritt mit dem amerikanischen Pianisten Les McCann ins Gespräch, Les McCanns bekannteste Nummer «Compared To What» war ein Soul-Jazzklassiker, zu dem die halbe Welt tanzte. Les war ein kommunikativer Zeitgenosse, der schnell das Thema von Musik zu Sex wechselte und mir wort- und gestenreich demonstrierte, wie er seine Freundin oral zu befriedigen pflegte – gut, dass es um uns herum voll und sehr laut war. Das Pö war eben auch Kneipe, Bar und Nachtclub, familiär im besten Sinne geführt von Marxen und seiner fabelhaften Barfrau Harriet. In einer Zeit, als von der Wiederbelebung des Kiezes und der Schanze noch nicht mal geträumt wurde, war das Pö lange einer der besten Night-Spots der Stadt, in dem man spät noch Livemusik erleben, Menschen kennenlernen, Kontakt zum anderen (oder gleichen) Geschlecht suchen und, nicht zu wenig, trinken konnte. Was aus der Rinne des hinteren Tresens außerdem noch heimlich verzehrt wurde, entging meinen unschuldigen Augen und wurde mir erst viel später berichtet. Gerade die gastronomische Qualität des Pö hatte der neue Inhaber, der Marxen den Club 1979 abkaufte, nicht richtig verstanden. In der Spätphase waren die Abende oft gleich nach dem letzten Ton der Band vorbei, das Nachtleben fand woanders statt. Aber auch sonst wäre ein Überleben des Pö als Musikclub in den 80er-Jahren schwierig geworden, die behördlichen Lautstärkeauflagen wurden härter, Gagen und Kosten stiegen stark an, viele, auch durch das Onkel Pö bekannt gewordene Musiker waren nicht mehr zu finanzieren, da auch das Engagement der Plattenindustrie abnahm und zudem die einheimische Szene kaum Neues hervorbrachte. Damals wurden Musikclubs noch nicht von der Kulturbehörde unterstützt, doch verglichen mit dem Aufwand für die FABRIK oder den Hafengeburtstag hätte sich städtische Förderung zur Erhaltung des Pö vielleicht ausgezahlt, denn die 90er- und 2000er-Jahre mit ihrem Jazz- und Soul-Revival und neuen Bands aus den USA und Europa hätten im Onkel Pö ein großartiges Podium gefunden und ein langweilig gewordener Stadtteil eine willkommene Frischzellenkur. Mit dem Verlust des Onkel Pö gab die Stadt Hamburg ein kulturelles wie touristisches Juwel auf, ein ähnlich gravierender Fehler wie die versäumte Übernahme der großartigen, fantasievollen und umfangreichen Beatles-Ausstellung, die Ulf Krüger aus seiner Privatsammlung im Museum für Hamburgische Geschichte und später als «Beatlemania» präsentierte, sie wäre der perfekte Grundstock für ein würdiges, attraktives und von der Stadt finanziertes Hamburger Beatles-Museum gewesen. Ulf Krüger war eine der interessantesten und engagiertesten Persönlichkeiten der Szene, ein Allround-Talent, Illustrator und Cartoonist, Trommler und Gründer von Leinemann, Autor, Produzent, Popkünstler unter der Abkürzung UK und kompetentester Historiker für die Hamburger Beatles-Zeit.

Die Geschichte von Pussy ging weiter wie eine neue Folge aus dem Bilderbuch der Pop-Klischees mit der Überschrift «Wie bekommen wir die Sängerin unter Vertrag, möglichst ohne Band». Mittlerweile hatte sich der Bassist verabschiedet, ersetzt wurde er durch den jungen Jurastudenten Klaus, der einen virtuosen und dennoch grundsoliden Bass spielte. Neue Fotos für Presse und Promotion wurden geschossen, mit jedem Auftritt wurde das Interesse an der Band, aber vor allem an Sängerin Caro größer, bis sie schließlich mit vier anderen Sängerinnen auf der Titelseite des *stern* landete, als eine der «neuen deutschen Rock-Ladies». Schon davor war Caro ein fertiger Vertrag einer großen Firma in den Briefkasten geflattert, ein Solovertrag ohne Band, den sie mir aber vor der Unterschrift zeigte. Zum Glück, denn die Konditionen waren miserabel, die Verpflichtungen kamen einer Freiheitsberaubung gleich. Doch der Gang der Dinge war nicht aufzuhalten. Caro lernte einen erfolgreichen Musikagenten kennen, der wurde ihr Manager und Liebhaber, vielleicht war die Reihenfolge auch andersherum, auf jeden Fall verpflichtete er sie für sein neu gegründetes Plattenlabel, ohne Mitsprache der Band. Die war in ihren Ambitionen gespalten, Gitarrist Karsten lockte das Profitum, die anderen weniger. Reinhard war in der Ausbildung, Klaus konnte sein Studium nicht aufgeben, ich war hin- und hergerissen, war mit meinen Radiosendungen, journalistischen Jobs und den mündlichen Promotionsprüfungen gut beschäftigt, meine Doktorarbeit hatte ich im Mai 1977 nach fast vier Jahren erfolgreich abgeschlossen. 1979 erschien sie unter dem Titel *Rollende Worte - die Poesie des Rock* als Taschenbuch, das zwar nicht über die erste Auflage hinwegkam, aber offensichtlich in etlichen Englisch-Seminaren herangezogen wurde, weil ich zahlreiche Rückmeldungen erhielt, dass es in vielen Bibliotheken vergriffen oder nur noch zerfleddert vorhanden war.

Überraschenderweise wurde das ziemlich trockene Werk mit vielen englischsprachigen Zitaten noch zu Zeiten Jugoslawiens ins Serbokroatische übersetzt, was deutschen Studenten auch keine Hilfe war.

Kurz vor der Produktion des ersten Albums wurde uns eröffnet, dass nur Karsten und ich im Studio dabei sein sollten, als Konsequenz verließen Reinhard und Klaus die Band, die aus verkaufstechnischen und verständlichen Gründen den Namen ändern musste, von «Pussy» zu «Caro & JCT Band». Die Sängerin stand im Mittelpunkt, die Band war Begleitung, dass die aber auch noch nach den Initialen von Jose Caro Tollenaar, Caros richtigem Namen, benannt wurde, verriet einen Hauch von Größenwahn und degradierte uns Musiker zu Lohnarbeitern. Ich fragte mich später, warum Karsten und besonders ich, der Gründer der Band, dieses geschmacklose Schauspiel mitspielten, ich hätte den Stecker meines Wurlitzers ziehen sollen. Wir wollten jedoch unsere Stellung als Arrangeure und Co-Autoren nicht gefährden, uns den Wunsch erfüllen, nach langen Jahren ein Album aufzunehmen und das auch noch in den berühmten Hansa Studios in Westberlin. Im gleichen Jahr 1977 produzierte David Bowie im Hansa seine beiden Klassiker «Low» und «Heroes», dazu Iggy Pops «Lust for Life». Leider lief er uns in der Woche unserer Aufnahmen nicht über den Weg, wohl auch weil wir tagsüber arbeiteten im Gegensatz zu den Nachteulen Bowie und Pop. Dabei kreuzten wir abends sicherlich Bowies Pfade, wenn wir nach dem Studio in der Bar seiner damaligen Freundin, der wunderbaren Romy Haag, einen Drink nahmen oder ein Konzert von Weather Report mit den Jazzlegenden Wayne Shorter, Joe Zawinul und dem atemberaubenden Bassisten Jaco Pastorius besuchten.

Auf unserem beziehungsweise Caros Album spielten außer Karsten und mir routinierte Studiomusiker, Regie führte der

Schlagerproduzent Joachim Heider, der Peter Maffay zu seinem Megahit «Und es war Sommer» verholfen hatte, und so klang das Produkt dann auch, steril, harmlos, ohne Feuer, ohne Druck, ohne Groove, ohne Soul. Ein Livemitschnitt aus dem Pö wäre das um Klassen bessere Album gewesen. Die Songs der Platte stammten hauptsächlich von Caro selbst und waren mit ein oder zwei Ausnahmen wie der Ballade «Julie» noch nicht ausgereift und einfach zu belanglos, sie waberten zwischen nettem Oldie-Pop und flauem Rock, die Coverversion des Stones-Titels «Child Of the Moon» war hübsch gelungen, der Little Feat-Nummer «Skin It Back» fehlte der nötige schmutzige Punch. Als ich das fertig gemischte Album hörte, dachte ich nur: welch vertane Chance! Auch die Fachpresse war nicht begeistert, der Chefredakteur von *Sounds* schrieb einen bitterbösen Verriss, nannte die Platte ein «Machwerk».

Die JCT Band brauchte für Liveauftritte eine Rhythmusgruppe, nach endlosen Vorspielsitzungen fanden wir die erfahrenen Profis Tom Garn am Bass und Siddhartha Gautama an den Drums, wir spielten noch viele Konzerte und Fernsehtermine in ganz Deutschland hinunter bis in die Schweiz, Caro bemühte sich, die Rolle der Frontfrau überzeugend zu füllen, doch trotz seltener Highlights blieb ein Bruch, die Seele der Musik war verschwunden. Als im Herbst 1978 die Beziehung zu ihrem Manager ins Wanken geriet und das Projekt JCT Band für beendet erklärt wurde, zog sich Caro nach Gießen zu ihren Eltern zurück. Selbst zu dem Abschiedskonzert, das wir als versöhnliche Geste im Dezember im Logo organisiert hatten, erschien sie nicht, zum Abschied der Band, die jahrelang mein, ihr und das Leben der anderen Musiker dominiert hatte. Es kamen zum Trost andere Wegbegleiter ins Logo, Abi und die Mitglieder eines neuen Projekts, über das noch zu reden sein wird.

Caro hat danach mit verschiedenen Produzenten Pop-Alben aufgenommen, meist gelangen die weniger gut, weil die Songs nicht stark genug waren und Caro ihr ungeheures Talent als Sängerin nicht auslebte. Erst 2005 produzierte sie mithilfe der Kravetz-Familie das Album «Eternity», das alles hielt, was Caro versprochen hatte, ihr Statement für die Ewigkeit. Später schlug sie jazzigere Töne an, nahm zwei weitere Alben auf und gewann unter dem Namen Caro Josée den ECHO Jazz.

Das frühere Rhythmus-Rückgrat von Pussy Reinhard Lehmann und Klaus Hormann hatte mittlerweile zusammen mit dem Sänger Paul Botter, dem Pianisten Claus Epe und dem Gitarristen Alexander von Oswald eine neue Band gegründet, Jumbo. Botter hatte eine gewaltige Soulstimme, irgendwo zwischen Steve Winwood und Van Morrison, Alex war ein äußerst ausdrucksstarker gefühlvoller Gitarrenspieler, stammte aus einer Welt, die mit Rock, Blues und Blue Notes seltener assoziiert wurde. Er war der Sohn eines hanseatischen Kaufmanns und der künstlerischen Tochter des Fürsten von Bismarck, Alex war somit Ururenkel des Reichskanzlers Otto. Von steifem Adel war bei von Oswald nichts zu spüren, er war offen, herzlich, lebenslustig, keine Spur hochnäsig oder arrogant, ein Vollblutmusiker. Ich freute mich auf Jumbos Konzert im Logo am 8. Dezember, fünf Tage nach unserem Abschiedsspiel. Ein gutes Jahr früher, im Juli 1977, hatte ich eine andere Art Adel kennengelernt. Ich schrieb für das Musikmagazin *Sounds* und besuchte in meiner Doppelfunktion als Radio- und Printjournalist in Offenbach das Konzert des amerikanischen R&B-Sängers Boz Scaggs, der gerade mit dem Album «Silk Degrees» einen riesigen Erfolg feierte. Scaggs hatte das Album mit ganz jungen Studiomusikern aus L.A. aufgenommen, die schon bei den Trendsettern Steely Dan Erfahrung gesammelt hatten. Der Schlagzeuger Jeff Porcaro und der Pianist David Paich waren die Söhne von

Joe Porcaro und Marty Paich, legendäre Mitglieder der Dynastie von Studiomusikern, die seit den 50er-Jahren in den Studios von Hollywood für die Creme aus Jazz und Pop musiziert und arrangiert hatten, Ray Charles, Sarah Vaughan, Ella Fitzgerald, Mel Tormé, Peggy Lee, Andy Williams und Hunderte mehr. Boz Scaggs ging dann auch mit den damals 23-jährigen Söhnen auf Tournee, und nach dem feinen Konzert in der furchtbar hässlichen Offenbacher Stadthalle saß ich mit den Musikern in ihrem Frankfurter Hotel zusammen, sprach mit Jeff, dem Drummer, und dem Bassisten David Hungate über ihre Aktivitäten als Studiomusiker, ich war neugierig, unsere Hansa-Session stand kurz bevor. Da erzählte mir Jeff, sie hätten genug für andere gespielt und wollten eine eigene Band aufmachen. Ich fragte nach dem Namen, er sagte, «wahrscheinlich etwas wie Tonto». Entweder hatte ich mich verhört, oder es gab andere, vielleicht rechtliche Gründe, das Album des Nachwuchses aus Hollywood, das im Oktober 1978 erschien, trug jedenfalls auf dem Cover ein Wappen mit Schwert und darüber das Wort «TOTO». Das Album war auch in Deutschland sogleich ein bombastischer Erfolg, Hits wie «Hold the Line» oder «Georgy Porgy» liefen in den Radiosendern rauf und runter. Ich bekam einen Anruf von Gerd Gebhardt, damals Promotion Manager bei CBS, ob ich die «Jungs» nicht wiedertreffen wollte, sie kämen am 8. Dezember für Presseinterviews nach Hamburg, ich könnte doch zum Essen mit der Band kommen. Im Restaurant war auch ein zweiter Porcaro dabei, Steve, der bei Toto die Keyboards spielte, und der schon 31-jährige Sänger Bobby Kimball, der als Einziger nicht aus der kalifornischen Clique stammte und in Texas und Louisiana aufgewachsen war. Die Stimmung war blendend, und trotz Jetlag wollte die Band noch etwas erleben. Das mag der örtliche Betreuer der Plattenfirma falsch verstanden haben, oder er dachte sich, ein Zug über den

Kiez auf Firmenkosten, welch gute Gelegenheit. Er dirigierte die gesamte Gesellschaft zum berüchtigten Club Amphore in der Hafenstraße, am schönen Blick auf den Hafen hatten Besucher damals wenig Interesse, in dem Club, einer Mischung aus Bordell und Sex-Show, ging es um andere Bedürfnisse. Kaum hatten wir uns in die Plüschsessel gedrückt, lief auf der Bühne eine Show an, die man kaum als Striptease bezeichnen konnte, während durch die halb geöffneten Vorhänge der Seiten-Separees eindeutige Aktivitäten zu beobachten waren. Die jungen Helden aus gutem Hause machten große Augen, nicht aus Bewunderung, sondern eher aus Entsetzen und Abscheu, und als kurz darauf ein angetrunkener japanischer Geschäftsmann auf die Bühne torkelte und an der dort inszenierten Orgie teilhaben wollte, war das Maß voll, ein Blick in bleiche Gesichter, die Band erhob sich, und wir flohen wie erwischte Internatsschüler aus dem Laden. Nur Bobby wollte gerne bleiben, der CBS-Mann musste sich dann im Taxi einiges anhören. Aber wohin nun, mir fiel das Logo ein, es war kurz nach elf, vielleicht waren Jumbo, meine Freunde, noch auf der Bühne. Toto stimmten zu, das entsprach der Sorte Entertainment, mit der sie vertraut waren. Das Schöne an Hamburg war, dass die wichtigen Orte und Stadtteile nah beieinanderlagen, die Fahrt zum Logo dauerte nur fünf Minuten. Als wir den Club betraten, spielte die Band gerade ein Stück des britischen Soulsängers Jess Roden, Paul setzte zur Strophe an, und nach wenigen Zeilen stutzte Jeff, der neben mir stand, schüttelte ungläubig den Kopf und rief mir ins Ohr, «Ich kann es nicht fassen, genau so einen Sänger haben wir für Toto gesucht, einen, der wie Steve Winwood singt, wer ist das, wie heißt der Kerl?» Als der Song vorüber war, legte Jeff nach, diesmal sehr leise, damit niemand mithörte, denn der Rest der Band stand in der Nähe. «Hätten wir diesen Sänger gekannt, wäre er jetzt bei Toto, wir mögen nämlich die gepresste unentspannte Art, wie Bobby singt, eigentlich gar nicht.» So eng ist Paul Botter aus Helgoland also daran vorbeigeschlittert, ein Weltstar zu werden.

Als Jumbos Set vorüber war und wir die Musiker begrüßt hatten, schlug ich vor, eine Session anzuhängen, Jeff setzte sich hinter das Schlagzeug, Klaus blieb am Bass, Alexander nahm die Gitarre, ich ging ans E-Piano und vorne zwei Sänger, die nicht ahnten, dass sie virtuelle Konkurrenten waren, Bobby und Paul. Was folgte, war auf jeden Fall heißer als die Show im Amphore Stunden zuvor.

Im April 1980 waren Toto wieder in der Stadt zu ihrem ersten Konzert. Hamburg besaß damals noch keine große Hallenarena, daher fanden Gastspiele bekannterer Acts oft in der ziemlich speckigen Sporthalle statt. Dorthin kamen Toto mit einem neuen Bassisten, dem dritten Porcaro-Bruder Mike, und mit einem Topstar als Backgroundsänger, Timothy B. Schmit, Mitglied der gerade getrennten Eagles. Nach ihrem lauten, bombastischen und mir zu überladenen Auftritt besuchte ich die Band in der Garderobe, das Hallo war groß, Erinnerungen an den Sex Club und die Logo-Session wurden aufgewärmt. Nach ihrem zweiten Album hatten sie aber wieder verstärkt Studio-Jobs für andere Künstler angenommen, erzählten sie, vier Bandmitglieder hätten gerade auf Michael Jacksons nächsten Album gespielt, Paul McCartney wäre auch dabei gewesen, für ein Duett mit Michael. Keyboarder Steve habe sogar einen der Songs komponiert, «Human Nature». Das Album, um das es ging, hieß «Thriller», der meistverkaufte Tonträger aller Zeiten. Schön sei es auch gewesen, für Donald Fagens Soloalbum «The Nightfly» zu arbeiten, später als eines der Popmeisterwerke der 80er gepriesen. «Ach ja», warf Jeff ein, «Randy Newmans neue Platte haben wir auch eingespielt, da ist ein Hit drauf, da macht er sich über Los Angeles lustig, I Love L.A.»

In den Jahren danach spielte Jeff Porcaro trotz der Belastung von sieben weiteren Toto-Alben und ebenso vielen Tourneen auf Hunderten von Aufnahme-Sessions für praktisch jeden wichtigen Künstler der Popgeschichte, für Elton John, Eric Clapton, Bruce Springsteen, Miles Davis, Pink Floyd, Paul McCartney, Aretha Franklin, Barbra Streisand, Don Henley, Paul Simon und viele andere. «Jeff war der beste Drummer der Welt, besonders im Aufnahmestudio», bestätigte mir David Crosby 1993. Ich sah Jeff noch einmal wieder, im Dezember 1990 hinter der Bühne beim NDR-2-Festival in Oldenburg, er wirkte ausgelaugt, gestresst und nicht gesund. Er starb 1992 im Alter von nur 38 Jahren an einem Herzinfarkt, vermutlich nach allergischem Schock durch das Einatmen von Pestiziden.

Jumbo mussten ihren Namen ändern, weil es schon eine andere Band gab, die so hieß, ab 1980 nannten sie sich «Elephant», was ja nahelag. Eines Tages kam Paul Botter, der in der Nachbarschaft wohnte, zu mir in die Wrangelstraße, brachte mir ein Tape mit Songentwürfen für ihr erstes Album und bat mich, Texte für die Songs zu schreiben. Also dichtete ich Reime für Comeback-Feiern («Glad to Be on My Feet Again»), Oden an die Nacht («Boulevard Lights») inspiriert von Bob Seger oder Bruce Springsteen, für Liebesklagen («Killing My Love») oder «maritime» Skizzen vom damaligen Straßenstrich am Fischmarkt («Down by the Water»). Richtig stolz war ich aber auf den Text zu «Rocks in the Sea», eine Liebeserklärung an Pauls heimatliche Felseninsel, Helgolands neue Hymne. Vier Alben nahmen Elephant zwischen 1980 und 1985 auf, das Personal wechselte, 1988 war dann Schluss, bis Paul die Band nach 2004 wiederbelebte. Alexander übernahm in den 80er-Jahren das Hafenklang Studio von Gründer und Namensgeber Herbert Böhme, produzierte und managte junge Hamburger Bands wie Die Antwort, Nationalgalerie, Grace Kairos oder Jeremy Days, bevor er wieder mit dem hochtalentierten Sänger und Autor Andre Rademacher und dem Projekt «Maxim Rad» als brillanter Gitarrist aktiv wurde. Er blieb immer für mich ein sehr inspirierender musikalischer Freund und Gesprächspartner.

Sommer 1978, wieder im Logo, hinter dem Eingang stand ein langer Heizkörper für die Nachtspeicherheizung, ein begehrter Platz zum Sitzen und Beobachten mit gutem Überblick auf den gesamten Laden. Nach einem Auftritt der JCT Band brachte ich gerade mein Equipment nach draußen, als ich auf dem Heizkörper eine Frau sitzen sah, braune halblange Haare, Mittelscheitel, freundliches Lächeln. «Hi, ich bin Ulla», sagte sie. Ich wusste, wer Ulla Meinecke war, sie stammte aus Frankfurt, hatte eine Demokassette an Udo Lindenberg geschickt, und der hatte sie nach Hamburg geholt. Hier führte sie sein Büro, organisierte seine Termine und hatte ein Album aufgenommen mit Udo als Produzent. Ich setzte mich zu ihr auf die Heizung, wir kamen ins Reden, Ulla erzählte von den Aufnahmen in München für ihr zweites Album, es sollte einen lustigen Titel tragen, «Meinecke Fuchs». Ich steuerte einige Anekdoten aus den Chaostagen unserer Band bei, Ulla kannte Caro und ihren Manager von den Fotosessions für das *stern*-Cover, sie war auch eine der «Rock-Ladies». Wir setzten unsere Unterhaltung auf bequemeren Sitzen fort, in einer der Kneipen am Mittelweg, Ulla wohnte nebenan in Udos alter Wohnung, die zum Wohnbüro umfunktioniert worden war. Themen gab es genug, ihre Erfahrungen im Studio, das Überwinden der anfänglichen Unsicherheit als Sängerin, ihr möglicher Einfluss auf ihren Chef, mit dem sie auf Udos Album «Panische Nächte» zwei beeindruckende Songs geschrieben hatte, «Schneewittchen», ein bewegender Text über das ausweglose Grauen einer Heroinsucht, und «Sie ist 40» über Ehe-Frust und unerfüllte Träume. Wie viele berühmte Autoren saugte Udo beim Textschreiben gerne Geschichten, Sprüche, Ideen aus seiner Umgebung auf; wenn er jemanden als Co-Autor akzeptierte, hieß das, der oder die hatte wirklich einen bedeutenden Anteil an der Story. Ulla war äußerst eloquent, hatte eine große Gabe, fantasievoll und sensibel mit Sprache umzugehen. Sie zeigte mir einen Song von ihrem zweiten Album, «Wenn ich jetzt weiterrede», ein zerbrechliches Liebeslied fern jeden Klischees, in der deutschen Popmusik hatte ich ähnlich ehrliche, zärtliche Töne noch nicht gehört.

Wir freundeten uns an, redeten über Politik, englische und deutsche Musik und alle verwandten Themen, aber es war immer klar, dass Ulla absolut loyal und verschwiegen war, was ihren Mentor und Chef Udo betraf. Ein vernünftiger Selbstschutz, denn in Udos Umfeld gierten diverse Klatschreporter und falsche Freunde nach jedem kleinen Zitat, jedem Hauch von Gerücht, das man zu einer Skandalstory aufblasen konnte.

Udo produzierte in jenen Wochen sein zehntes Album, eine erstaunliche Leistung in einem Zeitraum von knapp sechs Jahren, er hatte gezeigt, dass im Kontrast zu den Lebenslügen der Schlagerszene deutschsprachige Popmusik reale und fiktive, traurige und witzige Geschichten aus dem Leben der Menschen in ihrer Sprache, mit ihren Gefühlen, Ängsten, Sehnsüchten und Abgründen glaubwürdig erzählen konnte. Er sang schon 1973 von Themen, über die ich persönlich nicht einmal nachdachte, wie die deutsche Teilung, den Wunsch nach Freiheit für den Osten, die Hoffnung auf ein vereintes Deutschland. Dieses Anliegen sollte er in den 80er-Jahren mit sehr klaren Aussagen, demonstrativen Aktionen und politischen Songs noch intensiver verfolgen. Sein mutiger Auftritt im Ostberliner Palast der Republik und die daraufhin von der Regierung verfügte Absage seiner DDR-Tournee, auf die seine vielen Fans im Osten so lange gehofft hatten, lösten nachhaltige Wellen aus, deren

Auswirkungen innerhalb der DDR und damit Udos Anteil am Zusammenbruch des SED-Regimes nicht zu unterschätzen waren. Im Spätsommer 1978 stand er allein am Mikrofon im Teldec-Studio am Heussweg und sang gefühlt vierzigmal die Schlusszeilen eines Liebesliedes, dem letzten Song seines Albums «Dröhnland-Symphonie». Ulla hatte den zarten Text der wunderschönen Ballade «Bis ans Ende der Welt» verfasst, sie hatte mich mit ins Studio genommen. Udo, der oft unsicher war, welche Betonung oder Phrasierung nun die richtige war, probierte vieles aus. Er brauchte und liebte Zuspruch und guten Rat. Es dauerte Stunden, bis er mit seiner Gesangsaufnahme glücklich war, aber genau diese Ausdauer, Genauigkeit und Leidenschaft erklärten seinen überragenden Erfolg.

Ich traf Udo in den späteren Jahren ab und zu, auch in den 90er-Jahren, nachdem er schon 1989 einen Herzinfarkt erlitten hatte. Seine Produktionen wurden schwächer und erfolgloser, und er drohte, wie er mir viel später offen erzählte, in Sucht und Chaos zu versinken. Einmal kam er morgens um halb fünf in ein Late-Night-Lokal in Eimsbüttel gewankt, Arm in Arm mit einem prominenten blond-roten Berliner Schauspieler, nach kurzer Auszeit im Billardraum wurde kräftig weiter getrunken, gefeiert und lautstark parliert. (Stellt sich mir heute nur die Frage, was ich eigentlich um diese Uhrzeit in dem Laden wollte?)

«Ich merkte, dass ich mein Leben zerstöre», sagte er mir 2016, zehn Jahre zuvor hatte er einen Schnitt gemacht und begonnen, mit jungen Musikern und Produzenten wie Andreas Herbig das grandiose Comeback-Album «Stark wie zwei» aufzunehmen. Ich hörte von meinem Freund Herbert, in dessen neuem Studio Boogie Park auf einem Hinterhof in Ottensen produziert wurde, von einem frischen, nüchternen und fitten Udo. Nachdem das Comeback-Werk 2008 erschien, erlebte es einen sensationellen Erfolg, der sich mit dem MTV-Unplugged-Album und ausverkauften Stadien-Tourneen fortsetzte. Ich habe mich unglaublich mit und für Udo darüber gefreut. Die gesamte Geschichte rollte er mir noch einmal ausführlich in einem sehr ehrlichen Radiointerview auf, kurz vor seinem 75. Geburtstag im Mai 2021, die Szenerie war stilvoll und ein wenig gespenstisch: ein fast menschenleeres, wegen der Pandemie geschlossenes Hotel Atlantic, Udos Zuhause.

Ulla fühlte sich Ende der 70er-Jahre nicht mehr richtig wohl am Hofstaat von König Udo, ihr Plattenvertrag war ausgelaufen, sie suchte eine neue Perspektive. Zu mir sagte sie, sie wolle neue Musiker finden, eine Band gründen und nach Berlin ziehen, und das genau tat sie im November 1979. In den 80er- und 90er-Jahren produzierte sie dort großartige und sehr erfolgreiche Alben mit musikalischer Hilfe von Herwig Mitteregger, Udo Arndt, Edo Zanki, Rio Reiser, Manfred Maurenbrecher, Rudy Nielson und anderen. Anfang der 90er plante Ulla ihr Covers-Album «Löwen», sie kam nach Hamburg, und wir saßen in meiner Wohnung in der Wrangelstraße auf dem Boden und wühlten uns durch Berge von Platten, um Songs dafür auszusuchen. Ich schlug ihr Bruce Springsteens «One Step Up» vor, sie hakte ein, schrieb einen deutschen Text, der in die USA geschickt und rückübersetzt wurde, damit der Autor, Bruce Himself, die Genehmigung erteilen konnte. Springsteen hatte davor nie einer fremdsprachigen Version seiner Songs zugestimmt, hier gab er sein Okay und ließ mitteilen, dass er den deutschen Text sehr gelungen fand. So nahm Ulla eine wunderschöne deutsche Version auf mit dem Titel «Ein Schritt vor und zwei zurück», dabei war ihr Leben doch genau andersrum gelaufen.

9
TALKING BLUES

ES IST DER 7. APRIL 1981, SCHWEISSNASSE, GLÜCKLICH
lächelnde Menschen drängen aus dem Großen Saal des Hamburger Congress Centrums, der immer wirkt, als sei er für Uni-Vorlesungen und nicht für Musik erfunden worden und der heute seine Sternstunde erlebt hat, die triumphale Premiere der ersten Europa-Tournee des amerikanischen Superstars Bruce Springsteen. Drei Stunden hat der Einunddreißigjährige mit seiner kochenden E Street Band gezeigt, dass er wie kein anderer die Dramaturgie eines Rock-'n'-Roll-Konzerts beherrscht. Er braucht keine technischen Tricks, er hat seine Persönlichkeit, seine Ausstrahlung, seine Power. Springsteen läuft, wirbelt, springt, tanzt auf der Bühne oder steht einfach nur da. Ruhige romantische Stimmungen wechseln mit rockigen, dunklere mit überschäumend fröhlichen. Mit der Melodie von «Born to Run», einer der Zugaben, im Ohr gehe ich durch eine Seitentür des Foyers in einen schmucklosen Nebenraum, in den etwa dreißig Journalisten aus ganz Europa zu einem After-Show-Empfang eingeladen sind. Der Künstler wird von seinem Management, geleitet vom früheren *Rolling-Stone*-Journalisten Jon Landau, während seines viertägigen Aufenthalts in Hamburg streng abgeschirmt, es gibt keine Pressetermine, keine Interviews. Aber nach einer Weile kommt die Co-Managerin Barbara Carr zu mir. «Are you Peter?», fragt sie und bedeutet mir, in den Backstage-

Bereich zu kommen, Bruce wünsche, mich zu sehen, ich bin überrascht, fast schockiert, warum ich? Es scheint, so Barbara, er habe gestern einen Teil meiner Club-Sendung auf NDR 2 gehört, in der ich musikalisch den roten Empfangsteppich für den ersten Besuch eines der wichtigsten Künstler der letzten Dekade ausgerollt hatte. Oder es liegt an Jon Landau, dem ich ein Exemplar meines Buches *Rollende Worte*, in dem ich mich ab und zu auf den Autor Landau bezogen hatte, im Plaza-Hotel hinterlegt habe, natürlich mit ausführlicher Widmung. Nur, das Buch ist in deutscher Sprache, der Landau wahrscheinlich nicht mächtig ist. Jedenfalls laufe ich jetzt zitternd durch die verwirrenden Gänge hinter der Bühne, wie ein B-Jugendspieler vor einem Treffen mit Pelé. Ich werde in einen schmalen Raum geführt, eine Art Kabine mit Massagebank, es riecht stark nach Kampfer, wie in einer Sportlerumkleide. Ich setze mich auf einen schmalen Hocker, urplötzlich steht er da, mit freiem Oberkörper, glänzend von Schweiß und Massageöl, wie ein Boxer nach dem Kampf oder ein Arbeiter nach einem harten Job. Bruce begrüßt mich, humpelt heran, erklärt, dass er sich beim Sprung von einem PA-Lautsprecher den Fuß verstaucht habe, und lässt sich auf der Bank nieder. Ich frage, ob ich den Rekorder anstellen kann, «Lieber nicht», sagt er, er sei erschöpft, würde lieber entspannt und ohne Druck reden. Er gebe keine Interviews, weil er ständig dieselben Antworten auf dieselben Fragen geben müsse. «Ich spare meine Energie lieber für die Bühne und die Zuschauer auf», deswegen unterstütze er auch vehement eine Initiative gegen die Ausbeutung des Publikums durch Schwarzhändler. Noch ganz angefasst sei er von diesem Abend, überwältigt vom phänomenalen Erfolg. Er habe vor Konzerten immer Angst, sei nervös, besonders hier, wo er noch nie gespielt habe, «doch das Publikum ist wie in den USA, nur anfänglich etwas zurückhaltender». Ich erkläre, dass das besonders in Hamburg immer so sei, wenn aber der Bann gebrochen sei, gibt es kein Halten, dann ist die Liebe grenzenlos. Ja, das habe er ganz stark gespürt, es sei eines der besten Konzerte gewesen, die er je gegeben habe. Wir sprechen dann über einzelne Songs des Programms, über die fulminante emotionale Aufbruchshymne «Badlands», über die ruhigen Songs. Bruce betont, wie sehr es ihn freut, dass auch da konzentriert zugehört wurde, «denn in meiner Brust wohnen zwei Seelen, der Rock'n'Roller und der Balladensänger». In beiden Rollen ist er filmreif, vor allem beim inszenierten Bühnenduett mit Saxofonist Clarence Clemons; ich frage, ob er sich vorstellen kann, in einem Film mitzuspielen, schlage einen Filmtitel vor, «Der schwarze Riese und der drahtige Straßenjunge». Ja vielleicht, grinst Bruce, aber momentan nicht, «ich möchte das tun, was ich am besten kann, Konzerte geben, Musik machen». Wir reden noch darüber, was er von Hamburg gesehen hat, er sei wie ein Tourist herumgefahren und hoffe noch auf ein Treffen mit seinem Idol Mitch Ryder, der ja oft in Deutschland sei. Fast zwanzig Minuten sind vorbei, Bruce steht auf, dankt mir, schreibt das auch noch in mein Programmheft und verabschiedet sich. Dann geht er sich etwas anziehen, es riecht noch immer nach Kampfer. Beim Rausgehen denke ich, da habe ich doch morgen im Radio einiges zu erzählen.

Die *Sounds*-Redaktion war aus einem schönen, aber engen Dachgeschoss in der Harvestehuder Heilwigstraße in ein anonymes Bürogebäude am Winterhuder Weg in Uhlenhorst gezogen, wo die drei festen Redakteure Jürgen Legath, Jörg Gülden und Teja Schwaner mit einem Dutzend freier Autoren jeden Monat eine neue Ausgabe von Deutschlands führendem Musikmagazin auf die Beine stellten. Manchmal erschien es mir wie ein Wunder, dass ein vollständiges Heft dabei herauskam, bei dem wuseligen Durcheinander von lauten Telefonaten, gestressten Redakteuren, nervenden Autoren, die wieder mal zu spät ihr Manuskript ablieferten, und spontanen Kreativausbrüchen, begleitet von hochprozentigen Erfrischungsdrinks und anderen Ablenkungen durch den ständigen Fluss von Besuchern und gut gelaunten schnatternden Menschen in Gängen und Büros, bei denen unklar blieb, was sie dort eigentlich zu tun hatten. Ich kam in die Redaktion, um Platten für Rezensionen abzuholen, Texte abzugeben oder Informationen zu Konzertreisen und Interviewterminen zu erhalten. Bei *Sounds* war mein Hauptschwerpunkt Schwarze Musik: Ich schrieb über Stevie Wonder, Etta James, Aretha, Gladys Knight, Bobby Bland, interviewte den Soul-Jazzer George Benson, die Crusaders und die vielleicht eindringlichste Sängerin ihrer Zeit, die zu früh verstorbene Esther Phillips. Deren bewegendes Album «From a Whisper to a Scream» hatte Aretha Franklin veranlasst, ihren Grammy an ihre Freundin Esther abzutreten.

Meine erste Auftragsreise ging im September 1976 in die «alte Heimat», nach London in die vertraute Albert Hall. Der Anlass war ein Meilenstein, der erste Europa-Auftritt des Soulprinzen Marvin Gaye, damals 37 und schon Legende. Nach der Welle von Motown-Hits in den 60ern hatte er mit dem politischen Werk «What's Going On» Anfang der 70er eine epochale Marke gesetzt, war 1973 mit «Let's Get It On» nicht weniger betörend ins Intim-Private abgebogen und hatte zwei Jahre danach die Gefühlswelt von Sinnlichkeit und Sex mit «I Want You» weiter erforscht. Die «heilige» Halle vibrierte von der kreischenden, schmachtenden Hingabe des meist weiblichen Publikums, als Gaye wie ein eleganter Magier mit pulsierender Band und schwebenden Orchesterklängen durch sein Programm voller Klassiker zauberte, von «I Heard It Through the Grapevine» und «How Sweet It Is (To Be Loved by You)» zu «Inner City Blues» und «Let's Get It On», Marvin Gaye live war auch für mich eine schwindelerregende euphorische Erfahrung.

Einer völlig anderen prominenten Stimme der damaligen Soulszene galt ein weiterer London-Auftrag für *Sounds* einige Monate später. Millie Jackson war eine laute polternde Soul-Diva, die im Hammersmith Odeon, einem riesigen früheren Kino, auf einem wackeligen Seil balancierte. Ihr Thema waren Sex und die Beziehung der Geschlechter. Einerseits predigte sie das Ende der männlichen Dominanz und forderte in kämpferischen Tönen Frauen auf, das «Heft» in die Hand zu nehmen, andererseits verzierte sie ihre Songs und Raps mit derart drastischen eindeutigen Texten und Aktionen, dass sie eher in eine Pornoshow in Soho gepasst hätten und besonders bei Frauen im Publikum für ungläubiges Erstaunen sorgten, während sich viele Männer köstlich amüsierten. Fazit: kontraproduktiv. Ich traf Millie nach dem Konzert in ihrer Garderobe, da war sie nicht mehr die anrüchige Sex-Prophetin, sie war still, erschöpft, nachdenklich, beteuerte die Ernsthaftigkeit ihres Anliegens, bestritt, dass die Sex-Kampagne reiner Verkaufstrick war. Dabei sei sie doch eine verdammt starke Sängerin, erinnerte ich, besonders bei emotionalen Balladen wie «Loving Arms» und «Hurts So Good», der Song, den ich Caro gezeigt hatte. «Jaaaa» kam die lang gezogene überraschende Antwort, deswegen plane sie ein Duett mit den Jacksons. Ich schluckte, stellte mir Millie und Michael bildlich vor und biss mir fast auf die Zunge, konnte mich aber nicht zurückhalten: «Ist das dann die Jackson Sex?», fragte ich. Millie lachte laut auf, machte noch eine schlüpfrige Bemerkung über die Vorteile meines Schnurrbarts und entließ mich aus ihrem Spinnennetz.

Wenige Wochen später saß ich wieder im Art-déco-Saal des Odeon, diesmal, um von der Livepremiere des neuen Albums von Joan Armatrading zu berichten. Armatrading war eine höchst sensible Sängerin und Autorin, die in Basseterre, der Hauptstadt der Karibikinsel St. Kitts, geboren wurde, als Kind mit ihren Eltern nach Birmingham auswanderte und mit 15 die Schule verließ, um die Familie finanziell zu unterstützen. John Peel hatte Joan in seiner BBC-Show vorgestellt und diese hochtalentierte ausdrucksstarke Sängerin auf dem Weg zu einer der anerkanntesten Musikerinnen des UK unterstützt. Ihre Songs liefen in meinen Sendungen rauf und runter, «Love and Affection» und «Down to Zero» blühten live so warm und leuchtend wie im Studio oder zu Hause. Genau wie der Titelsong ihrer neuen Platte es wünschte, «Show Some Emotion».

Hamburg, ein Jahr zuvor. Im Foyer des Hotels Intercontinental direkt an der Alster hing ein merkwürdiger Geruch in der Luft, süßlich, würzig, exotisch und auf jeden Fall unhanseatisch, es mussten auswärtige Gäste im Haus sein. Der Concierge nickte kurz in Richtung Fahrstuhl und hob drei Finger, dritter Stock. Als sich die Aufzugtür öffnete, schlug uns eine dichte Wolke aus Kochdämpfen und Marihuanarauch entgegen, im Hotelflur war eine Kochstelle eingerichtet, ein Rasta rührte und briet, es roch stark nach Jerk Chicken, Jamaikas Nationalgericht, gebratenes scharf gewürztes mariniertes Huhn. Schon in meiner allerersten eigenen Radiosendung hatte ich ja einer der wichtigsten Stimmen des Jahrzehnts Raum gegeben, dem

Botschafter der jamaikanischen Musik, Bob Marley. Mittlerweile war sein grandioses Livealbum aus dem Londoner Lyceum in ganz Europa und den USA ein überragender Erfolg. Im Sommer 1976 kam die Gelegenheit, den König des Reggae persönlich zu treffen. Am Abend hatten Bob und die Wailers in der Musikhalle gespielt, jetzt wurde für Musiker und Crew gekocht, die gesamte dritte Etage des Hotels war für die Gäste aus Jamaika, die ihren eigenen Koch mitgebracht hatten, reserviert. Teja Schwaner, *Sounds*-Kollege und Chef-Reggae-Verkünder des Magazins, nahm mich mit in das Reich des Propheten. Teja, aus dessen Feder wunderbar beseelte Features über Marley und die Geschichte und Philosophie des Reggae geflossen waren, hatte die Reisegesellschaft schon seit vier Tagen bei den Konzerten in Offenburg und Düsseldorf begleitet, war im Tourbus mitgefahren, gehörte praktisch zum Team. Nach wenigen Minuten wurden wir in eine düstere, nur durch eine Lampe erleuchtete Suite geführt, die Tür zum Schlafraum stand offen, auf dem großen Bett saß oder eher ruhte Robert Nesta Marley, kurz Bob, und rauchte einen Spliff, seine mittellangen Dreadlocks strahlten wild in alle Richtungen wie ein dunkler fleckiger Heiligenschein vor dem weißen Kissen an der Rückwand des Betts. Er begrüßte Teja, der mich einführte, und da keine Stühle im Raum standen, ließen wir uns auf dem Boden nieder. Teja stellte eine Frage in einer Mischung aus Englisch und jamaikanischem Dialekt, Bob antwortete in Patois, der kreolischen Sprache Jamaikas, und ich verstand kein Wort. Teja nickte, aber ich war nicht sicher, ob er dem Schwall der Worte aus Marleys Mund wirklich folgen konnte. Offensichtlich ging es um jamaikanische Politik, dort standen Wahlen an, um Gewalt des «Systems Babylon» und die Religion der Rastafari, um ihren Gott Jah und die Lehren des Marcus Garvey. Bob redete und redete, dazwischen wurde der erloschene

Spliff reaktiviert, er redete weiter. Ich weiß nicht, wie lange wir wie die Jünger zu Füßen des Messias auf dem Teppichboden hockten, die Szene lief wie ein ununterbrochener fast musikalischer Strom der Laute vor mir ab, unverständlich, aber von einer faszinierenden fast hypnotischen Aura. Dazu fühlte ich mich, obwohl ich nicht mitrauchte, ziemlich bekifft, allein durch das Einatmen der «Ganja» geschwängerten Luft versank mein Kopf mehr und mehr im Nebel. Irgendwann wurde auch der Prediger Marley müde, er hatte ja schließlich auch schon ein volles, gefeiertes Konzert hinter sich. Als er wegzunicken drohte, rafften Teja und ich uns auf, sagten auf Wiedersehen und verließen schwebend die jamaikanische Enklave voller mystischer Geschichten inmitten eines bürgerlichen Fünf-Sterne-Hotels an der Hamburger Alster.

Bob Marley sollte nur noch fünf Jahre zu leben haben, er starb 1981 im Alter von 36 Jahren an Krebs. Sein Siegeszug hatte sich unaufhaltsam fortgesetzt, andere Acts aus Jamaika wie Toots and the Maytals, Burning Spear, Sly & Robbie oder Third World verbreiterten den Erfolg und etablierten Reggae als einen der wichtigsten Popmusik-Stile der kommenden Dekaden. Teja Schwaner wurde nach seiner Zeit als Musik- und Filmjournalist bei *Sounds* und anderen Zeitschriften ein renommierter Übersetzer angloamerikanischer Literatur, unter anderem von Hunter S. Thompson.

Zwei prominente Mitglieder der Wailers hatten schon 1974 die Band verlassen, Bunny Livingstone und Peter Tosh. Tosh fühlte sich als rebellischer Geist von Produzent und Plattenfirmen-Chef Chris Blackwell zur Seite gedrängt und warf ihm vor, Marley als Frontmann und zentralen Fokus der Band zu bevorzugen, was sicher nicht falsch war. Tosh startete mit der Unterstützung der Rolling Stones eine solide Solokarriere, seine Reggae-Version des alten Smokey-Robinson-Songs «Don't Look

Back» wurde im Duett mit Mick Jagger ein internationaler Hit. Als ich ihn kurz nach Veröffentlichung des Albums «Bush Doctor» im Dezember 1978 traf, war er noch immer der Rebell gegen die Diskriminierung der Rastas durch Politik, Justiz und Polizei. Er mache politische Musik, sagte er mir, und werde dafür verfolgt, kürzlich hätten ihn in seinem Wohnviertel Spanish Town in Kingston acht Polizisten wegen eines Spliffs auf die Wache geschleppt, auf Kopf und Nieren geschlagen, seine Hand gebrochen und einen halben Tag in die Zelle gesperrt, für Tosh die Bestätigung des Vorurteils, dass das «System» aus Justiz und Polizei alle Rastas für kriminell hielt.

Neun Jahre später, das friedliche «herb» Marihuana und auch Cannabis waren in vielen Teilen Jamaikas den aggressiven und für die Dealer lukrativeren Drogen Kokain und Crack gewichen, die Zahl der Gewalttaten und Überfälle hatte stark zugenommen. Es war August 1987, ich machte Urlaub, besuchte meinen Freund Claus im idyllischen Nordosten Jamaikas. Er lebte im malerischen Port Antonio, das der wegen seines exzessiven Privatlebens berüchtigte Hollywoodstar Errol Flynn in den 40er- und 50er-Jahren als Holiday-Resort entdeckt hatte, zeitgleich mit Bond-Erfinder Ian Fleming und Musical-Autor Noel Coward. Der kleine Küstenort war in Aufruhr, ein Filmteam aus den USA war in die Stadt eingefallen und drehte «Cocktail». Die Schauspieler wohnten in meinem Hotel, und während Tom Cruise, Elisabeth Shue und Bryan Brown in der Dragon Bay, am Traumstrand Frenchman's Cove oder in den Gassen Port Antonios drehten, relaxten Mimi Rogers, frisch verheiratet mit Tom Cruise, und Rachel Ward, die Gattin von Brown, gerne am Pool. Es war schon seltsam, wenn die Frau, die du kürzlich in «Tote tragen keine Karos» bewundert hattest, neben dir im Wasser planschte. Um abends Musik zu hören, gab es in Port Antonio nur einen Platz, den Roof Club im Zentrum, eine schwarze Höhle mit offenem Dach, so dunkel, dass oft nur das Weiße in den Augen und die Reflektoren der Sneakers aufblitzten, die schweren Bässe der Dancehall- und Dub-Nummern dröhnten, es reichte, sich an einen Pfeiler zu lehnen, ein Red Stripe, Jamaikas Bier, in der Hand, und die Vibrationen im Körper zu spüren. Dieses elektrisierende Urerlebnis in einem engen, fast anonymen Verlies war einer der Gründe, warum der Roof Club auf der gesamten Insel und darüber hinaus berühmt wurde, die Jamaika-Liebhaber Mick Jagger und Keith Richards gehörten zu den Stammgästen.

Am 11. September 1987, ich war mit dem Bus für einen Kurztrip nach Kingston gefahren, zerschlug eine Schocknachricht die entspannte Stimmung. Vor einem Geschäft stand eine Traube wild diskutierender Menschen, eine Frau weinte. Ich fragte nach und erfuhr, Peter Tosh sei tot, erschossen bei einem Überfall auf sein Haus in Spanish Town. Später stellte sich heraus, dass der Haupttäter ein früherer Sträfling war, dem Tosh nach der Haftentlassung geholfen und einen Job besorgt hatte. Der große Rebell des Reggae war der brutalen Realität seiner Heimat zum Opfer gefallen.

Ein Jahr später lud die jamaikanische Tourismusbehörde sechs Journalisten aus Deutschland zu einer Informationsreise ein. Reggaemusik war einer der wichtigsten Exportartikel des Landes geworden, gleichzeitig lockte Reggae und der zugehörige Lifestyle ausländische Besucher an, die verstärkt zum Sunsplash Festival auf die Insel strömten. Anlass unserer Reise nach Montego Bay war das zehnjährige Bestehen des größten Festivals Jamaikas. Mit dabei waren Journalisten von Radiosendern und Tageszeitungen, darunter der höchst sympathische Karl Forster von der *Süddeutschen Zeitung*. Zwar zeigte der Aufenthalt im Sandals Resort und die organisierten Ausflüge zu den Wasserfällen am Dunn's River und zum unendlich langen Strand von Negril einige Schönheiten der Insel, aber kaum die Realität außerhalb der Hotelmauern und Festivalzäune, da musste man sich schon selbst ein Bild machen. Allerdings konnten wir an sechs Festivalabenden hautnah die massive Bedeutung von Reggae für die Kultur Jamaikas erfahren und nach Deutschland berichten. Zigtausende tanzten, groovten, wippten und hüpften zu Oldies wie den Heptones, John Holt, Marcia Griffith oder U-Roy, zu den neuen Dance Hall Acts wie Ninja Man, Pinchers, Lt. Stitchie oder Admiral Bailey, zu Legenden wie Beres Hammond, Freddie McGregor, Dennis Brown, Gregory Isaacs, Culture, den wieder aktiven Wailers, Yellow Man, Sly & Robbie oder Half Pint. Einen breiteren Querschnitt durch die Geschichte des Reggae konnte man nicht finden. Wir hörten religiöse Bekenntnisse, bei denen man nicht wusste, waren sie ernst gemeint oder Teil der Perfomance, Rasta-Klischees, wir erlebten lange Raps der Dance Hall DJs, die eindeutig zweideutige anzügliche Geschichten erzählten, allerdings in Patois, was den Spaß auf die heimischen Zuschauer beschränkte. Wir registrierten politische Botschaften und Appelle für die Beendigung der Apartheid in Südafrika ohne großen Widerhall im Publikum, wir spurten aber auch den hohen Grad der Kommerzialisierung des Events, denn der Preis für eine Dauerkarte für alle Tage des Festivals entsprach dem Monatslohn eines jamaikanischen Arbeiters, und die Preise an den Merchandise- und Memorabilien-Ständen waren ebenfalls horrend und eher auf die Gäste aus den USA und Europa zugeschnitten. Die schwachen Reaktionen auf politische Themen lagen in den letzten beiden Tagen vielleicht auch an der allgemeinen Erschöpfung, zehn Stunden pumpende Bässe und klirrende Akkorde aus Hallkammern und gigantischen Soundsystems konnten auch den härtesten Fan schlauchen. Immer öfter legten die Sunsplash-Besucher Ruhepausen ein und taten das, was sicherlich auch in der Karibik erfunden wurde: chillen, mit oder ohne Spliff.

In den Jahren, in denen ich zahllose Konzerte erlebt hatte, Musiker traf und ihre Musik im Radio präsentierte, wuchs immer mehr der Wunsch, in Interviews und Gesprächen mehr über Entstehung, Bedeutung, Hintergründe und Produktion von Musik zu erfahren, herauszufinden, welche persönlichen Ereignisse, lustige, zufällige oder traurige, welche Träume, Ängste oder Sehnsüchte in Musik und Text eingeflossen waren. Mit den vielen Interviews, die ich seit Mitte der 70er-Jahre führte, erfüllte ich mir gleich mehrere Bedürfnisse auf einmal. Ich stillte meine persönliche Neugier auf die Menschen hinter der Musik. Ich konnte Radiohörern oder Lesern Informationen vermitteln und Antworten auf Fragen geben, die sie schon länger bewegt hatten, und ich hatte die Chance, Interesse und Neugier für Künstler und ihre Musik zu wecken, die manchem bis dahin unbekannt oder fremd waren. Ich konnte für aufregende, spannende, aufrüttelnde, inspirierende, wegweisende, alte oder ganz neue Klänge werben, und für die kreativen Seelen dahinter. Manchmal ging es in den Gesprächen aber weniger um Kreativität, sondern um die Chemie der Bands, um private Beziehungen oder das Ende davon, um vertragliche Bedingungen und finanzielle Zwänge, die Leben und Arbeit der Künstler und Bands beherrschten und ihre Entscheidungen steuerten.

Fleetwood Mac waren ein Musterbeispiel für eine Band, deren Weg gezeichnet war von Austritten und Verabschiedungen, Krankheiten und persönlichen Krisen, Vertragsproblemen und betrügerischen Aktionen von Plattenfirmen und Managern. Ich hatte die Band schon in einer frühen Besetzung mit Gründer Peter Green erlebt und danach verfolgt, wie sie sich mehrmals musikalisch und personell schälte und immer wieder auferstand, bis 1974 gar keine Band mehr da war, weil die Affäre eines Gitarristen mit der Ehefrau des Namensgebers, Schlagzeugers und Bandleaders Mick Fleetwood das Gefüge der Band völlig zerstört hatte. Ich traf Mick im April 1977, er erzählte, dass 1974 die Band pleite war, da man wegen der Krise nicht auftreten konnte, und ihre Manager sogar eine Fake-Gruppe unter dem Namen Fleetwood Mac auf Tournee schickte, was der Originalband noch mehr schadete. Mick übernahm dann mit Bassist John McVie selbst das Management der Band, «gegen eine Pauschale von 10 Prozent», erzählte er mir, das sei doch angemessen. Er organisierte die Finanzierung ihres 1975er-Albums, das mit den neuen Mitgliedern Lindsey Buckingham und Stevie Nicks entstand und dank der großartigen Songs der Neuen wie «Rhiannon» ein Riesenerfolg wurde. Dennoch mussten Fleetwood Mac laut Mick danach ihre Schulden bei der Plattenfirma Warner mit den Einnahmen einer gesamten Tournee ablösen. Als ich Mick sprach, war kurz zuvor ihr legendäres «Rumours»-Album erschienen, es war noch nicht abzusehen, dass es mit über 30 Millionen verkaufter Exemplare eines der erfolgreichsten Alben aller Zeiten werden würde. Mick erklärte mir den Titel, die lange Produktionszeit sei von unendlich vielen Gerüchten begleitet gewesen, einige völlig aus der Luft gegriffen, wie das von der angeblichen Rückkehr Peter Greens, andere mit größerem Wahrheitsgehalt, wenn es um das Jo-Jo der verzwickten Beziehungsverflechtungen der Bandmitglieder untereinander ging. 1981 sprach ich mit Gitarrist und Sänger Lindsey Buckingham, der eigentlich sein Soloalbum promoten wollte, aber zu gerne auch über das Innenleben von Fleetwood Mac plauderte. Lindsey verriet, dass Stevie und er beim Eintritt in die Band 1975 schon getrennt gewesen waren, sie hätten aber eine intakte Beziehung vorgespielt, damit beide den neuen Job bekamen, ihre finanzielle Notlage sei damals so schlimm gewesen, «dass Stevie sogar Putzen gehen musste». Während der langwierigen Aufnahmen zu «Rumours» sei Stevie oft frustriert gewesen, weil sie als reine Sängerin ohne Instrument wenig zu tun hatte und sich im als Schlafzimmer eingerichteten Nebenstudio langweilte. Dabei habe sie doch, so Lindseys kleine Spitze, schon an ihrem nächsten Flirt gestrickt, mit Don Henley von den Eagles.

Mit Don Henley saß ich im Januar 1985 im Bayerischen Hof in München, wir unterhielten uns über sein zweites Soloalbum nach der Trennung der Eagles, ein Song des Albums war gerade ein weltweiter Hit, «The Boys of Summer». Die angedeutete Affäre mit Stevie Nicks war mir völlig entfallen, aber es war auch wahrscheinlich besser, sie nicht zu erwähnen, denn der freundliche, aber sachliche Henley wirkte nicht so, als wolle er seine Frauengeschichten besprechen; wichtiger war ihm, über amerikanische Politik zu reden. Er unterstützte aktiv Kampagnen zur Wahrnehmung des Wahlrechts, besonders seine eigene Generation enttäuschte ihn mit ihrer lethargischen Haltung kolossal. Er sei Patriot, aber gegen den Konservatismus der Reagan-Regierung. Reagan wäre ein Schauspieler, aber könne kein Land führen, höhnte Henley, «er ist der Zeremonienmeister beim Festessen anderer Leute». Was Musik betraf, war Don Henley auch 1985 immer noch sehr von Bruce Springsteen und dessen positiver Ausstrahlung begeistert, dazu von Ray Charles, Annie Lennox und Van Morrison. Den damals noch jungen, aber schon erfolgreichen Kollegen von U2 gab er jedoch den dringenden Rat: «Jungs, arbeitet an euren Melodien!»

1980 waren die Eagles, Amerikas erfolgreichste Band, auseinandergebrochen, natürlich wollte ich aus erster Hand etwas über die Ursachen erfahren. Henley war ganz offen, angefangen habe es mit Eifersüchteleien, er, der Schlagzeuger, war nach und nach als wichtigster Sänger in den Vordergrund getreten. «Ich habe eben diese Stimme», warf er ein, «ich kann nichts dafür.» Sein kehliges raues Timbre hätte er sich angeeignet, als er in texanischen Clubs Abend für Abend vier Stunden lang Soulnummern gesungen habe. Nach dem phänomenalen Erfolg von «Hotel California» seien die Erwartungen zu hoch und der Druck auf die Band immer größer geworden, das Leben auf den Tourneen und im Studio hätte einer schlechten Ehe zu fünft geglichen. Streits, Eifersuchtsanfälle und Versöhnungsversuche wechselten sich ab, bis man schließlich nicht mehr miteinander gesprochen habe, ein Ende ohne Kommunikation. «Auch die Rolling Stones werden sich eines Tages trennen», orakelte Don Henley im Januar 1985, die Eagles würden jedenfalls definitiv nicht wieder zusammenkommen, schwor er steif und fest. Mit beiden Voraussagen lag er komplett falsch, die Stones sind auch 2023 noch unterwegs, und die Eagles erlebten 1994 ihre Wiedervereinigung und sind nach dem Tod von Sänger Glenn Frey 2016 heute als Quartett aktiv, mit Henley, Joe Walsh, Timothy B. Schmit und Vince Gill.

Einen möglichen Grund für das toxische Klima innerhalb der Eagles, ausgerechnet der Band mit den schönsten Vokalharmonien nach den Beach Boys, hatte Elton John schon 1980 mit seinem Song «White Lady White Powder» auf subtile Weise angedeutet, als er ausgerechnet bei diesem überdeutlichen Text über den exzessiven Kokainkonsum auf der Popszene die drei Eagles Henley, Frey und Schmit zum Chorsingen einlud. Die poetischen, aber klaren Worte hatte Eltons genialer Partner Bernie Taupin verfasst, Elton hing selbst bis Anfang der 90er-

Jahre in der Abhängigkeit zur «weißen Lady» fest. Er hatte 1978 aus heiterem Himmel eine Reihe von Interviews in Hamburg abgesagt und sich nach einem Zusammenbruch in die Klinik gelegt, auch mein Termin war ausgefallen. Daraufhin flatterte einige Wochen später ein Brief aus London in den Briefkasten meiner Wohnung in der Wrangelstraße, in dem sich der Künstler persönlich dafür entschuldigte, dass er unsere «Verabredung gebrochen» hatte, ich muss zugeben, ich war verblüfft. Gut drei Jahre danach, im April 1982, kam das Treffen zustande. Die Plattenfirma hatte einen Raum im Intercontinental Park Lane gebucht, das sich im Foyer damit schmückte, genau auf dem Grundstück Park Lane, Ecke Piccadilly zu liegen, auf dem die Residenz gestanden hatte, in der Queen Elizabeth II. als Kind mit ihren Eltern gelebt hatte. Der richtige Rahmen für Elton John, eine der größten Diven des Pop. Unser Date war für zehn Uhr morgens geplant, um zehn Minuten nach Zehn polterte ein schnaubender Mann in lederner Motorradkluft in den Raum, Elton war aus seiner Stadtwohnung mit dem Motorrad gekommen. Vielleicht war es nur der Fahrtwind, denn seine Nase lief, er musste kräftig schnäuzen, er sei ein wenig «under the weather», wie man in England sagte, wenn man sich etwas krank fühlte. Elton orderte einen Kaffee mit Milch, stieg aus den Lederklamotten und entspannte sich. Ein lebhaftes Gespräch entwickelte sich, über die Rückkehr zu seinem alten Trio, mit dem ich ihn schon im Speakeasy gesehen hatte, über die Zeit, die er nutzen müsse, er sei doch schon 35 und könne wie ein Sportler nur noch begrenzte Zeit aktiv sein, vielleicht noch ein oder zwei Jahre, er wolle doch nicht als alter Mann auf Tournee gehen – wir schrieben das Jahr 1982. Dabei liebe er, live aufzutreten, was ihn frustrierte, war, dass er ans Piano gefesselt war. Als Entertainer musste er etwas bieten, er konnte ja nicht gegen das Klavier treten, also zog er sich diese irrsinnigen wilden Kostüme an, die ihm manchmal ziemlich peinlich waren. Bei «Empty Garden», seinem Song für John Lennon, trug er einen Anzug voller Obst, erzählte Elton. Lennon, der ein guter Freund war und mit dem er 1974 in New York wochenlang die Nächte durchgemacht hatte, hätte diesen Humor geliebt. Ich erwähnte, dass einige der jungen Toto-Musiker auf seinen letzten Alben mitspielten, vor allem Jeff Porcaro und Steve Lukather, der sei «so schnell, ein brillanter kleiner Kerl» lobte Elton, Lukather habe ihm erzählt, dass er noch vor einigen Jahren als Parkboy eines Restaurants in L.A. öfter Eltons Wagen zum Parkplatz fahren musste. Mittlerweile, fügte Elton an, sei er sehr froh, nicht mehr in den USA zu leben, die rechtskonservativen Tendenzen machten ihm Angst, die Verbannung wichtiger Bücher aus vielen Bibliotheken, Klassiker wie *Tom Sawyer*, *Huckleberry Finn* oder *Der Fänger im Roggen*. Und die hysterischen Reaktionen der Durchschnittsamerikaner, als er bekannte, bisexuell zu sein, ein Schock. Er sei heute glücklich in Windsor, sein Fußballteam wäre in der Nähe, damals war Elton Besitzer des FC Watford. Auf Hamburg kamen wir auch zu sprechen, er als Fußballfan hatte natürlich verfolgt, dass der HSV fünf Tage zuvor das Finale des Europapokals der Landesmeister, der heutigen Champions League, erreicht hatte. Dann zwängte er sich in die enge Lederjacke, nahm den Helm und trottete davon.

9. Dezember 1980. Um halb neun Uhr morgens weckte mich das Telefon, ich zögerte ranzugehen, aber das Klingeln hörte nicht auf, ich hob ab und hatte die sonore Stimme von Michael Naura im Ohr, dem Chef der Jazz- und Rockredaktion. «Kannst du

bitte mal ein Feature über John Lennon machen», schleuderte er mir kurz und knapp entgegen. Ich war etwas verblüfft, Lennons vierzigster Geburtstag war gerade zwei Monate her, aber o.k., gerne, gab's denn einen besonderen Grund für eine Lennon-Sendung? Naura noch kürzer: «Hast du nicht gehört, der ist gestern Nacht erschossen worden.» Brutaler hätte man mir eine solch ungeheuerliche Nachricht kaum mitteilen können. Ich war fassungslos, starr vor Schock, konnte nicht sprechen, musste den geschäftsmäßigen Small Talk mit Naura beenden. Das Urplötzliche, das Unbegreifliche an Lennons Tod traf mich wie eine Keule, es fühlte sich an, als wäre ein enges Familienmitglied gestorben. Gerade jetzt, wo er nach langer Pause mit einem wunderbaren Comeback-Album seine Genialität wieder bewiesen hatte, wurde er vor seiner Wohnung in New York von einem gestörten Fan ermordet, warum nur, warum? Einige Tage später war ein Konzert unserer Band in der FABRIK auf dem Plan. Als ich unser Lied für John ansagte, «You've Got to Hide Your Love Away», einen meiner liebsten Beatles-Songs überhaupt, musste ich schwer schlucken, das Publikum war völlig still und genauso betroffen wie wir. In den kommenden Wochen schrieb ich das Manuskript für ein zweistündiges Radiofeature mit dem Titel «Strawberry Fields», bei der Arbeit wurde mir noch bewusster, wen wir verloren hatten.

Knapp zwei Jahre nach dem Attentat bekam ich im November 1982 die Anfrage für ein exklusives Radiointerview mit Johns Witwe Yoko Ono. Ich freute mich, die Frau zu treffen, für die John eines der schönsten Liebeslieder aller Zeiten komponiert hatte, «Oh Yoko», aber ich war auch aufgeregt und unsicher, als ich die Eingangstreppen zum Foyer des Hotels Vier Jahreszeiten an der Binnenalster hinaufging. Unsicher deshalb, weil ich vielleicht Themen berühren könnte, über die Yoko nicht reden wollte. Sie begrüßte mich sehr freundlich und nahm mir sogleich jede Angst aus den Segeln: «Mach dir keine Sorgen, frag, was du willst. Du brauchst nicht um mich herumschleichen, ich kann schon auf mich aufpassen», beruhigte sie mich und war während unseres gesamten Treffens nicht eine Sekunde der «japanische Drachen», als der sie oft abgestempelt wurde, sie war liebenswürdig, kooperativ und offen. Der damals siebenjährige Sohn Sean begleitete sie auf seiner ersten Reise nach Europa, und in Hamburg hatten sie die Wege der Beatles nachverfolgt und die Ecken an der Reeperbahn, in der Großen Freiheit und am Hafenrand besucht, von denen John ihnen so viel erzählt hatte. Wir sprachen ausführlich über Schmerz, Angst, Trauer, Arbeit und Musik als Ablenkung, aber auch über Feminismus und das Besondere an der Beziehung Ono/Lennon, ihren Rollentausch. John hatte sich um den Sohn und den Haushalt gekümmert, sie um die Geschäfte, aber sie hätten sich weiter gegenseitig unterstützt und Mut zugesprochen, auch bei der künstlerischen Arbeit, der jeder für sich nachging. Nun sei sie allein für Sean da, was zunächst schwierig war, sie konnte und wollte den Vater nicht ersetzen, aber die Sorge um den Jungen hatte sie aus der tiefen Depression gerissen. Yoko begründete, warum sie weiter im Dakota Building wohnte, dem Ort des Mordanschlags, die guten Erinnerungen an die glückliche Zeit dort mit John würden die schlechten überwiegen. Ich fragte nach den Reaktionen der Menschen, früher hatte sie ja meistens Ablehnung erfahren. «Na, man kann eher sagen, die ganze Welt hasste mich», gab sie ehrlich zu, die negative Haltung habe sich aber nach Johns Ermordung in Trost, Zuneigung und Respekt verwandelt, mit Paul und Linda McCartney habe es ein sehr gutes Gespräch gegeben, sie seien jetzt Freunde. Der allgemeine Glaube, Yoko Ono wäre eine immens starke Frau sei aber ein Irrtum, stellte sie klar: «Ich selber halte mich für ängstlich, schüchtern, ein wenig feige. Ich bin nicht besonders stark und habe eine sehr verletzliche Seite.» Sie könne immer noch lernen, das habe sie als fast Fünfzigjährige begriffen, früher sei sie blasiert und überheblich gewesen, nun merkte sie, dass sie vieles nicht wusste, zum Beispiel den Grund von Johns Tod: «Es muss einen großen Plan geben, den wir nicht kennen. John lacht da oben wahrscheinlich über uns und sagt, schau Yoko, wir arbeiten noch immer zusammen, ich oben und du unten, warum weinst du darüber?» Tröstliche Worte am Ende einer besonderen Begegnung.

Zwei Monate nach dem Gespräch bekam ich einen Brief aus New York von Bob Gruen, dem berühmten Fotografen, der John und Yoko oft porträtiert hatte. Bob war in Hamburg ebenfalls dabei gewesen und hatte fotografiert. In dem Umschlag lag ein Foto von Yoko und mir, beide in hellen Pullovern, Yokos aus Angora, meiner aus Wolle mit zwei etwas albernen Kamelen und einer Palme darauf, dazu auf einem Zettel «mit lieben Grüßen von Yoko».

1983 faszinierte ein Künstler in Deutschland Zigtausende von Konzertbesuchern und ein millionenfaches Fernsehpublikum, der souverän wie kaum ein Zweiter seine Kunst mit politischem Bewusstsein und einem wachen sozialen Gewissen vereinbarte, der damals 56-jährige Harry Belafonte. Harry war live bei NDR 2 in der Vormittagssendung zu Gast, und die Redaktion hatte mich gebeten, das Gespräch zu übernehmen. Dabei kam es zu einer peinlichen Situation, als die diensthabende Moderatorin, eine sehr förmliche Dame, gleich am Beginn öffentlich auf Sendung in beleidigtem Ton kundtat, dass man ihr wohl nicht zutraute, ein Interview in Englisch

1996

1990

1970

mit Eltern Anni und Karl und Bruder Klaus 1951

mit Vater und Klaus 195

mit Schwester Gaby 1961

mit Eltern, Klaus und Gaby 1962

Quaktown Rhythm Kings 1964

am Piano 1964

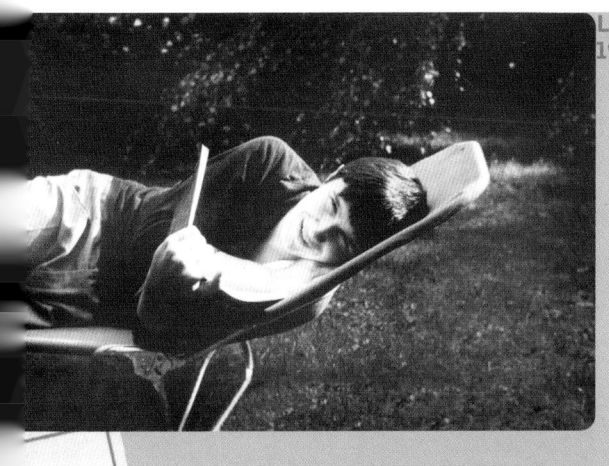

Lektüre im Garten
1963

8/11 der Klasse 12I des Artland-Gymnasiums, 1966 nach der Schule, ich im Rolli vorne links

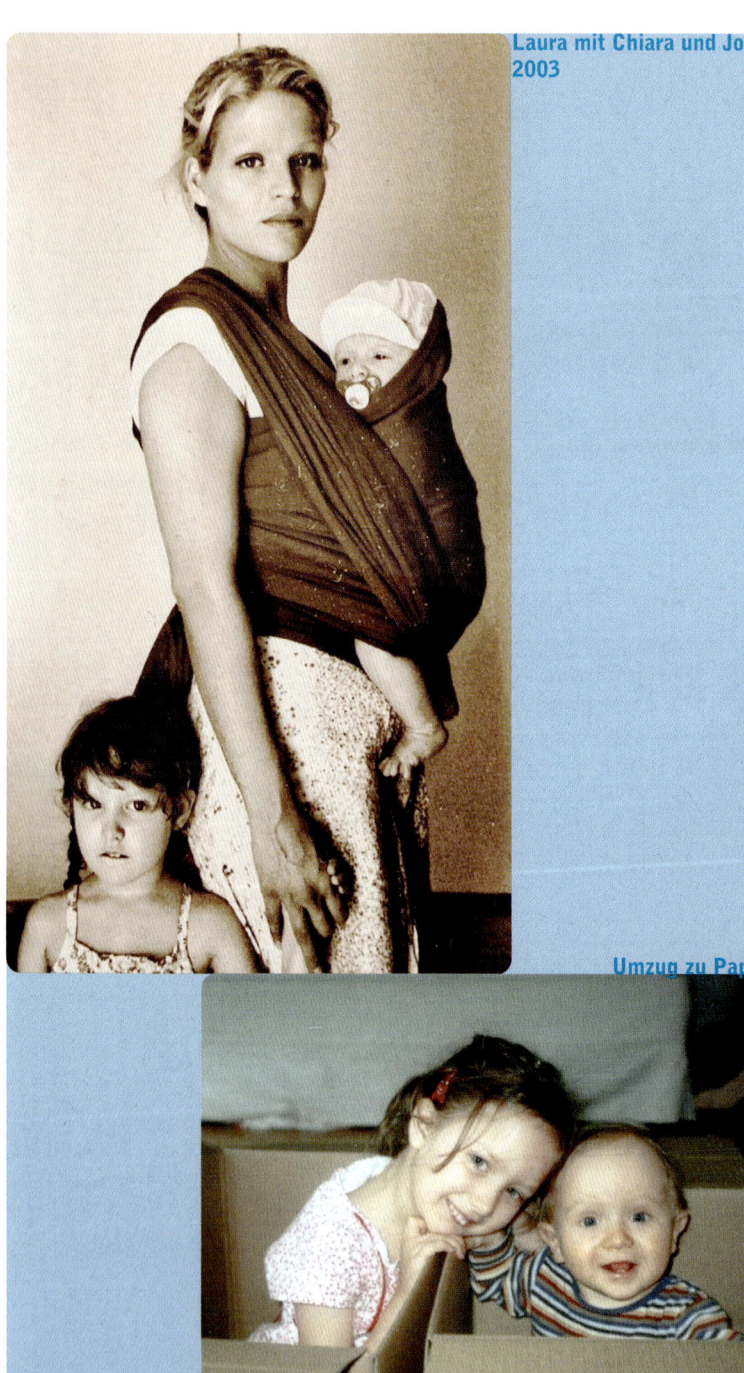

Laura mit Chiara und Jonah 2003

Umzug zu Papa 2004

mit Laura beim Radiopreis 2019

Chiara und Jonah 2021

im NDR-Studio 1980

im Plattenzimmer 1992

NDR-Open-Air-Sendung 1986

Musik für junge Leute live mit Kevin Keegan 1980

mit Kevin Keegan und Günter Fink 1980

mit der NDR-Prominenten-Elf 1994

im Onkel Pö 1975

1975

★★★★★
Onkel Pös Carnegie Hall
Hamburg 20 · Lehmweg 44 · Telefon 48 26 84

21. 7.	Mo	Pussy – Soul-Rock –
22. 7.	Di	Einmaliges Sondergastspiel:
23. 7.	Mi	**Elvin Jones Quintet**

mit Abi Wallenstein 1989

«Last Orders, Please!» 1982 – das große Abschiedskonzert vor 1400 Fans in der Fabrik, unserer liebsten Heimstätte

«Live im Logo» 1978, mit der halb geschälten Orange, für jeden der sieben Musiker eine Scheibe

Bad News Reunion 1980

mit Yoko Ono 1982

mit Rod Stewart 1997

mit Melissa Etheridge & Kollegin Angela Gobelin 1995

mit Mick Jagger, Charlie Watts & Ron Wood 1990

mit Bonnie Raitt 1989

mit Peter Buck (R.E.M.) 1996

mit Keith Richards 1990

mit Jackson Browne 1993

mit Udo Lindenberg 2018

mit Lena und Thomas Schreiber an Lenas 19. Geburtstag in Oslo 2010

beim ESC in Malmö 2013

beim ESC in Lissabon 2018 mit Lukas Heinser

mit ORF-Kommentator Andi Knoll in Tel-Aviv 2019

2020

zu führen, auch weil sie nicht vom Fach wäre, was sie persönlich aber ganz anders sehe. Daher sei nun «Herr Urban» mit im Studio, bitte sehr, eine nette Einleitung für das Gespräch mit einem der bekanntesten Künstler der Welt. Nach der Livesendung fragte ich Belafonte, ob er noch Lust und Zeit für ein ausführliches Gespräch habe. Er hatte, wir setzten uns in ein anderes Studio, und dort in einer entspannteren Atmosphäre kam das breite Spektrum seiner Persönlichkeit viel intensiver zum Vorschein, das des Entertainers, Sängers, Schauspielers, Filmproduzenten, der in den Gettos von New York und auf Jamaika aufgewachsen war und ein wortgewaltiger Kämpfer für Bürgerrechte, Gerechtigkeit und Frieden wurde. Harry erzählte von seinem Engagement in einer Initiative gegen Atomwaffen und für Frieden, die er mit Paul Newman und anderen Schauspielern gegründet hatte. Oft würde das als naiver Idealismus abgetan, dabei, so Belafonte, «geht es um die wichtigste Frage der Menschheit. Dafür bin ich gerne Idealist, denn Idealisten denken nach. Jesus Christus, Martin Luther King, Mahatma Gandhi, Abraham Lincoln, sie alle waren Idealisten.» An Dr. King, seinen Freund und Weggefährten in der amerikanischen Civil-Rights-Bewegung, erinnerte sich Belafonte intensiv, als er seine eigene Geschichte aufrollte, auch an John F. Kennedy, mit dem ihn ein enges Vertrauensverhältnis verband und der damals trotz aller Fehler eine Hoffnung darstellte, die Amerika in den 80er-Jahren vermisste. Kennedy habe ihn als ersten Unterhaltungskünstler in den Beirat des nationalen Entwicklungsdienstes Peace Corps berufen, ein Amt, das er verlor, nachdem er öffentlich die Vietnampolitik der Regierung Johnson kritisiert hatte. Dabei sei doch «einer der wichtigsten Punkte in der Demokratie das Recht zum Widerspruch». Mit leidenschaftlichen, fast poetischen Worten beklagte Belafonte die Bedrohung von Demokratie und Freiheit, er verglich sie mit einem schönen bunten Blumengarten, der ständige Pflege und Fürsorge brauchte, denn «wenn sich die Menschen frustriert und hilflos fühlen, vernachlässigen sie ihre Verantwortung für den Garten». Dann wüchsen «Unkraut und schlechte Pflanzen», ergänzte er in Anspielung auf rechtskonservative Tendenzen unter Ronald Reagan, der nur an die Macht gelangt sei, weil viele Amerikaner ihr Wahlrecht nicht in Anspruch genommen hätten. Wir befanden uns im Jahr 1983, doch die Sorgen erschienen schon damals grundsätzlicher Natur. Unter Reagan seien viele aufgewacht, hoffte Belafonte, «sie verstehen nun, dass, wenn man sich nicht darum kümmert, es bald keine Demokratie geben wird, um die man sich sorgen könnte» – wie sich Geschichte wiederholt.

Ich saß im nüchternen Studio 7 und lauschte gebannt den Ausführungen dieses klugen Mannes, der sich für mich alle Zeit der Welt nahm. Er analysierte die enge Verbindung von Kultur und sozialem Bewusstsein in Literatur, klassischer Musik oder Malerei bis zur Unterhaltungskunst des 20. Jahrhunderts, die immer gesellschaftspolitische Bedeutung habe. Was er mit seinen eigenen Jugenderinnerungen demonstrierte. So impften die Tarzan-Filme den schwarzen Kindern ein, sie seien minderwertig, und die Western-Filme priesen in Umdrehung der historischen Tatsachen das Heldentum der weißen Siedler und Cowboys so überzeugend, dass beim Kinderspiel sogar der junge Harry und seine schwarzen Freunde nicht die Indianer sein wollten. Ich fragte ihn, warum er relativ wenig Filme gedreht hatte, gab es zu wenige Rollen für Schwarze? «Genau so war es», erwiderte er trocken und fügte halb im Scherz hinzu: «Und die es gab, bekam mein Freund Sidney Poitier.» Dann verriet er, dass er gerade einen großen Spielfilm produziere über die neue Jugendkultur aus den New Yorker Gettos, Rap und Breakdance, der Beweis, welch spannende und erfolgreiche Kultur aus den unteren benachteiligten Schichten entstehen könne. Tatsächlich war Belafonte einer der Allerersten, der die gesellschaftliche Bedeutung dieser neuen Kultur als Antwort auf Armut, Drogen und Bandenkriminalität erkannt hatte. Belafonte hatte die Verbindung zu seiner Herkunft nie abreißen lassen und die Verpflichtung der Vergangenheit immer gespürt. Er sei nicht reich und bürgerlich auf die Welt gekommen: «Ich kam wie die meisten Erdbewohner, arm. Meine Mutter war Haushälterin ohne Ausbildung, mein Vater ein meist arbeitsloser Seemann und ein Alkoholiker. In diesem Chaos musste ich meinen Weg finden, denn es gibt viele Belafontes, Poitiers oder Mark Twains in der Welt, wenn sie eine Chance bekommen. Ich hatte Glück und eine Gabe, und diese Geschenke müssen wir zurückgeben», sagte er in seiner unverwechselbaren rauchigen, heiseren Stimme, «in unserer Kunst müssen wir zeigen, wie das Leben sein könnte, wir müssen das Licht in die Dunkelheit schicken.»

Wir sprachen noch über ein paar persönliche Dinge wie Familie, Kinder, das Leben in Manhattan, dann nahm er mein Notizblatt und schrieb in einer unglaublich schönen, fast kalligrafischen Handschrift seine New Yorker Kontaktdaten auf eine freie Stelle. «Come to see me, when you're in New York.» Ich habe nie einen Künstler erlebt, der herzlicher, zugänglicher, sympathischer war und den ein solches unwiderstehliches Charisma umgab. Ich fragte ihn noch, warum er bei seiner großen Eloquenz und seinem Wissen kein Buch schreibe, allein unser Interview hätte einige Kapitel gefüllt, aber er winkte ab, das sei ihm zu peinlich, selbstgefällig und ichbezogen. Tatsächlich brach er erst 2011 seinen Schwur, als sein Memoirenband *My Song* erschien.

1988 gab er wieder Konzerte in Deutschland. Ich traf ihn im Hotel, er begrüßte mich mit «Hey Peter, good to see you again», was ich sonst als routinierte Floskel abtat, war hier ernst gemeint, das sagte mir mein Gefühl. Er berichtete von einer neuen LP mit südafrikanischen Musikern, der ersten seit über zehn Jahren, und von seiner künstlerischen Pause, in der er als UNICEF-Botschafter durch die Länder der Dritten Welt und besonders durch Afrika gereist war und daraufhin die Aktion und den Song «We Are the World» mitinitiiert hatte. Aus unserem langen Interview in Studio 7 fertigte ich ein großes Belafonte-Special, dessen Titel er selbst formuliert hatte, die Überschrift über sein Leben: «Das Licht in die Dunkelheit schicken». Der Einladung, ihn in Manhattan zu besuchen, bin ich nie gefolgt, ich habe es schon oft bereut.

Die Flasche Bourbon stand schon auf dem Tisch, eine Sorte, von der ich noch nie gehört hatte, «Rebel Yell» (Brülle, Rebell), was für ein seltsamer Name. Es war Sonntag, der 25. September 1988, ich saß in einem Studio in Schwabing und wartete auf den Prototyp des Rock-'n'-Roll-Gitarristen, den Eckpfeiler der Rolling Stones, den sagenumwobenen, skandalerfahrenen Keith Richards, mit erst vierundvierzig Jahren schon eine Legende. Er kam in den Raum, beinahe hüpfend, agil, ein breites Grinsen im Gesicht, offensichtlich in bester Stimmung und fit. Er schenkte sich ein Glas seines Lieblingsgetränks aus Kentucky ein, zündete sich eine Zigarette an, und dann begann ein denkwürdiges Gespräch, freimütig, offen, ehrlich, ohne ein Blatt auch bei den heikelsten Themen vor den Mund zu nehmen, stets unterfüttert mit trockenem britischen Humor, nur unterbrochen von seinem kehligen lauten Lachen. Auf seine oft angezweifelten Gesangskünste angesprochen, konterte er: «Die Leute fragten, du willst singen, mit deiner jaulenden kleinen Stimme? Das störte mich nicht, ich war als Junge ein Sopran und habe für die Queen in der Westminster Abbey gesungen, 1956, also ist es mit meiner Karriere seit dem Stimmbruch steil bergab gegangen.» Und über die Arbeit mit Aretha Franklin, mit der er 1986 für den Whoopi-Goldberg-Film eine ekstatische Version von «Jumpin' Jack Flash» aufgenommen hatte: «Es war süß, so leicht, und das Erstaunliche dabei war, dass sie eine Mentholzigarette nach der anderen rauchte, mit einer Stimme, die praktisch ein Nationalpark der USA ist.» Keith hatte gerade seine erste Soloplatte aufgenommen, die Rolling Stones waren im Streit auseinandergegangen, weil Mick Jagger sich lieber um seine Solokarriere kümmern und 1985 nicht auf Tournee gehen wollte. Keith hatte versucht, die Band zusammenzuhalten. Als das nicht gelang, nahm er die Songs, die sonst für die Stones reserviert waren, für sein eigenes Album: «Ich schreibe die Musik und die Songs der Stones, die hätten also euch gehören können, Jungs, aber ihr habt mich ja aus dem Käfig gelassen.»

Kurz vor unserem Gespräch hatte Jagger einen Rückzieher gemacht, die Stones planten nun doch wieder eine neue Platte und eine Tour, ein Grund war auch der mangelnde Erfolg von Micks Solo-LP: «Mick wollte mit den aktuellen Teenager-Stars mithalten. Ich war dafür, mit der Musik älter zu werden, wir sind keine Sportler, die in einem gewissen Alter abtreten müssen. Wir spielen Blues, schau, Muddy Waters war bis zuletzt aktiv, ich hätte gern, wenn es von mir heißt, der ist gestern auf der Bühne gestorben, er kann heute nicht auftreten, hier ist euer Eintrittsgeld zurück ...» Keith war damals 44 ... Er erzählte auch, dass er als alter Freund der Einzige war, der mit Jagger streiten und ihm Unerfreuliches sagen konnte: «Mick baut viel Mist, für ihn als Sänger ist es schwer, er steht ohne Instrument vor 100 000 Leuten, da glaubt man nach 25 Jahren leicht, man sei ein Halbgott. Er muss endlich erwachsen werden, und ich werde ihm dabei helfen. Das ist meine Sicht, fragst du ihn, sagt er, ich sei ein störrischer gewalttätiger alter Sack, und dennoch können wir zusammen arbeiten.» Ich fragte natürlich auch nach Jaggers Reaktion auf die Soloplatte von Keith, und dazu erzählte er diese wunderbare Geschichte: «Ich spielte Mick in meiner Wohnung die Platte vor, er nahm keine Notiz davon und redete immer weiter, wie er es oft macht. Mittendrin musste ich zur Toilette, und als ich zurückkehrte, sah ich Mick im Zimmer herumspringen, tanzen und mitsingen. Er bemerkte mich nicht, ich ging zurück ins Bad, was sollte ich tun? Ich knallte mit der Tür und kam erst nach einer Weile wieder raus, und da saß er wieder auf der Couch und blätterte gelangweilt in einer Zeitschrift. Nun weißt du, was er von meiner Platte hält ...»

Unsere Gesprächszeit war längst abgelaufen, aber Keith wollte weiterreden und winkte die mahnende Dame der Plattenfirma, die er als «lächelnden Schrecken» verulkte, aus dem Zimmer, er käme nämlich jetzt zu den wichtigen Dingen. Er verließ kurz den Raum, kehrte erfrischt zurück, goss sich ein weiteres Glas des brüllenden Rebellen ein und kam zum Thema Drogen. Mit Abscheu sprach er von den Dealern, die vor Schulen auf ihre Opfer warteten. Den scheinbaren Glanz von Drogen und Rock'n'Roll lastete er aber weniger der Musik und den Musikern als den Behörden an, die mit skandalträchtigen Verhaftungen und Schlagzeilen den Glamour erst erzeugt hätten. Für die Polizei sei er immer ein leichtes Ziel gewesen, süchtig und prominent. Keith erzählte von den dunklen Zeiten der Verhaftungen und Prozesse: «... oft wurde ich für Stoff verhaftet, den die Polizisten mitgebracht hatten, sicher, ich hatte mein eigenes Zeug, ich wurde nicht reingelegt, aber die machten sich gar nicht die Mühe, danach zu suchen. Es war wie bei Monty Python, die zogen was aus der Tasche und riefen: ‹Oh, was haben wir denn da?› Das hatte auch mit dem Ehrgeiz der Polizei zu tun. Aber in Toronto, als der Prozess zwei Jahre dauerte, merkte ich, ich war zu weit gegangen, ich zerstörte meine Familie, meine Band, meine Freundschaften, ich musste damit Schluss machen.» Jetzt habe er seit etlichen Jahren seine Abhängigkeit von harten Drogen überwunden. In Toronto damals hatte Keith das Glück, von der engen Beziehung der Stones zu Margaret Trudeau zu profitieren, er wurde zu der symbolischen Strafe verurteilt, ein Benefizkonzert für Blinde zu geben. Keith dazu in seiner sarkastischen Art: «Ich konnte nicht ahnen, welchen Einfluss es hatte, dass die Frau des kanadischen Premierministers im Negligé auf unserem Hotelflur herumlief und mit der halben Band schlief. Hätten sie es ernst mit dem Prozess gemeint, hätte ich sieben Jahre kriegen müssen.» Als ich Keith verließ, war die Flasche Bourbon halb leer, und er hatte unglaublich viele Themen angesprochen, von der britischen Musikindustrie, die aus Konzernen der Militärelektronik entstanden sei, über die rustikale körperliche Widerstandskraft seiner Familie bis zu seiner Dankbarkeit und Liebe zu seinen Kindern und deren Müttern. Ich hatte das Gefühl, wir beide hatten eine intensive Stunde genossen.

Im Oktober 1992 traf ich Keith Richards wieder, diesmal im Pariser Hotel Le Royal Monceau, die Stones hatten eine LP und eine Tour hinter sich, Keith gönnte sich keine Pause und präsentierte sein zweites Solowerk «Main Offender». Leider war es ein «Round Table»-Gespräch mit mehreren Journalisten, was ein fließendes Gespräch unmöglich machte. Keith berichtete, wie er sich mit Mick versöhnt hatte: «Wir haben uns auf Barbados getroffen, er sagte, warum hast du mich in der *Daily Mail* ‹Scheißkerl› genannt, und ich, warum hast du mich in der *New York Post* ‹Arschloch› genannt? Dann haben wir gelacht und sind an die Arbeit gegangen.» Ich provozierte ihn mit der Frage, warum er nicht an diesem Abend in New York sei, Bob Dylan feiere doch dort sein dreißigstes Bühnenjubiläum. Keith hatte nämlich beim Live-Aid Festival 1985 einen katastrophalen Auftritt als Begleiter von Dylan erlebt und war immer noch sauer: «Ich bin lieber hier bei euch, dieser mürrische Motherfucker, ich mag ihn eigentlich, er hat uns als Songschreiber viel gezeigt, aber wenn du mit ihm spielst, lässt er dich versauern.» Dylan hatte beim Live-Aid-Auftritt mit Keith und Ron Wood unangekündigt die Tonarten von Songs geändert und die beiden Stones im Regen stehen lassen. Zum Schluss räumte Keith mit einem verbreiteten, aber falschen Gerücht auf. «Nein, ich habe nach meinen Drogen-Eskapaden nie mein Blut austauschen lassen, das war ein Witz, mit dem ich die verdammte *Daily Mail* abwimmeln wollte. Ich bin doch nicht verrückt, hier fließt nur mein eigenes, alles meins.» Und das bis heute, 2023 sind die Stones ohne ihren verstorbenen Drummer Charlie Watts wieder unterwegs, to be continued ...

10
LADIES, DUKES & PRINCES

PARIS, 29. MAI 1985, ICH STEHE IM FOYER DES HOTELS
und warte auf meinen Interviewtermin mit Gordon Sumner,
bekannt unter dem Pseudonym Sting. Der dreiunddreißigjährige Sänger, Bassist und Songschreiber hat Ende 1983 sein Trio
Police verlassen, im vergangenen Jahr drei Spielfilme gedreht
und sein erstes Soloalbum aufgenommen, das in drei Wochen
erscheint. Gestern ist er im plüschigen Théâtre Mogador aufgetreten, eines von sieben Konzerten in diesem historischen
Musiktheater im 9. Arrondissement. Es war ein triumphaler
Abend, der Stings Abschied vom Rock-Zirkus dokumentiert,
auch durch die Wahl seiner Band, die vor Qualität strotzt mit
Spitzenjazzmusikern wie dem Saxofonisten Branford Marsalis
und dem Pianisten Kenny Kirkland, mit Daryl Jones am Bass
und Omar Hakim am Schlagzeug. Die Uhr tickt, aber immer
noch kein Sting, sondern die Dame vom Label, der Plan habe
sich verzögert, jetzt sei die Zeit knapp, der Künstler müsse
zum Theater. Ob ich mein Interview nicht auf der Fahrt in der
Limousine führen könne, dann hätte ich doch zwanzig Minuten? Ich murre ein wenig, doch da bleibt wohl keine Wahl. Zehn
Minuten später rauscht ein hektischer Sting durch die Lobby,
er begrüßt mich, dann eilen wir zum wartenden Wagen und
setzen uns nebeneinander auf die Rückbank. Ich fummele meinen Rekorder aus der Tasche, pinne ihm das kleine Ansteckmikro an die Jacke, los geht die Fahrt und das Interview. Sting

entschuldigt sich für die Umstände, er habe sich einfach zu viel aufgehalst, das Album fertigstellen, Proben und Konzerte mit der neuen Band, Dreharbeiten, Interviews, und dann sei er auch noch Vater geworden. Aber das halte ihn jung. Frisch bleiben wollte er nach Police auch musikalisch, als Songschreiber sei er ja nicht an einen Stil gebunden, er probiere alles aus, Jazz, Folk, Klassik, Soul, und genieße diese neue Freiheit. Arc de Triomphe, der Fahrer zieht scharf in den fließenden Kreisverkehr rund um den Bogen, ich rutsche dem Sänger beinahe auf den Schoß, rein in die Boulevards Friedland und Haussmann, die sind ja Gott sei Dank schnurgerade. Weiter mit dem Interview, ich frage nach einigen der neuen Songs, die ich gestern im Konzert gehört habe, alle mit starken Melodien, eine Gabe, die Sting schon bei Police ausgezeichnet hat, nun aber weitaus sensibler und spannender arrangiert, einer heißt «Seventh Wave», was ist die siebte Welle? «Ich schreibe mehr politische Texte wegen der aktuellen bedrohlichen Lage zwischen Ost und West, die siebte Welle ist die Welle des Bösen, aber dahinter kommt die Welle der Hoffnung.» Und das Lied über den Kinderkreuzzug, «Children's Crusade»? Sting hat die Ruhe, im Pariser Feierabendverkehr diesen komplexen Song zu erklären: «Da erzähle ich drei Geschichten auf einmal, zuerst vom Kinderkreuzzug, auf den im Jahr 1212 dreißigtausend Waisenkinder aus Frankreich und Deutschland nach Palästina geschickt wurden, um das ‹Heilige Land› von den Türken zu befreien. Sie kamen nie in Jerusalem an, weil sie per Schiff nach Nordafrika entführt und dort versklavt wurden. Als Symbol von fehlgeleitetem Idealismus vergleiche ich das mit den vielen jungen Soldaten, die im Ersten Weltkrieg geopfert wurden, und schließlich ziehe ich die Verbindung zu den Heroinopfern von heute, die von der organisierten Drogenmafia umgebracht werden.» Viel Zeit bleibt nicht, links rauscht das Kaufhaus Printemps vorbei, hat er noch Kontakt zu den beiden Ex-Kollegen von Police? «Wenn ich ihre Telefonnummern finde», spöttelt er, und wie geht er mit unfairen Kommentaren um, die bekritteln, dass er ohne Schauspielausbildung nun auch Filme dreht? «Ich habe mit einigen der besten Schauspielerinnen und Schauspieler unserer Zeit gearbeitet, Meryl Streep, Dame Joan Plowright, John Gielgud, Charles Dance oder Ian McKellen, das waren meine Lehrer.» Wir fahren die Rue de Mogador hoch, halten vor dem Theater, steigen aus, ich wünsche «Good luck», Sting antwortet «Thanks, see you» und verschwindet im Bühneneingang.

März 2017, auf der Terrasse eines Jachtclubs in Coconut Grove, ich besuchte mit meinem vierzehnjährigen Sohn Jonah meine Freundin Karen, die in Miami lebte. Karen stellte mir einen weißhaarigen Mann vor, der mit dem Fahrrad gekommen war, Bob, Bob Ingram. Alle in Coconut Grove kannten Bobby, damals fast achtzig Jahre alt, er war Musiker und zeigte mir seine jüngste CD. Bei einem Song las ich in den Credits «backing vocals David Crosby». Ich stutzte, *der* David Crosby von den Byrds und Crosby, Stills & Nash? Ja, David wäre ein Freund von ihm, seit langer Zeit, seit Bobby in den 60er-Jahren in den Folkclubs rund um Miami auftrat und das Gaslight South, den Ableger des bekannten New Yorker Folkcafés Gaslight, managte. Dort seien die Folkpioniere der 60er zu Gast gewesen, Fred Neil, John Sebastian von Lovin' Spoonful, Neil Young, Jimmy Buffett und Crosby, der gerade aus den Byrds geflogen war und in Florida auf seinem neuen Segelschiff relaxte. Am 2. Oktober 1967 gastierte im Gaslight South eine junge kanadische Sängerin, die mit ihren Songs schon im Greenwich Village begeistert hatte. Crosby hätte sie gesehen und wäre so hingerissen gewesen, erzählte Bobby, dass er sich auf der Stelle verliebte. Er lud sie auf sein Boot ein, nahm sie nach Kalifornien mit und vermittelte ihr den ersten Plattenvertrag, ihr Name war Joni Mitchell. Wie klein ist die Welt, dachte ich, *die* Joni Mitchell, die zur unbestrittenen First Lady der Singer-Songwriter wurde, zur wichtigsten Autorin zeitgenössischer Popmusik, zum Vorbild und zur Inspiration unzähliger Kolleginnen und Kollegen. Sofort schoss mir die Erinnerung in den Kopf, an die drei Gelegenheiten, bei denen ich das Privileg hatte, diese Ausnahmekünstlerin näher kennenzulernen.

Dezember 1982, wieder Hotel Vier Jahreszeiten in Hamburg, wieder diese leise Aufregung, bevor man jemanden trifft, den man bewundert. Joni Mitchells neues Album war im Oktober erschienen, «Wild Things Run Fast», eine klare Abkehr von den experimentellen und Jazz-orientierten Alben am Ende der 70er-Jahre. Eine der großen Auszeichnungen dieser Künstlerin war, dass sie sich nie in das gemütliche Bett eines Erfolgsrezepts legte, sondern immer neue Formen suchte, um ihre poetischen Visionen zu verwirklichen. Dabei behielten Jonis Melodien ihre ganz eigene Harmonik und Linienführung, ihre Texte waren zu Musik gesetzte, ja, in Musik gemalte Gedichte, verschmolzen zu einer in der Popmusik nie gekannten Einheit des Ausdrucks, rhythmisch höchst komplex und variabel vorgetragen mit ihrer vibrierenden Stimme, die von tiefen in hohe Lagen gleitet, mal gequält und bitter, mal glucksend überschwänglich und heiter.

Meine Aufregung war überflüssig gewesen, offen und klug gab sie Auskunft über die immerwährende Frage, ob Songs autobiografisch, also angeblich «authentisch», oder fiktiv sind: «Viele meiner früheren Songs waren Fiktion, viele der späteren waren Porträts anderer Personen, oft in deren eigenen Worten. Ich schreibe gern vom Inneren anderer Menschen, auch da gibt es Gefühle, die man selbst versteht, weil man ähnliche Erfahrungen und Situationen durchgemacht hat. Vieles kombiniert Autobiografie und Porträt, ist also mehr Fiktion, Dichtung.» Ihren bekanntesten Song hatte sie über ein Ereignis geschrieben, bei dem sie gar nicht zugegen war, weil sie zu der Zeit in einem Hotelzimmer in Manhattan saß, «Woodstock». Diese hoffnungsvolle Hymne an ein neues Gemeinschaftsgefühl besaß für Joni auch dreizehn Jahre später eine starke Kraft: «Über dem Ereignis lag ein heiliges Gefühl, für mich ein beglückender Moment amerikanischer Geschichte, wie eine moderne Bibelgeschichte ... wenn ich Woodstock heute spiele, sehe ich das nicht als Vergangenheit.» Mitchell erzählte, dass sie momentan in einer glücklichen Phase lebte, ein paar Monate zuvor hatte sie ihren Bassisten Larry Klein geheiratet. Aber «mein Glück wird nie vollkommen sein, das ist nicht meine Natur, ich bin ein unruhiger Geist. Ich habe immer noch meine Dämonen in mir, die mucken von Zeit zu Zeit auf, so behält man den Biss beim Schreiben ...» Der erste Song auf ihrem neuen Album war «Chinese Café», eine nachdenkliche Betrachtung über das Älterwerden, gekoppelt mit einer nostalgischen Version des Righteous-Brothers-Hits «Unchained Melody». In unserem Gespräch entschlüsselte sie nicht die wahre Bedeutung der Zeilen: «Mein Kind ist eine Fremde, ich trug sie, aber ich konnte sie nicht großziehen ...». Erst 1993 wurde öffentlich, dass Mitchell mit achtzehn in finanzieller Notlage eine Tochter geboren und zur Adoption freigegeben hatte, dieses traumatische Erlebnis hatte sie in mehreren Liedern reflektiert. Seit 1997 hat sie Kontakt zur Tochter und deren Kinder.

Am 3. Mai 1983 kehrte Joni nach Hamburg zurück, gab ein gefeiertes Konzert im nüchternen CCH. Ich traf sie danach in der Garderobe, sie saß umgeben von ihren Musikern auf einem Sofa, neben ihr ihr Mann und Bassist. «Hey Larry», rief sie, «das ist Peter, ich hab dir von ihm erzählt, wir hatten eine sehr gute Unterhaltung, ich glaube, er könnte ein Freund werden.» Larry nickte, ich lief knallrot an, als wolle ich den Tomaten auf dem Buffet Konkurrenz machen.

Fünf Jahre später, im Mai 1988, gab es eine erneute Begegnung, wieder im Vier Jahreszeiten, wie es sich für First Ladies gehörte. Ich musste ein wenig warten, ein Team des TV-Musikmagazins «Mambo» vom SFB drehte. Vom Vorzimmer der Suite aus hörte ich, wie Joni zur akustischen Gitarre ein neues Lied sang, das anscheinend «4th of July» hieß und drei Jahre danach unter dem geänderten Namen «Night Ride Home» der Titelsong ihres nächsten Albums werden sollte. Die Fernsehleute bauten ab und verabschiedeten sich, ich wurde hineingebeten und genoss erst einmal den fabelhaften Ausblick auf die Alsterdampfer am Jungfernstieg. Ich hatte mich gerade vorsichtig auf die antike Chippendale-Couch gesetzt, als Joni in einem wallenden eleganten Kleid aus glänzenden Stoffen hereinschwebte, mich begrüßte und in dem zum Ensemble passenden Sessel Platz nahm. Sie war voller Energie und bester Stimmung, sagte, dass sie nach ihrer experimentellen Phase zu lange vom Musik-Business ausgeschlossen gewesen sei: «Ich will im Spiel bleiben, deswegen bin ich hier und mache Reklame, denn ich befinde mich in einem internationalen Konkurrenzgeschäft. Ich war für die Presse nicht sehr empfänglich, habe mich abgeschottet. Aber damit dein Werk gehört wird, damit du ernst genommen und in deiner Firma anerkannt wirst, musst du Aufsehen erregen, denn die Firma betrachtet ihre Künstler aus der Sicht von Steigerungskurven und Bankguthaben.» Bei allem wiedererwachten Verständnis für die Regeln des Geschäfts hatte sich Joni in den in ihren Augen zynischen 80er-Jahren oft hilflos ausgeliefert gefühlt wie ein Kreidestrich im Wolkenbruch, die Titelzeile ihres Albums «Chalk Mark in a Rainstorm». Durch sauren Regen, Löcher in der Ozonschicht, verseuchtes Grundwasser, Tschernobyl. Naturvölker wie die nomadischen Rentierhirten Lapplands hätten unter den Folgen der Umweltkatastrophen besonders stark zu leiden, als Abkömmling samischer Vorfahren fühlte sie sich ihnen stark verbunden, «weil sie der Natur nahe sind und ein gesundes Verhältnis zur Erde besitzen, das wir sogenannten gebildeten Zivilisierten bei unserem lächerlichen Treiben vergessen haben».

Wir sprachen über ihre zweite Kunst, die Malerei, in der sie noch intensiver ihren Fantasien Raum gab, und über ihre Träume, die sie so beschrieb: «Ich habe die Gabe, viel zu träumen, so lebhafte filmische Träume, bei denen Schnitte und Kameraeinstellungen schon vorhanden sind.» Daraus waren Kurzfilme für Videos entstanden, ein längeres Drehbuch sei von einem Hollywoodproduzenten mit der Bemerkung abgebügelt worden: «Warum wollen Sie das machen, Fellini verdient auch schon keinen Cent.» Wenn es schon keinen Film gab, hatte ich das große Vergnügen, ihr zuzuhören, wie sie von einem fantastischen Flugtraum erzählte, einem Traum in ungeheuerlichen Farben, ohne Handlung, der in einer grandiosen Landschaft spielte, in der alles wie bronzene Käfer in tiefen Metall-, Senf-, Kupfer- und Indigofarben aussah, wie verrückte Fasanenfedern: «... die Landschaft und der Himmel sahen so aus, und der Traum kreuzte über diesem Laubwerk von Farben, ich selbst muss eine Rauchschwalbe gewesen sein ...» Ich stellte mir schon die schwebende typische Mitchell-Melodie dazu vor und bemerkte, dass der Stoff ihres Kleides in genau denselben Farben changierte wie im geschilderten Traum, das konnte kein Zufall sein.

Die Musiker auf Joni Mitchells Platten lasen sich wie

ein Who's who der Rock- und Jazzmusik: Crosby, Stills, Nash & Young, James Taylor, Larry Carlton, Jaco Pastorius, Pat Metheny, Wayne Shorter, die Eagles, Tom Petty ... Joni konnte diese Gilde problemlos führen, in einer Zeit, als das noch ungewohnt war, wie ihre Kollegin Linda Ronstadt mir erzählte: «Joni war die erste Frau, die es mit jedem Mann aufnehmen konnte, als Songschreiberin, Gitarristin oder als unglaublich magnetische Persönlichkeit.» Ein weiterer Musiker, der selbst mit einem ähnlich strahlenden Charisma ausgestattet war, outete sich als glühender Joni-Verehrer und drängte auf eine Zusammenarbeit, nämlich Prince. Joni erzählte, dass sie einige Male zusammen gejammt hätten, dann schickte er ihr einen Song zum Aufnehmen, mit einem typischen Titel aus der Sex-schwangeren Wortschatzkiste des Prince-Universums, «Love Pump». Joni laut lachend: «Den musste ich ablehnen.» Aber musikalisch spannend wäre das schon, meinte sie: «Er wollte meine Harmoniestimmen mit Funkrhythmen verbinden. Auf der Bühne ist er einer der fantastischsten Künstler, die ich je gesehen habe, sein Timing, seine Ausstrahlung, großartig.» Im Funkidiom sei er aber seinem Vorbild Sly Stone zu ähnlich, sie liebe an Prince eher das Frische, Ungewöhnliche wie in «Purple Rain». Kein Wunder, warf ich ein, die Gitarrenakkorde am Beginn von «Purple Rain» seien ja auch eindeutig von Mitchells typischen offenen Gitarrenharmonien inspiriert. Da konnte die Hohepriesterin des offenen Tunings nur zustimmen, «ja, das ist möglich».

Aus unserem langen Gespräch wurde ein zweistündiges Feature, ich nannte es «Schatten und Licht» nach einem ihrer Lieder. Dreizehn Jahre danach, im Februar 2001, besuchte ich die Grammy Awards in Los Angeles, ich schaute mir die Vor-Verleihung am Nachmittag an für diejenigen Awards, die nicht in der TV-Show am Abend überreicht wurden. Ich saß seitlich der Bühne, Joni und ihr mittlerweile geschiedener Gatte Larry Klein als Produzent erhielten den Grammy für das beste Traditional-Pop-Album für die wunderbaren orchestralen Neufassungen ihrer Klassiker auf dem Album «Both Sides Now». Plötzlich vibrierte mein Sitz, auf den Platz genau neben mir ließ sich schnaufend ein gewichtiger Mann in einer karierten Smokingjacke fallen. Ich drehte mich zu ihm und erstarrte, da saß B.B. King, der Meister aller Bluesgitarristen. Einige Minuten später war die Verleihung des Grammy für das beste Traditional-Blues-Album dran, B.B. stemmte sich aus seinem Sitz, ging die Treppe zur Bühne hinunter und nahm die Trophäe für «Riding with the King» in Empfang, sein Album mit einem seiner Jünger, Eric Clapton.

Für die Abendshow hatte ich einen miserablen Platz am äußersten Ende des Staples Centers, die Bühne war kaum zu erkennen, der Sound war schlecht, ich hätte lieber fernsehen sollen. Joni Mitchell und Carlos Santana überreichten U2 den «Record of the Year» Award für «Beautiful Day», meine Lieblinge Steely Dan erhielten nach fast zwanzig Jahren erfolgreicher Karriere ihre ersten Preise, gleich drei an der Zahl, darunter «Album des Jahres» für «Two Against Nature». Madonna, Dolly Parton, Destiny's Child, Paul Simon, NSYNC und das Duo aus Eminem und dem immer frischen Elton John traten auch noch auf, soweit ich das auf die Entfernung erkennen konnte. Nach der Show war ich zur Grammy Reception von Warner in einem nahe gelegenen Hotel eingeladen, ich streifte allein durch die Räume, da erblickte ich die First Lady. Joni war guter Laune, sie hatte ja gerade ihren fünften Grammy gewonnen, sie rauchte wie so oft, scherzte und lachte in einer Gruppe von Leuten. Ich war zu schüchtern, um mich bemerkbar zu machen, und ging ins Freie, um ein öffentliches Telefon zu finden, ich musste nach Hause telefonieren, für meinen Bericht in der Frühsendung.

Joni Mitchell erlitt im März 2015 ein schweres Aneurysma im Gehirn, hat bis heute mit den Folgen zu kämpfen. Geholfen auf dem Weg in ihr altes Leben haben ihr musikalische Freundinnen und Freunde, die sich regelmäßig bei ihr zu Hause zu «Joni Jams» treffen, organisiert von ihrer fürsorglichen Freundin Brandi Carlile. Es sangen und musizierten dann Elton John, Bonnie Raitt, Harry Styles und viele andere gemeinsam und einzeln mit und für Joni. Im Juli 2022 fand eine solche Session öffentlich auf der Bühne des Newport Folk Festival statt, Jonis erster bewegender Auftritt seit ihrer Erkrankung, bei dem sie mit ihrer Version von «Both Sides Now» nicht nur die Zuschauer in Newport zu Tränen rührte.

Als David Bowie mit seinem Weltraumdrama «Space Oddity» wie eine glühende Sternschnuppe vom Himmel fiel, hielt ich das für einen intelligenten höchst gelungenen Coup, der mir im Sommer 1969 nicht mehr aus dem Ohr ging. Dass er jedoch in den kommenden Jahrzehnten so faszinierend und nachhaltig unsere Seh- und Hörnerven berühren würde, hätte ich nicht für möglich gehalten. Wie verblüffend war die Transformation von der charmanten Nostalgie des Albums «Hunky Dory» zum schrillen außerirdischen Rockstar mit knallroter Vokuhila-Frisur in «Ziggy Stardust», vom rollenden Gitarrenrock von «Aladdin Sane» und «Diamond Dogs» zum Soul-Pop von «Young Americans» und dem Electro-Funk des coolen «Thin White Duke» bei «Station to Station». Das alles in nicht einmal fünf Jahren. Ich hatte eines der ersten phänomenalen Ziggy-Stardust-Konzerte im August 1972 im Londoner Rainbow Theatre erlebt, mit dem aufsehenerregenden glitzernden Vorprogramm-Debüt von Roxy Music. Eine andere abstraktere der Regie von Martin Scorsese mit Willem Dafoe und Harvey Keitel», berichtete Bowie, und als ich fragte, worum es gehe, kam nach kurzem Zögern: «Es wird eine biblische Geschichte.» Der Film, der im Herbst 1988 in die Kinos kam, war besonders bei konservativen Katholiken sehr umstritten und hieß «Die letzte Versuchung Christi» oder im Original «The Last Temptation of Christ». Peter Gabriels Musik zum Film wurde für den Oscar nominiert und erhielt zudem einen Grammy. Mit einem fetten «Good luck» für all seine verschiedenen Projekte verließ ich einen sehr professionellen sympathischen Künstler mit vielen Schattierungen, ohne genau zu wissen, wo das Herz des wahren David Bowie schlug, aber wer war ich, um das in zwanzig Minuten herauszufinden?

Natürlich fanden viele Interviews mit Künstlerinnen und Künstlern mit der Absicht statt, über ein neues Album, eine Tournee oder einen Film zu informieren, manchmal entwickelten sich daraus Gespräche, die tiefer drangen und weit über den ursprünglichen Anlass hinausreichten. Umso befriedigender war es, diese Erfahrungen nicht als Bonus des Privilegierten für sich zu behalten, sondern mit vielen Tausenden von Hörern zu teilen. Aber genauso passierte es, dass solche Treffen Momentaufnahmen waren und nur Äußerlichkeiten, lustige oder denkwürdige Details hängen blieben.

Im Frühsommer 1980 war ich mit der damals 36-jährigen Diana Ross, der glamourösen amerikanischen Soul-Diva, in einem Restaurant in der Pöseldorfer Milchstraße verabredet. Als ich eintraf, saß Miss Ross schon auf einem Sofa, eine bildschöne Frau, die mich freundlich anlächelte und mir die Hand entgegenstreckte. Erst dann bemerkte ich, dass sie ein rotes

Chiffonoberteil trug, komplett durchsichtig, darunter nichts. Schlagartig schoss mir durch den Kopf, wo bitte bringe ich mein Mini-Ansteckmikrofon an? Da war kein Kragen, keine Knopfleiste, sondern bloß ein schimmerndes Rot. Ich stotterte ein «excuse me», Diana flötete «you're welcome», und ich versuchte, den Steckverschluss des Mikros an dem glatten sicherlich sündhaft teurem Designerteil zu fixieren, ohne es einzureißen. Dabei bemühte ich mich krampfhaft, nicht direkt auf den roten Stoff zu starren, vor allem nicht auf das, was darunter zu sehen war. Während Lady Ross belustigt meinen fahrigen Bemühungen zuschaute, merkte ich, wie mein Gesicht immer röter anlief, bald war es von der Farbe des Chiffons nicht mehr zu unterscheiden. Als das Mikro endlich festsaß und Diana, die wahrscheinlich heilfroh war, ohne Verletzung davongekommen zu sein, immer noch freundlich lächelte, ließ ich mich auf meinen Stuhl fallen und fühlte mich wie Dianas aktueller Hit, über den ich eigentlich mit ihr sprechen wollte, «Upside Down».

Gleich drei Diven auf einmal saß ich im Februar 1999 gegenüber, Linda Ronstadt, Emmylou Harris und Dolly Parton. Drei der berühmtesten Sängerinnen Amerikas, die seit Langem befreundet waren, hatten 1987 das gemeinsame Album «Trio» veröffentlicht, 1994 hatten sie ein Folgealbum aufgenommen, das aber erst fünf Jahre später erschien. Verabredet mit dem illustren Trio war ich im legendären Hotel Waldorf Astoria in New York, einem fast zweihundert Meter hohen Art-déco-Schmuckstück an der Park Avenue. Schon beim Gang durch die golden glitzernde Lobby blitzten Bilder von Präsidenten, Hollywoodstars, von echten Royals und den Kings und Queens der Popszene auf, die diese roten Teppichböden betreten hatten; sogar der Papst hatte hier genächtigt. Ich wurde in einen relativ großen sehr plüschigen Salon geleitet, nach kurzem

Warten rauschten die drei Ladys fröhlich schnatternd herein: die mütterliche Linda Ronstadt, die kommerziell erfolgreichste Sängerin der 70er-Jahre, die kühle elegante Emmylou Harris, Ikone des Country-Rock, und die strahlende Dolly Parton, einer der größten Stars auf den Feldern Country, Bluegrass und Pop, dazu Hitschreiberin und Filmstar. Gemeinsam kamen die drei schon damals auf 21 Grammy Awards, zahlreiche sollten folgen. Mein berüchtigtes Ansteck-Mikro hatte ich mittlerweile entsorgt und gegen ein größeres Sennheiser ausgetauscht, das ich den drei Damen entgegenhielt, die nebeneinander auf einem breiten Sofa saßen. Nur die etwas hibbelige Dolly war mit hochgezogenem kurzem Rock und übergeschlagenen Beinen auf die Seitenlehne gerutscht. Lebhaft wurde dann über ihr gemeinsames Projekt diskutiert, über ihr Zusammengehörigkeitsgefühl, auch wenn sie räumlich entfernt lebten, über Freundschaft und Freude am Singen ohne Neid und Konkurrenzkampf, über die Rückkehr zu alten Country- und Bluegrass-Traditionen, über den Spaß, dreistimmig zu singen. Uneins waren sie, als es um Fotosessions ging. Linda und Emmylou bekannten, dass sie aus Angst vor Manipulationen große Angst vor Kameras hätten, die offenherzige Dolly widersprach vehement. Sie habe viel Spaß daran, fotografiert zu werden, lachte sie und posierte für die nicht vorhandene Kamera. Zum Schluss erhielt ich noch ein kleines Abschiedsgeschenk, eine A-cappella-Performance von Neil Youngs Untergangsfantasie «After the Goldrush», dem Highlight des «Trio II»-Albums, für ihre Version würden die drei im kommenden Frühjahr einen Grammy erhalten. Aber auch Weltstars brauchten Zeit zum Proben, nach zwei Ansätzen und einer Besprechung über Tonlagen erleuchteten wundervolle Harmoniestimmen den Raum, Linda unten, Emmylou in der Mitte und hoch oben Dolly. Ich saß in meinem Sessel und dachte, ich träume.

Auf dem Weg hinaus stoppte ich in der historischen Lobby, blickte langsam und intensiv in die Runde. Mir fiel der Film mit Al Pacino ein, den ich gerade gesehen hatte und der hier im Waldorf Astoria spielte, «Der Duft der Frauen», genau der schwebte noch in der Luft.

Grandiose historische Gebäude gab es am Holland Park in Londons Westen zuhauf. Dort traf ich im September 1989 in einer weißen Villa einen der profiliertesten britischen Musiker und Autoren, Pete Townshend, Kopf, Gitarrist, Komponist von The Who. Die Band, nach dem Tod von Drummer Keith Moon nur noch ein Trio, war zu der Zeit nicht aktiv - ein Drama, sagte Townshend, für den Sänger Roger Daltrey, der lebe nur für The Who. Er selbst hätte Neues gefunden, gerade war ein neues Musical von ihm erschienen, «The Iron Man», der Anlass für unser Treffen. Townshend, ein nachdenklicher Mann, den viele für schroff hielten, analysierte und reflektierte pausenlos seine Kollegen, sein eigenes Leben, seine Psyche. Er offenbarte, dass er zwar künstlerisch erwachsen sei, aber emotional zurück, unterentwickelt «wie ein Kind, das lernen muss». Pete Townshend war damals vierundvierzig. Er suchte diese emotionale Nachhilfe nicht nur in der Musik, sondern eher bei anderen Autoren, bei Büchern und hatte einen Job angenommen, der ihn dabei unterstützte, als Lektor beim renommierten britischen Verlag Faber & Faber, Heimat großer Literaten wie T. S. Eliot, W. H. Auden, Samuel Beckett oder Ted Hughes. Der ungewöhnliche Karriereweg eines der berühmtesten Rockmusiker der Welt.

Pete Townshend, der selbst unter großen Drogenproblemen gelitten hatte, war Anfang der 70er-Jahre mit George Harrison einer der Freunde, die Eric Clapton motivierten, sich von seiner schweren Heroinabhängigkeit zu befreien. Townshend organisierte zu diesem Zweck im Januar 1973 zwei Konzerte im Londoner «Rainbow Theatre» mit dem Motto «Welcome back, Eric», die das Ende der zwei Jahre währenden Inaktivität Claptons markierte. Gleichzeitig waren die Rainbow-Konzerte der Beginn von Claptons engagiertem Kampf gegen seine Heroinsucht. 1974 nahm EC nach über drei Jahren wieder ein Album auf, das äußerst erfolgreiche «461 Ocean Boulevard». Als ich den eher stillen und scheuen Eric Clapton im November 1989 in Hamburg traf und wir eine Stunde in Studio 7 des NDR-Funkhauses sprachen, erzählte er, er wisse von jener dunklen Zeit zwischen 1971 bis 1973 kaum noch etwas, das meiste läge im Nebel. Allerdings erinnerte er Dinge, die davor passiert waren, genauer, so die erste Begegnung mit Jimi Hendrix bei dem früher geschilderten Cream-Konzert oder seinen Beistand für George Harrison bei der «White Album»-Session der Beatles. Nach dem Heroinentzug hatte er jedoch als «Ersatz» eine gravierende Alkoholabhängigkeit entwickelt, die er erst in den 80er-Jahren nach mehreren Anläufen habe beenden können. Zwei Jahre sei er nun vollkommen «trocken», berichtete Clapton, nicht ohne Stolz. Er habe jetzt einen dreijährigen Sohn, Conor, der bei seiner Mutter in Mailand wohne, deswegen verbringe er auch viel Zeit in Italien. Eric lebte richtig auf, als er erzählte, wie sehr er sich darauf freute, mit Conor Neues zu erleben, mit ihm zu reisen, ihm die Welt zu zeigen.

Sechzehn Monate nach unserem Gespräch verunglückte der fast fünfjährige Conor tödlich, als er aus einem ungesicherten Fenster eines Hochhauses in Manhattan stürzte. Einige Monate später schrieb Eric Clapton im Andenken an seinen kleinen Sohn eines der bewegendsten Abschiedslieder der Popmusikgeschichte, «Tears in Heaven».

«Into My Arms» sang Nick Cave 1997 bei der Trauerfeier für seinen Freund Michael Hutchence. Der Sänger der australischen Band INXS war im Alter von siebenunddreißig Jahren bei einem tragischen Unfall in seinem Hotelzimmer in Sydney ums Leben gekommen. Ein viel zu früher Abschied von einem der schillerndsten Rockstars der 80er- und 90er-Jahre. Ich hatte den ungeheuer charismatischen und attraktiven Sänger fünf Jahre zuvor in Hamburg zum Interview getroffen. Michael hatte offensichtlich wenig Lust auf die Pflichtaufgabe, nämlich Werbung für das neue INXS-Album zu machen. Er redete lieber über die Zerstörung der Umwelt und über die britische Skandalpresse, die ihn wegen seiner prominenten Freundinnen gnadenlos verfolgte. Lockerer wurde es abends, die Plattenfirma hatte zum Essen eingeladen, Michael taute auf, erzählte Witze und Anekdoten, freute sich, ohne Druck privat nach der Arbeit entspannt zu kommunizieren. Nach dem Essen wollte der Sänger weiterziehen, jemand schlug das nahe gelegene Goldies am Großneumarkt vor. Das Goldies in der schmalen Brüderstraße war eine normale Kellerkneipe, die aber bei Musikern sehr beliebt war, weil sie hier nach Konzerten und Studioterminen oder an freien Abenden von Wirtin Goldie auch zu später Stunde rundum gastronomisch versorgt wurden, und nicht nur mit Kaltgetränken. Goldie, die eigentlich Heike hieß, hatte ihre Erfahrungen als Barfrau im Starclub und im Madhouse gesammelt, tourende Musiker prominenter Rockbands wie AC/DC, Deep Purple oder Uriah Heep gingen in ihrem Lokal ein und aus. Hutchence hatte anscheinend das Goldies schon bei früheren Hamburg-Besuchen frequentiert und fühlte sich gleich zu Hause. Am niedrigen Tresen fiel uns ein knorriger Typ mit längerem zotteligem dunklem Haar und einem Backenbart auf, der gebückt auf seinem Barstuhl hockte, es war Lemmy Kilmister, Kopf und Herz von Motörhead, bei seinem Feierabendbier. Michael sprach ihn an, der mürrisch dreinblickende Lemmy brauchte ein paar Sekunden, bis er erkannte, wen er vor sich hatte. Dann begann ein intensives Zweiergespräch, das Stunden dauern sollte, nur unterbrochen von kurzen Ausflügen in die Küche. Da hatten sich zwei gefunden und amüsierten sich offensichtlich köstlich, der kauzige mittelalterliche Metalrocker aus dem englischen Stoke und das strahlende, immer noch jugendlich wirkende Popidol aus Sydney. Beim Gehen dachte ich, das ist ja wie in Michaels bestem Song «Never Tear Us Apart», wir lassen uns nicht auseinanderreißen.

In meiner allerersten Radiosendung hatte ich die raue Soulstimme von Bobby Womack vorgestellt, den bekanntesten Vertreter der Womack-Familie, Autor klassischer Songs wie «It's All Over Now» für die Rolling Stones, «Breezin'» für George Benson, «Midnight Mover» für Wilson Pickett, «Trust Me» für Janis Joplin und «Woman's Gotta Have It», «Across 110th Street» oder «If You Think You're Lonely Now» für seine eigenen soultriefenden Alben. Zwanzig Jahre danach, am 23. Februar 1988, brachte Bobby mit seiner Soulrevue die Große Freiheit 36 zum Kochen. Der Club, der seit 1985 die Musikszene auf dem Kiez wiederbelebt hatte, lag an historischer Stelle, dort, wohin in den 30er-Jahren das Hippodrom umgezogen war, und direkt über dem legendären Kaiserkeller, in dem die Beatles ihre Hamburger Reise begonnen hatten. Womack war nach dem Konzert hinter der Bühne bester Laune, wir verabredeten uns für den nächsten Vormittag um zehn Uhr zum Interview.

Womack und seine große Band wohnten in einem Hotel in Alsternähe, der Concierge gab mir die Zimmernummer. Als ich vor der Tür stand, drangen laute erregte Stimmen aus dem Raum, ich klopfte, einmal, zweimal, ein drittes Mal. Endlich öffnete jemand die Tür, ich sagte meinen Spruch, wurde hineingebeten und prallte zurück: Etwa acht Männer saßen und lagen kreuz und quer im Zimmer verteilt in denselben Bühnenanzügen wie am Abend zuvor und redeten in hoher Lautstärke wild durcheinander. Die Luft war zum Schneiden von Zigarettenrauch, Alkoholdämpfen, durchgeschwitzten Hemden und ungeputzten Zähnen. Die Herren hatten durchgemacht und außer Bier sicherlich auch wach machende Erfrischungen verzehrt. Mittendrin Bobby, der Clan-Chef, der mich begrüßte, mir ein Bier in die Hand drückte und etwas stammelte, was sich nach einer Entschuldigung anhörte, er hatte unseren Termin wohl vergessen. Während das babylonische Gebrabbel weiterlief, verzogen Bobby und ich uns in einen engen Nebenraum mit Kochstelle. Ich schaltete mein Aufnahmegerät ein, aber zu Fragen kam es nicht. Bobby setzte zu einem Monolog an, dessen Wasserfall an Worten ich kaum verfolgen, geschweige denn verstehen konnte. Es war eine Generalabrechnung mit dem Musik-Business, das afroamerikanische Musiker noch immer betrügen würde, die großen Stars des Black Business wie Stevie Wonder oder Michael Jackson wären eingekauft und würden nichts verändern, man müsse endlich ein eigenes Black Music Business auf die Beine stellen. Prince bekam sein Fett weg, der wäre doch nur eine Kopie von Sly Stone, mit dem er, Bobby, im Studio gearbeitet hatte. Womack schäumte, überschlug sich fast beim schnellen Sprechen und feuerte weiter, was mache denn Aretha gerade, ein Duett mit George Michael, unmöglich, Crossover-Gospel oder Popgospel, das ginge doch gar nicht. Bobby wurde zornig, witterte Verrat. Ich ließ mein Tape laufen und versuchte, die Predigt nicht zu unterbrechen, sachliche Nachfragen hätten jetzt kaum etwas gebracht, zu Hause würde ich das mir ja genauer anhören können. Ein Tourmanager schaute rein und orderte die Musiker zum Packen, sie müssten nach Amsterdam fahren, kurioserweise ins «Paradiso», den bekanntesten Musikclub im damaligen Drogenparadies der Niederlande. Bobby hatte immer noch Luft, ich sagte Bye-bye und verdrückte mich. Als ich zu Hause in Ruhe das Tape abhörte, war ich genauso schlau und sprachlos wie zuvor, ich verstand nur die Hälfte, aber Bobbys adrenalingeladener Predigerton klang eindrucksvoll, nur das Bier fehlte.

Der Gebrauch von aufputschenden oder beruhigenden Drogen war bei Musikern vermutlich nicht weiter verbreitet als beim Rest der Bevölkerung. Aber die Musiker standen in der Öffentlichkeit und wurden öfter zu dem Thema befragt, was nicht immer zu ehrlichen Antworten führte und eher Verdrängen, Abwiegeln, Scheinheiligkeit oder Täuschung provozierte, ein vertrautes Verhaltensmuster beim übermäßigen Konsum von Alkohol und Drogen. Ein beinahe surreales Beispiel dafür erfuhren Klaus Wellershaus und ich, als wir im September 1972 das Mitglied eines sehr prominenten amerikanischen Quartetts interviewten, das für sein Soloprojekt in der Stadt war. Im Gespräch betonte der Musiker demonstrativ, dass die Zeit der Drogen vorbei sei und er nichts mehr damit zu tun habe. Nach Ende des Interviews, als wir schon an der Tür waren, fragte er jedoch leise: «Wisst ihr, wo man hier was besorgen kann?» Er meinte sicherlich keine Hustenbonbons. Leicht konsterniert mussten wir verneinen, wir konnten ihm nicht helfen.

In meinen diversen Gesprächen mit einzelnen Mitgliedern von Crosby, Stills, Nash & Young zwischen 1976 und 1993 spiegelte sich das Auf und Ab der persönlichen Beziehungen innerhalb dieser außergewöhnlichen, aber auch extrem launischen Gruppe. Getroffen und gefunden hatte sich das Ur-Trio im Garten von Mama Cass Elliot im Laurel Canyon. David

Crosby war aus den Byrds geflogen, Stephen Stills' Band Buffalo Springfield war zerbrochen, und der Brite Graham Nash hatte die Hollies verlassen. Ihnen gelang 1969 ein traumhaftes Debüt, kurz vor ihrem Auftritt in Woodstock stieß Neil Young als vierter Partner hinzu, das CSNY-Album «Déjà Vu» wurde ein Meilenstein, doch die anschließende Tournee endete in Streitigkeiten und Trennung. Als ich Crosby und Nash 1976 in München erlebte, hatte sich das Quartett nur kurz für eine lukrative Stadion-Tour 1974 wiedervereint, und danach waren die Mitglieder wieder getrennte Wege gegangen. Stills hatte sein eigenes Bandprojekt Manassas, mit dem er 1972 auch in Hamburg gastiert hatte, Young spielte mit seiner Band Crazy Horse, und das Duo Crosby & Nash nahm zwei Alben auf und tourte, auch in Europa. Am Vormittag nach dem Münchner Konzert traf ich zusammen mit meinem *Sounds*-Kollegen Michael Schlüter Graham Nash zum Frühstück. Er war glücklich über den wunderbaren vorigen Abend im Zirkus-Krone-Bau, verlor aber schnell seine gute Laune, als wir über die Gründe der andauernden Spaltung von CSNY zu sprechen begannen. Graham ließ von seinem Toast ab und stieß verächtlich durch die Zähne: «Alkohol und viel zu viel Koks, das ist dumm und verrückt und hat schreckliche Folgen, zum Beispiel schwere Depressionen.» Dennoch hatten sich die vier zusammengerauft und Anfang 1976 begonnen, in Miami ein neues Album aufzunehmen. Dabei sei wieder Streit aufgeflammt, als es um die Planung der anschließenden Tournee ging, Crosby und Nash wollten in kleineren Hallen auftreten, die besser zu Harmoniegesang und akustischen Instrumenten passten, Stills und Young wollten wieder die großen Stadien bespielen. Graham schilderte dann immer noch entrüstet: «David und ich mussten für zwei Wochen nach L.A. zurückfliegen, um unser Duo-Album fertigzustellen, in der Zeit haben die beiden anderen unsere Gesangsstimmen von den Aufnahmen gelöscht und aus dem beabsichtigten Quartett-Album eine Stills-Young-Platte gemacht, ein ungeheuerliches Verhalten, wie beleidigte Kinder!» «Long May You Run» hieß das beschnittene Werk der Stills-Young-Band ohne Crosby und Nash, dem beim Hören die Tränen kämen, «mit unseren Stimmen wäre das wunderschön geworden, ich weiß es, weil ich die Bänder mit den Originalaufnahmen noch habe, aber die wird jetzt niemand hören», klagte er. In dem Moment schlenderte David Crosby in den Frühstücksraum des Hotels und verglich die Sache in seinem sarkastischen Humor mit der Watergate-Affäre um die gelöschten Tonbänder im Weißen Haus. Danach schwärmte er nur noch von einem Flirt am vergangenen Abend, er habe sich auf der Stelle verliebt, doch das sei leider sein Grundthema, er verliebe sich ständig, und nie würde etwas daraus.

Zum Schluss fragte ich Graham, ob denn nun in Zukunft eine Reunion ausgeschlossen sei? «Ach, natürlich ist die möglich, unsere gemeinsame Musik ist einfach zu gut, nur sind wir oft zu albern und unverantwortlich ...», resümierte er schon etwas milder.

So kam es dann auch, schon ein Jahr später erschien das Trio-Album «CSN», 1982 gefolgt von «Daylight Again», zu dessen Erscheinen mir Graham am Telefon bekräftigte, dass alles vergessen und vergeben sei. Doch die Achterbahnfahrt der Band ging weiter, im Juni 1983 waren CSN Hauptattraktion bei einem Festival im St. Pauli-Stadion. Ihr Auftritt begann so spät, dass er um Viertel vor eins von der Polizei abgebrochen wurde; es hieß, Crosby sei nach Drogeneskapaden nicht früher fit gewesen. Kurz vorher hatte mir Joni Mitchell erzählt, dass ihr alter Freund Crosby sehr krank sei und buchstäblich verfalle. Am Vormittag nach dem Konzert war ich mit Graham in einem Café an den Großen Bleichen verabredet. Er war immer noch wütend, schimpfte auf Mike Oldfield, der seine Spielzeit weit überzogen hätte, auf die Veranstalter, die keinen Soundcheck möglich gemacht hätten, auf David. Er, Graham, habe keine Lust mehr auf den Lebensstil der anderen zwei, er sei früh aufgestanden, habe sich Hamburg angeschaut, sei in Museen gewesen, informiere sich über Aktionen für Umweltschutz und gegen Atomkraft. Aber beim Abschied wieder die Beteuerung, CSN seien wie Brüder, Musik halte zusammen.

1986 sah ich Graham Nash wieder, es gab kein neues CSN-Album, dafür wollte er seine vierte Solo-LP «Innocent Eyes» vorstellen. Ein Song hieß «Over the Wall» und handelte von Berlin, «von der Unsinnigkeit, über Nacht eine Mauer zwischen Menschen zu bauen», sagte er, und weiter: «Als ich 1983 die Berliner Mauer zum zweiten Mal sah, wurde mir wieder klar, welch ungeheure Dummheit sie darstellte und dass sie verschwinden muss.» Mittlerweile war David Crosby wegen mehrfachen Drogenbesitzes verurteilt worden und saß seit sechs Monaten in einem Gefängnis in Texas. Im Song «Glass and Steel» ging es um Davids Drogenabhängigkeit, Graham erklärte seine Absicht: «Der Song soll eine Art Ansichtskarte ins Gefängnis sein, David kommt hoffentlich bald frei. Ich wollte, dass er weiß, dass ich für ihn da bin, wenn er sein Leben ändern und das tun will, was er am besten kann, nämlich Musik zu machen. Ich vermisse seine Musik, er hat seit Jahren keinen Song mehr geschrieben. Aber da er seit einiger Zeit frei von Drogen ist und klarer im Kopf wird, beginnt er wieder zu arbeiten, und das macht Mut.»

Die Hoffnung sollte sich bewahrheiten. Crosbys Entlassung aus dem Gefängnis war der Anlass für eine große Wiedervereinigung, auch Neil Young war 1988 auf dem Album «American Dream» wieder dabei. Er hatte das David schon 1983 für den Fall versprochen, dass der geheilt und drogenfrei wäre. Das berichtete der kurierte Patient, als ich ihn 1993 in Hamburg zu einem langen Gespräch im Hotel Atlantic traf. Aber völlig harmonisch liefen die Dinge auch bei den Reunion-Platten nicht, alle hätten gute Songs abgeliefert, nur Kollege Stills nicht. Crosby hatte seinen Biss nicht verloren, «beim nächsten CSN-Album ‹Live It Up› war es noch schlimmer, eine miserable Platte, und was Stephen beisteuerte, war nur Müll», ätzte er. Nun hatte David 1993 sein drittes Soloalbum produziert, er wunderte sich, dass er trotz seiner Drogenkarriere noch so gut singen könne. Er hatte Glück gehabt, für die Menge von Kokain, die bei ihm gefunden wurde, hätte er sieben Jahre bekommen können. Er sei aber noch nicht ganz über den Berg, er war aus San Francisco weggezogen, wo man leicht mit Drogen in Berührung kommen konnte, er meide die Gesellschaft bestimmter für ihn gefährlicher Menschen und gehe regelmäßig zu Meetings, um einen Rückfall zu vermeiden. Eines war ihm im Knast klar geworden, wie oberflächlich und selbstsüchtig sein Leben als Popstar gewesen sei. Jetzt verlasse er sich auf die Freunde, die ihm auch in der Krise die Treue gehalten hatten, Menschen wie Jackson Bowne, Graham und Neil, Marc Cohn und Phil Collins, der ein Jahr danach für Crosbys lebensnotwendige Lebertransplantation aufkommen würde. Zu dieser Gruppe gehörte auch Sängerin und Gitarristin Bonnie Raitt, über die David mir zum Abschied in seiner typischen Manier sagte: «Bonnie ist die beste Sängerin der Welt, sogar besser als Aretha.»

Die Achterbahnfahrten von CSN und CSNY setzten sich fort, mit gemeinsamen und getrennten Alben, Tourneen und Auseinandersetzungen. Crosby verscherzte es sich mit Young, als er 2015 über dessen neue Freundin Daryl Hannah herzog, 2016 zersplitterte die Beziehung zu seinem ältesten Freund Graham Nash wegen unfeiner Kommentare über dessen neue Partnerin. Wir werden diese Harmoniestimmen leider nie wieder in Harmonie zusammen singen hören, David Crosby starb am 18. Januar 2023 im Alter von 81 Jahren.

Die zu Recht von David Crosby hochgelobte Bonnie Raitt traf ich zum ersten Mal im Dezember 1988. Schon die ersten Alben der Sängerin in den frühen 70er-Jahren hatten mich begeistert, die Tochter des bekannten Broadwaysängers John Raitt wuchs in Kalifornien auf, ging zum Studieren an das Harvard College in Massachusetts. Dort in Cambridge begann sie in Folkclubs und Coffeehouses als Bluessängerin und Slidegitarristin aufzutreten, tourte dann als Vorprogramm von Legenden wie Fred McDowell, Sippie Wallace, Muddy Waters oder John Lee Hooker, die die junge Bonnie in die tiefen Geheimnisse des Blues einweihten. Bald hatte es sich herumgesprochen, dass da eine rothaarige Studentin mit wallenden Locken so überzeugend den Blues sang wie keine andere Sängerin weißer Hautfarbe. Warner Bros. nahm sie unter Vertrag, und es entstanden wunderschöne Alben wie «Give It Up», «Takin' My Time», «Sweet Forgiveness» oder «Streetlights» mit alten Blues- und modernen R&B- und Folksongs, Bonnie sang mit Emotion und Seele und brillierte an der Slidegitarre. Das Magazin *Rolling Stone* wählte sie in seiner Rangliste in den Kategorien Gesang und Gitarre jeweils unter die Besten aller Zeiten. Dennoch verkauften sich ihre Platten nicht so, wie die Firma sich es vorstellte, auch wegen mangelnder Promotion. Mitte der 80er-Jahre stand sie ohne Vertrag da und musste sich mit Liveauftritten über Wasser halten. Im Winter 1988 war Bonnie Raitt als Gast der amerikanischen Band Little Feat in Europa auf Tournee, wir nahmen das Konzert im Hamburger CCH am 9. Dezember für das NDR 2 Radiokonzert auf. Am Ende des Abends fragte ich Bonnie und den Little Feat-Gitarristen Paul Barrere spontan, ob die beiden nicht Lust hätten, am nächsten Abend live in meine Sendung zu kommen. Kurz vor 23 Uhr, es war ein Samstagabend, enterten Bonnie und Paul mit zwei Gitarren und einem kleinen Verstärker das NDR-2-Studio an der Rothenbaumchaussee, es wurde eine höchst unterhaltsame denkwürdige Stunde, die glücklicherweise auf einer Kassette erhalten ist, die ich von meiner lieben Kollegin Gitti Gülden bekam. Die Original-Bandaufnahme der Sendung wurde leider von einem eifrigen, aber leider zerstreuten Mitarbeiter, dem ich das Band geliehen hatte, zerschnitten, der Rest aus Versehen weggeworfen. Bonnie erzählte in der Show, wie die Plattenfirma Warner, die ihr gekündigt hatte, dann nachträglich doch ihr letztes Album für das Label herausgebracht und dann wieder nicht beworben hatte: «Die hatten gerade Madonna, Prince, Van Halen und Paul Simon, da war für mich nichts übrig. Aber wenigstens bekam ich meine dritte Grammy-Nominierung.» Hatte sie schon mal einen Grammy gewonnen? Bonnie verneinte ganz traurig, das sollte sich ändern. Weiter kam ein Anruf von Prince zur Sprache, es war ja durch seine Bandmitglieder Wendy und Lisa und durch die Avancen für Joni Mitchell bekannt, dass er gern die musikalische Nähe zu Frauen suchte. Prince gestand Bonnie, er sei ein Riesenfan, sie habe nicht die Chance bekommen, die sie verdiente, daher würde er sie gerne für seine Firma Paisley Park verpflichten, ob sie nicht zu ihm ins Studio kommen wolle? «Wir nahmen drei Songs auf, aber die waren alle in seiner Tonlage, und die Texte waren selbst für mich zu anzüglich», sagte Bonnie mit singender Stimme und ihrem typischen hellen Lachen, «Prince hatte dann auch wenig Zeit, also wurde daraus nichts.» Fünf Monate später spielte ich Bonnie in meinem Auto das Tape des neuesten Albums von Mavis Staples vor, mit einigen Songs, die Prince für die Sängerin der Staple Singers produziert hatte. Plötzlich rief Bonnie, den Song kenne ich, den wollte er auch mit mir machen.

Weil Bonnie abgelehnt hatte, gab der prinzliche Freund und Helfer ihn einfach weiter an seinen nächsten Schwarm, Mavis. Bonnie erzählte damals im Dezember 88, sie habe danach den erfolgreichen Produzenten Don Was gefunden und doch wieder einen Vertrag erhalten, bei Capitol. Das Album erscheine im nächsten März, und sie würde dann gerne wiederkommen und mehr darüber reden, «ich würde dafür auch rüberschwimmen», unterstrich sie, bevor sie sich die akustische Ovation-Gitarre auf den Schoß legte, um leichter Slide spielen zu können. Paul nahm die elektrische, und Bonnie sang eine hinreißende Version von «Love Me Like a Man» vom «Give It Up»-Album, dann wurden die Instrumente getauscht, und Paul sang mit Bonnie einen seiner Songs, live in der Sendung, alles ohne Soundcheck oder spezielle Mikrofontests, wie zu Hause im Wohnzimmer.

Der nächste Besuch folgte schnell, auch ohne Schwimmen. Bonnie Raitts Album «Nick of Time» kam im März 1989 heraus, am 17. April gastierte sie im Logo, wir nahmen wieder auf. Vor dem Soundcheck kam sie aufgeregt zu mir, das Album wäre innerhalb von vier Wochen schon unter die Top 50 der Billboard Charts gestiegen, Tendenz nach oben. Kam doch noch im Alter von neununddreißig mit dem zehnten Album der kommerzielle Durchbruch? In dieser Hochstimmung lieferte Bonnie mit ihrer Klasse-Band ein großartiges Konzert ab, der Mitschnitt wurde ein Highlight in der Geschichte des Radiokonzerts. Danach begossen wir den Erfolg in meiner Stammkneipe, dem Klett, dreihundert Meter die Grindelallee hoch, Bonnie allerdings trank nur Wasser, nach Drogen- und Alkoholproblemen in den 70er- und 80er-Jahren hatte sie zwei Jahre zuvor einen klaren Schnitt vollzogen und hatte seitdem konsequent nie wieder einen Tropfen Alkohol angerührt, vielleicht einer der Gründe für ihren späten Triumph.

Zwei Wochen danach trafen wir uns wieder, diesmal in Köln, wir saßen im Café Reichard direkt beim WDR-Funkhaus, Bonnie strahlte wie ihre hellrote Lockenpracht, «Peter, can you believe it», jubelte sie. «Nick of Time» stieg und stieg, war schon in den Top 20, obwohl auch die neue Firma wenig geworben hatte. Radio und TV in den USA hatten Bonnie wiederentdeckt, die Presse hatte sie in begeisterten Kritiken gefeiert, als ob alle erleichtert waren, nach einer Dekade von Synthi-Pop und abgehobenen Megastars endlich wieder einfache Musik mit amerikanischen Roots, mit Blues, Folk, Country & Soul, mit emotionalen Songs, natürlichen Instrumenten und einer herausragenden Stimme genießen zu können. Das Album blieb fast zwei Jahre hoch in den US-Charts. Nachdem Bonnie im Februar 1990 dafür drei Grammy Awards, darunter den für das «Album des Jahres», erhalten hatte, stieg es noch einmal und stand im Mai 1990 auf Platz 1, insgesamt wurde es über fünf Millionen Mal verkauft. Das Folge-Album «Luck of the Draw» übertraf diese Marke noch, verkaufte sich über sieben Millionen Mal, die beiden Hits daraus «Something to Talk About» und «I Can't Make You Love Me» wurden Klassiker. Drei weitere Grammy Awards kamen dazu, die Tournee zum Album mit 180 Konzerten führte Bonnie und Band um die Welt, auch nach Deutschland. Im Juli 1991 erzählte sie mir, wie glücklich sie sei, dass Plattenfirmen durch ihren Erfolg jetzt begreifen würden, dass man nicht nur Musik für Teenager verkaufen könne, sondern dass es ein riesiges Kundenpotenzial von Menschen über 25 gab, die Musik hören, lieben und erwerben wollten. (Mittlerweile scheint diese simple Erkenntnis den Managern der Musikindustrie wieder entfallen zu sein, wenn man sich den Schwerpunkt mancher Firmen in den letzten Jahren anschaut.) Bonnie, die sich ihre gesamte Karriere über sozialen, politischen und wohltätigen Zwecken gewidmet hatte, sagte, dass sie sich zwar über ihren Grammy-Segen freue, dass es sie aber noch mehr zufriedenstelle, ihre neue Popularität für ihr soziales Engagement einsetzen zu können. So hatte sie mit anderen die «Rhythm & Blues Foundation» gegründet, die älteren Blues- und Soulkünstlern ohne Altersversorgung und Krankenversicherung helfen wollte, ihre Rechte wahrzunehmen, vorenthaltene Tantiemen zu erstreiten und Plattenfirmen wie Atlantic, die mit alten Soul-Compilations viel Geld verdienten, zu zwingen, die Künstler entsprechend zu beteiligen. Bonnie hatte 1979 schon bei den legendären «No Nukes»-Konzerten in New York gegen Atomenergie eine führende Rolle gespielt, danach rief sie mit Graham Nash und Jackson Browne die Organisation MUSE (Musicians United For Safe Energy) ins Leben und engagierte sich in unzähligen Benefiz-Aktionen für Umweltschutz, die Wahrnehmung politischer Rechte und viele andere soziale Projekte. 1991 berichtete Bonnie mir, wie erhebend das Gefühl war, als sie 1990 die Befreiung Nelson Mandelas aus der Haft vor Zigtausenden im Wembley-Stadion feiern durfte und mit Mandela und Künstlern wie Peter Gabriel, Neil Young, Lou Reed oder Jackson Browne auf der Bühne stand.

Schon im Sommer 1992 kehrte sie für ein Konzert im Hamburger Stadtpark zurück und war von Sound und Atmosphäre der Open-Air-Bühne begeistert, die der visionäre Veranstalter Karsten Jahnke in den 70er-Jahren begründet und zu einer der attraktivsten Freiluftarenen des Landes entwickelt hatte. Bei ihrem nächsten Besuch 1994 brachte Bonnie wieder ein Nummer-1-Album mit, das dritte hintereinander. Vor ihrem Konzert in der Musikhalle hatte sie Zeit und Lust auf eine ausgiebige Stadtrundfahrt, sie liebte besonders die steilen Treppen und Gassen, die romantischen Winkel Blankeneses und den fantastischen Elbblick im Kaffeegarten Schuldt, den Apfelkuchen mit Sahne aber auch. Es dauerte unglaubliche neunzehn Jahre, bis wir uns 2013 wiedersahen, ich holte Bonnie mit ihrer Begleitung im Hotel ab, wir gingen essen, sie war genauso warm, herzlich, interessiert und begeisterungsfähig wie immer, ihr war der phänomenale Erfolg keine Sekunde zu Kopf gestiegen. Das galt auch für das Treffen 2016 in Frankfurt in der Alten Oper, 2019 wurde Bonnie 70, sie schrieb mir, dass sie über den Verlust vieler Freunde trauerte, Dr. John, Paul Barrere, John Prine und Toots Hibbert. 2022 veröffentlichte sie ein großes neues Album, «Just Like That». Am 5. Februar 2023 wurde Bonnie in Los Angeles mit drei weiteren Grammys ausgezeichnet, darunter ganz überraschend mit dem prestigeträchtigen Grammy für den Song des Jahres. Da hatte sich seit unserem ersten Treffen 1988 einiges getan, 2023 stand die Gesamtzahl ihrer Grammy Awards somit bei 15.

Im August 1986 war der Verehrer von Joni und Bonnie, der körperlich zierliche, aber musikalisch geniale Allround-Gigant Prince, zum ersten Mal nach Deutschland gekommen. Für Prince schien es keine Schranken oder Grenzen zu geben, sein Fleiß war unbändig, drei Alben und Tourneen in drei Jahren, und nie das gleiche Programm. Im Sommer 1988 stand wieder die Premiere einer neuen Tournee an, dazu waren am 8. Juli gut einhundert Journalisten aus ganz Europa versammelt. Nach dem Konzert im Palais Omnisports de Bercy war ein exklusiver Empfang angekündigt, und da mir die nötige Garderobe fehlte, machte ich mich nachmittags in den Seitenstraßen des Boulevard Saint-Germain auf die Suche. In einem Secondhandladen fand ich ein knallrotes Jackett, spektakulär genug für den Anlass. Aber zunächst ging es im Bus nach Bercy, dort angekommen die erste Erkenntnis: Mit der «Lovesexy»-Tour löste Prince das Problem der Distanz des Stars zum Publikum in großen Hallen, er stellte nämlich die Bühne in die Mitte, sie war rund, etwa vierzig Meter im Durchmesser, ein technisches Prunkstück. Bühnenteile ließen sich hochfahren und absenken, Musiker und Requisiten hervorholen, da tauchten Betten, Netze, Pianos und andere Instrumente auf und verschwanden wieder. Auf der runden Bühne boten sich riesige Lauf- und Tanzflächen, da war sogar Platz für eine Schaukel und einen Basketballkorb, der eifrig beworfen wurde, da kreiste ein Straßenkreuzer auf einem hydraulischen Kran herum. Das Wesentliche aber war, dass Prince sein Feuerwerk abbrennen konnte, und jeder Zuschauer sah und hörte es in brillantem Sound. Die Musiker waren rund um die Bühne verteilt, agierten, liefen, tanzten und spielten dabei mit unglaublicher Präzision und Leichtigkeit die kompliziertesten Passagen, allen voran die umwerfende Sheila E. (kurz für Escovedo) an den Trommeln. Die zweieinhalbstündige Show war verzauberndes perfektes Musiktheater, aber nicht nur ein technisches Spektakel. Im Zentrum stand Prince, der Musiker, der minutenlange bluesige Gitarrensoli losließ, der Magier, Musketier, Hexenmeister, Prediger, der das Konzert zum Gemeinschaftserlebnis mit dem Publikum erhob.

Die Busfahrt von der Halle in den Westen der Stadt tat gut, um die Eindrücke sacken zu lassen. An der Avenue de l'Hippodrome im Bois de Boulogne warteten die Prostituierten auf Kunden, während wir uns dem Ort der Reception näherten, einem von Bäumen verdeckten großen Ausflugslokal. Drinnen lange weiß gedeckte Tische, aufgeregtes Geschnatter der sonst so coolen Journalisten, gelöste Stimmung. Nach einer Weile Unruhe, eine größere Menschentraube betrat den Saal, darin versteckt die Hauptfigur des Tages. Als sich die Traube öffnete, konnte man einen frisch geduschten Prince im stylischen weißen Designeranzug erkennen, neben ihm eine etwa fünfzigjährige Frau, die mir irgendwie vertraut vorkam. Einige Journalisten wurden zur Audienz gebeten, vorher aber darüber informiert, keinen Small Talk zu beginnen, und danach im Defilee dem Künstler vorgestellt. Ich gehörte zu den Auserwählten, knöpfte mein neues rotes Jackett zu, dann ein schwacher Händedruck, ein gehauchtes «Hello», aber wache blitzende Augen, zwischen Unschuld und Gerissenheit kokettierend. Nach einer guten Minute war alles vorbei, und ich saß wieder an meinem Platz. Nur schien es, als verströme der Meister eine solch starke Aura, dass Menschen, die mit ihm in Kontakt kamen, ihr Zeitgefühl verloren, da wurden die Sekunden mit Prince zu Ewigkeiten. So erging es einem süddeutschen Radio- und Fernsehmoderator, der später stolz in einer TV-Sendung berichtete, er habe sich bei jener Party zwanzig Minuten lang intim mit The Artist unterhalten. In Wirklichkeit hatte sich der gute Mann nicht einmal zwei Minuten lang von unserem Tisch entfernt, das Tête-à-Tête konnte also höchstens eineinhalb Minuten gedauert haben. Warum aber erzählt ein Journalist Derartiges, wo doch andere Menschen zugegen waren, wo allgemein bekannt war, dass Prince keine Interviews gab? War es doch der Zauber des Genies, der Zeit, Raum und Geist verwirrte, oder wollte jemand in der Sonne des Prinzen glänzen?

Der Abend war noch nicht zu Ende, nach dem Essen fuhr uns der Bus zurück in die City, im dritten Bezirk zwischen Les Halles und dem Marais lag in einer Seitenstraße der berühmte Nachtclub «Les Bains Douches», früher öffentliche Duschbäder, heute ein feines Hotel. Der nimmermüde Prince war ja auch berühmt für seine After-Show-Auftritte, der Premierenabend einer neuen Tournee war dafür ein perfekter Anlass. Von vier bis halb sechs Uhr in der Nacht stand er noch einmal auf der kleinen Bühne des Clubs. Vor dreihundert Gästen ging der Spaß dann erst richtig los mit Prince-Versionen von James-Brown-Klassikern und einem Gastauftritt der Frau, die beim Empfang neben ihm gestanden hatte, keine Geringere als Mavis Staples, die ihren Staples-Singers-Hit «I'll Take You There» sang, mit Prince an der Hammondorgel. Dann folgte eine Version von «Purple Rain», die das flache Dach der Duschbäder anhob, und als Abschluss noch einmal Mavis mit «Chain of Fools», dem Hit ihrer Freundin Aretha.

Am 30. August erreichte die «Lovesexy»-Tour-Karawane Hamburg für zwei Open-Air-Konzerte im St. Pauli-Stadion am Millerntor. Es war ein warmer schöner Sommerabend, ich ersparte mir den Stress eines Stadionkonzerts, setzte mich in meinen kleinen Garten in der Wrangelstraße, gut drei Kilometer Luftlinie vom Millerntor entfernt, und hörte fast jeden Ton. An diesem Abend erlebte die halbe Innenstadt ein Prince-Konzert gratis in Parks, auf Plätzen, Terrassen und Balkonen. Ein Gerücht war laut geworden, Prince würde vielleicht in Hamburg eine erneute Late-Night-Session einlegen. Kurz nach Mitternacht rief Axel an, mein Kontaktmann bei Warner, ich möge doch ohne großes Aufsehen um ein Uhr an der Großen Freiheit 36 sein. Als ich dort ankam, war die schmale Straße voller Menschen, der Eingang des Clubs abgesperrt. Axel erblickte mich, holte mich hinter das Gatter, und ich befand mich kurz darauf in einem fast leeren Saal. Auf der Bühne wurden Instrumente aufgebaut, Roadies liefen hin und her. Ich ging die Treppen zu den Toiletten hinunter, als ich wieder hochkam, hätte ich beinahe eine winzige Gestalt umgerempelt, trat dem etwa 1,60 Meter großen Mann aber auf die hochhackigen Stiefeletten. «Excuse me», sagte eine leise Stimme, ich antwortete «Sorry» und schaute genauer hin, da stand in einem dunklen Hoodie die prinzliche Hoheit in Person, der Künstler musterte den Raum und die hereinströmenden Menschen. Dann verschwand er unbemerkt hinter der Tür neben der Bühne. Eine halbe Stunde danach durften fünfhundert Glückliche eine Sternstunde genießen: Prince allein am Piano, als gefühlvoller Soulsänger von Motown-Klassikern, als grandioser Rock-Gitarrist und Funk-Groover, alles hautnah. Prince vereinte für mich alle Seelen im musikalischen Fegefeuer, schwarzen Soul, harten Funk, weiche Balladen, Jazz, Blues und Rocktraditionen. Aber man musste ihn unbedingt live erlebt haben, am besten im Spätprogramm.

Elf Jahre später, November 1999, London nahe King's Cross, in einem kleinen Theater, eher einer Art Hörsaal. Ich saß zwischen knapp 150 Journalisten, denen Prince das dreiundzwanzigste Studioalbum seiner Karriere präsentieren wollte, «Rave Un2 the Joy Fantastic». Seit zähen und unerfreulichen Streitigkeiten mit Warner nannte er sich nicht mehr Prince, sondern firmierte unter dem Begriff «Love Symbol» oder «The Artist formerly known as Prince», kurz «The Artist». Die Auseinandersetzungen und die verwirrende Veröffentlichungs-, Marketing- und Vertriebspolitik von Warner und seiner eigenen Firma NPG hatten dem breiten kommerziellen Erfolg und dem Status des Künstlers geschadet. Das neue Album mit der hübschen Hit-Single «The Greatest Romance Ever Sold» sowie TV-Shows und Liveauftritte sollten seinen guten Ruf wiederherstellen. Als er auf die Bühne preschte, so agil und spritzig wie immer, und die ersten Töne klangen, war das alte Gefühl schnell wieder da, auch wenn die neue Band den Chef nicht ganz so kongenial und scharf ergänzte wie frühere Ensembles. Prince, das Love Symbol, stürmte durch einen Set neuer und alter Songs, demonstrierte virtuos seine vielen Talente. Mitten in einem epischen Gitarrensolo war er plötzlich von der Bühne verschwunden, bis ich merkte, dass er beim Spielen die Stufen des Auditoriums hochstieg. Bei meiner Reihe bog er ab und stand plötzlich direkt neben mir an einem freien Platz. Er grinste kurz und setzte das wilde Solo fort, dabei stand er so nah, dass ich das klackende Geräusch hörte, wenn das Plektrum hart auf die Saiten schlug. Waren es die fliegenden Gitarrentöne, war es die physische Nähe? Aber da war sie wieder, seine Aura, die Zeit und Raum vergessen ließ.

Über das Geheimnis hinter dem größeren Potenzial, Talent, Ehrgeiz und Erfolg kleiner Männer wurde schon viel gemutmaßt, spekuliert, diskutiert und philosophiert. Die Beispiele in der Popmusik sind zahlreich, Bob Dylan, 1,69 m, Billy Joel 1,66 m, Prince 1,57 m. Egal was die Gründe für deren Ausnahmestellungen waren, die Fakten lagen klar auf der Hand. Wie beim 1,60 Meter messenden Paul Simon, einem der begnadetsten Songschreiber unserer Zeit.

Es dauerte sehr lange, bis Simon zum ersten Mal in Deutschland Konzerte gab. Fast zehn Jahre nach dem Start seiner Solokarriere, am 24. Oktober 1980, trat er im Hamburger CCH auf, begleitet von einigen meiner Lieblingsmusiker. Steve Gadd, Eric Gale und Richard Tee waren Koryphäen der New Yorker Studio-Elite, zusammen hatten sie dazu noch die fabelhafte Funk-Band Stuff. Der Bassist Tony Levin wies ein dickes Portfolio als Studio- und Livemusiker auf, für King Crimson, John Lennon, Pink Floyd, James Taylor oder Peter Gabriel hatte er gespielt. Dieses Quartett live zu erleben, war ein Ereignis. Nach dem Konzert war zum Essen eingeladen, in das Hof-Restaurant. Das lag nicht in einem Schloss, sondern auf einem Hinterhof am Winterhuder Marktplatz in einem früheren Gewerbe- und Manufakturgebäude. Zum Speisesaal musste man vier enge Treppen hochsteigen, dann öffnete sich ein großes gestyltes Loft. Kein Wunder, dass die Musiker sich sofort an die Galerien und Restaurants in New Yorks SoHo erinnerten. Als die verständliche Erholungspause nach einem zweistündigen Konzert vorüber war, kehrten die Lebensgeister während des Menüs langsam in die Musiker zurück. In der Mitte des Raums stand ein verführerischer schwarzer Flügel, den Richard Tee schon während des Essens liebevoll ins Auge gefasst hatte, und nicht überraschend wurde nach dem Dessert ein musikalischer Nachtisch serviert. Tee setzte sich an die Tasten, griff ein paar wundervolle Gospelakkorde, die Backing-Sängerinnen fielen ein, dann nach und nach der Rest der Musiker und Paul Simon selbst. Die treibenden Gospelphrasen, von rhythmischem Händeklatschen und Füßestampfen begleitet, fegten durch den Raum und führten zu einer souligen Version von Pauls Hit «Gone at last». Mittlerweile waren die Köche aus der Küche gekommen, um die ekstatische Gospelsession mit eigenen Augen zu sehen, die sich mit einer groovigen schnellen Nummer weiter steigerte. Es war hinreißend zu sehen, welch ursprüngliche beseelte spontane Freude Musiker entfachen konnten, sogar der eigentlich stille und zurückhaltende Simon.

Bei meiner nächsten Begegnung mit Paul Simon im August 1986 saß er in London mit Joseph Shabalalah, dem Leiter der südafrikanischen Gesangsgruppe Ladysmith Black Mambazo, vor über dreihundert Journalisten und beantwortete Fragen zu seinem Album «Graceland», das kontrovers diskutiert wurde. Simon hatte es teilweise in Südafrika mit einheimischen Musikern aufgenommen, entkräftete aber sofort alle Vorwürfe, er habe den kulturellen Boykott gegen den Apartheid-Staat unterlaufen: «Ich war nicht dort, um für einen Haufen Geld vor einem nach Rassen getrennten Publikum zu singen, nein, ich war da, um mit schwarzen südafrikanischen Musikern Songs aufzunehmen und ihre reiche Musikkultur der Welt bekannt zu machen. Ihre Musikszene ist Opfer einer doppelten Apartheid, zum einen werden die Musiker zu Hause von ihrer Regierung unterdrückt, zum anderen dürfen sie ihre Musik nicht international präsentieren, weil sie aus Südafrika sind.» Die Behauptung, er würde geistigen Diebstahl begehen und die Musiker aus Soweto kulturell ausbeuten, konterte Paul mit klaren Fakten: Ja, die Musik Südafrikas habe ihn inspiriert, die Songs aber seien Paul-Simon-Songs. Jeder Musiker hätte das Dreifache von dem erhalten, was ein Studiomusiker in den USA verdiente, und wenn die Musiker Melodien und Songstrukturen mitentwickelten, wurden sie als Mitkomponisten beteiligt, was keineswegs selbstverständlich war. Musik, besonders Popmusik, sei immer ein Dialog, ein Zusammenwirken unterschiedlicher Einflüsse, Stile, Epochen und Wurzeln, betonte Simon, das sei in der Klassik so gewesen und bei Spirituals, Blues, Jazz, R&B, Rock'n'Roll und Pop, als sich afrikanische und karibische Quellen mit europäischer und der Musik der weißen Siedler in Nordamerika vermischt hatten. Musik sei wie ein Eintopf mit vielen Zutaten. Unterstützt wurden Pauls Aussagen von Shabalalah und anderen südafrikanischen Musikern, die dankbar waren, dass ihre Musik nun international beachtet wurde. Der Startrompeter Hugh Masekela verteidigte Simon gegen alle Vorwürfe, und die berühmte Sängerin Miriam Makeba, die Ikone des Widerstands gegen Apartheid, sagte mir 1988: «Ich kann Paul nur in den höchsten Tönen loben für das, was er für die schwarzen Musiker Südafrikas getan hat, er ist alles andere als ein Ausbeuter.» Vor den Graceland-Aufnahmen, erzählte Simon noch, hatte er Quincy Jones und Harry Belafonte um ihre Meinung gebeten, beide hatten ihm zu dem Projekt geraten. Seine Plattenfirma sah das weniger positiv, man hielt «Graceland» für einen «exotischen Ausflug» ohne große Chancen und machte kaum Werbung. Dennoch: zwei Grammy Awards (Album und Platte des Jahres) und fast fünfzehn Millionen verkaufter Exemplare.

Trotz der ernsten Themen hatte Paul seinen trockenen New Yorker Humor nicht verloren, als es um sein Privatleben ging und seine kürzliche Scheidung von Ehefrau Nr. 2, der Schauspielerin Carrie Fisher: «Alle vier Jahre etwa versuche ich, mich scheiden zu lassen, dann geht's wieder an die Arbeit. Ich lebe in New York mit meinem dreizehnjährigen Sohn, der Musiker und Musik-Fan ist. Er interessiert sich für Reggae und Musik der 60er, im Haus höre ich also Bunny Wailer, Bob Marley, Yellowman und Led Zeppelin oder Crosby, Stills & Nash, und ich bekomme viele Fragen wie, Daddy, was war beim Monterey Pop Festival los, oder: Hat Jimi Hendrix LSD genommen? Und ich muss antworten, na ja, das weiß ich nicht ...»

Unser nächstes Zusammentreffen fand im Herbst 1990 in München statt, Pauls brasilianisch gefärbtes Album «The Rhythm of the Saints» war gerade erschienen. Ich sprach mit ihm über seine Texte, die oft voller geheimnisvoller Bilder und Andeutungen steckten. Er gab zu, dass viel von ihm selbst darin verborgen sei: «Ja, sie sind oft persönlich, aber das zeige ich nicht, ich tarne es.» Er sei ein Eigenbrötler und gerne alleine – im Original klang das Zitat viel schöner: «I'm a loner, but I don't find it lonely.» Schon als Kind habe er in der Schule ständig aus dem Fenster geschaut, bis der Lehrer ihm riet, das zum Beruf zu machen. So schaue er aus dem Fenster und in sich hinein und schreibe Lieder, «dazu arbeite ich abgeschlossen wie in einem Mutterleib». Nach der endgültigen Trennung von Carrie Fisher lebe er allein, sein Sohn studiere mittlerweile in Boston Musik. Paul beschrieb seinen normalen Arbeitsalltag so: «Ich stehe früh auf, arbeite ab neun etwa drei bis vier Stunden, mache dann eine Pause, arbeite noch mal etwa zwei Stunden weiter. Dann höre ich auf, esse, sehe fern, vegetiere vor mich hin, am nächsten Tag das Gleiche.» Der Beweis, dass Komponieren und Dichten Arbeit sind und keine Geschenke des Himmels.

Am Schluss dieses Treffens hatte ich das Vergnügen, einen der erfolgreichsten Songschreiber der Popgeschichte auf ein Selbst-Plagiat hinzuweisen, das er bisher nicht bemerkt hatte. Im Song «Further to Fly» tauchte ein Zitat seines frühen Klassikers «Homeward Bound» auf. Zuerst stritt Paul ab: «Nein, das stimmt nicht», aber nachdem er sich die Zeile vorgesummt hatte, plötzlich: «Oh doch, Mensch, du hast ja recht!»

Zehn Jahre lang, zwischen 1990 und 2000, gab es kein neues Album von Paul Simon, nur «The Capeman», ein aufwendiges Musical, das er mit Literaturnobelpreisträger Derek Walcott geschrieben hatte und das leider bitter floppte. Als ich am 20. Oktober 2000, fast genau zwanzig Jahre nach unserer ersten Begegnung, Paul in Hamburg sprach, war gerade ein neues Werk veröffentlicht worden, dessen Titel schon darauf hindeutete, dass dem Loner, der das Alleinsein nicht einsam fand, Gravierendes passiert sein musste: «You're the One» hieß das Album. 1991 hatte Simon bei der Produktion der TV-Show «Saturday Night Live» die damals fünfundzwanzigjährige texanische Sängerin und Songschreiberin Edie Brickell kennengelernt, 1992 hatten sie geheiratet und in den nächsten Jahren drei Kinder bekommen. «Was für ein Jahrzehnt», seufzte Paul, «eine neue Frau, eine Familie mit drei Kindern, ja, und dann ist auch noch mein Vater gestorben.» Louis Simon, College-Professor, Kontrabassist und Leader einer Tanzband, hatte wesentlichen Einfluss auf den musikalischen Weg seines Sohnes gehabt. Wir kamen danach zu einem anderen traurigen

Ereignis der Neunziger. Im Juli 1993 war Pauls Pianist, der wunderbare Richard Tee, im Alter von nur 49 Jahren gestorben. Paul erzählte, noch immer betroffen: «Richard litt an Prostatakrebs, aber daran starb er nicht, sondern an akutem Nierenversagen, das hätte sofort behandelt werden müssen, aber zwei Krankenhäuser wiesen ihn ab, angeblich wegen Problemen mit der Kostenübernahme, als der Krankenwagen eine Klinik in der Bronx erreichte, war es schon zu spät.» Der bittere Tod eines genialen Gospel- und Soulpianisten.

Zum Schluss verriet Paul Überraschendes von einem Kollegen, den er schon seit den 60er-Jahren aus dem Greenwich Village kannte, mit dem er 1999 auf einer gemeinsamen Tournee war und der ein guter Freund sei, Bob Dylan: «Er besucht uns häufig, wir quatschen, er erzählt Witze. Dylan ist so lustig, er bringt mich zum Lachen.» Wer hätte das gedacht? Das Privileg, diese Seite des ewig mürrischen Dylan kennenzulernen, hatten sicher nur wenige.

11
SCHATTEN
UND
LICHT

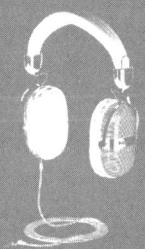

ICH HASSE SOUNDCHECKS. DAS SCHLEPPEN MEINER sperrigen Tasteninstrumente, der umständliche Aufbau, das nervige Gniedeln der Gitarristen, die endlosen Tom-Schläge des Drummers, die Mikrofontests der nie zufriedenen Sänger, der viel zu laute, hallige Sound in einem Raum ohne Zuschauer, die Stimmung der Band gereizt. Die Garderobe des Clubs hätte auch mal eine Grundreinigung verdient, der Tisch klebt, die Bierreste riechen sauer. Und das sogenannte Catering? Okay, wir sind nicht zum Essen hier ...

Noch zehn Minuten bis zum Auftritt, das laute Murmeln des Publikums dringt herunter zu uns, die launischen akustischen Gitarren werden nachgestimmt, die Setliste und Arrangements gecheckt, einige Nerven flattern. Oben zelebriert der Clubmanager seine viel zu lange Ansage, wir Musiker fassen uns an, wünschen uns Glück, warten auf das Go. Verdammt, einer fehlt, der Gitarrist ist wieder mal kurz vor dem Auftritt aufs Klo verschwunden, wir werden später sein hochgetuntes Adrenalin auf der Bühne ertragen müssen. Jetzt die winkelige Treppe rauf, der Beifall ist freundlich, einige kräftige Willkommensrufe. Kurzes Prüfen der Züge meiner zerkratzten geliebten Korg-Orgel, dann ein Blick zum Schlagzeug, das Signal zum Einzählen. Die mächtigen Anfangsakkorde rauschen wie eine warme Welle über die Bühne raus in den Saal, Gitarre und Piano werfen sich Phrasen und Riffs zu, Bass und Drums rollen, Abis Slide singt, und Michaels unverwechselbare Stimme erhebt sich mit Dylans stechenden Wortkaskaden schneidend darüber: «How does it feel to be on your own, with no direction home, like a complete unknown, like a rolling stone?» Und in dem Moment glaubst du, dass es nichts Schöneres gibt, als zusammen mit und für Menschen Musik zu machen.

Ich tupfte ein paar schwebende helle Töne auf meinem Wurlitzer, Karsten Hoock legte mit seiner Gitarre und dem abgeschliffenen Flaschenhals lang gezogene Slide-Streifen darüber, aus den Lautsprechern vibrierte der samtene Bariton von Götz George, warm und gleichzeitig achselzuckend cool: «Die Schattenseite von Hollywood, die Fenster alle dunkel, die Tankstellen im Neonlicht, und da oben auf den Bergen machen die reichen Hengste mit ihren Stuten einen drauf, während ich Donizetti höre, der 1797 gestorben ist, und es ist nichts zu rauchen da, aber genug zu trinken ...» Wir hatten den Auftrag, die oft drastischen Gedichte des amerikanischen Outlaw-Poeten Charles Bukowski zu vertonen, die der Schauspieler George trocken, also ohne Untermalung, gesprochen hatte. Karsten hatte mit mir seit 1976 in Pussy und der aufgelösten JCT Band gespielt, dazu war er Gitarrist bei Bad News, der Folkrock-Gruppe meines *Sounds*-Kollegen Michael Schlüter. Für das Bukowski-Album dachten wir uns kleine Instrumentalstücke für Gitarren, E-Piano, Mundharmonika und Geige aus oder improvisierten atmosphärische Klänge auf unseren Instrumenten, verfremdeten sie mit Echo, Hall und anderen Effekten, bauten die Elemente dramaturgisch mit Georges Texten zusammen und nahmen das mit Karstens Vierspurgerät auf.

«Götz George liest Charles Bukowski» erschien 1979 als Langspielplatte; den Schauspieler, der von Bühne und Fernsehen, damals aber vor allem durch seine Karl-May-Filme bekannt war, hatten wir nie zu Gesicht bekommen. Den absoluten Starstatus erlangte George erst in den 80er-Jahren durch seine Rolle als «Tatort»-Kommissar Schimanski. In den 90er-Jahren kam dann relativ spät eine CD-Version mit dem gleichen Cover und denselben Gedichten dazu, ich legte erwartungsfroh die Scheibe ein und fiel vor Schreck vom Stuhl. George sprach wie immer, aber man hatte unsere Musik entfernt und durch anonyme banale Instrumentalstücke ersetzt, die nicht speziell für die Gedichte komponiert waren und wie die Fahrstuhlberieselung im Kaufhaus klangen. Nach dem ersten Schock fragte ich mich, ob der Produzent laut Vertrag überhaupt das Recht hatte, ohne unsere Zustimmung das Original auseinanderzureißen, es zu zerstören. Da es sich wegen der geringen Auflage nur um minimale Tantiemenbeträge handelte, verzichtete ich auf eine Klärung. Umso größer war die Überraschung, als ich das Album vor einigen Jahren bei YouTube und den großen Streaming-Anbietern fand und, oh Wunder, das Original mit unseren ursprünglichen Aufnahmen zu Gehör bekam, die sich vierzig Jahre später immer noch spannend anfühlten. Wie diese Kehrtwendung zustande kam, blieb mir schleierhaft, vielleicht gab es bei der betreffenden Plattenfirma jemanden, der von höherer Einsicht geküsst worden war.

Ich hatte im Herbst 1977 die mündlichen Doktorprüfungen erfolgreich hinter mich gebracht, schrieb auch 1978 weiter für *Sounds* und moderierte meine Radiosendungen, doch bei den musikalischen Aktivitäten hatten sich die Perspektiven verändert. Bei Karsten und mir wich die Trauer über das Ende unserer alten Band mit Caro langsam der Freude über ein neues überraschendes Projekt. Christoph, der früher bei Pussy und später bei Michael Schlüters Bad News den Bass gespielt hatte, war mit seinem Schallplattenladen in der City in finanzielle Schwierigkeiten geraten. Bei einem Treffen verabredeten wir, ihm mit zwei Benefizkonzerten zu helfen – wir, das waren Michael, Jochen Brückner von der Band Highway, Abi Wallenstein, Reinhard Lehmann, Karsten und ich. Einen Titel sollte die Veranstaltung auch haben: «Bad News Reunion». Wir übten ein Repertoire von etwa zwanzig Songs ein und standen Ende März 1978 ein Wochenende lang auf der Bühne des rappelvollen Logo, die Resonanz war gewaltig, die Einnahmen, die wir danach dem völlig überraschten Christoph übergeben konnten, ebenfalls.

Da wir selbst bei dieser Reunion so viel Spaß am Zusammenspiel hatten und damit sich der Probenaufwand auch lohnte, war schnell eine Fortsetzung beschlossen. Ende Mai fand das zweite Bad-News-Reunion-Wochenende statt, wieder im ausverkauften Logo. Diesmal sollte das Ereignis festgehalten werden. Rudy Holzhauer, ein rühriger junger Musikverleger, schleppte ein Achtspur-Aufnahmesystem herbei und schnitt die euphorische Session mit.

Eine der wichtigsten Inspirationen der Bad-News-Reunion-Abende waren die Songs von Bob Dylan, und für mich war es eine selbstverständliche Pflicht, mit meinem WG-Mitbewohner und früherem Zimmernachbarn im Studentenheim Dieter in meinem grünen Peugeot 404 am 26. Juni 1978 nach Dortmund zu fahren, um Dylans erstes Betreten einer deutschen Bühne zu erleben. Viele Dylan-Jünger hatten eine Fortsetzung der chaotischen Konzerte der «Rolling Thunder Revue» erwartet und waren verblüfft, ein perfekt durcharrangiertes und gut organisiertes Konzert zu sehen, Dylan mit großer Band, Bläsern und drei Chorsängerinnen und völlig neuen souligen

Versionen seiner Klassiker. Für mich kam diese neue Richtung nicht überraschend, weil sie exakt dem Stil seiner großartigen aktuellen LP «Street-Legal» entsprach, die zehn Tage zuvor erschienen war.

Zurück in Hamburg, ging es darum, aus den ziemlich rudimentären Aufnahmen der Logo-Session eine LP werden zu lassen. Mit einfachen Bandschnitten, einigen Reparaturmaßnahmen und dem Abmischen im Kellerstudio des Musikverlags, bei dem Holzhauer beschäftigt war, entstand das erste Bad-News-Reunion-Album «Live im Logo». Auf dem Cover glänzte eine auffällige halb geschälte Orange mit sieben Scheiben, für jeden Musiker eine, jede LP trug eine aufgedruckte Nummer von 1 bis 1000, auch das machte die Platte zu einem Sammlerstück, das später hohe Preise erzielte. Das Geheimnis von BNR lag in der besonderen Mischung der Stile. Michael sang die Songs von Dylan, Neil Young, Donovan, Arlo Guthrie und sein erstes eigenes Lied «Water in My Eyes», Abi die Blues- und Soulnummern von B.B. King oder James Brown. Doch beide Richtungen flossen ineinander, Abis und Karstens Slidegitarren und Reinhards groovendes Schlagzeug gaben den folkigen Songs eine andere Farbe, die akustischen Gitarren von Jochen und Michael belebten die R&B-Stücke. Am besten strahlte diese Mixtur bei unserer Paradenummer, der fulminanten Version von «Like a Rolling Stone» mit dominanten Slidephrasen, Piano-Fills und Orgelschüben, und Michael, ein Doktor der Physik, tätig in der Herzforschung, war nicht nur ein guter Autor, sondern ein noch viel besserer Sänger, dessen Heimat man in Kalifornien hätte vermuten können. Das zweite Geheimnis für den Erfolg dieses eher zufällig gewachsenen Septetts war die Atmosphäre, die Kommunikation auf der Bühne. Wie viel Vergnügen und Genugtuung es uns brachte, diese Musik miteinander zu spielen, zu empfinden, zu genießen, Respekt füreinander zu zeigen, uns gemeinsam spontan zu freuen, war jederzeit spürbar. Der Musikkritiker Werner Burkhardt gab seine Eindrücke in seiner Radio-Kolumne «Pop-Kommentar» auf NDR 2 preis: «... es wäre aufs Innigste zu wünschen, wenn dieser Geheimtipp ein Breitenerfolg, wenn diese Jam-Session-Gruppe eine ständige Einrichtung werden könnte. Die Mischung ist vom Besten.»

Nach einiger Zeit hatte Reinhard wegen seines verstärkten Engagements bei Elephant seinen Platz bei BNR aufgegeben und wurde durch Holger Zülck, den Drummer von Highway, ersetzt. Uwe Tessnow, der sehr engagierte Besitzer des Hamburger Labels Line Records, meldete sich und bot die Produktion eines nächsten Albums an. Um Kosten und Zeit zu sparen, nahmen wir es im März 1980 im Teldec-Studio am Heussweg vor einem kleinen Publikum live auf und polierten es durch Ergänzungen und Neueinspielungen nachträglich. Beispielsweise nahm ich alle Orgel-Parts später auf, ich hatte ja nur zwei Hände. Das Ergebnis kam im Herbst 1980 heraus und hieß nach einem neuen Michael-Schlüter-Song «The Easiest Way» und enthielt neben Titeln von Graham Parker, Neil Young, Moon Martin oder Freddie King eine weitere herausragende Schlüter-Komposition «Behind the Next Door» und eine Ballade, zu der ich die Musik und Michael einen Text verfasste, der seine damalige emotionale Lage gut beschrieb, «Confused Mind». Höhepunkt der Platte, die endlich vom Klang her unseren ambitionierten Erwartungen entsprach, war eine leidenschaftliche siebenminütige Fassung von Dylans «Sad Eyed Lady of the Lowlands». Ich hätte gerne die Meinung des Autors zu unserer Version gehört, obwohl ich anzweifelte, dass er sie überhaupt kannte, für mich gab es jedenfalls keine bessere dieses epischen Songs, inklusive Dylans eigener. Für den Kritiker der Fachzeitschrift *Hifi-Stereophonie* war die Platte «eine Entdeckung, denn sie hat internationales Format ... sie ist eine Antwort auf das (unsinnige) Argument, das Kritiker oft zu hören bekommen, mach's doch selbst besser. Zwei Mitglieder der Band sind bekannte Rockjournalisten aus dem Umkreis der Zeitschrift *Sounds* und zugleich hervorragende Musiker.» Auch Werner Burkhardt, unser Lieblingskritiker, verteilte wieder sein Lob, diesmal in der *Zeit*.

Nachdem er schon für «The Easiest Way» einige ergänzende Bässe eingespielt hatte, wurde Tom Garn, früheres Mitglied der JCT-Band und nun beim Trio Bauer, Garn & Dyke, unser fester Mann am Bass. Für das folgende dritte Album ging Uwe Tessnow ins Risiko, er mietete das Studio des Tonmeisters Klaus Bohlmann, den ich schon von den Lindenberg-Aufnahmen kannte, und überließ uns die Produktion, achtzehn lange Tage und Nächte sollten es im Mai und Juni 1981 werden. Neu war auch das Repertoire, nur ein fremder Song, natürlich von Dylan, und ein traditioneller Blues, den wir neu arrangiert hatten, sonst eigene Kompositionen, sechs poetische neue Songs von Michael, zwei von Abi und je einer von Karsten und mir. Ich hatte den alten Pussy-Titel «Summer's Here» über den verregneten Sommer überarbeitet, ihm ein sanfteres Jackson-Browne-Feeling verpasst und ihn «On a Rainy Day» genannt. Die Stimmung in der Band zu Beginn der Aufnahmen war angespannt, bei völlig neuen Songs war die Unsicherheit über Arrangements, Abläufe, Betonungen und Ausdruck verständlicherweise größer. Dazu kam, dass einige von uns im Studio noch relativ unerfahren waren, die Nerven flatterten. Doch da schwebte noch etwas anderes, Unausgesprochenes durch den Raum. Seit einigen Monaten hielt eine attraktive und freundliche Bekannte Kontakt zur Band, vor, während und nach den Auftritten. Jetzt stellte sich bei Gesprächen im Studio heraus, dass sie zu fünf der sieben Musiker privat engere Verbindungen geknüpft hatte und zwei von uns sogar romantisch involviert waren, ohne voneinander zu wissen. Die Reaktion waren bleiche, ungläubige, vorwurfsvolle, enttäuschte oder wütende Gesichter. Für einige von uns eine aufwühlende Geschichte, die nach Betrug und Vertrauensbruch roch, nach der man schwer konzentriert und entspannt zusammen Musik spielen konnte. Doch nachdem der erste Frust heruntergeschluckt war, begannen die Aufnahmen gut zu laufen, nach drei Wochen hatten wir zwölf schöne Songs und sechzig Minuten hervorragend klingende Musik, zu viel für eine Vinylplatte. Die Lösung, ein Doppelalbum mit drei bespielten Seiten, Seite 3 zog den Vorhang auf für die Late-Night-Session, die tatsächlich um vier Uhr nachts stattfand, mit Michaels mysteriösem spacigem «Night Shivers» und dem achtminütigen Blues «Sugar Mama», live in einem Take eingespielt. Das Doppelalbum mit drei Seiten hieß «Two Steps Forward» nach dem gleichnamigen Song von Michael, einer Verführungsgeschichte als folkloristischem Abzählreim, der bei allen zukünftigen BNR-Konzerten durch sein populäres Mitmach-Potenzial zum Abräumer wurde. Doch wir waren zur falschen Zeit am falschen Ort, mit der gerade grassierenden Neuen Deutschen Welle hatten wir rein gar nichts zu tun. Daher wurde leider die musikalisch höchst befriedigende Platte nicht gut verkauft und konnte die hohen Produktionskosten kaum annähernd wieder einspielen, wir waren unserem Labelchef ein großes Dankeschön schuldig.

Im Laufe des Jahres 1982 traten Meinungsverschiedenheiten zutage, BNR war ja nicht mehr die gelegentliche Sessionband, sondern eine dauerhafte Einrichtung, in der es auch um gemeinsame Ziele ging. Abi sah sich als stummer Begleiter von unseren Folkrock- oder Popsongs nicht länger zu Kompromissen bereit und wollte sich lieber auf seine Rolle als Bluessänger konzentrieren. So beschlossen wir die Trennung und verabschiedeten uns am 22. November mit einem großen

Konzert in der FABRIK, unserer liebsten Heimstätte. Die *Hamburger Morgenpost* berichtete damals: «Nach gruppeninternen Streitigkeiten über die musikalische Richtung war die Trennung schon seit Wochen beschlossene Sache. 1400 Fans (600 weitere mussten vor wegen Überfüllung geschlossenen Türen kehrtmachen) feierten eine feuchtfröhliche Abschiedsparty.» Und *Mopo*-Redakteur Gotthard Neumann fügte einen persönlichen Abschiedsbrief an: «Ein letztes Mal und nie wieder? Ich werde mich an 365 Tage ohne ein Bad-News-Reunion-Konzert nur schwer gewöhnen können ...» Das Konzert wurde wiederum aufgenommen und erschien als Doppelalbum unter dem passenden Titel «Last Orders, Please». Vielleicht lag es an der hohen Luftfeuchtigkeit, aber bei den Zugaben griff Bassist Tom eine Shaker-Dose, die mit Reis gefüllt war, die Dose flog auseinander, und der gesamte Reis fiel in mein CP-70 Piano, blockierte Hämmer und Tasten, sodass ich kaum noch weiterspielen konnte. Aber auch dieses Malheur konnte den euphorischen Abschiedsabend nicht zerstören, zusammengefasst in einem süßen Brief vom allergrößten BNR-Fan, Sabine aus Tellingstedt, die fast alle unserer Konzerte besucht und mir in den NDR Berge von Post geschickt hatte: «... das ist also mein letzter Fan-Brief an euch. Dass ich traurig über die Trennung bin, ist klar. Aber lieber ein Ende wie die Beatles als ein Dahinsiechen, wie es die Stones tun ...» Mit so einem Trost konnte man leben.

Abi Wallenstein machte sich auf den Weg, einer der renommiertesten gefragtesten Blueskünstler in Deutschland, Österreich und der Schweiz zu werden, als Solist oder im Duo wie damals im alten Onkel Pö am Mittelweg, mit seinem Trio Blues Culture und mit seiner eigenen Band. Wir spielten häufig weiter zusammen, live oder bei Studioaufnahmen, das Band zwischen uns war nicht zerschnitten. Die offizielle Reunion ließ dann auch nicht allzu lange auf sich warten, ab 1987 spielten BNR wieder zusammen, in der FABRIK, im Logo, der Großen Freiheit 36 oder in Uwe Mammingas Downtown Blues Club im Landhaus Walter. Letzteres war bei Musikern stets ein beliebter Gig, weil der herzliche, immer bemühte Uwe das Catering à la carte im Restaurant servieren ließ. Als Kern von Bad News Reunion blieben Michael, Abi, Jochen und ich, Karsten war als Scientology-Anhänger zur Schulung nach Florida abkommandiert worden, fester Bassist wurde Martin Prill, neuer Gitarrist zunächst der fabelhafte Dick Bird, ab den 90er-Jahren der vielseitige virtuose Uli Kringler, die Schlagzeuger wechselten, Matthias Korb, Tim Ole Hoff und dauerhaft Heinz Lichius. 1997 nahmen wir, natürlich in der FABRIK, ein Livealbum auf, «Just One Night» mit vielen neuen Songs und einer wilden Gospelversion von «Ticket to Ride», dem Beatles-Klassiker. Bei einem dieser Auftritte stellte mir mein Freund und Kollege Karl Krüger, der im NDR-Studio London arbeitete, Besuch aus England vor, Mike Oldfield hieß der. Nicht der Musiker Oldfield, sondern der Journalist, Mike schrieb für den *Guardian* und war früher Chefredakteur des *Melody Maker*. Wir trafen uns häufig in Hamburg, aber auch in London, Karl und er waren ständig zu Konzerten unterwegs, sie folgten den Grateful Dead und der ewigen Tour des Bob Dylan. Mike, ein Mann von großer Fachkenntnis und bissigem britischem Humor, war ein scharfer meinungsstarker Kritiker, dem ich glauben konnte, wenn er ein BNR-Konzert gut oder weniger gut fand. Wir hatten großartige Debatten, bei denen er mich gerne aufzog und meine Radiosendungen als «Banjo Hour» diffamierte, sensationell waren seine jährlichen Weihnachts-Tapes oder CDs mit obskuren musikalischen Skurrilitäten zum Thema Alkohol, ich konnte kaum glauben, wie viele lustige und bittere Songs zum Thema «Booze» Archivar Mike aus der Geschichte von Jazz,

Blues, Country, Swing, Pop und Rock'n'Roll immer wieder ausgrub. Unser Freund Karl starb 2018, seitdem ist meine Verbindung zu Mike auf E-Mails und Briefe beschränkt, aber die strotzten vor ironischen Spitzen und sarkastischen Kommentaren zur politischen Lage.

Bad News Reunion spielten weiter, feierten den zwanzigsten Geburtstag in der FABRIK, 2003 den fünfundzwanzigsten aus sentimentalen Gründen im Logo, 2008 den dreißigsten wieder in der FABRIK. 2014 veröffentlichten wir das Studioalbum «Lost and Found» und kamen 2018 zum vierzigsten Jubiläum wieder in der FABRIK zusammen, gemeinsam mit einem leidenschaftlichen Publikum, das mit der Geschichte der Band verwachsen war und die Abende gern als eigene Wiedersehensfeier nutzte, eben als Reunion der «Class of BNR».

Ende der 70er-Jahre gehörte Hamburg auch fußballerisch zu den Metropolen des Landes. Der HSV und das Publikum freuten sich über einen lockenköpfigen Engländer, einen der besten Fußballer Europas, Kevin Keegan. Mit ihm war der Verein 1979 Meister geworden und stand im April 1980 gegen Real Madrid im Halbfinale des Europapokals der Landesmeister, der späteren Champions League. Das Hinspiel war 0:2 in Madrid verloren gegangen, das Rückspiel am 23. April erlebte ich auf der Tribüne des Volksparkstadions. Neben mir saß ein älterer sehr seriös ausschauender Spanier, der mitansehen musste, wie der HSV von Beginn an das Spiel dominierte und früh in Führung ging. Als es zur Halbzeit 4:1 für die Hamburger stand, nahm er seine Real-Vereinsnadel vom Revers seines Mantels und übergab sie mir als Geste der Anerkennung, das zeugte von wahrer Größe. Am Ende gewann der HSV 5:1, ich halte die Nadel als Erinnerung an dieses denkwürdige Spiel in Ehren. In diesen Wochen empfingen mein ebenso fußballverrückter Kollege Günter Fink und ich einen besonderen Gast in der mittäglichen Musik für junge Leute auf NDR 2, für ihn ließen wir extra einen Ü-Wagen zum HSV-Trainingsgelände Ochsenzoll in Norderstedt kommen. Kevin Keegan gab uns die Ehre, und der passte gut in eine Musiksendung, er hatte schließlich im Jahr zuvor mit «Head Over Heels In Love» einen Top-Ten-Hit in den deutschen Charts gehabt. Kevin kam vor dem Nachmittagstraining vorbei, der Ü-Wagen parkte vor der HSV-Kult-Gaststätte «Lindenhof» an der Ulzburger Straße, wir drei setzten uns ins Lokal und erlebten mit den Hörern eine lustige Stunde. Keegan war ein unglaublich sympathischer und herzlicher Zeitgenosse, immer einen witzigen Spruch auf den Lippen. So scherzte er über sein wirklich gutes Deutsch, das sei doch nur seine Art, Plattdeutsch zu «schnacken», Englisch und Platt wären sich ja sowieso ähnlich. Kevin erzählte über Chris Norman von Smokie, dem er seinen Hit verdankte, von Rod Stewart, dessen Musik er sehr mochte. Auf die Frage, ob denn seine schönen Locken echt seien, verriet er, dass es Dauerwellen seien: «Ich habe ganz normale glatte Haare, aber die Locken sind sehr praktisch, wenn ich nach dem Spiel unter die Dusche gehe, muss ich mich danach nur schütteln, und die Haare sitzen. Während die anderen Spieler sich noch lange vor dem Spiegel die Haare föhnen, bin ich schon längst zu Hause.» Dazwischen lief Musik, die Kevin ausgesucht hatte, Smokie, Rod, Elton, das Übliche. Zum Schluss fragte er Günter und mich nach unseren Schuhgrößen, er hätte da noch etwas für uns, nicht jetzt, aber später. Eine Woche danach, ein Showtraining der HSV-Mannschaft im alten Stadion am Rothenbaum, das schon bessere Zeiten gesehen hatte: Die Tribüne bröckelte, das Holzdach verfiel, das Gelände stand kurz vor dem Verkauf. Vom NDR-Funkhaus waren es nur gut dreihundert Meter, wir waren mit Kevin am Eingang verabredet. Trotz des Gewimmels von jungen und älteren Fans entdeckten wir ihn,

Autogramme schreibend, in einer Traube von Menschen. Nach einer Weile strampelte er sich frei und kam zu uns herüber mit einer zerknitterten Plastiktüte in der Hand, daraus zog er zwei Paar Fußballschuhe seines Ausrüsters, jeweils in der passenden Größe! Am nächsten Samstag waren Günter und ich beim Stadtpark-Kick die Kings.

Gegenüber vom HSV-Sportplatz lag in der Rothenbaumchaussee die HSV-Geschäftsstelle, hundert Meter weiter an der Ecke zur Hansastraße das Café Funkeck, mittags eine beliebte Alternative zur NDR-Kantine, besonders wenn man etwas unter vier Augen besprechen wollte. Dabei war es ziemlich interessant zu sehen, wer da eigentlich mit wem tuschelte. Gerne saßen auch HSV-Profis auf der Terrasse, wenn sie in der Geschäftsstelle nebenan etwas zu erledigen hatten, gequalmt wurde da kräftig, getrunken auch, und manchmal dauerten die Sitzungen bis in den Abend, einige Spieler sollten, wie man hörte, sehr enge Drähte zum weiblichen Personal haben. Meine Verbindung zum HSV wurde Mitte der 80er-Jahre ebenfalls intensiver, fast 15 Jahre lang war ich als stellvertretender Stadionsprecher für «meinen» Verein im Volkspark aktiv. Immer, wenn Jo Brauner und später Carlo von Tiedemann verhindert waren, was bei Carlo häufiger vorkam, saß ich am Mikrofon, um Mannschaftsaufstellungen, Torschützen, Auswechslungen und Werbung für Bockwürste zu verkünden. Die aufdringliche laute «Stadion Show» späterer Jahre war da glücklicherweise noch nicht erfunden, man konnte nach einem Tor den Spielstand noch normal und korrekt durchsagen, ohne das platte alberne Karnevals-Ritual, das in allen Stadien des Landes zur Plage wurde: HSV 2 - der Gegner (*alle*): «Nuuuuull», auch wenn der schon zwei geschossen hatte.

Im Laufe der Achtziger rückten bei mir die Aktivitäten für das Radio immer stärker in den Vordergrund, ich produzierte neben meinen regelmäßigen Sendungen längere Features für das NDR-Kulturprogramm zu Themen wie «Sex und die Rollen der Geschlechter in der Popmusik» oder «Frauen in der amerikanischen Populärmusik», schrieb und realisierte mehrteilige Serien mit jeweils vier bis sieben 45-minütigen Folgen über Stevie Wonder, Mick Jagger, Sly Stone oder The Who für den RIAS und den NDR. Eines Tages erhielt ich eine Honoraranweisung in italienischen Lira, die Serien waren überraschenderweise auch in Südtirol von Radio Bozen gesendet worden, kurz darauf liefen sie auch im Schweizer Rundfunk. Schon 1978 hatte ich bei einem Auftritt mit Caro in Düsseldorf, der vom WDR veranstaltet wurde, den WDR-2-Redakteur Wolfgang Neumann kennengelernt. Der fand interessant, dass ich Musiker und gleichzeitig Radiomoderator war, und fragte mich kurz darauf, ob ich nicht seine Sendungen übernehmen wolle, wenn er verhindert oder in Urlaub war. Fortan fuhr oder flog ich also alle paar Wochen für ein oder zwei Tage nach Köln und moderierte bei WDR 2 eine Radioshow über internationale Charts. Neu war für mich das starre Format, das immer gleich ablief, unterbrochen von Jingles, akustischen Signalen und Station-IDs, die von amerikanischen Cartridge-Systemen abgespielt wurden; beim heimischen NDR war ich weite offenen Flächen gewohnt, die ich flexibel gestalten konnte. Die andere Sendung, die ich übernahm, passte mir besser, da ging es um die deutsche Szene, die gerade schwer in Bewegung war, ich konnte Bands wie Fehlfarben oder Grauzone, neue «Liedermacher» wie Heinz Rudolf Kunze vorstellen, und ich empfing Livegäste wie Interzone, Neonbabies, Nervous Germans oder den schrägen Piet Klocke. Einige Jahre später ging Neumann als Unterhaltungschef zum ZDF, sein Abteilungsleiter beim WDR bot mir an, dessen Nachfolger zu werden, ein gut dotierter wichtiger Job, und meine Eltern wären endlich glücklich gewesen, mich festangestellt zu sehen. Doch das hätte einen Umzug nach Köln bedeutet, sei es auch vielleicht sogar nur für kurze Zeit, um möglicherweise auf einen guten Posten zum NDR zurückzukehren, aber scharf auf eine solche Karriere war ich nicht, außerdem fühlte ich mich stark in Hamburg verwurzelt. Im Nachhinein war es richtig, nicht zum WDR zu gehen, ich hätte auf einige spannende Entwicklungen verzichten müssen.

Mittlerweile war die Musikszene so breit gefächert, dass sie schwerer zu überschauen war, ständig kamen neue Wellen, Trends, Bewegungen dazu, aus dem UK schroffe Töne von The Clash, New Wave von Human League und Heaven 17, Ska von den Specials, Weicheres von Prefab Sprout oder Aztec Camera, Intimes von John Martyn, Lou Reed, Fiona Apple, Jackson Browne oder Aimee Mann und den vielen anderen Autorinnen der Abteilung Singer-Songwriter aus Großbritannien und den USA, Extravagantes von Kate Bush oder Peter Gabriel, neuen Soul von Marvin Gaye, Gospel von der Winans-Familie, groovenden Funk von George Clinton und Bootsy Collins, Elegantes von Sade, Juju-Klänge aus Nigeria von King Sunny Ade, jazzige Fusionen von Weather Report und Miles Davis, New Orleans R&B von den Neville Brothers, dazu Musik aus Lateinamerika, der Karibik oder Südeuropa – all das war nur eine kleine Scheibe vom großen Kuchen. Ich versuchte weiter, eine große Breite in meinen unterschiedlichen Sendungen zu präsentieren, aber eine Vollbedienung aller Richtungen und Geschmäcker war schlicht unmöglich. Auch eine definitive Rangliste der wichtigsten, besten, einflussreichsten Werke aller Zeiten aufzustellen, wurde immer weniger sinnvoll, es sei denn, die Liste würde mindestens bis Platz 500 reichen. Ab und zu wurde ich um solche Einschätzungen gebeten, aber das waren subjektive Momentaufnahmen. 1986 fragte der amerikanische Autor

Paul Gambaccini für sein Buch *Critics' Choice – The Top 100 Rock'n'Roll Albums of All Time* mich und achtzig andere Journalisten in den USA und in Europa nach ihrer persönlichen Rangliste. Meine Top Ten sah so aus: 1. Beatles/Sgt. Pepper, 2. Aretha Franklin/Aretha live at Fillmore West, 3. Stevie Wonder/Songs in the Key of Life, 4. Van Morrison/It's Too Late to Stop Now, 5. Rolling Stones/Let It Bleed, 6. Velvet Underground and Nico/Velvet Underground and Nico, 7. Bruce Springsteen/Born to Run, 8. Bob Marley/Babylon by Bus, 9. David Bowie/Hunky Dory, 10. The Band/The Band. Die Meinungen der anderen Kritiker waren verständlicherweise breit gestreut, nach Auszählung der Platzierungen lagen diese drei vorne: 1. Beatles/Sgt. Pepper, 2. Bruce Springsteen/Born to Run, 3. Bob Dylan/Blonde on Blonde. So ganz «daneben» lag ich also nicht.

Sieben Jahre später, 1993, fragte die Frauenzeitschrift *Brigitte* sogar nur nach den acht wichtigsten Alben, und da sah meine Liste schon ganz anders aus: 1. Donny Hathaway/Live, 2. Prince/Sign o' the Times, 3. Marc Cohn/The Rainy Season, 4. Beatles/Sgt. Pepper, 5. Robbie Robertson/Storyville, 6. Maxim Rad/Old, 7. Van Morrison/Tupelo Honey, 8. Charlie Haden Quartet West/Haunted Heart. Sechs Monate oder fünf Jahre später hätten meine Listen wieder andere Schwerpunkte gesetzt, der riesige vielfarbige Fächer der Musik von Jazz zu Pop, von Soul zu Rock, von Folk zu Avantgarde war einfach zu breit, die Kategorien zu verschieden, um objektive allgemeingültige Aussagen zu treffen, wenn selbst eine persönliche Einschätzung derart schwierig war.

Am Morgen des 20. Juni 1981 klingelte um halb neun das Telefon, am Apparat war Klaus Wellershaus, ich konnte ihn kaum verstehen, er weinte und sagte nur: «Isabel ist tot, kannst du mich bitte im Sender vertreten?» Dann musste er auflegen. Ich war fassungslos, seine elfjährige Tochter Isabel, ein zartes feinsinniges fast elfenhaftes Mädchen, hatte während eines Klassenfestes am Rand des Bergedorfer Krähenwaldes die Feier verlassen und war kurz spazieren gegangen. Dabei wurde Isabel überfallen, missbraucht und durch Messerstiche getötet. Zwei Monate danach wurde der Schuldige gefasst, ein verurteilter Sexualstraftäter, der aus der geschlossenen Psychiatrie geflohen war, nachdem eine Ärztin die Gefährlichkeit des Mannes ignoriert und ihm Freigang gewährt hatte. Klaus und seine Frau Helga ertrugen das grausame Schicksal äußerlich mit bewundernswerter Haltung, wie es in ihnen aussah, konnte man nur ahnen. Isabels Tod muss sie zerrissen haben. Bei Isabels Trauerfeier am 24. Juni trugen Helga, Klaus und ihre Tochter Julia weiße Kleidung, sie hatten die Gäste gebeten, es ihnen gleichzutun, als ein Signal der Hoffnung. Ich moderierte am selben Tag die Musik für junge Leute, eine traurige Aufgabe. Klaus hatte mir aufgetragen, für ihn einen Song vom beeindruckenden Debütalbum des von ihm sehr geschätzten Heinz Rudolf Kunze zu spielen, «Noch hab' ich mich an nichts gewöhnt», ein Lied mit tief bewegenden poetischen Worten. Eine Strophe lautete:

> *Zum Beispiel, dass ein naher Mensch*
> *Vor Schmerzen schreit und stirbt*
> *Der Tod schlechthin, ein Fakt, das nicht*
> *Für Gottes Schaltplan wirbt*

Danach ließ ich «Of Missing Persons» folgen, das Trauerlied von Jackson Browne über seinen toten Freund Lowell George von Little Feat und gleichzeitig eine tröstende Botschaft an dessen kleine Tochter Inara. In der Abmoderation sagte ich: «Jackson Browne hat diesen Song für seinen Freund Lowell George gesungen, aber er gilt auch für andere, für John Lennon, Donny Hathaway, Bob Marley, für eure Freunde, und für meine.» Marley war fünf Wochen zuvor gestorben, Lennon sechs Monate zuvor. Dann legte ich am Ende der Sendung Donny Hathaways aufwühlende, aber versöhnliche Gospelversion von «You've Got a Friend» auf, Musik bedeutete oft mehr als nur Musik. Klaus Wellershaus zog sich danach aus der Öffentlichkeit und von Livesendungen zurück, er verlor trotz des Verlusts seines Kindes aber nie seine Menschlichkeit, sein feines Gespür, seine Ehrlichkeit, sein Verständnis, seine Hilfsbereitschaft für andere, sein Herz. In den nächsten Jahren musste ich ihn einige Male in der Redaktion vertreten, besser gesagt, ich durfte ihn vertreten.

Knapp zwei Monate später, ein Samstagmorgen im August, ich schlage beim Frühstück das *Hamburger Abendblatt* auf, mir fällt beinahe die Kaffeetasse aus der Hand. Da war ein Interview mit mir abgedruckt mit einem Haufen ungereimter Aussagen, die nicht von mir stammten, sondern aus der Feder eines *Abendblatt*-Redakteurs. Mit dem hatte ich tatsächlich ein paar Tage zuvor eine Stunde lang telefoniert, er hatte das Gespräch nach eigener Aussage «frei wiedergegeben», mir zur Kontrolle zurückgefaxt und schriftlich versichert, dass der Text nur mit meiner ausdrücklichen Zustimmung gedruckt würde, die er von mir nicht bekam. Ich korrigierte seinen Text, soweit das möglich war, strich den größten Unsinn weg und schickte das zurück. Doch von meinen Änderungen war in der Zeitung nichts zu sehen. Auf die provokante Frage, warum die Musik für junge Leute nicht frecher sei, weil da ja auch die Oma mithören könne, war meine angebliche und völlig dumme Antwort laut *Hamburger Abendblatt:* «Ich finde es gut, wenn verschieden Bevölkerungsteile die Sendung gut finden.» In Wahrheit hatte ich gekontert, dass es nicht allein meine Sendung sei und dass die Musik ja wohl nicht so brav sein könne, wenn man die vielen wütenden Anrufe nicht nur älterer Bürger erlebt habe, dass Jüngere wohl toleranter seien, weil die sich nie über das Programm für Ältere beschweren. Dann der Vorwurf, wir würden nur die «laue Musik der 70er» spielen, ich hatte als Gegenbeispiel Springsteen und die Talking Heads genannt, das wurde im Blatt natürlich nicht zitiert, sondern man legte mir die dolldreiste Lüge in den Mund: «Ja, wir spielen Westcoast und diesen Gammel ...» Wie bitte, würde ein Radiomacher die Musik der eigenen Sendung so runterputzen? Ich war echt beleidigt darüber, in einem relativ seriösen Blatt als derart dämlich dargestellt zu werden. Am tiefsten traf mich aber, dass mir in dem Fake-Interview eine abfällige Bemerkung über Klaus Wellershaus zugeschrieben wurde, nämlich, er würde von neuer Rockmusik nichts verstehen und sie nur widerwillig spielen. Das war schlicht eine unverschämte hanebüchene Frechheit, in Wahrheit war genau das Gegenteil der Fall. Der Autor hatte sogar den Familiennamen von Klaus falsch geschrieben (Wellershausen), und das, nachdem der Name in Verbindung mit dem Mord an Isabel wochenlang präsent gewesen war, auch im *Hamburger Abendblatt.* Der Jungredakteur hatte anscheinend keine Ahnung, wen er da als Opfer erwischt hatte, er hatte garantiert nie unsere Sendungen gehört, wollte einfach dem NDR eins auswischen – entweder aus eigenem Übereifer, immer scharf auf eine Schlagzeile, oder er tat es auf Anweisung der Chefetage.

Die knallige Überschrift verriet schon die Tendenz: «Superheißer Punk-Rock? Doch nicht im NDR!». Die Zeitung war damals eines der Flaggschiffe des Springer-Verlags, der jede Gelegenheit suchte, dem öffentlich-rechtlichen NDR ein Bein zu stellen, selbst mit einem gefälschten Interview. Aber da war man an die Falschen geraten, der NDR bot sicherlich Angriffspunkte, aber ausgerechnet unsere Redaktion herauszupicken, war nicht sehr clever, denn jeder Hörer wusste, dass nur wir für die Reservate neuerer Rockmusik im Programm sorgten. Das getürkte Interview voller Lügen ließen wir natürlich nicht auf uns sitzen. Die Rechtsabteilung des NDR übernahm den Fall, der Springer-Verlag knickte sofort ein, und zwei Wochen später stand eine Gegendarstellung im *Abendblatt,* wobei auch das Teil des perfiden taktischen Spiels war. Ein Interview, auch ein gefälschtes, blieb nachdrücklicher in den Köpfen der Leser hängen als eine flüchtige Gegendarstellung zwei Wochen später. Der erfindungsreiche Jungredakteur war übrigens der fünfundzwanzigjährige Joachim Lottmann. Lottmanns Karriere hat der Vorfall jedenfalls nicht geschadet, 1987 erschien sein erster hochgelobter Roman, in den folgenden Dekaden blieb er ein renommierter Schriftsteller und, ja, Journalist. Das erfundene Interview war wahrscheinlich nur eine Vorübung für das Verfassen seiner fiktiven Werke, aber hoffentlich nicht für seine anderen journalistischen Aktivitäten.

Wenn man Hunderte, ja Tausende von Radiosendungen hinter sich hatte, wurden sie wie jede Arbeit zur Routine, Einzelheiten und besondere Vorkommnisse verschwommen und verschwanden aus dem Gedächtnis. Der 13. Juli 1985 allerdings blieb ein leuchtendes Licht im Nebel der Erinnerungen. Es war der Tag von «Live Aid», des gigantischen Benefiz-Konzerts zugunsten der Hungersnot in Äthiopien. Die britische Pop-Elite, angeführt vom Iren Bob Geldof von den Boomtown Rats, Midge Ure von Ultravox und Boy George hatten schon im Dezember 1984 mit der Weihnachtssingle «Do They Know It's Christmas?» eine Initiative zur Äthiopien-Hilfe gestartet. Daraus entwickelten sie die Idee eines riesigen globalen Hilfs-Events, die sie mithilfe der Veranstalter Harvey Goldsmith (UK) und Bill Graham (US), der BBC und des amerikanischen Networks ABC realisierten. Die amerikanische Musikszene hatte zuvor auf Anregung von Harry Belafonte unter dem Banner «USA for Africa» mit dem eigenen Benefiz-Song «We Are the World» die dortige Hilfsbereitschaft mobilisiert. Die Konzerte fanden an zwei Orten statt, im Londoner Wembley-Stadion mit 72000 Zuschauern und im J.-F.-Kennedy-Stadion in Philadelphia mit 100000 Zuschauern, dazu gab es in verschiedenen Ländern zusätzliche Veranstaltungen wie in Australien, Deutschland oder Kanada. Übertragen wurde das Ereignis mittels eines weltweiten Satellitensystems in 150 Länder mit einer potenziellen Zuschauerzahl von über einer Milliarde Menschen. Für Deutschland hatte NDR-Sendeleiter Jürgen Meier-Beer die Senderechte ausgehandelt, alle dritten TV-Programme der ARD übertrugen live, allerdings noch in Mono. Die bessere Stereoqualität war dem Hörfunk vorbehalten, wir sendeten das gesamte Ereignis im Radio auf NDR 2 ab mittags 13 Uhr. Aber ich hatte an diesem heißen Sommertag noch einen anderen Job, meine samstägliche Musik für junge Leute auf NDR 1. Ich ging auch auf das schon laufende Konzert in London ein, spielte dann aber Aufnahmen von afrikanischen Künstlern, die leider in der Live-Aid-Künstlerliste nicht vorgesehen waren, ein Punkt, der nachträglich immer wieder kritisiert wurde.

Nach meiner Sendung eilte ich ein paar Türen weiter in das NDR-2-Studio, wo Kollege Günter Fink schon die ersten 90 Minuten hinter sich gebracht hatte. Der Vorteil unserer Radioübertragung war nicht nur der bessere Ton, sondern die Tatsache, dass wir Umbaupausen auf der Wembley-Bühne leicht mit Musik füllen konnten, die wir ausblendeten, wenn der nächste Act auf die Bühne ging; dabei half uns auch ein Monitor mit dem direkten Bild aus London. In der deutschen TV-Übertragung wurden die Pausen mit Filmen gefüllt und durch Gesprächsrunden mit Rolf Seelmann-Eggebert, früherer Afrika-Korrespondent und damaliger Fernseh-Programmdirektor des NDR. So passierte es, dass Gespräche zur Situation in Afrika noch liefen, während in London schon der nächste Künstler seinen Auftritt begonnen hatte, sodass man sich später einblenden musste und der Moderator manchmal nicht ganz sicher war, wer da auf der Bühne stand. Wir hatten einen Ablaufplan der BBC, der sich aber verzögerte, die Auftrittszeiten veränderten sich ständig. Direkte Infos aus London und Philadelphia bekam ich über eine Leitung aus der BBC-Regie, die ich auf dem Kopfhörer mithörte. Da sprachen sechs Stimmen gleichzeitig miteinander und gegeneinander, Bühnendurchsagen vermischten sich mit Regieanweisungen und Kamerakommandos, ein schwer zu durchschauendes akustisches Chaos, aus dem ich nun versuchte, den aktuellen Stand zu erfahren. Zeit und Ruhe, um die Musik zu genießen, hatte ich selten. Wir verschoben sogar die geplanten Nachrichten, wenn wir auf einen wichtigen Auftritt warteten, so zum Beispiel als The Who angekündigt waren. Die erschienen dann aber doch nicht, also schoben wir die Meldungen noch weiter nach hinten, dabei war die Nachrichtenlage, milde gesagt, angespannt: Präsident Reagan war gerade bei einem Attentat angeschossen worden und wurde notoperiert.

Aus Wembley ging ein Höhepunkt nach dem anderen hinaus in die Welt, Sade, Sting mit Phil Collins, der sich danach in eine Concorde setzte, nach Philadelphia flog, um dort mit Eric Clapton und mit Jimmy Page, Robert Plant und John Paul Jones von Led Zeppelin auf der Bühne zu stehen. Dann U2, Queen, Bowie, Elton John und zum Schluss Paul McCartney, auch wenn sein Mikrofon bei der Strophe von «Let It Be» versagte. Seit 16 Uhr wurden Auftritte aus Philadelphia eingespielt, von dort kamen später live die Beach Boys, Bryan Adams, The Pretenders oder Crosby, Stills & Nash dazu. Angesagt wurden die Acts von BBC-Moderatoren, die ich glücklicherweise meist erkannte, denn ihre Namen wurden nicht immer eingeblendet, aber auch von prominenten Schauspielern, Jack Nicholson, Chevy Chase, Don Johnson oder Bette Midler. Alle erinnerten immer wieder an den Sinn und Zweck der Veranstaltung und forderten das Publikum in den Stadien und draußen in der Welt zum Spenden auf.

Der deutsche Beitrag der Band für Afrika, einem Who's who der deutschen Popszene, sollte live auf dem Kölner Domplatz aufgeführt und in die laufende Übertragung eingebaut werden, aber natürlich verzögerte sich auch dieser Auftrittstermin. Als nach dem kurzen Set von Crosby, Stills & Nash aus Philadelphia plötzlich nach Köln geschaltet wurde, hatten wir im Studio den Eindruck, die deutsche All-Star-Band sei noch gar nicht bereit, denn zunächst sahen wir ein Moderatorenpaar, Evy Seibert und Ken Janz, das relativ langatmig zunächst eine Erklärung der deutschen Künstler ankündigte. Die trug ein dynamischer Udo Lindenberg vor, ein starkes politisches Statement, das die Schuld der Kolonialmächte und Industrienationen an der Notlage Afrikas durch Ausbeutung betonte und dazu die vielen Milliarden der militärischen Aufrüstung anprangerte, mit denen die Hungernden der Welt gerettet werden könnten. Ein kraftvoller, klug formulierter Text, der die allgemeine Freude am globalen Benefiz-Fest ein wenig relativierte. Als «Nackt im Wind» begann, waren schon fünf Minuten der geplanten Zeit vorbei, der Song, den der Initiator der Band für Afrika Herbert Grönemeyer komponiert und den Wolfgang Niedecken getextet hatte, eine eindrucksvolle aufrüttelnde Hymne. Eigentlich sollte noch ein zweiter Song international übertragen werden, «Deserteure» von Wolf Maahn, aber der fiel der Zeit zum Opfer, in Philadelphia warteten die Hardrocker von Judas Priest.

Im NDR-2-Studio wurden Günter Fink und ich mit Schnittchen und Kaffee versorgt, es sollte ja noch ein langer Abend werden. Das Wembley-Konzert endete gegen 23 Uhr, danach lief die Musik ausschließlich in Philadelphia, ich lauschte weiter der Kakofonie der Regieanweisungen in meinem Kopfhörer, um zu hören, wann genau die nächsten Acts auf der Bühne stehen würden, unter anderen Tom Petty, Neil Young, Patti Labelle, Hall and Oates plus Mick Jagger, und seine Stones-Kollegen Keith Richards und Ron Wood als frustrierte Begleiter des eigensinnigen Bob Dylan – aber davon hörten wir ja schon von Keith persönlich. Die Versuchung war groß, während der Auftritte kurz wegzunicken, doch die dauerten ja nur zwanzig bis dreißig Minuten, einer musste auf jeden Fall fit bleiben. Kurz vor fünf Uhr morgens beendete «We Are the World» nach sechzehn Stunden die Sendung, das passende Lied für dieses einmalige weltbewegende, weltumspannende Ereignis. Am Ende waren etwa 280 Millionen Dollar an Spenden zusammengekommen. Wir öffneten die Studiofenster, es war ein heller Morgen, die Sonne ging gerade auf, ich packte meine Platten ein und fuhr ziemlich zufrieden nach Hause.

In den 80er-Jahren waren mehrere ARD-Sender nachts zu einem Gemeinschaftsprogramm zusammengeschaltet, dem «Nachtexpress», der eine Mischung aus Schlager und Pop servierte. Also war es höchste Zeit, als 1985 beschlossen wurde, eine Alternative einzuführen, den «ARD-Nachtrock», der Rock und Pop in einer «vielfältigen Mischung» und die «Gesamtheit der Stilrichtungen» anbieten sollte, «nicht ausschließlich an den aktuellen Hitlisten orientiert», wie ein spezielles Regelwerk verkündete. An jedem Wochentag war eine andere Anstalt dran, dem NDR gehörte der Sonntag zusammen mit Radio Bremen. Es war schon ein besonderes Gefühl, eine Sendung zu präsentieren, die im gesamten Land zu hören war bis in den letzten Winkel Bayerns, aber auch in den Teilen der DDR, die sonst von den Sendemasten des NDR nicht erreicht wurden. Ich spielte meine übliche bunte Mixtur, Patti Smith, The Band, Van Morrison, Lowell George, Soul und Funk von Rufus, Roger Troutman oder Mtume, elektronische Afro-Beats des Kölner Projekts «Unknown Cases» mit ihrem genialen Wurf «Masimbabele» und eine Menge anderer Sounds aus Afrika von Toure Kunda oder King Sunny Ade und aus der Karibik, Reggae von Linton Kwesi Johnson, Soca mit Mighty Sparrow oder Explainer, Platten, die ich aus Trinidad mitgebracht hatte. Diese Mischung, die anscheinend nicht sehr verbreitet war, kam besonders in Süddeutschland blendend an, wie ich aus zahlreichen Briefen erfuhr. Franz, ein Hörer aus Herzogenaurach, erstellte regelmäßig Dossiers, in denen er alle Nachtrock-Sendungen unter die Lupe nahm und nach verschiedenen Kategorien mit Punkten bewertete. Die vielfältigen Programme von Alan Bangs (WDR), Volker Steppat (Radio Bremen), Volker Präkelt (SFB), und Gitti Gülden und mir vom NDR schnitten da am besten ab, was natürlich auch an den Vorlieben des Hörers lag. Man spürte aber schon, dass viele Nachtrock-Kunden dankbar waren, Musik aus anderen Ecken, mit anderen Farben zu erleben als den Stromlinien-Pop ihrer heimischen Wellen.

Mir selber vermittelte der ARD-Nachtrock einen spannenden Nebenjob. In einer Sendung kritisierte ich die Form, in der die Grammy Awards im Fernsehen präsentiert wurden, als oberflächliche Zusammenfassung im ZDF, bei der man die Preisträger und Laudatoren völlig mit teilweise überflüssigen deutschen Übersetzungen und Moderationen zutextete, sodass man von den Originalstimmen praktisch nichts verstehen konnte. Ich kanzelte das als respektlos gegenüber Künstlern und deutschen Zuschauern ab, denen man mehr zutrauen könne, besonders zu einer Sendezeit nach 23 Uhr. Zwei Tage später rief in der Redaktion ein Herr Bürger an, Thomas Bürger, Chef von Vegas Film, der Produktionsfirma der deutschen Fassung. Ich rief ihn zurück, er erzählte, dass er mich im Auto am Starnberger See gehört hatte und meine Kritik als sehr anregend empfände. Ob ich denn das nicht einmal selbst versuchen wolle? Zum Anfang würde er mir gern die Bearbeitung der CMA Awards, der Preisverleihung der Country Music Association, anbieten. Ich bekam das Material, schnitt es in einem Hamburger Studio, nahm meinen Text auf und lieferte die Zusammenfassung ab. Anscheinend war man zufrieden, denn bald darauf erhielt ich den Auftrag, die 30. Grammy Awards für das ZDF zu bearbeiten, die für den 2. März 1988 angesetzt waren. Ich flog nach New York, denn zum Jubiläum kehrten die Awards in ihre alte Heimat zurück, gebucht war das Hilton in der Sixth Avenue. Am Nachmittag spazierte ich in Richtung Rockefeller Center und stand vor der grandiosen Fassade der Radio City Music Hall, drinnen fand vor der Abendshow die Verleihung der übrigen Preise statt. Ich durchquerte staunend das goldglänzende Art-déco-Foyer, bevor mir bei Betreten des großen Saals der Mund endgültig offen blieb.

Ich befand mich im Inneren einer riesigen orangenen Muschel, deren zentraler Punkt, der Biologe würde es Wirbel nennen, die Bühne war. Ich sah mir einige Preisübergaben an und eilte zurück ins Hotel, um mich umzuziehen. Abendgarderobe war Pflicht, ich hatte mir extra einen Smoking ausgeliehen. Danach zurück, vor der Music Hall rollte eine Karawane von dicken Limousinen heran, um Gäste, Stars – und wer sich alles dafür hielt – am roten Teppich des Eingangs auszuspucken. Hinter Absperrgittern warteten Hunderte Neugieriger auf Prominenz, die Lautstärke des Gekreisches verriet den Bekanntheitsgrad des jeweiligen Ankömmlings. Ich drängelte mich vorbei, zeigte mein Ticket und suchte meinen Platz in der Muschel, die vor aufgeregtem Geplapper vibrierte. Der Platz lag sensationell, Parkett Reihe 20, fast in der Mitte, fünfundzwanzig Meter von der Bühne entfernt. Die ausrichtende Academy hatte sich zum 30. Jubiläum der Grammy Awards eine besonders spektakuläre Show beschert, als Opener tänzelte aus der Spitze der Muschel Whitney Houston mit «I Wanna Dance with Somebody» hervor. Der sehr komische Host Billy Crystal servierte Auftritte von Dion, Los Lobos, Suzanne Vega, Terence Trent D'Arby und dem legendären Pianisten Vladimir Horowitz, der auch den Preis für das beste Klassik-Album bekam und sich mit einer rührenden Rede bedankte. Crystal sagte ein funkelndes New-York-Medley an, mit großen Künstlern der Stadt, George Benson («On Broadway»), Swing-Entertainer Cab Calloway, Latin-Diva Celia Cruz, Lou Reed («Walk on the Wild Side»), den Rappern Run D.M.C., den Jazzstars Miles Davis, David Sanborn, Marcus Miller und Billy Joel mit dem perfekten «New York State of Mind», anschließend war die gesamte Music Hall auf den Beinen. Als Laudatoren erschienen auf der Bühne Gloria Estefan, Roberta Flack, Herbie Hancock, Little Richard, Liza Minnelli, Roy Orbison, Herb Alpert, Bob Seger und viele mehr. Quincy Jones übergab die Auszeichnung für die Platte des Jahres an Paul Simon für «Graceland», das Projekt, für das er seinem Freund Simon gute Ratschläge erteilt hatte. Den Grammy für das Album des Jahres erhielten U2 für «The Joshua Tree» aus der Hand von Diana Ross (nicht im roten Chiffon), ich fühlte mich wie bei Madame Tussauds, nur mit lebenden Figuren. Für den Album-Preis war auch Michael Jackson mit «Bad» nominiert, er gewann nicht, aber lieferte das musikalische Highlight der Show. Michael stürmte in ein grooviges «The Way You Make Me Feel», dann öffnete sich das Bühnenbild und offenbarte einen dreißigköpfigen Gospelchor, mit dem er ein fast kirchliches emotionsgeladenes «Man in the Mirror» zelebrierte, viele im Saal waren zu Tränen gerührt.

Preisverleihungen konnten auch oft etwas Steriles, Lähmendes an sich haben, diese 30. Grammy-Verleihung atmete, lebte, strahlte. Nach dem Ende ging es auf einem 400 Meter langen roten Teppich zur Grammy-Party ins Hilton, auf dem Weg überholten mich flott von hinten der Produzent des Jahres Narada Michael Walden und sein guter Freund Sprint-Olympiasieger Carl Lewis, die besser trainiert waren als ich. Bei der Party im Hilton ein Wiedersehen mit einem Idol, dem Salsa-König und Komponist von «Oye como va», dem herzlichen Tito Puente, ich hatte ihn schon in der Heimat bejubelt, nun sorgte er hier mit seinem Orchester für die perfekten Latin-Rhythmen. Ich blieb nicht allzu lang, in meinem Hotel war ich ja schon, also nahm ich bald den Fahrstuhl in den vierzigsten Stock, denn am nächsten Morgen ging mein Rückflug nach München.

Auf dem Flug überlegte ich hin und her, wie sollte ich eine dreistündige spektakuläre Show zu 60 Minuten der ZDF-Sendung komprimieren, für den ORF durften es zehn Minuten mehr sein. In München hatte Vegas-Film ein Studio gebucht, wir editierten das Material von CBS, maßen die Zeiten. Das

ZDF hatte einen Redakteur geschickt, der sich meinen Edit anschaute und mich aufforderte, die Bilder einiger Gäste im Publikum rauszunehmen, die würde ja sowieso keiner kennen. Ich musste ihm erklären, dass es sich zum Beispiel um Jack Nicholson handelte, die Bilder blieben drin.

Dann machte ich mich an die Texte, am nächsten Tag waren schon Einsprechen und Mischen vorgesehen. Als Sprecher war derselbe prominente Schauspieler gebucht, der die Grammy Awards in den letzten Jahren moderiert hatte. Doch so wie in der Vergangenheit wollte ich diesmal den Ton nicht produzieren, die Stimmen von Laudatoren und Preisträgern würde ich selbst übersetzen und sprechen, und zwar ganz knapp und sparsam zwischen die Originalzitate gesetzt, damit so viel Originalton zu hören war wie nur möglich. Der Schauspieler sollte die An- und Abmoderationen und die Zwischentexte sprechen, was natürlich weniger Raum zur Entfaltung bot, als er gewohnt war. Als er ins Studio kam, merkte ich sofort, dass er noch oder schon angetrunken war. Ich erklärte ihm das Prozedere, und der Vulkan brach los. Der Mann war außer sich, pöbelte los, das wäre doch wohl eine Frechheit, wer sei denn ich, er sei der Star, dessen Stimme die Menschen hören wollten. Das unsägliche Gezeter dauerte eine Weile, ich hielt an meinem Konzept fest, und nachdem Produzent und ZDF-Mann auf ihn eingeredet hatten, wurde es wie geplant gemacht. Im Flugzeug nach Hamburg pustete ich erst mal durch, ich war von New York, der Radio City Music Hall und der grandiosen Grammy Show noch so euphorisiert, dass mich peinliche Eitelkeiten und Eifersüchteleien nicht runterkriegen konnten.

Ausflüge ins Fernsehen unternahm ich ab und zu, als Gesprächspartner, als Sprecher bei TV-Dokumentationen und sogar als Darsteller. In der WDR-Serie «Pogo 1104», in der Richy Müller und Ralf Richter einen eigenen Piratensender auf die Beine stellen wollten, spielte ich den Chef-DJ einer schwimmenden Piraten-Station, bei dem Richter sich für einen Job als DJ bewarb. Ich musste ihn eiskalt und arrogant abservieren und nach Hause schicken, überraschenderweise war ich wohl überzeugend. Zum Dreh musste ich nicht auf ein wackeliges Piratenschiff übersetzen, das maritime Sendestudio inklusive Bullaugen wurde im Hafenklang-Studio meines Freundes Herbert Böhme nachgestellt. Herbert hatte das Studio eigenhändig in einem zweihundert Jahre alten Gebäude an der Großen Elbstraße direkt am Fischereihafen eingerichtet; wenn man dort aufnahm oder im Regieraum saß, hatte man einen perfekten Blick auf den Schiffsverkehr der Elbe. Im Erdgeschoss befand sich ein großer offener Raum, ein früherer Pferdestall, in dem Bands auftreten konnten, später die Heimat des Hafenklang-Clubs, vor der Tür flanierten die Damen des Straßenstrichs. Herbert wohnte neben dem Studio mit meiner früheren Freundin Carola, im Sommer wurde das Flachdach neben der Wohnung zur Sonnenterrasse mit traumhaftem Elbblick. Die Idylle fand bald ihr Ende, Herbert gab das Studio an Alexander von Oswald weiter, der mittlerweile als Manager und Produzent aktiv war, um auf einem Gewerbehof in Ottensen das Boogie Park Studio zu eröffnen. Der lukrative Hafenrand wurde mit großen kastenförmigen Gebäuden zugebaut, die den Blick versperrten, das Hafenklang-Gebäude sollte in den 90er-Jahren sogar abgerissen werden, massive Proteste verhinderten das. Es wurde unter Denkmalschutz gestellt, jedoch nach oben hin von einem Neubau überzogen, sodass das alte Hafenklang danach wie die antike Schokoladenschicht inmitten einer schicken Torte steckte.

Anfang 2012 rief mich Lars Jessen an, Jessen hatte an der Kölner Kunsthochschule bei Horst Königstein studiert, war mittlerweile ein erfolgreicher Fernseh- und Filmregisseur. Er eröffnete mir eine skurrile Geschichte von einer fiktiven Band, den Pionieren des Techno, die er sich zusammen mit Heinz Strunk, Rocko Schamoni und Jaques Palminger von Studio Braun ausgedacht hatte. Band und Film würden «Fraktus» heißen, ich sollte als «Experte» die Bedeutung des erfundenen Trios für die Popgeschichte dokumentieren. Lars rückte mit seinem Team an, ich saß an meinem mit CDs und Unterlagen voll gepackten Schreibtisch und erzählte wahre Lobeshymnen über den bahnbrechenden Einfluss von Fraktus auf die Entwicklung der Techno-Musik. Obwohl nicht ein Wort meines Statements stimmte, klang ich offensichtlich wieder einmal ziemlich glaubwürdig.

Ich hatte nie ein Stimmtraining oder eine Sprecherausbildung absolviert, das Moderieren der vielen Sendungen war die beste Sprachschulung gewesen. Meine Stimme wurde bekannter, ich bekam Anfragen, Werbespots zu sprechen. Für den, der am längsten in Erinnerung blieb, musste ich nur einen Satz einsprechen, in Englisch: «Southern Comfort – the grand old drink of the South», dazu schöne weichgezeichnete Bilder großer Herrenhäuser der südstaatlichen Plantagenbesitzer. Da ich über zu wenig Erfahrung im Werbegeschäft verfügte, hatte ich mich einmalig pauschal bezahlen lassen, während clevere Sprecher pro Ausstrahlung honoriert wurden, oder sie hatten in ihren Verträgen eine Jahresfrist, nach der bei weiterer Verwendung des Spots Wiederholungsentgelte fällig wurden. Mein Southern Comfort-Spot lief auf allen Werbekanälen über sieben Jahre lang, die einzige Nachzahlung bekam ich für die Ausstrahlung in Dänemark und Spanien. Ich mochte nicht darüber nachdenken, welche Einnahmen mir aus Naivität entgangen waren.

Auch innerhalb des NDR war die Stimme gefragt, ich sprach

die Werbetrailer für die NDR-Benefizaktion «Menschen in Not», NDR 2 akquirierte mich als Station Voice, und ich besprach die offiziellen Telefonschleifen des NDR. 2023, dreißig Jahre später, vertröstete ich die Anrufer noch immer, während die Verbindung geschaltet wurde oder wenn die Leitungen belegt waren. Der Bekanntheitsgrad meiner Stimme, der um ein Vielfaches stieg, nachdem ich die Kommentierung des ESC übernommen hatte, konnte auch Vorteile haben. Im August 1987 stand ich vor dem angesagtesten Club New Yorks, dem Nell's, in der 14. Straße in Downtown Manhattan. Der Club war für seine extrem strenge Einlasspolitik bekannt, die Schlange war endlos, die Aussichten gering. Ich ging zum Mann an der Tür und fragte, ob es möglich wäre, als europäischer Journalist auf Informationsreise den Club kennenzulernen. Der Mann antwortete auf Deutsch: «Mensch, Peter Urban, was machst du denn hier, na klar, komm rein ...» Es war der Manager des Clubs, Thomas, der aus Hamburg stammte und mich erkannt hatte, obwohl ich Englisch gesprochen hatte. Als ich zwei Jahre später mit Hamburger Freunden New York besuchte, war die Schlange vor dem Nell's noch genauso lang, aber glücklicherweise war auch Thomas wieder da.

Die Club-Szene in Hamburg hatte sich verändert, in St. Pauli hatten die Große Freiheit 36 und später das Docks an der Reeperbahn eröffnet und lockten wieder musikinteressiertes Publikum auf den Kiez. 1989 folgte in der ehemaligen Bowling-Bahn am Anfang der Reeperbahn der Mojo Club, ein großartiges Zuhause für Funk, Acid Jazz, Hiphop und Soul an DJ-Abenden und bei Livekonzerten. Eine besondere Rolle nahm eine frühere Trinkhalle am Alten Botanischen Garten am Gorch-Fock-Wall ein, die Ulli Dunker, Ulle Wilken und Uriz von Oertzen in ein helles Café mit Saal und Terrasse verwandelt hatten, das Café Schöne Aussichten. Dort fanden

Tanz- und DJ-Nächte statt, und Uriz von Oertzen organisierte regelmäßig Konzerte oder Showcase-Auftritte für Labels und Musikverlage. Da erlebte man Anne Clark, Holger Hiller, die Zimmermänner, Grace Kairos, Jeremy Days, Maria McKee und zukünftige Stars wie Lenny Kravitz oder Suzanne Vega am Beginn ihrer Karriere. Vega lud ich nach dem Konzert in den Aussichten ins NDR-2-Studio ein und verbrachte eine hochinteressante Nachtclub-Stunde mit der New Yorker Literaturstudentin. Depeche Mode und Fleetwood Mac wurden im Café Goldene und Platin-Platten überreicht, genau wie den Eurythmics Annie Lennox und Dave Stewart, die danach mit ihrer gesamten Band einen knackigen Auftritt vor knapp 150 Zuschauern nachlegten.

Selbst mein Stammlokal, das Klett an der Grindelallee, mauserte sich zu einem Musiker-, Künstler- und Medientreff, da traf ich Radioleute wie Gitti und Jörg Gülden, den gut gelaunten Carlo von Tiedemann, Werbefilmer wie Andreas Kayales, R&B-Kenner und Gastronom Frank Rübcke, US-Musiker wie Richard T. Bear und Little Feat-Drummer Richie Hayward oder Channel 5-Sänger Jan Krüger, den ich beim Skiurlaub im schweizerischen Wengen kennengelernt hatte. Wir wohnten dort im selben Hotel, dem Falken, und bearbeiteten abends gemeinsam oder einzeln den Flügel in der Bar. Eines Abends Anfang der Neunziger saß ich im Klett am Tresen und kam mit meinem Nebenmann ins Gespräch. Er kam damit heraus, dass er eigentlich Landwirt in einem kleinen Dorf bei Flensburg war, er habe aber seinen Hof verpachtet und sei nach Hamburg gezogen, um Schauspieler zu werden. Ich musterte ihn zweifelnd, ein kantiges prägnantes Gesicht hatte er, aber ich dachte bei mir, schon wieder so ein sympathischer Träumer. Dann fügte er noch an, dass er schon ein Vorsprechen am Theater gehabt hätte und dass Aussicht auf eine kleine TV-Rolle im

«Großstadtrevier» bestünde. Ich fragte nach seinem Namen, er hieße auch Peter, sagte er zum Abschied. Zwei Wochen später traf ich ihn wieder an der Bar, er nickte und begrüßte mich mit dem knappen Satz «Hat geklappt». Wortkarg war er, er hatte die Rolle in der Fernsehserie bekommen, und das war nur der Anfang. Er verriet mir seinen vollen Namen, Peter Heinrich Brix. Peter wurde durch die Kultserie «Neues aus Büttenwarder» mit Jan Fedder zu einem der beliebtesten Schauspieler Norddeutschlands, und in ganz Deutschland bekannt durch Krimis mit Ottfried Fischer und seine höchst erfolgreiche Serie im ZDF «Nord Nord Mord». Dabei blieb er immer derselbe, trocken, witzig, schlau und sparsam mit Worten.

Ich wohnte weiter in der Wrangelstraße in Eimsbüttel, mittlerweile aber allein, meine Berge von Schallplatten, etwa 12 000, von Fachzeitschriften wie *Rolling Stone* nahmen zu viel Platz weg, und nun kamen auch noch die kleinen Kästchen mit CDs hinzu. Durch meine Arbeit als freier Mitarbeiter für verschiedene Sender verdiente ich relativ gut, aber die Standardfragen meiner Eltern, deren Hauptanliegen «Absicherung» war, lauteten immer noch «Wann heiratest du endlich?» und «Hast du Aussicht auf eine Festanstellung?». Nun ja, bei der zweiten Frage war etwas in Bewegung gekommen.

12
MANDELA UND MEHR

PARIS, 9. JUNI 1989. ICH BIN MIT DREI RADIOKOLLEGEN
auf Einladung des französischen Kulturministeriums auf einer Informationsreise, wir besuchen Konzerte und Museen, ein Festival, treffen Künstler. Schon beeindruckend, wie Patrick, unser «Reiseleiter», der sich im Ministerium um die Exportförderung französischer Popmusik kümmert, mit uns an der ewig langen Schlange vor dem Louvre verbeiläuft, am Eingang seinen Regierungsausweis zückt, drin sind wir und bekommen zusätzlich einen kunstverständigen Begleiter gestellt. Solche Privilegien für Amtsträger scheinen im zentral organisierten Frankreich üblich zu sein. Gestern sprachen wir den fabelhaften Etienne Daho, einen der hoffnungsvollsten französischen Popstars, dessen Platten auch bei uns erscheinen. Am Wochenende werden wir bei der «Fetes des Potes» auf der Rennbahn in Vincennes sein, dem großen «Festival der Freunde» zugunsten der Anti-Rassismus-Bewegung «SOS Racisme». Ich freue mich auf den legendären politischen Liedermacher Renaud, aber natürlich auch auf die internationalen Acts Little Steven, die Sugarcubes mit ihrer schrillen Sängerin Björk und die afrikanischen Stars Manu Dibango und Fela Kuti. Heute Mittag ist ein wenig freie Zeit, ich nutze sie, fahre mit der Metro zum Tennisstadion Roland Garros, das Halbfinale der French Open ist angesetzt, Boris Becker gegen Stefan Edberg, ein Klassiker. Das Spiel zieht sich, ist extrem spannend, Becker holt zwei Sätze

auf und verliert den fünften. Schnell zurück, denn Patrick will uns Radio France zeigen, den französischen Rundfunk, der in einem spektakulären Rundgebäude direkt am Ufer der Seine thront. Wir sollen Zeuge einer Livesendung beim Sender France Inter sein, dort läuft jeden Abend das Kulturmagazin «Culture Club». Der Weg zum Studio führt uns zunächst im Kreis, dann um ein paar Ecken, ein wenig wie im Labyrinth, allein käme ich hier nie wieder raus. Wir erreichen den Regieraum, die Sendung hat schon begonnen. Ich schaue mich um und staune, denn in Hamburg bin ich gewohnt, nicht mehr als ein oder zwei Personen im Studio dabeizuhaben, den Toningenieur und eventuell einen Producer oder Telefonassistenten. In Paris befinden sich in der Regie sieben Personen, der Tonmann mit zwei Helfern, die die Bänder auflegen, zwei Redakteurinnen, eine Art Ober in einer Livree, der für Speisen und Getränke zuständig ist, und in der Ecke eine ältere Frau, die anscheinend mit einem Stift die gespielten Musikstücke in ein Heft einträgt. Im Studio eine Moderatorin und ihr Kollege, der ein bekannter Mann sein muss, so überfreundlich und zuvorkommend wie er vom Personal behandelt wird. Wenn ein längerer Beitrag läuft, eilt der Ober mit Champagner ins Studio und schenkt nach. Luxus-Radio, denke ich, oder Arbeitsbeschaffungsmaßnahme, irgendwann werden da sicherlich einige Veränderungen fällig sein. Vom Programm verstehen wir nicht viel, ein Künstler kommt zum Interview, danach eine Sängerin. Nach der Sendung komme ich mit Sylvie, einer der Redakteurinnen, ins Gespräch. Ich erzähle ihr, dass ich vor vier Tagen in London Pete Townshend von The Who gesprochen habe, sie sagt fragend: «Bitte schön», ich, bitte was? Dann begreife ich, es ist die französische Art, den Namen Pete Townshend auszusprechen, etwa wie «Pittauschend». Ach ja, die Franzosen und ihr Englisch, ähnliche Probleme hatte schon mein Assistant-

Kollege Gérard in Wallingford. Sylvie erkundigt sich, ob ich mein Interview mit Pete dem Culture Club zur Verfügung stellen würde, sie wäre sehr daran interessiert. Ich verspreche, ihr eine Kopie zu schicken, wenn ich wieder in Hamburg bin. Und tatsächlich, am 29. Juni lief mein Gespräch mit «Pittauschend» im Culture Club auf France Inter, fast 20 Minuten lang, mit der Aussprache meines Namens gab es weniger Probleme.

Im Herbst 1987 rief mich Wolfgang Knauer an: «Herr Doktor», er nannte mich immer so mit seinem ironischen Unterton, «wollen Sie sich nicht auf die ausgeschriebene Redakteursstelle in der Unterhaltungsabteilung bewerben? Überlegen Sie mal.» Knauer, ein kluger Mann mit breitem Wissen und einem trockenen Humor, war Chef der Abteilung, verantwortlich für Musik und Unterhaltung in den NDR-Hörfunkprogrammen. Ich überlegte, als Freelancer verdiente ich ziemlich gut, wahrscheinlich mehr als ein angestellter Redakteur, aber ich hatte auch weniger Mitsprache und Einfluss bei Entwicklungen und Entscheidungen, war abhängiger Auftragsempfänger. Genug Erfahrung bei Radio, Fernsehen und anderen Medien hatte ich ja nun gesammelt, also schrieb ich meine Bewerbung und rühmte mich darin als Experte für ein ganz neues Gebiet – ich schrieb wörtlich, ich hätte mir einen «umfassenden Überblick über das Repertoire der internationalen und nationalen *Pomusik* erworben». Wollte ich mit meinen Kenntnissen der erotischen Aspekte von Musik glänzen? Oder eine neue Sendereihe über epochale Tanz- und Aerobic-Klassiker anpreisen, «Internationale Pomusik von Funky Chicken bis Shake Your Booty»? Offensichtlich wurden Bewerbungsschreiben doch nicht so genau gelesen, denn glücklicherweise wurde dieser peinliche Tippfehler beim Gespräch mit der Personalabteilung nicht zum Thema. Obwohl ich für eine Festanstellung mit fast vierzig schon relativ alt war, bekam ich die Stelle als «Redakteur mit besonderen Aufgaben» und bezog am 1. April 1988 mein Büro im «Schnulzenschloss», so wurde der neobarocke Flachbau der Unterhaltungsabteilung genannt, der im 19. Jahrhundert Stall- und Gesindegebäude der Herrschaftshäuser am Rothenbaum gewesen war. Meine Eltern waren glücklich.

Meine erste «besondere Aufgabe» erhielt ich recht bald. Für Anfang Juni 1988 war im Londoner Wembley-Stadion ein großes Konzert zum 70. Geburtstag von Nelson Mandela geplant. Der britische Ska-Musiker Jerry Dammers, Gründungsmitglied von The Specials, hatte die Idee eines Tributs für den im Gefängnis sitzenden südafrikanischen Politiker, seitdem er 1984 mit der Specials-Nachfolgeband Special a.k.a. eine Single mit klarer Botschaft veröffentlicht hatte: «Free Nelson Mandela». Das Projekt kam aber erst in Bewegung, als der Veranstalter Terry Hollingsworth sich der Sache annahm und mit Simple Minds den ersten großen Act für das für den 11. Juni angesetzte Vorhaben gewinnen konnte. Nachdem auch Dire Straits, die erfolgreichste Band der späten 80er-Jahre, zugesagt hatte, wurde die Teilnehmerliste immer größer und prominenter. Eurythmics, Peter Gabriel, George Michael, Whitney Houston, es lief nach dem Rezept: Wenn du mitmachst, will ich auch dabei sein. Die BBC verantwortete wie bei Live Aid die TV-Übertragung trotz großer Widerstände aus konservativen Kreisen, die eine Anti-Apartheid-Kampagne befürchteten. Partner in den USA sollte das FOX-Network sein, das verhindern wollte, dass das Geburtstagskonzert zu einer politischen Demonstration gegen das Regime in Südafrika würde. Der Sendeleiter des NDR-Fernsehens, Jürgen Meier-Beer, hatte wieder die Senderechte für Deutschland erworben, gesendet würde auf allen dritten

Programmen der ARD. Die Übertragung sollte aber anders als beim Live-Aid-Konzert ablaufen, denn Fernsehen und Radio würden synchron senden, das Fernsehen in Mono, die Hörfunkprogramme in Stereo. Ich sollte von Hamburg aus für beide Medien kommentieren, die Sendedauer war mit zehn Stunden kalkuliert, von 13.15 Uhr bis nach 23 Uhr. Ich hatte die Aufgabe, die Übertragung im Hörfunk zu organisieren, das Angebot an die Pop-Wellen der ARD zu schicken, die Abläufe zu klären, nachzuhaken, wenn die Zusagen ausblieben. Wichtig war für viele Sender, dass keine Extrakosten für die Hörfunkübertragung entstanden, sie mussten nur dafür sorgen, dass Nachrichten und ähnliche Rubriken sowie kurze Informationsbeiträge zu Südafrika, Apartheid und Nelson Mandela flexibel in die Umbaupausen platziert wurden. Anfang Juni hatten alle Sender und Programme zugestimmt, diese erste echte Gemeinschaftsübertragung in der ARD von TV und Radio zu realisieren, auch das Bayerische Fernsehen.

Doch am 6. Juni, fünf Tage vor dem Event meldete sich Wolf Feller, der Fernsehdirektor des Bayerischen Rundfunks, bei Meier-Beer und erkundigte sich, wer denn dieser Moderator Urban sei, ob der denn die politische Brisanz im Griff hätte, man habe beim BR Angst, Teil einer offenen Sympathiekundgebung für den ANC zu werden, für die Partei Mandelas, der ja als rechtmäßig Verurteilter im Gefängnis säße. Meier-Beer, so erzähle er mir später, antwortete mit dem Hinweis, dass selbst der CDU-Vorsitzende Bundeskanzler Helmut Kohl die Freilassung von Mandela gefordert hatte, außerdem habe man genug Sicherungen eingebaut und verfüge über Alternativen, falls politische Propaganda verbreitet würde. Am nächsten Tag kam die Mitteilung, der BR steige aus dem Gemeinschaftsprogramm aus! Der BR mache eine eigene Fassung, moderiert vom CSU-nahen *Report*-Chef Günther von Lojewski, der Franz

Josef Strauß mehrmals auf Reisen in das Apartheid-Land Südafrika begleitet hatte, und von Radiomoderator Fritz Egner. Begründet wurde dieser Sinneswandel von Fellers Referent später mit der «Verantwortung für das Programm», die man dem NDR offensichtlich nicht zutraute.

So saß ich am 11. Juni in einem kleinen Hörfunkstudio am Rothenbaum vor einem Bildschirm und wartete um kurz nach 13 Uhr auf den Start des «Nelson Mandela 70th Birthday Tribute», so der offizielle Name des Konzerts, das in 67 Länder übertragen wurde, über 600 Millionen Menschen würden es miterleben. Die Resonanz in der deutschen Presse war schon vorab außergewöhnlich, alle Zeitungen, Zeitschriften, Magazine schrieben ausführliche Ankündigungen, das Mandela-Konzert war das Topthema des Samstags. Am Abend zuvor war noch ein langes Fernschreiben aus London eingetroffen mit aktuellen Änderungen im Ablaufplan, ich musste also ständig auf Überraschungen gefasst sein. Über siebzigtausend Menschen füllten das Wembley-Stadion, als um Viertel nach eins die Farafina-Trommler aus Westafrika die Feier für Mandela eröffneten. Harry Belafonte sprach die Begrüßungsworte, ich übersetzte sparsam, moderierte dann kurz den nächsten Künstler an, Sting, der so früh auftrat, weil er noch am selben Abend in Berlin auf der Bühne stehen musste. Nächstes Highlight ein brillanter Set von Eurythmics, Annie Lennox überstrahlte das Stadion, die BBC lieferte wunderbare Fernsehbilder, der Sound in meinem Kopfhörer war hervorragend. Dazwischen Sketche und Comedy-Einlagen von Lenny Henry und Graham Chapman von Monty Python, die man nicht übersetzen konnte, aber auch nicht musste. Von den Künstlern und den prominenten Ansagern wie Richard Harris, Denzel Washington oder Stephen Fry hörte man Sympathiebekundungen für Mandela, Forderungen, die Apartheid zu beenden, aber keine politischen Demonstrationen. Von Whoopi Goldberg kam allerdings der pikante Hinweis, dass sie von FOX, dem US-Sender, gebeten worden sei, sich zu mäßigen. Tatsächlich stellte sich später heraus, dass FOX sämtliche Bemerkungen, die mit Apartheid und Mandela zu tun hatten, in seiner zeitversetzten Ausstrahlung zensierte, wie mir Jackson Browne ein Jahr später erzählte, man kürzte Belafontes Begrüßung zusammen, schnitt Whoopi Goldbergs Rede heraus, ebenso Little Stevens und Peter Gabriels Ansagen sowie Jerry Dammers' Initialhymne für Mandela. Das Event überschrieb FOX mit «Freedom Fest» ohne den Anlass, die Ehrung des inhaftierten Politikers, zu nennen.

Gegen 16.30 Uhr trat eine kleine Folksängerin auf die Bühne, sang drei Songs zur akustischen Gitarre, der Jubel wollte kein Ende nehmen; diese Frau berührte die Menschen, Tracy Chapmans Durchbruch zum Weltstar, ihr Lied war eine der klarsten politischen Botschaften des Tages, «Talkin' Bout a Revolution». Mittlerweile übte man in Bayern eine Art Fernseh-Apartheid, wie ich später aus *Süddeutscher Zeitung, Abendzeitung* und *Spiegel* erfuhr. Als Harry Belafonte Apartheid als «grausames System» bezeichnete, «von dem das Volk befreit werden müsse», überdeckte Moderator von Lojewski das mit wiederholten Erklärungen, dass Mandela als Führer der verbotenen Oppositionspartei ANC «nicht schuldlos im Gefängnis säße», das Wembley-Konzert sei doch Propaganda für den ANC, der «zweifelsfrei mit Gewalt verbunden» sei. Fritz Egner durfte dann auch Musik anmoderieren, aber bei Ansagen der Künstler wurde aus Angst vor «Propaganda» der Ton heruntergedreht, und Lojewski ergoss sich über die angeblich milden Haftbedingungen Mandelas oder darüber, dass die meisten Schwarzen in Südafrika «eigentlich ganz gut» mit dem System der Apartheid leben könnten. So wurde der Fluss des Konzerts ständig unterbrochen, bis der BR sich um 17 Uhr komplett ausblendete, damit das «normale» Programm nicht zu kurz kam. Während in London Peter Gabriel oder Whitney Houston auftraten, lief in Bayern die Wiederholung der «Lindenstraße» und ein Fünfundvierzig-Minuten-Film über «Die Rückkehr der Schleiereule», die restlichen sechs Stunden des Konzerts sollten in einer halbstündigen Zusammenfassung gegen Mitternacht «nachgeholt» werden. Dabei hatte der BR mit seinem finanziellen Anteil die Rechte für das gesamte Konzert erworben und hatte durch seinen Soloritt auch noch Zusatzkosten für eigene Leitungen aus London zu zahlen. Dem BR-Hörfunk erging es nicht besser, hier gab es keine Liveübertragung, sondern nur eine von Ansagen und «riskanten» Wortbeiträgen bereinigte Zusammenfassung.

Bei meiner NDR-Sendung konnte ich mich ausführlich über die zahlreichen musikalischen Gäste aus Afrika freuen, da spielten das jamaikanische Duo Sly & Robbie mit Salif Keita aus Mali und Youssou N'Dour aus dem Senegal, dazu stießen die Reggaeband Aswad und der US-Liedermacher Jackson Browne. Da zeigten sich die südafrikanischen Stars Mahlathini & The Mahotella Queens, Hugh Masekela und Miriam Makeba oder eine Tanzgruppe aus Angola. Um 18 Uhr war der Auftritt eines Superstars angekündigt, der Name war geheim gehalten worden, es sickerte durch, es könnte Stevie Wonder sein. Aber der tauchte nicht auf. Später wurde bekannt, dass die Festplatte seines Fairlight-Synthesizers mit der vorproduzierten Musik für den Set nicht auffindbar war, sodass Wonder weinend vor Wut das Stadion verließ. Stattdessen kehrte der neue Star des Konzerts zurück auf die Bühne, Tracy Chapman begeisterte erneut mit Songs ihres Debütalbums. Ein weiterer Höhepunkt folgte mit Simple Minds und ihrem speziell für diesen Anlass komponierten «Mandela Day», dann kamen Youssou N'Dour und Peter Gabriel dazu für eine aufrüttelnde Fassung von

Gabriels Anti-Apartheid-Song «Biko», danach Little Stevens kraftvolle Attacke gegen das rassengetrennte südafrikanische Entertainment-Mekka «Sun City», zusätzlich unterstützt von Meat Loaf und Jackson Browne, und schließlich als krönender Abschluss dieser musikalischen Demo der Song mit dem Motto des Tages «Free Nelson Mandela» von Initiator Jerry Dammers und den Simple Minds, klarer konnte die Botschaft nicht in die Welt geschickt werden. Stevie Wonder kam dann doch ins Stadion zurück und wurde überredet, mit dem Equipment der Whitney Houston Band zu musizieren, wovon ich aber in meinem Studio nichts ahnte, es gab keine Vorabinformation. Gegen 22.30 Uhr erklangen auf der dunklen Bühne die ersten Töne von «I Just Called to Say I Love You», das Publikum jubelte, die Überraschung war doch noch gelungen. Wonder sang noch einen zweiten Song, bei dem er der Liveband die Akkordwechsel zurief, die Begleitmusik hätte ja ursprünglich von der Festplatte kommen sollen. Den wundervollen musikalischen Schlusspunkt des Abends setzten Dire Straits mit ihrem Aushilfsgitarristen Eric Clapton, ein Auftritt, der noch Jahrzehnte später als eine der besten Festival-Darbietungen aller Zeiten galt, packend, virtuos und bewegend. Bei «Romeo and Juliet» und «Brothers in Arms» floss man förmlich dahin, ich selbst musste mich zwingen, unter meinen Kopfhörern nicht wegzuträumen, obwohl das nach fast elf Stunden konzentrierter Aufmerksamkeit schön gewesen wäre. Claptons Version von «Wonderful Tonight» fasste es zusammen: Musik konnte emotionalisieren, motivieren, trösten und aufmuntern, einen großen Mann ehren und Bewusstsein schaffen im Kampf gegen Ungerechtigkeit und Rassentrennung.

Die Reaktionen in der Presse nach dem Konzert waren wieder sehr umfangreich und ausgesprochen freundlich, unser Konzept der TV / Radio-Kombination wurde positiv bewertet. Der bayerische Sonderweg erntete Unverständnis und beißenden Spott, meine Kommentierung wurde als «knapp, sparsam und kompetent» gelobt. Umso erstaunter war ich über den Umstand, dass während der Sendung zwischen 15 und 16 Uhr den NDR viele Anrufe aus dem Südwesten erreicht hatten, die sich beklagten, der Kommentator würde zu viel und in die Musik reden. Da ich nachweislich sehr wenig und nie auf die Musik gesprochen hatte, konnte der Grund für die Beschwerden nur beim Südwestfunk liegen, also bei der Hörfunkversion von SWF3. Auf Nachfrage und durch einen WDR-Kollegen, der die Sendung auf SWF3 gehört hatte, erfuhr ich, dass der SWF3-Moderator, ein sehr bekannter Pop-Shop-Veteran, ständig mit Nachrichten, Werbung, Jingles, eigener Moderation und Kennungen wie «am Mikrofon ...» in die Konzertübertragung hineingegangen war. Da man in Baden-Baden oft der Überzeugung war, man mache sowieso das bessere Radio, konnte der Mann es vielleicht nicht ertragen, einmal nicht die Hauptrolle zu spielen. Dabei hätte er gerade in der betreffenden Stunde besser gar nichts sagen sollen, weil das Musikprogramm dort besonders eng getaktet war. Aber nicht genug, als Hörer beim SWF anriefen und sich darüber beschwerten, besaß Mr. X die Dreistigkeit, auf Sender seine Hörer aufzufordern, sich direkt beim NDR als der zuständigen Anstalt zu beschweren. Mir fehlten die Worte, da versuchte jemand, von seinem eigenen Verschulden abzulenken, belog die Hörer und verhielt sich unfassbar unkollegial, unsolidarisch und, ja, narzisstisch. Der NDR-Programmdirektor Jürgen Kellermeier schrieb in der Angelegenheit einen geharnischten Brief an seinen SWF-Kollegen, aber ob die Botschaft bei der SWF3-Ikone ankam, sein Verhalten irgendwelche Konsequenzen für ihn hatte, entzog sich meiner Kenntnis.

Im Dezember 1988 flogen Jürgen Meier-Beer und ich nach London, die BBC hatte zu einer Konferenz über die Zukunft großer Musik-Events mit sozialen Botschaften wie Live Aid oder der Mandela Tribute eingeladen. Dabei waren unter anderem der Veranstalter von Live Aid Harvey Goldsmith und der BBC-Fernsehproduzent Mike Appleton. Man war sich bald einig, dass derartige Großveranstaltungen nicht regelmäßig und dauerhaft realisierbar waren, auch nicht für einen guten Zweck. Das Konzept würde sich schnell abnutzen, Besonderheit und Einmaligkeit der Events waren die Voraussetzung für deren Akzeptanz und Erfolg. Also mussten neue Ideen her. Eines der Projekte aus dieser Ideenfabrik entstand 1989/90 in Form einer musikalischen Reise um die Welt. Kevin Godley, Musiker bei 10cc, außerdem erfolgreicher Videoregisseur, und der Musikproduzent Rupert Hine knüpften einen musikalischen Faden, der Musiker unterschiedlicher Stilrichtungen und Geschichte in siebenundzwanzig Ländern verband und dabei immer wieder neue Erfahrungen und Impulse aufnahm. «One World One Voice» war der programmatische Titel des Projekts, in dem prominente westliche Pop-, Rock-, Folk-Künstler wie Laurie Anderson, Clannad, Peter Gabriel, David Gilmour, Chrissie Hynde, Lou Reed oder Robbie Robertson zusammen mit Hermeto Pascoal oder Egberto Gismonti aus Südamerika, Remmy Ongala oder Geoffrey Oryema aus Afrika und Nusrat Fateh Ali Khan oder Ryuichi Sakamoto aus Asien oder mit indigenen Musikern aus Nordamerika und Lappland Weltmusik im besten Sinn schufen. Als Film oder als Audioerlebnis auf der CD, «One World One Voice» war eine geniale Weltreise unter dem Leitmotiv, mit einer gemeinsamen Stimme unseren Planeten zu schützen. Der sehr schöne Film, der die emotionalen, sinnlichen und fröhlichen Aspekte von Musik und ihren Machern betonte, lief auch im Deutschen Fernsehen, die deutsche Bearbeitung durfte ich zusammen mit meiner Kollegin Ruth Rockenschaub übernehmen.

Kaum war ich im «Schnulzenschloss» angekommen, waren meine Tage dort schon gezählt. NDR 2 war nicht mehr der ganz bunte Gemischtwarenladen der Vergangenheit, wurde aber immer noch von verschieden Hauptabteilungen beliefert, vom Zeitfunk, von der Unterhaltungsabteilung, vom Jugendfunk und von der Sportredaktion. Kommerzielle Radio- und Fernsehsender hatten ab Mitte der 1980er-Jahre die Medienlandschaft verändert. Die öffentlich-rechtlichen Sender verloren ihr Monopol, die propagierte inhaltliche Vielfalt trat aber nie ein. Im Gegenteil näherten sich Sender aus beiden Lagern immer mehr an, sodass sie alle ähnlich klangen. Für 1989 war eine Programmreform geplant, NDR 2 sollte eine autarke Welle werden, mit eigener Struktur, selbstständiger Organisation und Verantwortung. Eine Konferenz jagte die nächste, Arbeitsgruppen erstellten Konzepte, Organisations- und Personalpläne. All das bedeutete das Ende der programmübergreifenden Unterhaltungsabteilung, die Mitarbeiter wurden auf die zukünftigen Programme verteilt, wobei nicht jeder oder jede die freie Wahl hatte. Ich landete in der Musikredaktion von NDR 2, die Redaktion Rockmusik von Klaus Wellershaus aber wurde der Jazzredaktion von Michael Naura angegliedert und sollte hauptsächlich auf der neu konzipierten Info- und Kulturwelle NDR 4 senden. Klaus plante und produzierte aber weiter die Livemusik-Sendung Radiokonzert bei NDR 2, ich sollte ihn dabei unterstützen. Der Schritt zur Eigenständigkeit von NDR 2 war wegen der Konkurrenz der privaten Sender längst überfällig, dennoch bedauerte ich den Abschied von der alten Struktur, die mir viel Freiheit gelassen hatte. NDR 2 wurde zum Pop-Programm mit viel Comedy, Sport und Infos und ist dreißig Jahre danach immer noch die Pop-Welle Nummer 1 im Norden.

Ich bezog das nächste Büro, diesmal in einer alten Villa mit Blick auf den Mittelweg, in der die gesamte Musikredaktion untergebracht war. Von dort wurde nun zentral die Musik des Tagesprogramms zusammengestellt, dafür musste aber zunächst das eigene NDR-2-Repertoire aus älteren und aktuellen Titeln geschaffen werden. Darum kümmerte sich eine kleine Gruppe um den neu bestellten Musikchef, der für seine Vorliebe für sanftere stromlinienförmige Musik bekannt war, was ja nichts Schlechtes bedeuten musste. Bisher waren längere Musikstrecken mithilfe Tausender Karteikarten, jede für einen Musiktitel, ausgesucht und zusammengesetzt worden. Danach mussten die Bandnummern protokolliert, die Listen an das Schallarchiv geschickt werden. Dort wurden die Bänder herausgesucht und in der hoffentlich richtigen Reihenfolge in die Sendestudios gebracht, ein aufwendiges Prozedere. Nun wurden in der neuen Musikredaktion manche Vorgänge durch frühe Computerprogramme wie MS-DOS vereinfacht, die die Karteikarten ersetzten und die nach verschiedenen Kategorien wie Dynamik, Tempo, Epoche oder Stil Musiktitel ordnen konnten, ja sogar bald einen Vorschlag für das Musikprogramm lieferten. Dafür mussten aber erst einmal alle Daten von den Karteikarten in die Computerprogramme übertragen werden, eine Mammutaufgabe. Das allgemein verbreitete Vorurteil, das nur noch Computer die Musik steuerten, war früher wie später unberechtigt, denn Musikredakteure prüften, korrigierten, verbesserten, was da als Vorschläge vorsortiert wurde. Bei aller Unterstützung durch neue Techniken hing die Qualität einer Musikzusammenstellung immer von der Güte, der Breite, der Vielfältigkeit und Vollständigkeit des zur Verfügung gestellten Repertoires ab, und da gab es unterschiedliche Ansichten. Es gewann die Meinung Oberhand, dass nur ein kleineres Repertoire von Titeln eine «verlässliche» Musikfarbe garantierte. Dabei sollte die Akzeptanz beim Publikum durch sogenannte empirische Methoden ermittelt werden, die so aussahen: Einer repräsentativen, aber nicht sehr großen Gruppe von Hörern wurden am Telefon zwanzig Sekunden eines Songs vorgespielt und abgefragt, ob sie den Titel gerne, wie oft, gelegentlich oder überhaupt nicht im Radio hören wollten. Wie verlässlich war es, wenn man Musik kurz in schlechter Qualität am Telefon hörte? Wählte man nicht lieber, was man schon kannte, hatten neue Stücke eine Chance? Und wenn der dreißigjährige «repräsentative» männliche Angestellte nur Schlager oder Klassik hörte, wie wirkte sich sein Urteil über Popmusik dann aus? Ich hatte an solchen Methoden immer meine Zweifel, plädierte dafür, sich mehr auf Fachwissen, Geschmack und Bauchgefühl der Redaktion zu verlassen, und warb für ein größeres vielfältigeres Repertoire, das Alternativen und Überraschungen möglich machte. Warum sollte immer nur derselbe Titel von Dire Straits laufen, wenn es zehn andere gleich gute gab, warum musste man sich pedantisch auf Dekaden festlegen, Musik richtete sich selten nach Jahrzehnten, warum nicht immer wieder als Aha-Erlebnis zeitlose Klassiker oder spektakuläre Stilbrüche einstreuen, die einen positiven Überraschungseffekt auslösten, anstatt nur nach dem Motto vorzugehen, bloß nicht anecken oder jemandem wehtun? Vielen Menschen tat stromlinienförmige Langeweile und Redundanz weh.

In der Arbeitsaufteilung der neuen NDR-2-Musikredaktion kümmerte ich mich eher um den Abend, nach dem Club, der von 18 bis 20 Uhr lief, war ich für die neue Reihe «Club Extra» verantwortlich, die in der Zeit, wenn die meisten Menschen fernsahen und eher Musikinteressierte Radio hörten, spezielle

Musikangebote und Musikthemen anbot, ein populäres informatives Musikmagazin sein wollte. Als Mitarbeiter hatte ich Moderatoren aus der früheren Musik für junge Leute und dem Nachtclub gewonnen, für die Sendung mit Schwarzer Musik, die ich traditionell weiter «Soultrain» nannte, war unser Aushängeschild die geliebte, aber auch umstrittene Ruth Rockenschaub. Ruth war eine beeindruckende Persönlichkeit, direkt, forsch, extrem eloquent, schlagfertig, konsequent und mutig, sie war Sängerin, Werbesprecherin, Autorin und eine versierte leidenschaftliche Fachfrau für Black Music. Ihr Moderationsstil war einzigartig, exaltiert, manieriert, oft ein Berg verschachtelter Sätze, der vom Hörer alle Aufmerksamkeit forderte, ihre von Hand geschriebenen Moderationstexte waren Kunstwerke. Ruth polarisierte, wurde geliebt oder abgelehnt, aber sie erregte Aufsehen und war nie langweilig. Über viele Jahre hatte sie auf NDR 2 den Soultrain in der Reihe Nachtclub schon moderiert, aber damals in der Verantwortung der Unterhaltungsabteilung, Wolfgang Knauer und Klaus Wellershaus hatten kritische Nachfragen aus der Programmdirektion zu der «Dame» stets abbügeln und die Wogen glätten können. Nun in der neuen NDR-2-Struktur lagen die Dinge anders, die Wellenleitung sah Ruths Moderationsstil, der der gängigen Moderationsbibel komplett widersprach, von Beginn an skeptisch. Ich hatte viele Diskussionen mit den Chefs, verteidigte sie als eigenständiges Original, das sich eine große Popwelle wie die unsere leisten könne. Ich verwies auf ihre ungeheure Beliebtheit und legte eine dicke Mappe von ausführlichen leidenschaftlichen Hörerbriefen vor – Danksagungen, Lobpreisungen und Liebesbeweise von einer Intensität, die kein anderer NDR-2-Moderator je erhalten würde. Lustig und bezeichnend war ein Brief, in dem Ruth aufgefordert wurde, doch kürzere Titel zu spielen, damit sie mehr ihrer berühmten

Ansagen machen müsse. Die Hörerreaktionen bewiesen aber auch, dass die großartige Musik, die Ruth präsentierte, Soul, Funk, Gospel und Hip-Hop, eine starke Akzeptanz fand, und zu Unrecht in der Diskussion der NDR-2-Musikfarbe als zu «spezielle Minderheitenmusik» und mit «nicht für die Hörer auf dem Lande» abgetan wurde. Es half nichts, ich wurde als verantwortlicher Redakteur von der Wellenleitung angehalten, Rockenschaub aus dem Moderationsplan zu streichen, weil sie nicht in das neue Profil passe, verbunden mit der Auflage, ihr die Ablösung auf keinen Fall vor ihren letzten Sendeterminen mitzuteilen, wohl um eine spektakuläre Verabschiedung und mögliche Proteste zu verhindern. Ich hielt die Forderung für nicht korrekt und unmoralisch und befand mich, da ich persönlich mit Ruth gut befreundet war, in einer quälenden Zwickmühle. Ich glaube heute, dass es ein Fehler war, dieser Ansage der Leitung zu folgen. Ich hätte sie ignorieren sollen, die Entscheidung, dass Club Extra und der Soultrain in Zukunft ohne Ruth Rockenschaub auskommen musste, war ja sowieso schon gefallen. Dennoch warf sie mir, sicher zu Recht, Feigheit vor, ich bemühte mich erfolglos, ihr mein Dilemma zu erklären, dass ich zwischen dienstlicher Anweisung und persönlicher Loyalität zerrieben worden sei. Unsere Freundschaft zerbrach unwiederbringlich, ich bedauerte das zutiefst.

Meiner Sendereihe Club Extra erging es nicht besser, ein gutes Jahr später wurde die gesamte Reihe eingestellt. Die Wellenleitung und der Musikchef hatten beschlossen, dass NDR 2 durchgehend die gleiche Musikfarbe präsentieren sollte, auch in den Abendstunden, wenn die meisten Hörer vor dem Bildschirm saßen und die Neugier von Musikinteressierten hätte befriedigt werden können. Da passte Club Extra, das keineswegs Minderheiten bediente und eine gute Resonanz vorweisen konnte, nicht mehr hinein, ich war konsterniert und enttäuscht. Der Abend wurde geglättet, ab 22 Uhr wurden die Hörer mit der Reihe «Traumhaft» in die Betten geschickt. Später wurde sogar das Markenzeichen «Der Club» ohne Not aufgegeben, eine Sendung, die noch 1993 in großem Rahmen ihr 25-jähriges Jubiläum gefeiert hatte. Aber auch dieser prägnante traditionsreiche Name passte anscheinend nicht in das Konzept der 24-Stunden-Dauerwelle, für mich ein großer Fehler. Erst 2008 wurde die Entscheidung gegen vielfältigere Musikangebote am Abend auf Initiative des neuen Programmdirektors Joachim Knuth, des späteren NDR-Intendanten, revidiert. Ich persönlich konnte in meinen Sendungen, die weiter regelmäßig auf NDR 2 liefen, meine Vorstellung von einem abwechslungsreichen informativen Musikprogramm zu jeder Zeit realisieren, aber ich hätte mir gewünscht, dass die Hörer auch an den anderen Abenden ähnliche Angebote erhalten hätten.

Der eine Musikchef ging relativ bald, ein neuer übernahm. Ich bekam eine neue Kollegin, Angela Gobelin aus Berlin, die die Musikredaktion sehr bereicherte, sie hatte einen ausgezeichneten Geschmack, was auch für Musikredakteure nicht selbstverständlich ist, und sie hatte ein enormes Repertoirewissen, auch von Musik aus der Zeit, in der sie noch ein Baby war. Ich habe nie begriffen, warum Menschen, die professionell mit Musik zu tun hatten, mit dem Satz durchkamen «Das war vor meiner Zeit». Shakespeare, Bach, Beethoven, Charlie Parker und Muddy Waters waren auch vor meiner Zeit, ein wenig Geschichtsbewusstsein brauchte es schon. Angela und ich gaben uns alle Mühe, auf den wöchentlichen Musiksitzungen, bei denen neue Titel abgehört wurden, solche Songs zu unterstützen, die das Potenzial besaßen, durch Qualität, Melodie oder Groove das Repertoire aufzulockern, abwechslungsreicher zu machen, manchmal mit Erfolg, oft auch ohne.

Aber es gab noch andere Möglichkeiten, musikalische Themen einzubringen, durch meine Interviews mit R.E.M., Carlos Santana oder Billy Joel, mit Beiträgen zu Geburtstagen, Jubiläen oder anderen Ereignissen. Angela und ich präsentierten regelmäßig eine CD der Woche, das war informativ und bot die Chance, das Spektrum des Musikprogramms zu vergrößern.

In all diesen Jahren zwischen 1980 und 2010 veränderten sich ständig die technischen Bedingungen und Möglichkeiten. Zunächst wurde die Musik nicht mehr von Bändern und Schallplatten gespielt, sondern von CDs, später aus digitalen Speichern, die mit dem Musikarchiv verknüpft waren. Computerprogramme wurden schneller, komplexer, konnten Musikprogramme differenzierter planen, Studios wurden erneuert, von analog auf digital umgerüstet. Beiträge und Vorproduktionen wurden früher auf Band aufgezeichnet und abgespielt, später wurden sie auf CD gebrannt und von da gesendet. Als die Speicher groß genug wurden, nahm man nur noch digital auf, editierte mit Schnittprogrammen und sendete Musik und Beiträge aus Sendespeichern, bald auch digital auf DAB.

Dennoch, trotz aller technischen Verbesserungen: Beim Schnitt oder Edit musste immer darauf geachtet werden, dass das Endergebnis von Fehlern bereinigt war, dazu hörte man sich das Produkt am besten noch einmal an. Aber wie so oft im Leben gehen Dinge manchmal schief. 1995 gratulierte ich in einem Beitrag für den Club Van Morrison zum fünfzigsten Geburtstag, ich wunderte mich ein wenig, dass das Band länger war, als ich geplant hatte. Der Beitrag lief, man hörte meinen Glückwunsch, plötzlich fluchte ich los wie ein Berserker, «Mist, Kacke, verdammt, was ist denn heute los mit mir!». Beim Schnitt hatte der Techniker vergessen, einen Versprecher und meine genervte Reaktion herauszuschneiden, er und ich hatten das Band nicht kontrolliert. Nun ging es so über den Sender, ein peinlicher Fall, aber perfekt für den lustigen Jahresrückblick an Silvester. Fehler passierten, mal setzte ich die Nadel in die falsche Rille der LP, ein anderes Mal war es der falsche Track der CD, oder ich drückte die falsche Jingle-Taste. Als das erste Touch-Pad zum Start des «Show-Openers», damit war der Vorspann gemeint, meinen Zeigefinger nicht akzeptierte, baute ich einige Kunstpausen, ich versuchte es zart, ich versuchte es mit Gewalt, das Ding reagierte nicht. Bis ein Techniker mir verriet, nimm mal den Fingernagel, und prompt klappte es. Am besten war es, offen mit solchen Missgeschicken umzugehen, zu lachen, zu berichten, was geschehen war. Hörer fanden das sympathisch, menschlich, wie ich aus manchem Brief erfuhr.

Post von Hörern kam immer noch in großen Mengen, oft blumige Danksagungen wie von einem Professor aus Hildesheim. «Sehr geehrte Damen und Herren, Peter Urban gibt mir den Glauben ans Radio zurück. Das können Sie ihm ruhig weitersagen.» Oder von Giulia aus Wiefelstede: «... für deine Sendung über Rickie Lee Jones habe ich sogar mal auf den Krimi im Fernsehen verzichtet. Danke ...» Aber da flatterte auch Seltsames ins Postfach, wie die trockene Frage: «Sehr geehrter ... ich habe da noch eine Frage an Sie, sind Sie bereit, in die Ehe zu gehen? Mit freundlichen Grüßen, Elke S.» Im Laufe der 80er-Jahre erreichten mich immer mehr Briefe und Postkarten von Hörern aus der DDR, oft wurden die in Budapest oder Prag abgeschickt, weil man sich so der Kontrolle der Stasi entziehen konnte. Manchmal nahm ein Besucher aus dem Westen die Post mit und schickte sie in der BRD ab. Aber es kamen auch Briefe direkt aus der DDR an, darin wurde mutig erzählt, dass man ja schon viele Briefe geschrieben habe und man hoffe, dass dieser nicht abgefangen würde. Allein von Heike aus Weißenfels und Ina aus Rostock, die einen regelrechten Fanclub aufgemacht hatten, erhielt ich im Zeitraum von sieben Jahren Dutzende von fantasievoll gestylten umfangreichen Briefen mit rührenden Botschaften und Kommentaren zu Bono und Clannad, die ich gerade im Nachtrock gespielt hatte, oder zur passenden «Message of Love» der Pretenders. Wolfgang aus Stralsund beschrieb auf handgeschriebenen Seiten seine lange Liebe zu den Stones und bedankte sich für meine Mick-Jagger-Serie, Sybille aus Leipzig grüßte vom Balaton und wollte mitteilen, wie sehr sie die Serie über The Who genossen hatte. Es wurde immer deutlicher, dass immens viele Bewohner der DDR unsere Sendungen hörten, NDR 2 war von der Ostsee bis hinter Leipzig und bis kurz vor Berlin zu empfangen, die Musik für junge Leute, der Club und der Nachtclub waren für Menschen in der DDR genauso die Quellen für Rock und Pop wie für die Hörer in der BRD, dazu waren wir, wenigstens über Funkwellen, ihre Verbindung zum Westen. Das Ausmaß wurde so richtig klar, nachdem die Mauer gefallen war, Hörer aus der DDR besuchten das NDR-Funkhaus und erzählten, wie sie unsere Musiksendungen heimlich an Freunde und Bekannte weitergaben. Einer nahm mit einem Tonbandgerät auf, kopierte danach die Programme auf Kassetten und verteilte sie an Musikfans. Dabei führten einige Dauerhörer exakt Buch darüber, was wann und wo lief. Thomas aus Magdeburg zeigte mir ein dickes Buch, in dem er minutiös nach Sendedatum geordnet jede meiner Sendungen mit allen gespielten Songs protokolliert hatte, und das über einen Zeitraum von zehn Jahren. Ich war sprachlos, ich konnte nur ahnen, welch fundamentale Bedeutung unsere Sendungen besonders für jüngere DDR-Bürger gehabt hatten, wie unsere Informationen ihnen geholfen, wie die Musik ihnen Spaß, Trost und vielleicht Hoffnung gebracht hatte. Ob wir ihnen damit unbewusst Mut gaben, die Diktatur des SED-Regimes aufzubrechen?

Als jemand, der im Westen aufgewachsen war, war mir nicht bewusst, welch riesiges Privileg es war, jederzeit zu jedem Ziel reisen zu können. Ich hatte dieses Privileg früh und ausführlich für meine Besuche in England genutzt, Musik spielte auf diesen Reisen fast immer eine Rolle. Schon 1975 flog ich mit drei anderen Franziskus-Kollegen nach Ecuador, um meine Freundin Karen wiederzutreffen. Der Besuch verlief allerdings anders als erhofft, da sie zu Hause in Guayaquil mittlerweile liiert war. Als Alternativprogramm fuhren wir mit dem Jeep in den Urwald zu den Quellflüssen des Amazonas, wo US-Firmen gerade begannen, massiv nach Öl zu bohren. Nach der Rückkehr über Quito und der wackeligen zehnstündigen Fahrt mit der Schmalspurbahn aus fast 3000 Meter Höhe hinunter an die Pazifikküste wollten wir nun in einem Badeort am Meer entspannen. Doch genau dann putschte in Quito ein Teil des Militärs gegen die Regierung, was damals öfter mal vorkam. Eine Ausgangssperre wurde im ganzen Land verhängt, die aber an der Küste locker genommen wurde. So saßen wir zu viert in einer Bar am Strand und spielten Karten, aus der Musikbox ertönten wunderbare rhythmische Klänge, Trompeten, Pianos, Akkordeon, spanische Gitarren, Percussion, Musik, die wir in Europa noch kaum gehört hatten, afro-kubanische und kolumbianische Musik, Salsa, Son, Cumbia. Ich versuchte, den Beat mitzuzählen, und war ständig vom synkopierten vorgezogenen zweiten Basston verwirrt. Ab und zu wurde die Musik weggeblendet, das einzige tanzende Paar setzte sich, denn im Radio wurde der Putsch live übertragen, wie ein Fußballspiel. Da schnatterte ein Reporter mit aufgeregter Stimme, man hörte Schüsse, Autohupen, Sirenen. Wir konnten nicht erkennen, wer den Kampf gewonnen hatte, aber der Reporter beruhigte sich, die Musikbox sprang an, die Hüften bewegten sich wieder. Am nächsten Morgen hörten wir, dass die Regierung sicher im Sattel saß, die Einschusslöcher an den Mauern des Präsidentenpalasts schaute ich mir eine Woche später an, bevor ich von Quito nach Hause flog. Mein Koffer war voll gepackt mit dreißig LPs aus Ecuador mit feinster Musica Latina. Ähnlich schwer war mein Gepäck, als ich 1983 aus Trinidad abflog. Ich hatte Soca, die Weiterentwicklung der Calypso-Musik, kennengelernt, ihren hypnotischen erotischen Groove, die populären Melodien, die bissigen, oft sehr politischen oder sehr anzüglichen Texte. Dafür hatte ich die Plattenläden von Port of Spain, der Hauptstadt von Trinidad & Tobago, geplündert. Das war Musik, die dir in Deutschland nur das kleine Label «Tropical Music» von Claus Schreiner anbot, das meiste musstest du eigenhändig mit nach Hause schleppen.

All das fand sich in meinen Sendungen wieder, und nicht nur in Spezial-Shows zum Thema Karibik, sondern auch im Club oder Nachtclub, genauso wie die Trips nach New Orleans zum Jazz and Heritage Festival. Dieses Festival war eine pulsierende Feier der Musik aus dem Schmelztiegel New Orleans, Musik vergangener und aktueller Stilarten und Epochen, R&B, Soul, karibische Musik, Folk, Gospel und Rock'n'Roll, New Orleans atmete Musik. Da brillierten die Allman Brothers mit ihrem Gitarrenfeuer, da groovten die Neville Brothers ihren New Orleans Funk im legendären Club Tipitina's, einer Scheune mit offenem Dach, im gleichen Groove Dr. John, die Seele der Stadt, dann die umjubelte Soul-Diva Etta James und auf kleinen Festivalbühnen die Stomps der berühmten Brass

Bands oder swingende und rockende Cajun- und Zydeco-Bands, die ihre Akkordeons fliegen ließen, dazu ein lockeres Lebensgefühl und aufregendes Essen. Und wenn man im überfüllten Gospelzelt stand und Raymond Myles mit seinem Chor einen himmlischen Sturm entfachte, hatte man wirklich das Gefühl, man würde aus der lodernden Vorhölle hoch an die Tore des Garten Eden geblasen. Das konnte Musik, nur Musik.

Schon in den 80er-Jahren hatten mehrere private Radiosender versucht, mich abzuwerben, boten mir wichtige Posten an. Ich lehnte immer ab, einmal, weil ich mich beim NDR sehr wohlfühlte, zum anderen, weil ich ahnte, dass kommerziell organisierte Sender, bei denen es um den Verkauf von Werbung und um Rendite geht, und musikalische Vielfalt nicht zusammen funktionierten, jedenfalls nicht in der deutschen Privatfunklandschaft. Das Scheitern des lobenswerten Konzepts von Radio 107 in Hamburg bestätigte mich, denn alle Privatstationen machten bald ein stereotypes Programm mit Hits, Hits, Hits und den ständig wiederkehrenden «Recurrents», das waren die etwas älteren Hits. Platz für Neues und Experimentelles gab es kaum. Jimi Hendrix hätte im deutschen Radio seit 1990 keine Chance bekommen, und davon durfte man die meisten der öffentlich-rechtlichen Popwellen nicht ausnehmen. 1995 kam ich aber doch noch ins Grübeln, mittlerweile war ich ja fest angestellt, es brauchte schon ein sehr überzeugendes Angebot, damit ich meine feste Stelle aufgab. Das Musikfernsehen VH-1 startete seinen deutschen Ableger, Programmdirektor war Volker Präkelt, ein mir sehr gut bekannter Radiojournalist, der den Berliner Part des ARD Nachtrock moderiert und auch für den NDR gearbeitet hatte. Wir trafen uns privat im Café Funkeck, er bot mir den Posten des Chefredakteurs von VH-1 an. Man hatte Großes vor, Reportagen, Talkshows, Magazine mit Alan Bangs und Susanne Reimann, das klang verlockend. Ich überlegte einige Tage und sagte dann ab, im Nachhinein ein kluger Schritt. VH-1 strich zwei Jahre später aus Kostengründen alle redaktionellen Inhalte und Moderationen, wurde reine Video-Abspielstation, die betroffenen Mitarbeiter wurden entlassen. Ich kniff mich dreimal und seufzte: «Glück gehabt.»

Klaus Wellershaus hatte ab 1973 die ersten Liveaufnahmen des NDR von Rock- und Popkonzerten organisiert und produziert, gegen Ende der 70er-Jahre wurden immer mehr bekannte britische und amerikanische Musiker und Bands von Klaus aufgenommen, sein Einfluss beim technischen Ausbau der Ü-Wagen war groß, unzählige Stunden verbrachte er bei Soundchecks und Konzertmitschnitten an abenteuerlichen Orten wie der Schmuckstraße/Ecke Große Freiheit, ließ sich mit großer Geduld nie von nervigen Managern oder zickigen Künstlern aus der Ruhe bringen und produzierte Aufnahmen, die von vielen ARD-Sendern übernommen und auch von den Künstlern auf Platten und CDs veröffentlicht wurden, wie beispielsweise ein legendäres Roger-Chapman-Konzert in der Markthalle. Seit 1979 gab es auf Wellershaus' Initiative hin eine regelmäßige Sendung für Livemusik im NDR, das Radiokonzert. 1989 wurde es auf NDR 2 wiederbelebt, es präsentierte jede Woche neue Livekonzerte, eigene Mitschnitte und Aufnahmen, die aus den Angeboten der Europäischen Rundfunk Union EBU, von der BBC und anderen Sendern der ARD stammten. Auch die Aufnahmetechnik bei Livemitschnitten änderte sich ständig, zunächst wurden die Konzerte direkt auf Band gemischt, später kamen erst analoge, dann digitale Mehrspursysteme hinzu, die Nachmischungen möglich machten. Gespeichert wurden die Mitschnitte auf Band, dann digital auf DAT-Kassetten, CDs und anderen Medien wie Festplatten oder USB-Sticks. Ich unterstützte Klaus früh bei der Produktion der Konzerte und der redaktionellen Vorbereitung, Kontakte mussten geknüpft werden, Termine geklärt, man musste mit Plattenfirmen, Managern und Veranstaltern verhandeln, Verträge entwerfen und abschließen. Vor Ort war es wichtig, mit Musikern zu kommunizieren, ihre Kooperation bei Soundchecks und Sonderwünschen zu suchen, und später im Ü-Wagen dem Toningenieur mit gutem Rat zur Seite zu stehen. Das Ergebnis waren viele großartige Mitschnitte, da gab es Aufnahmen mit Van Morrison 1989 im Stadtpark und 2003 in der Laeiszhalle, in deren kleinem Saal aufregende Auftritte von Künstlerinnen und Künstlern, die erst am Beginn ihrer Weltkarrieren standen, Marc Cohn mit dem Gitarristen Jeff Pevar, in seinem Vorprogramm eine junge Sängerin und Pianistin, deren Vibrato außergewöhnlich und ihr Herumrutschen auf dem Klavierstuhl auffällig waren, die junge Tori Amos. Oder 2002 die ebenfalls noch junge Norah Jones, deren Debütalbum aber gerade durch die Decke ging. Herausragend blieben Mitschnitte wie die Logo-Konzerte von Jeff Buckley und 1993 von Maxim Rad, der Band des Songwriters-Sängers Andre Rademacher und meines Freundes Alex von Oswald, deren fantastisches, in New Orleans von Allen Toussaint produziertes Album «Old» gerade erschienen war, aber leider eine der unentdeckten Perlen der Neunziger blieb. Oder die perfekte Stadtparkaufnahme mit Simply Red 2003, direkt gemischt ohne verschönernde Nachbearbeitung.

Die war allerdings angesagt, als 1993 Jackson Browne in der Laeiszhalle sein neues Album «I'm Alive» vorstellte, und das Radiokonzert exklusiv aufnehmen durfte, unter der Bedingung, dass der Mehrspurmitschnitt im Studio nachbearbeitet werden sollte. Der Mitschnitt klang sehr gut, aber Jackson war mit einigen Dingen nicht zufrieden, vor allem mit Details seines Gesangs. Ich hatte noch nie einen Künstler erlebt, der die Liveaufnahme seiner Performance fast pedantisch auf jede Nuance abklopfte, Zeilen und Worte neu einsang und sie austauschte, ja sogar einzelne Silben, deren Betonung ihm nicht gefiel, neu aufnahm und sie dann mit feinsten Schnitten in das Originalband einfügte. So gingen zwei Tage im Studio dahin, bis ein brillant klingendes und makellos gesungenes Konzert entstanden war, ein Highlight in der Radiokonzert-Geschichte.

«I'm Alive» war Jacksons zehntes Album, die Songs hatten, anders als die der Vorgänger, kaum politische und soziale Hintergründe, sondern verarbeiteten in teils emotionalen, teils reflektierten Texten das Ende seiner langjährigen Beziehung zur Schauspielerin Daryl Hannah. In Interviews hatte der Sänger enthüllt, dass der Trennung eine dramatische Abfolge von Streits, Eifersuchtsexzessen und heftigen Vorwürfen vorausgegangen war, Hannah hatte eine längere Affäre mit John F. Kennedy Jr. verheimlicht. Dennoch war das Album nicht nur bittere Abrechnung, sondern eine Bewältigung in poetischen Bildern mit lyrischer Finesse, ein Blick nach vorne. Fünfmal traf ich Jackson Browne zu Interviews, das erste Mal 1982, schon da redete er lieber über die europäische Friedensbewegung als Vorbild für die USA und über seine Aktivitäten in der Anti-Atom-Kampagne mit seiner führenden Rolle bei den No-Nukes-Konzerten. Seine Platten spiegelten immer stärker das Engagement des sensiblen Songschreibers gegen soziale Ungerechtigkeit, die Ausbeutung der Umwelt und gegen die zweifelhafte Rolle der Supermacht USA in Mittel- und Südamerika und im Nahen Osten wider. Das vermittelte er auch in den Interviews, er sprach ausführlich über den Bürgerkrieg in Nicaragua oder die militärische Unterstützung diktatorischer

Regime, sodass man ihn beinahe drängen musste, auch von seinem neuesten Album zu erzählen. Im Oktober 1997 besuchte ich ihn in seiner damaligen Wahlheimat Barcelona. Auf die Frage, ob seine politische Arbeit seiner Pop-Karriere geschadet hatte, bekam ich die Antwort eines Mannes, der gar nicht Popstar sein wollte: «Meine Bereitschaft, über politische Dinge zu reden, ist ein Beispiel dafür, dass ich keinem vorgeschriebenen Pfad folgen will, dass ich mich nicht nach der Bedienungsanleitung des perfekten Rockstars richte. Das hat vielleicht verhindert, dass ich ein wenig reicher und berühmter geworden bin und mehr Platten verkauft habe. Aber für die Sorte Leben war ich sowieso noch nie zu haben. Von Anfang an habe ich gesagt, Ruhm ist wie Heroin, komm dem nicht zu nahe, werde nicht danach süchtig.»

Noch in Barcelona erhielt ich einen Anruf von zu Hause, dass mein Vater wegen einer Herzschwäche in der Klinik sei und er sich dazu noch eine Lungenentzündung zugezogen hatte. Nach meiner Rückkehr besuchte ich ihn mit meiner Schwester Gaby im Bramscher Krankenhaus, er starb kurz darauf. Meine Mutter folgte knapp zwei Jahre danach, in den letzten Monaten hatte sie nicht mehr alleine im Haus leben können, sie starb in einem Altenheim an Nierenversagen nach Komplikationen bei der Dialyse.

Es mochte wie ein kitschiges Zitat aus «König der Löwen» erscheinen, aber selbst in den größten Platitüden steckte ein Funken Wahrheit: Der Kreislauf des Lebens drehte sich weiter, auch bei mir. Eines Abends nahm ich nach meiner Sendung in einer Tapas-Bar noch einen Drink, da traf ich «Sie», sie hieß Laura. Sie war eine charmante, strahlende junge attraktive blonde Frau, die Musik von Otis Redding, Marvin Gaye, Leonard Cohen und Ray Charles liebte. Es stellte sich heraus, dass wir gemeinsame Bekannte hatten, wir unterhielten uns lange und angeregt, das kam danach öfter vor. Nicht im Traum hätte ich damals geahnt, dass Laura die Mutter meiner Kinder werden würde.

So kam es dann aber, nur nicht so romantisch, wie es vielleicht sein sollte. Als in unserer leidenschaftlichen Beziehung eine Schwangerschaft entstand, wollte Laura von mir wissen, ob ich mir ein Kind und die Vaterrolle überhaupt vorstellen konnte. Ich war schockiert, überfordert - nein, ich konnte nicht, mein Leben als neunundvierzigjähriger Single gefiel mir so, wie es war. Laura begann keinen Streit, machte mir keine Vorwürfe, sie meldete sich einfach nicht mehr, sie hatte die Entscheidung für sich und das Kind alleine getroffen. Ich beging darauf den unverzeihlichen Fehler, mich nicht um sie zu kümmern. Erst zehn Monate später rief sie wieder an, ich hätte eine kleine Tochter, sie fragte, ob ich die Vaterschaft offiziell anerkennen würde. Störrisch, verbohrt und verantwortungslos brauchte ich unentschuldbare fünfzehn Monate, bis ich meine Tochter Chiara endlich kennenlernte. Ich habe vielfach bereut, sie in ihren ersten Monaten nicht erlebt zu haben, doch manche Fehler sind nicht wiedergutzumachen. Ich wollte es aber wenigstens versuchen und baute eine Beziehung zu Chiara auf, Laura war knapp davor gewesen, mit Bill Lynn, dem früheren Schlagzeuger von Elvis Presley, in die USA zu ziehen, doch sie und ich näherten uns zum Glück wieder an, wir lebten zusammen, verreisten zu dritt nach Menorca und Korsika, bekamen 2003 ein zweites Kind, unseren Sohn Jonah, und heirateten.

Auch beim NDR drehte sich der Kreis weiter, Klaus Wellershaus ging Anfang 2002 nach einer Krebserkrankung frühzeitig in den Ruhestand, wir feierten den Radiopionier und meinen Mentor zum Abschied mit einer großen Party, die Musiker der Bigband jazzten, auch Bad News Reunion erwiesen Klaus die Ehre, mit Musik, die wir zuerst durch ihn aus dem Radio kennengelernt hatten. Er hatte eigentlich den Wunsch, in seiner neuen freien Zeit wieder Cello zu spielen. Oft kam er nicht dazu, dann hinderte ihn eine neue schwere Nervenerkrankung, die seine letzten Jahre verdunkelten. 2016 starb Klaus Wellershaus im Alter von 79 Jahren, der immer innovativ, neugierig, offen war, auf Qualität bedacht, tolerant, an Menschen und Musik interessiert. Großes Aufsehen um seine Person war ihm in seiner uneitlen, bescheidenen Art stets unangenehm, seine sanfte Stimme, seine musikalischen Visionen und seine Freundschaft werde ich immer im Gedächtnis behalten.

2001 war mir die Nachfolge von Klaus angeboten worden, ich verließ NDR 2, behielt dort aber meinen Sendeplatz am Donnerstagabend. Ich übernahm die Redaktion Rockmusik, die einen neuen Namen erhielt, Redaktion Nachtclub, die aber den angestammten Sendeplatz von 22 Uhr auf NDR Info verlor. Die neue Reihe, die ab 2003 den traditionellen Namen Nachtclub wiederbelebte, hatte zwar mehr Sendezeit, lief aber buchstäblich nachts zwischen 0 und 2 Uhr. Danach folgte bis 6 Uhr morgens eine vierstündige unmoderierte Musikstrecke mit einem Mix aus vielfältigen Stilen, die ich Nightlounge nannte. Ich brauchte Unterstützung, niemand war besser dafür prädestiniert als meine NDR-2-Kollegin Angela. Angie überlegte nicht lange und wechselte von NDR 2 zu NDR Info, sie kümmerte sich verstärkt um das große Repertoire der Nightlounge, war immer eine loyale inspirierende Kollegin und Freundin. Die Nachtclub-Sendungen wurden von dem alten Mitarbeiterstamm der Wellershaus-Redaktion gestaltet, ergänzt durch einige Neuankömmlinge, die das Spektrum noch mehr erweiterten. Der Nachtclub und die Nightlounge boten spannende, ungewöhnliche Musik, konnten aber wegen des späten Sendetermins nie die Aufmerksamkeit erlangen, die sie verdient gehabt hätten. Das wäre anders gewesen, wenn es damals schon möglich gewesen wäre, die Nachtsendungen online nachzuhören, wie es bald die BBC und andere ARD-Sender wie SWR, WDR oder Deutschlandfunk praktizierten. Nur beim NDR war das aus staatsvertraglichen Gründen und Kapazitätsknappheit bei Speicherplatz und Personal lange nicht realisierbar. So sendeten wir im Nachtclub mehr für Taxifahrer als für die vielen Interessierten an dieser Musik, die zu dieser Zeit aber schon im Bett lagen. Ich freute mich jedenfalls, wenn Stammhörer wie Markus Lanz, der oft nach Mitternacht von der Arbeit nach Hause fuhr, mir als Resonanz positive SMS auf mein Handy schickten wie «Das war mal wieder eine sehr vergnügliche Fahrt nach Hause, lieber Peter, danke dir dafür!». Angela hielt die Redaktion zusammen, wenn ich abwesend war, zu den Nachtsendungen hatten wir nämlich auch die zusätzlichen Programme am Wochenende mit Spezialsendungen und Features zu füllen, insgesamt versorgte die kleine Nachtclub-Redaktion fast 48 Sendestunden pro Woche mit aufregender Musik. Die Stilvielfalt unserer Late-Night-Shows demonstrierten wir auch auf fünf Nightlounge-Compilations, die Angela und ich für ein kleines Label zusammenstellten, Nightlounge 1-5, da fand sich Diverses von Natalie Merchant, Velvet Underground, Calexico, Randy Newman, Tamikrest, David Byrne, Nina Simone, Del Amitri, Sophie Hunger oder Wilco. Die Firma ging bankrott, damit waren unsere wunderschönen fünf Doppel-CDs leider verschollen. Ich moderierte den Nachtclub auch nach meinem offiziellen

Abschied 2013 weiter, genau wie meine NDR-2-Soundcheck-Sendungen, da spielte ich neue Musik und empfing Gäste wie den besten deutschen Songpoeten Niels Frevert oder Dieter Meier von Yello, mit dem ich mit Genuss über sein Weingut in Argentinien und seine Pläne für eine Schokoladenfabrik plauschte. Angela Gobelin wechselte schließlich 2021 mit dem Nachtclub von NDR Info zum Digitalprogramm NDR Blue, wo er jeweils von 20-22 Uhr zu hören ist.

2006 sah den Beginn eines außergewöhnlichen und mutigen Projekts, das neue Musik fördern und präsentieren wollte, das Reeperbahn Festival, von Initiator Alexander Schulz konzipiert als Showcase-Festival in vielen Clubs, Sälen, Hallen und improvisierten Spielstätten rund um St. Pauli. Ich war Mitglied des Beirats, der den Stand der Vorbereitungen prüfte – und ich war skeptisch. Ich lag glücklicherweise falsch, und das war in starkem Maße dem engagierten musikliebenden Veranstalter Karsten Jahnke zu verdanken. Der hatte immer Mut zum Risiko bewiesen, besonders wenn es um seine Lieblingsmusik, den Jazz, ging; er schickte Jazzgrößen auf Tournee, brachte Legenden und Newcomer auf die Bühne, auch wenn er wusste, dass er damit Geld verlieren würde. 2006 ging er das Wagnis ein, das dreitägige Club-Festival zu veranstalten, und blieb der Idee treu, auch als das Festival im ersten Jahr einen kapitalen Verlust machte. Mut und Treue wurden belohnt, denn Jahre später war das Reeperbahn Festival mit dem angeschlossenen Fachkongress weltweit etabliert, war ein Aushängeschild für die Hansestadt Hamburg und stand blendend da.

Das konnte ich von mir nicht behaupten. Anfang der 2000er-Jahre hatte ich beim montäglichen Hallenfußball einen stechenden Schmerz in der rechten Leiste gespürt, die Untersuchungen ergaben Arthrose im rechten Hüftgelenk, Knochen rieb auf Knochen. Vielleicht war das eine Spätfolge meines Unfalls in England, wo der Wirbelbruch behandelt, aber eventuell ein kleiner Riss in der Hüfte übersehen worden war. Es gab keine Alternative, ich musste 2004 ein künstliches Gelenk erhalten. Mittlerweile war das eine Routineoperation, ich würde nach Reha und Aufbautraining bald wieder Tennis spielen oder Ski fahren können, hieß es. Für die OP ging ich in die bekannteste und erfahrenste Spezialklinik für Endoprothetik in Hamburg. Ein NDR-Kollege empfahl mir den sehr netten ärztlichen Direktor. Nur war der relativ neu an der Klinik und hatte noch nicht sehr oft operiert. Die OP verlief gut, die Reha ebenfalls, doch sechs Wochen danach brach bei einem kräftigen Auftreten der Oberschenkelknochen, in dem das Metallgelenk befestigt war, spiralförmig. Das hieß, zurück auf den OP-Tisch, Verdrahtung des Bruchs und ein neues Gelenk, diesmal einzementiert. Bei einer Visite sagte mir der erfahrenste Operateur des Hauses leise unter der Hand, dass der Kollege meine Prothese wohl zu kräftig eingeschlagen hätte, auch da käme es auf Gefühl an. Somit war ich fast vier Monate stillgelegt, Laura musste den Haushalt und die Kinder allein organisieren, Jonah war gerade ein gutes Jahr alt. Durch die ersten beiden Operationen war meine Rückkehr zur Normalität verzögert, Muskeln hatten sich zurückgebildet, Sport zu treiben, war nicht möglich, selbst mit meinen Kindern konnte ich nicht richtig Ball spielen. Wie sehr körperliche Betätigung zum Abbau von Spannungen und Aggressionen gut ist, merkt man erst, wenn man kein Tennis mehr spielen, keinen Ball mehr treten oder keine Skiabfahrt mehr herunterfahren kann. Bei Kontrollen in der Klinik schien immer alles gut, doch im Nachhinein stellte sich heraus, dass man schon dabei eine Lockerung des neuen

Gelenks hätte sehen können. 2009 bekam ich immer stärkere Schmerzen, dann der Schock, das Gelenk war so stark gelockert, dass die Hüfte sofort operiert werden musste, der ESC in Moskau würde ohne mich stattfinden. Doch auch das in einer anderen Klinik eingebaute dritte Hüftgelenk blieb nicht stabil, trotz starker Schmerzen zögerte ich eine erneute OP bis September 2011 hinaus. Das bedeutete wiederum zwei Wochen Klinik plus drei Wochen Reha, die Kinder wurden größer, ich hatte noch immer keinen Sport, keine Spiele mit ihnen erleben können. Auch diesmal dauerte es nur ein gutes Jahr, bis eine neue Komplikation auftrat. Meine Entzündungswerte schossen in astronomische Höhen, was nur einen Schluss zuließ, meine Hüfte rund um das Kunstgelenk hatte sich infiziert. Zunächst halfen Antibiotikainfusionen, doch nach drei Monaten kehrte die Infektion wieder. Diesmal wurde die vierte Prothese entfernt, der Bereich gereinigt, und dann sollte abgewartet werden, bis sich die Werte normalisierten. Durch die vielen OPs, mittlerweile acht an der Zahl, bei denen immer wieder der Oberschenkel aufgeschnitten und Muskeln verletzt wurden, war die Kraft der Oberschenkelmuskeln schon stark beeinträchtigt, genau wie die Nerven der Familie, die immer wieder ohne mich auskommen musste. Gleichzeitig stieg mit jeder OP das Risiko, dass das nächste Metallgelenk als Fremdkörper Infektionen anlockte und sich wieder löste. Mein Arzt Dr. Haustedt in Eilbek gab mir den entscheidenden Rat: «Versuchen Sie es ohne künstliches Gelenk, der Oberschenkelknochen sucht sich im Beckengewebe eine neue Pfanne, das Bein wird zwar kürzer, weil das Hüftgelenk fehlt, aber Sie können mit einem erhöhten Schuh gehen, wenn auch mit Stock.» So geschah es, diese Variante, die Girdlestone-Hüfte genannt wird, funktionierte bei mir außergewöhnlich gut. Mein Hüft-Operateur sah mich laufen und gestand mir: «Donnerwetter, ich kenne nur Girdlestone-Patienten, die vom Rollstuhl ins Bett gehen, mehr schaffen die nicht.» Ich hatte wieder mal Glück im Unglück gehabt.

Im Juni wurde 2013 wurde mit einer großartig organisierten Feier im neuen Radiohaus 12 mein Abschied in den Ruhestand begangen, viele aktuelle und frühere Kollegen, meine Familie, Freunde, Chefs, Direktoren und der Intendant kamen, Johannes Oerding, Stefan Gwildis, Heinz Rudolf Kunze, Caro Josee sangen, Bad News Reunion spielten, Michy Reincke moderierte und Udo Lindenberg sandte eine Videobotschaft «12 Points an die coole Socke, den ersten DJ des NDR». Welche Ehre, ich war dankbar und wirklich gerührt. Nur hatten sich alle getäuscht, ich hörte gar nicht auf.

13
EURO GAMES

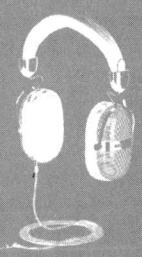

SAMSTAG, DER 3. MAI 1997, ES IST ZEHN VOR ACHT UHR abends, irischer Zeit, ich sitze im Point Theatre, Dublins größter und schönster Halle, in der sonst Rockstars wie die Rolling Stones, U2 oder David Bowie auftreten. Es ist ziemlich eng in der kleinen Kabine hinter den obersten Zuschauerreihen, so eng, dass mein Redakteur Jürgen Meier-Beer auf einem umgedrehten Mülleimer hocken muss, weil es keinen Platz für einen zweiten Stuhl gibt. Ich sitze vor einem Bildschirm, checke die Verbindung zur Regie in Hamburg. Plötzlich ist die Leitung tot. Leichte Panik steigt in mir auf, Hamburg ruft auf dem Telefon an, das wir zur Sicherheit in der Sprecherkabine haben. Falls die Verbindung nicht repariert werden kann, muss ich in den Telefonhörer sprechen. Die Sekunden rasen, drei Minuten bis zur Sendung, immer noch keine Leitung, Hamburg sagt, wir arbeiten dran. Eine Minute vor acht, die Rettung, die Verbindung steht. Etwas zu viel Adrenalin bei meinem ersten Eurovision Song Contest oder Grand Prix, wie die meisten in Deutschland sagen. Durchatmen, die Eurovisionshymne erklingt. Da geht die Tür auf, ich sehe aus dem rechten Augenwinkel zwei Polizisten mit einem Hund, ich fange an zu sprechen «Guten Abend in Deutschland, hier ist der 42. Eurovision Song Contest live aus Dublin, es begrüßt Sie ...». Die Polizisten durchsuchen derweil die Kabine, der Hund schnüffelt, unter Tisch und Stuhl, selbst unter Jürgens Mülleimer, während ich weiterrede, als wäre nichts. Jürgen geht raus auf den Gang, auf dem die Polizisten jetzt die Feuerwehrschläuche abtasten, er fragt, was los ist. Ich starre wieder auf meinen Bildschirm, auf dem blitzende Screens, Computer und elektronische Geräte durch das Eröffnungsvideo wirbeln, denn Irland möchte sich als fortschrittliches Technologie-Musterland zeigen. Dann jubelt das Publikum, die Präsentatoren treten auf, eine TV-Moderatorin und der zwanzigjährige Ronan Keating, ich rede weiter. Jürgen erfährt, dass es als mögliche Vergeltung für IRA-Anschläge in Großbritannien konkrete Bombendrohungen von protestantischen Extremisten gegen den ESC in Dublin gibt, daher der Sprengstoffspürhund und die Durchsuchung. Ich übersetze die Erklärungen der Moderatoren da unten, die jetzt den ersten Song ankündigen, aus Zypern.

Drei Tage später zurück in Deutschland schaue ich mir die Aufzeichnung der Show auf VHS-Kassette an und traue meinen Ohren nicht: Ich höre nur laute Opening-Musik und keine Begrüßungsmoderation von mir, keine Aufforderung an die deutschen Zuschauer, später per Telefon abzustimmen, denn dafür war Dublin die Premiere, nichts von dem, was ich mit der Polizei im Rücken so cool wie möglich erzählt habe. Nach einer Minute und fünfzig Sekunden wird meine Stimme langsam eingeblendet, mitten im Satz, mit dem ich gerade Ronan Keating und Kollegin vorstelle. Der Toningenieur in der NDR-Regie hat den Regler verwechselt oder ganz simpel vergessen, mich «aufzuziehen». So sind die ersten Worte bei meinem allerersten Song Contest auf ewig im Nirvana des Funknebels zwischen Dublin und Hamburg verschollen ...

Ende 1996 rief Jürgen Meier-Beer an, er war mittlerweile Fernseh-Unterhaltungschef des NDR und seit Kurzem verantwortlich für den Eurovision Song Contest. Jürgen fragte ganz vorsichtig, ob ich mir vorstellen könnte, den europäischen Songwettbewerb, der seit 1956 stattfindet, im Fernsehen zu kommentieren. Wir hatten ja bei Live Aid, dem Mandela-Konzert und anderen Projekten miteinander zu tun gehabt, Jürgen wusste, dass ich mich eigentlich mit anderer Musik beschäftigte. Er ahnte nicht, dass ich, seit ich vierzehn war – ab dann gab es bei uns zu Hause einen Fernseher –, regelmäßig den Grand Prix verfolgt hatte. Auf einer Fahrt mit den Pfadfindern nach Südfrankreich in die Cevennen sah ich ein wunderhübsches blondes Mädchen auf Plakaten an den Wänden baufälliger Häuser kleben; ich wusste erst, wer sie war, als ich France Gall beim Grand Prix 1965 mit «Poupée de cire, poupée de son» siegen sah, einem perfekten Popsong aus der Feder des genialen Serge Gainsbourg. Ich verfolgte gespannt den Aufstieg des Udo Jürgens vom sechsten Platz 1964 mit «Warum nur, warum» über den vierten 1965 bis zu seinem Triumph 1966. In den 80er- und 90er-Jahren sah ich nicht mehr so genau hin, aber zwischen Euro-Disco, Balladendrama und Schlagerspaß entdeckte ich doch immer wieder richtig gute Songs, «Treni di Tozeur» von Alice und Franco Battiato 1984 oder 1996 Gina G.'s «Ooh Aah ... Just a Little Bit». Aber was mich am meisten reizte, war der internationale Wettbewerbscharakter, der ESC hatte die Qualität eines musikalischen «Spiel ohne Grenzen», einer Song-Europameisterschaft. Ich hatte mich schon als Kind beim fiktiven Springreiten als Reporter ausprobiert, verfolgte fast jede Sportart im Fernsehen, hatte im Radio jahrelang die Sendung «Pop und Sport» moderiert, bei der ich im Studio meine Platten auflegte und mit den Reporterlegenden Kurt Emmerich, Karl-Heinz Camman oder Günter Maletzko über den aktuellen Sport redete, ein junges aufstrebendes Talent war auch dabei, Alexander Bleick.

Ich sagte zu, und Ende April 1997 flogen wir nach *Dublin*. Irland hatte in den letzten fünf Jahren viermal den ESC gewonnen, der Wettbewerb hatte im Land hohen Stellenwert mit diplomatischem Rang, auf dem Hotelzimmer lagen Einladungen auf feinstem Büttenpapier zum Empfang bei der Staatspräsidentin, und der Kulturminister bat ins Dubliner Schloss. Zur Fahrt dorthin wurde der Verkehr gesperrt, Motorradeskorten der Polizei sorgten gnadenlos für freie Fahrt wie bei einem Staatsbesuch. Für mich als naiven Neuling hielt die ESC-Gemeinde noch andere Erkenntnisse bereit. Bei den zahlreichen Receptions und Partys, auf denen verschiedene Länder ihre Teilnehmer der angereisten Presse vorstellten, wunderte ich mich anfangs, dass hauptsächlich Männer zugegen waren, bis mich ein hilfreicher Kollege aufklärte. Die Bedeutung des Grand Prix als beliebter Treffpunkt homosexueller Journalisten und Fans hatte ich von außen nicht registriert, der «Closed Circle» galt selbst 1997 noch, da fiel es positiv auf, dass bei diesem ESC endlich ein teilnehmender Sänger, Pol Oscar aus Island, seine Homosexualität offen thematisierte.

Für Deutschland startete eine Sängerin aus Bielefeld, Bianca Schomburg, die im bürgerlichen Leben Beamtin war. Ralph Siegel hatte sie engagiert, mit seinem Lied «Zeit» hatte sie haushoch die deutsche Vorentscheidung gewonnen. Siegel kümmerte sich um fast alles, das Kostüm, den Auftritt, die Bewegungen, die Frisur, an allem wurde gefeilt, auch noch neben den offiziellen Proben. Er brannte für seinen Song und sein Werk, das ihn schon zu fünfzehn Song Contests geführt und ihm 1982 die ESC-Krone beschert hatte. Ralph war ein großzügiger Mensch, der das gesamte Team und einige Journalisten traditionell zu einem Essen einlud, jeder hatte ein Geschenk auf dem Teller, eine Glasfigur von Waterford. Dann hub er zu einer leidenschaftlichen Rede an, schwor wie ein Fußballtrainer die Mannschaft vor dem Endspiel ein, alles für den Erfolg zu geben, als sei es eine nationale Aufgabe. Er meinte es ehrlich, er steckte in seine Arbeit so viel Herzblut, dass man ihm seine eigene Rührung glaubte. Er übersah nur, dass ihm die Anwesenden nur sehr begrenzt helfen konnten, denn was nützte eine gute Presse zu Hause, wo man Bianca schon zur Favoritin gemacht hatte, wie konnte ich helfen, ich kommentierte für ein Publikum, das sowieso nicht für den deutschen Song abstimmen konnte. Er hatte die unrealistische Vorstellung, ich könne als Kommentator die Kollegen beeinflussen, Positives über den deutschen Beitrag zu verbreiten. Nein, am Samstag würde es nur auf die Sängerin und den Song ankommen.

Kommentatoren anderer Länder lernte ich während der Proben und im Pressezentrum kennen, jeder hatte seinen Akkreditierungs-Badge um den Hals, da wusste man, wen man vor sich hatte. Eines Nachmittags sprach mich ein freundlicher älterer Herr an, ich hörte seine Stimme und musste nicht auf seinen Ausweis schauen. Ich kannte dieses volle weiche warme Organ schon aus vielen Radiosendungen des NDR in den 80er Jahren, eine der schönsten Sprechstimmen, die ich je gehört hatte. Es war Ernst Grissemann, der Erfinder von Ö3, einer der wichtigsten Männer des ORF und seit vielen Jahren Kommentator des Grand Prix, eine Legende. Wir redeten über den Wettbewerb, er gab mir hilfreiche Tipps, wie etwa «werden Sie nicht zu hektisch», er war offen und herzlich. Am nächsten Tag nach der ersten Durchlaufprobe traf ich ihn wieder, er sagte, er wolle sich verabschieden. Einen Tag vor der Show? Ja, meinte er, er fliege immer zur Sendung nach Wien, da habe er seine Ruhe, und im heimischen Studio klinge die Stimme einfach besser als über Funk und Satellit. Grissemann wusste, dass er einen hohen Anspruch erfüllen musste, seine Stimme war nationales Gut.

So blieb die österreichische Kabine am Samstagabend leer, Österreichs Sängerin brach mit einer ganz anderen Gewohnheit, sie sang als Erste ohne Orchesterbegleitung zu einem Halb-Playback, was ab 1999 zur Regel wurde. Zum Einstand erlebte ich in Dublin einen absolut perfekt organisierten ESC mit ausgezeichnetem musikalischen Niveau, ich konnte türkische Instrumente wie die Saz erklären, die den tollen türkischen Song verzierte. Für Polen sang die hochtalentierte Anna Maria Jopek ein jazziges Stück im schnellen 6/8-Takt, die junge Estin Maarja Liis Llus verzauberte, ein Däne rappte, kroatische Spice Girls glitzerten, der androgyne Pol Oscar aus Island posierte als lasziver Sexgott auf einem Sofa, und die russische Diva Alla Pugatschowa, in ihrer Heimat damals als Freiheitskämpferin verehrt, sang in «Primadonna» über sich. Es gab keine Werbepausen, keine albernen Gespräche im Green Room, aber als Postcards schöne Bilder aus Irland, zu denen ich den fundamentalen Satz von mir gab, «Irland ist eine Insel, von Wasser umgeben ...», kaum ist so etwas Banales aus dem Mund, möchte man es auf der Stelle wieder einsaugen. Der Interval Act war spektakulär, ein neuer Song von Keating und Boyzone mit dreißig unglaublich gelenkigen Tänzerinnen und Tänzern, die eine moderne Version irischer Tänze aufführten, die Geburt von Riverdance. Und Deutschland? Ich kündigte Bianca mit warmen positiven Worten an, so wie ich es später aus Loyalität bei allen deutschen Beiträgen gehalten habe. Der

Auftritt war nicht sehr entspannt, eher verkrampft, die Bewegungen steif, was auch am sehr formellen Business-Outfit lag, ihr Gesang schien zu gestresst, überdramatisch, leicht schrill, weil vielleicht eine Tonlage zu hoch. Das Ergebnis war ein enttäuschender 18. Platz und Siegel danach ratlos. Wie es ging, zeigten Katrina and the Waves, sie glänzten mit einer kraftvollen Kreuzung aus Rocksong und Ballade, die eigentlich für eine Benefizaktion geschrieben worden war und auch so klang, «Love Shine a Light on Me».

Glücklicherweise waren die Sprengstoffhunde nicht fündig geworden, mein erster ESC lief dann doch relativ reibungslos über den Schirm. Auf den nächsten Seiten möchte ich alle Song Contests, die ich bisher kommentieren durfte, vor meinen Augen Revue passieren lassen, mit persönlichen Erinnerungen, Begegnungen oder Geschichten, ohne den Anspruch, jeden ESC umfassend nachzuerzählen, das wäre Stoff für ein anderes Buch.

Das nächste Ziel hieß jedenfalls United Kingdom, *Birmingham*.

1998 war Deutschland Guildoland, warum wurde eigentlich kein Vergnügungspark nach ihm benannt? Ich mochte den durchgeknallten lustigen Zottelkopf sofort, sein ESC Song war so lala, eine durchschnittliche Mainstreamstrophe und ein sparsamer Refrain, aber hier kam es gar nicht auf die Qualität des Liedes an, der Auftritt der Rampensau Horn riss alles raus. Einen größeren Wirbel hatte es um den Grand Prix in Deutschland und den deutschen Beitrag bis dahin nicht gegeben, und das setzte sich in Birmingham fort. Unser Hotel in der Colmore Row im Zentrum war ständig von Fans, Fotografen und Journalisten belagert, über zweihundert Pressevertreter aus Deutschland hatten sich angesagt, jeden Morgen hielten unser Head of Delegation Jürgen Meier-Beer und Guildos Manager Johannes Kram eine Pressekonferenz im Hotel ab, wo die aktuelle Lage und der Tagesplan besprochen wurden. Guildo hatte sich ein paar Tage zuvor bei einem seiner Bühnenabenteuer am Fuß verletzt, die Frage seiner Fitness wurde so heiß diskutiert wie damals Uwe Seelers Achillessehne. Kram führte seinen überdrehten Künstler an kurzer Leine, plante jeden Schritt sorgsam und manövrierte klug durch das mediale Fegefeuer. Besonders die britische Presse stieg auf den verrückten Deutschen ein, der bewies, dass die trockenen Preußen doch so etwas wie Humor besaßen. Allein der Bandname «Guildo Horn und die Orthopädischen Strümpfe» brach das Eis, groß wurde über ihren Clubauftritt im Ronnie Scotts Club berichtet: «Die, die nicht das Glück hatten, den deutschen Act live zu erleben, haben einen wahren Leckerbissen verpasst ...» Auch für mich war dieser Showcase am Nachmittag die erste Chance, die Band live zu sehen, und ich war platt vor Erstaunen, die Strümpfe rockten knackig, das Ganze fetzte live weitaus mehr als die Grand-Prix-Nummer. Club-Abende und Partys der verschiedenen Teilnehmerländer gab es in der Woche zuhauf, nach den Proben in der National Indoor Arena, die an dem verzweigten Kanalsystem Birminghams nahe der City lag, war genug Zeit, Einladungen wahrzunehmen.

Die City von Birmingham war eingeschlossen von einem breiten kalten Straßenring wie von einem Schutzwall, mit aller Macht wurde die Umwandlung von einer Industriemetropole zu einem Handels- und Kongresszentrum betrieben und versucht, Bausünden der Vergangenheit abzumildern, was nur bedingt gelungen war. Die wenigen alten Straßen und Gebäude wurden von Neubauten fast erdrückt. Das International Convention Centre war solch ein Projekt, eine Mischung aus Einkaufsmeile und Kongresszentrum. Dort fand die offizielle Eröffnungsfeier statt, weit weniger idyllisch als das Dubliner Schloss im Jahr zuvor. Begrüßt wurden wir von der Bürgermeisterin von Birmingham, einer schwarzen Frau, was damals noch nicht selbstverständlich war, aber den vielfältigen Charakter der Stadt reflektierte. Als die Reden mich langweilten, lief ich im Centre herum und stand plötzlich in der Tür eines wunderschönen hölzernen Konzertsaals, der Symphony Hall, Heimat des City of Birmingham Symphony Orchestra, das gerade mit Simon Rattle als Chefdirigent Weltgeltung erlangt hatte.

Der 9. Mai, Tag des Finales, weitere Reporter waren angereist und versuchten, akkreditiert zu werden. Hanni Hüsch, die TV-Korrespondentin, war aus London heraufgekommen, ebenso der Londoner Hörfunk-Korrespondent der ARD Thomas Schreiber. Ich traf Thomas vor der Halle, wir kannten uns von NDR 2 in Hamburg, ich glaube, es war seine erste Berührung mit dem ESC. Die National Indoor Arena war eigentlich eine Leichtathletikhalle mit Laufbahn und bot nur Platz für 4000 Zuschauer, da man eine unglaublich breite Bühne hineingebaut hatte. Ich begrüßte die Menschen in Deutschland bei Partys, Festen, Grillabenden, in Kneipen, auf Plätzen und in den Familien zu Hause, das Interesse war riesig, am Ende sahen 12,6 Millionen zu, und da war Public Viewing gar nicht eingerechnet. Terry Wogan, der britische Mr Grand Prix, der das Land mit ironischen, manchmal zynischen Kommentaren versorgte, spielte diesmal den Gastgeber, zusammen mit der blonden Ulrika Jonsson, die aber meist allein die Show schmiss, weil Terry nach der Begrüßung hinauf zu uns Kommentatoren in seine Kabine eilte. Der Abend, blendend von der BBC produziert, lief geschmeidig, mit schönen Postkarten, die das alte Britain mit dem modernen verwoben und zum Schluss mit immer neuen Einfällen die Landesfarben des nächsten Starters präsentierten, und wenn es drei verschiedenfarbige Windjacken von hinten waren, oder im Restaurant ein Steak in der Form der Flagge Zyperns. Musikalisch packten mich drei Sängerinnen, die Französin Marie-Line mit karibischen Wurzeln und groovigem coolen Acid-Soul, ebenso aktueller Soul von Edsilia aus den Niederlanden und von Imaani aus dem UK, die in Birmingham ein Heimspiel hatte. Am Ende wurde sie Zweite, Edsilia Vierte und Marie-Line Vierundzwanzigste, gerechtfertigt erschien mir das nicht. Zum ersten Mal wurde in allen Ländern außer Ungarn vom Publikum per Telefon-Voting abgestimmt, aber auch ohne beeinflussbare Jurys stimmten die Griechen für Zypern und umgekehrt, auch die Treuebande auf dem Balkan und in Skandinavien blieben gleich. Ab Startnummer 8 wurde es heiß, ich erklärte den Werdegang der israelischen Künstlerin Dana International, die fünf Jahre zuvor noch ein Mann gewesen war, sich umwandeln ließ und jetzt als transsexuelle Frau für Israel startete. Von konservativen Kräften wurde sie stark angefeindet, ihr Kommentar auf einer Pressekonferenz: «Ich bin hier bei einem Songwettbewerb, nicht bei einem Sexwettstreit. Lass die Rabbis ruhig zetern, da gibt's noch jemand über denen, und der meint es gut mit mir.» Danach an Nummer 9, Guildo, ich erzählte, wie überrascht und begeistert die Briten auf unser Original aus Trier reagiert hatten, ich versprach eine Premiere beim ESC, noch nie hatte ein Künstler während des Auftritts die Bühne verlassen. Davor mogelte sich noch Stefan Raab, der Komponist, ins Bild. Da beim deutschen Beitrag kein Liveorchester spielte, war ein Dirigentenauftritt nicht vorgesehen, erst bei der letzten Probe hüpfte Raab ans Dirigentenpult. So war es dann auch in der Show, Stefan hob den Taktstock, wedelte damit herum, aber das Orchester spielte nicht los, es hatte ja gar keine Noten. Aber Guildo legte los, warf das Jackett seines grünlich schimmernden Anzugs in die Zuschauer, sprang hinterher, küsste Männer auf das Haupt, rannte über die Bühne und erklomm zum Abschluss ein Geländer an der Seite, die Halle stand kopf. Ich konnte von meiner Kabine gut beobachten, wie fast alle Besucher, nicht nur die Briten, sondern Fans aus Belgien, Holland oder Israel von den Sitzen sprangen, ein Orkan brach los. Ich glaube, in dem Moment hatte Guildo Horn mehr für die internationale Akzeptanz Deutschlands vor allem im United Kingdom getan als Politiker in zehn Jahren Diplomatie.

Dann an Startnummer 10 Malta. Sängerin Chiara war von fülliger Statur, sang sehr bewegend und wurde von der Regie mit Lichterbögen umrundet, ein traumhafter Gesamteindruck. Daher moderierte ich den Songs so ab: «Ein wunderschöner runder Auftritt von Chiara aus Malta und ein sehr sympathischer dazu.» Ich wollte das harmonische visuelle und akustische Gesamtbild beschreiben und mich nicht über eine etwas beleibtere Sängerin lustig machen, im Gegenteil. Doch es wurde anders verstanden, nämlich als Diskriminierung, und ich konnte das aus einer späteren Perspektive nachvollziehen. Der «Verband der Dickleibigen» schrieb, genau wie eine andere Zuschauerin, ich hätte der Diskriminierung dickleibiger Menschen und den Vorurteilen ihnen gegenüber Vorschub geleistet. Das war wahrlich nicht meine Absicht gewesen, ich konnte mich nur dafür entschuldigen und registrieren, wie vorsichtig man bei Bemerkungen über die äußere Erscheinung von Menschen sein sollte.

Das Voting in Birmingham wurde extrem spannend, die ersten drei, vier Plätze wechselten sich ständig in der Führung ab. Der Gewinner stand erst mit der letzten Punktevergabe aus Mazedonien fest, am Ende siegte Dana International mit sechs Punkten Vorsprung vor dem UK, das nur einen Punkt vor Chiara aus Malta lag. Guildo erreichte einen feinen siebten Platz, in der Hektik der spannenden Entscheidung zählte ich anscheinend beim Blick auf die Ergebnisgrafik falsch und verkündete mehrmals, dass Deutschland auf Platz 8 gelandet war, was natürlich peinlich und falsch war. Mein Redakteur war vermutlich schon zum Green Room geeilt, sonst hätte er mich doch bestimmt den Fauxpas korrigieren lassen.

Die nächste Reise ging also nach *Jerusalem*.

Ralph Siegel hatte klug kalkuliert, zum Grand Prix nach Israel mit einem Friedenslied in vier Sprachen zu kommen, das auch noch «Reise nach Jerusalem» hieß und von der geschickt zusammengestellten deutsch-türkischen Gruppe Sürpriz gesungen wurde. Was sollte schiefgehen? Doch beim Vorentscheid in Bremen hatte überraschend die blinde Sängerin Corinna May gesiegt, die aber zwei Tage später den Schock einer Disqualifikation verkraften musste, weil herausgekommen war, dass ihr Song schon zwei Jahre zuvor unter anderem Namen auf dem Markt gewesen war. Nun also doch, die «Reise nach Jerusalem» ging genau dorthin. Für mich war es eine bewegende Reise hoch in die Berge, mir war nicht klar gewesen, dass die Stadt auf einer Höhe von 750 Metern liegt, dann der Besuch der Altstadt, der Klagemauer, des Felsendoms und der Al-Aksa-Moschee. Ich lief durch die Gassen zum Osttor und schaute auf den Garten Gethsemane und den Ölberg; auch wenn meine katholische Vergangenheit lange zurücklag, ergriff mich ein besinnliches, fast heiliges Gefühl. Unser Hotel befand sich praktischerweise direkt am National Convention Center, in dem die relativ kleine Halle nur Platz für 2000 Zuschauer bot. Die Sicherheitsvorkehrungen waren immens, für uns neu, aber Alltag in Israel, Unterbodenchecks bei Fahrzeugen, Metallscanner, Polizei, bewaffnetes Militär und viele überraschend unauffällige Sicherheitsleute in Zivil. Allerdings profitierten wir Ende Mai 1999 von einer relativ entspannten politischen Phase, die Ausflüge in die Stadt und ins Umland erleichterte. Die beiden längeren Trips, bei denen die Israelis den Gästen aus Europa bedeutende Orte zeigten, brachten mich nach Nazareth, zum Jordan und an den See Genezareth, der zweite zum Toten Meer einschließlich einem schwebenden Schwimmversuch im Salzwasser, das es absolut unmöglich machte unterzutauchen. Wegen der politischen Brisanz eines ESC in Israel hatte die Aktuell-Redaktion des NDR-Fernsehens Sondersendungen aus Jerusalem geplant, dazu waren Chefreporter Christoph Lütgert und Panorama-Moderatorin Patricia Schlesinger angereist, die Terrasse des berühmten King-David-Hotels mit fantastischem Blick auf die Altstadt bot die perfekte Kulisse für die Begleitsendungen. Die übliche Ralph-Siegel-Einladung gab es natürlich auch, in einem kleinen Restaurant tief im arabischen Teil Ost-Jerusalems, das Problem war der Termin, der 26. Mai, Tag des Champions-League-Finales in Barcelona zwischen Manchester United und dem FC Bayern. Ralph besorgte einen Fernseher, der im Souterrain des Lokals allerdings Empfangsprobleme hatte. Aber das dramatische Ende bekamen wir mit, zwischen Dessert und Kaffee, aus Begeisterung wurde Trauer nach dem 2:1 für ManU in der Nachspielzeit.

Für den ESC 1999 hatte Meier-Beer in der Reference Group der EBU wichtige Änderungen durchgedrückt, alle Länder mussten nun per Telefon-Voting abstimmen, und es gab kein Orchester mehr, die Künstler sollten ihre Musik als Konserve mitbringen und dazu live singen, der Platzmangel in der Jerusalemer Halle hätte auch kein Orchester erlaubt. Dann wurde die Sprachregelung aufgehoben, dass Beiträge immer in der Landessprache sein mussten, man durfte nun auch in der internationalen Popsprache Englisch singen. Dazu galt nun die Regel, dass die vier größten Länder, die für die Finanzierung des ESC und die Sponsorensuche wichtig waren, immer teilnehmen durften und von der Pflicht des Aussetzens enthoben wurden, das betraf das United Kingdom, Frankreich, Spanien und Deutschland. Die anderen Länder mussten weiter ein Jahr aussetzen, wenn ihr Punkteergebnis der letzten fünf Jahre ein bestimmtes Maß unterschritt, das musste 1999 auch die Schweiz ertragen, Österreich war dafür nach seiner Zwangspause wieder dabei. Als Nachfolger des großen Grissemann schickte der ORF den jungen sympathischen Ö3-Moderator Andi Knoll, mit dem ich mich von Beginn an sehr gut verstand, mit der Zeit wurden wir «alte» Hasen im Kommentatorenkreis. Zum Wiedereinstieg brachten die Österreicher eine richtig gute 18-jährige Sängerin mit, Bobbie Singer.

Sürpriz mauserten sich in den Tagen von Jerusalem zu Favoriten, sie wurden in Israel überaus positiv aufgenommen, der Ritterschlag kam, als Vorjahressiegerin Dana öffentlich «Die Reise nach Jerusalem» zum besten Lied des Wettbewerbs kürte, auch weil seine Friedensbotschaft zum neuen Jahrtausend passte. Am 29. Mai begrüßte ich das deutsche Publikum mit den üblichen Versprechungen von frischen Popklängen von heute, Balladen traditioneller Bauart, tollen Sängerinnen und Sängern, wenn die Nerven hielten, und diverse Skurrilitäten, die in die ESC-Geschichte eingehen würden, dazu ein paar atemberaubend schöne und schreckliche Garderoben, über die man doch so herrlich lästern konnte. Dabei reihten sich gleich die drei Damen aus Malta ein, deren Outfit ich so beschrieb: «Diese Aluverpackung ist sicher weltraumtauglich». Wenn es um mehr oder weniger Stoff ging, machte die Schwedin Charlotte Nilsson bleibenden Eindruck, sie war gerade zur erotischsten Frau Schwedens gewählt worden. Kein Wunder, dass Charlotte in Israel auf Schritt und Tritt von Herden von Fotografen und Kameraleuten verfolgt wurde, aber jedem professionell lächelnd für ein Foto zur Verfügung stand, auch bei einem Rundgang durch die Altstadt. Die Händler im Basar des muslimischen Teils trauten ihren Augen kaum, als die blonde Schwedin zwar mit bedeckten Haaren, aber offenem Herzen durch die engen Gänge spazierte.

Grand Prix hieß immer ein harmonisches Zusammentreffen von Sängern und Musikern aus vielen Ländern, sei es an der Bar oder bei gemeinsamen Sightseeing-Trips. Daher war es außergewöhnlich, dass die beiden irischen Sängerinnen, die Schwestern Karen und Bronagh Mullan, die wohl etwas prüde waren, laut über ihre schwedische Kollegin und Konkurrentin sagten, sie solle doch eher Pornos drehen als singen, ein unschöner Lapsus. Die Bühnengarderobe der beiden Schwestern passte zu ihrer verbalen Unverschämtheit; ich kommentierte, «wer ihnen diese Kittel geschneidert hat, bleibt hoffentlich ein Geheimnis». Singen konnte nämlich Charlotte Nilsson wirklich gut, ihr Song erinnerte zum 25-jährigen Jubiläum von «Waterloo» dermaßen stark an ABBA, dass ihr Sieg am Ende nicht überraschte, sie lag allerdings nur 13 Punkte vor der großartigen Selma aus Island, drei Punkte dahinter landeten Sürpriz auf einem hervorragenden dritten Platz.

Davor erlebten wir einen spektakulären Pausen-Act. Das israelische Fernsehen wagte eine Provokation, es stellte die von konservativen religiösen Kräften immer noch angefeindete Transsexuelle Dana International vor die alten Stadtmauern Jerusalems, der heiligen Stadt für drei Weltreligionen. Dana und eine Tanztruppe in traditionellen Kostümen führten eine jemenitische Zeremonie auf, dazu sang Dana Stevie Wonders Hymne «Free» und das berühmte jemenitische Lied «Die Freiheit ruft». Dana International beschwor Freiheit und Toleranz.

Die Übergabe der Siegertrophäe, eines schweren Kunstwerks, das eine Harfe und ein Kandelaber symbolisierte, entwickelte sich zu einem kleinen Drama, Dana versuchte, das Schmuckstück zu tragen, es schien ihr zu schwer, vielleicht waren auch ihre Pumps zu hoch, sie strauchelte und stürzte der Länge nach auf den Boden, ich rief «oh mein Gott, sie fällt hin!» und, als sie wieder hochkrabbelte, «sie ist solch hohe Stöckelschuhe ja noch nicht so lang gewohnt». Am Montag nach dem ESC führte Stefan Raab genau diese Szene in TV Total vor, schnitt sie aber direkt vor meinem Kommentar ab, um dann selbst genau das Gleiche zu sagen. Man hätte es «kulturelle Aneignung» nennen können oder auch «mit fremden Federn schmücken». Am selben Montag fand Edo Reents in der *Süddeutschen Zeitung* nette Worte zu meinem Kommentar: «... da schaltete sich der Held des Abends zu ... und der entschädigte mit erfreulich beißenden Ansagen für das Vorgeplänkel ...»

So ging die nächste Reise nach *Stockholm*.

«Willkommen in Stockholm zum Eurovision Song Contest 2000, der ESC ist im neuen Jahrtausend angekommen ...», so begrüßte ich die deutschen Zuschauer am 13. Mai 2000 aus der spektakulären Globen Arena, dem größten Kugelbau der Welt, gefüllt mit 13 000 Besuchern, über denen ich im sechsten Stock in der Kabine klebte. Ich wohnte mit der Delegation im Globenhotel nebenan, nur der Künstler - nämlich Stefan Raab - weilte im Grand Hotel im Zentrum. Das Hotel hatte angenehme Vorteile, es gab einen Übergang in die Halle, und über ein Hotelrestaurant im obersten Stockwerk konnte ich ohne lange Wege die Logenboxen erreichen, in denen die kleinen Kästen unserer Sprecherkabinen saßen. Wer bequem war, konnte sogar die Proben auf dem Hotelzimmer verfolgen, eine direkte TV-Verbindung machte es möglich. Da im Hotel fast alle Teams wohnten, wurde abends das Foyer und die Bar zu einem brodelnden Nightspot mit babylonischem Sprachgewirr, bei dem Englisch siegte. Musiker schleppten Instrumente und Verstärker heran, eine Bühne wurde eingerichtet und eine Gesangsanlage aufgebaut. Besonders die österreichische Band tat sich hervor, jammte mit den türkischen Musikern, eine zypriotische Chorsängerin kam dazu und entpuppte sich als fantastische Soulsängerin. Nach und nach entdeckten auch die übrigen Künstler das heiße abendliche Treiben, das bis in die Nacht ging und bei dem sie sich musikalisch austoben durften. Es war ein buntes harmonisches Miteinander von Musikern, so hatte man sich das bei der Erfindung des Song Contests eigentlich vorgestellt, und es war die Geburt des EuroClub, der danach bei jedem ESC als feste Einrichtung organisiert wurde.

Am Finaltag war in Deutschland auch wegen Raabs Beliebtheit das Interesse riesengroß, wieder versammelten sich Zigtausende bei Open-Air-Feten, Partys, in Kneipen oder Biergärten, und sie gehörten ja nicht mal zu den 10,3 Millionen, die eine sehr gute Quote ausmachten. Man wollte sehen, wie Europa mit Stefans 1970er-Jahre Retro-Rap im Elvis-Kostüm klarkam. Im Wettbewerb strahlten grandiose Talente wie die sechzehnjährige Russin Alsou neben durchwachsenen Darbietungen wie die von einem Frauentrio aus Norwegen, das mich zu der Bemerkung reizte «sah ein wenig aus wie die Jazzgymnastik-Klasse des örtlichen Turnvereins ...». Eine deutsche Connection gab es auch, «Oddrun, die im kurzen Rock, war übrigens Stuntgirl im Ruhrpott, genauer in Bottrop». Es war ein ESC mit vielen Gegensätzen, einen der stärksten Kontraste setzten die Dänen mit den Gebrüdern Olsen, in den 60ern Teenagerstars, die im Vorprogramm der Kinks spielten, in den 70ern die erfolgreichste Band des Landes mit vielen Hits, die mit «Marie, Marie» auch in Deutschland in die Charts kamen. Dann wurde es ruhig um sie, Jörn wurde Lehrer, Nils Kulturreferent, und so sahen sie auch aus. 2000 das Comeback mit einem Song, der in einer Zeit, in der alles jung, schnell und schick sein musste, die Vorzüge der Liebe zu einer Frau reiferen Alters pries, «Fly on the Wings of Love». Der Beweis, dass gute Musik mit dem Alter nichts zu tun hatte. Gleich danach Stefan Raab, ich musste in der Kommentatorensitzung am Tag vor der Show erklären, was der Text von «Hadde wadde dudde da» bedeutete, aber die anderen Musiker aus ganz Europa liebten den Song und tanzten dazu ab, sie hatten Stefans Botschaft verstanden: Spaß haben. Die Postcard, mit der die Schweden den deutschen Beitrag einläuteten, zeigte übrigens eine Knackwurst, vielleicht wussten sie, dass Raab Metzger gelernt hatte. Große Geste bei der Schweiz, für sie trat als Solistin die Chorsängerin von Al Bano und Romina Power an, und der Chef ließ es sich nicht nehmen, selbst im Chor für seine Sängerin auf der ESC-Bühne zu stehen. XXL, die vier Sängerinnen aus Mazedonien, trafen die Töne leider nicht so perfekt, ich konnte nicht umhin, so darauf einzugehen, «Hier ist nicht die Mini-Playback-Show, denn hier wird live gesungen, was man unschwer hören konnte». Dann war da der irische Sänger Eamonn, der im Mai 2000 ein wenig zu optimistisch das «Millennium of

Love» beschwor und dabei unglaublich an Ex-Nationalspieler und Weltmeister Andi Brehme erinnerte – schön, dass einer die Fußballerfrisur mit Nackenspoiler noch am Leben hielt. Die drei Damen der österreichischen Rounder Girls nannten sich selbst so, also konnte ich diesmal getrost eine runde Sache vermelden. Die Girls bildeten ein internationales Trio, denn zwei der Sängerinnen waren schwarz und stammten aus London beziehungsweise New York. Vielleicht wollte der ORF damit ein anderes Bild vom modernen Österreich zeigen als die Politik des damaligen FPÖ-Chefs Haider.

Eine der positivsten Entdeckungen des ESC in Stockholm war die Gruppe Brainstorm aus Lettland, das zum ersten Mal teilnahm. Die Band des charismatischen Sängers Renars Kaupers hatte internationales Potenzial und belegte beim lettischen Debüt Platz drei. Stefan Raab wurde sehr guter Fünfter, die Russin Alsou Zweite. Ich lag meistens mit meinen Tipps daneben, aber 2000 waren die Olsen Brothers meine Geheimfavoriten, was viele Kollegen verwunderte, doch ich hatte die Reaktion des Publikums bei der Generalprobe beobachtet, singende lächelnde Menschen, das sprach Bände. Die Olsens siegten überlegen.

Next stop, *Kopenhagen.*

Großen Wirbel gab es um den deutschen Vorentscheid 2001, aber eher aus unmusikalischen Gründen. Es galt immer noch das Prinzip, dass Plattenfirmen Acts einreichten, dazu gab es den einen oder anderen Seiteneinsteiger. Die Boulevardzeitungen und die Klatschmagazine von RTL und Sat.1 überschlugen sich, Kandidaten wie «Big Brother-Star» Zlatko oder eine Münchner Band mit Rudolph Moshammer hatten sich angesagt, Thomas Gottschalk hatte nach einer verlorenen Wette in «Wetten, dass..?» seine Teilnahme angedroht, zog aber zurück. Das war sicherlich alles toll für die Quote der Vorentscheidungsshow, aber mir passte das gar nicht, ich freute mich nur darüber, dass die musikalische Qualität des Contests in Bewegung nach oben war, da half der Klamauk bei der Vorauswahl nicht. Aber das abstimmende deutsche TV-Publikum zeigte Flagge und wählte Michelle, eine seriöse Sängerin mit einer guten Ballade. Ich war heilfroh.

Die dänische Hauptstadt zeigte sich im Mai von ihrer schönsten Seite, der Himmel blau, die Sonne warm, die Menschen freundlich, außer die verkniffene Kellnerin beim Frühstück im sonst grandiosen Hotel L'Angleterre. Jeder Däne schien stolz, nach siebenunddreißig Jahren wieder ein Melodien, so hieß der Grand Prix dort, im Land zu haben. Viele Geschäfte hatten Eurovisions-Deko, ein Konditor hatte dreiundzwanzig verschiedene Grand-Prix-Torten kreiert, den Kongens Nytorv, den Königsplatz, an dem das Staatstheater und unser Hotel lagen, zierte ein Kreis von Blumenkästen mit einem Durchmesser von 150 Metern, der Notenlinien, Notenschlüssel und Noten darstellte. Stolz war man auch, dass man den größten ESC aller Zeiten organisierte. Aus Mangel an einer geeigneten Halle hatte man einfach das nationale Fußballstadion Parken mit einem fahrbaren Dach versehen, die angegliederte Eishockeyhalle war das zugige Pressezentrum. 38 000 Zuschauer würden Gigantisches erleben, wenigstens, was die Dimension der Sound- und Lichtanlage betraf.

Am Mittwoch machten sich sämtliche Delegationen per Sonderzug auf eine Exkursion nach Helsingör, mit einem Besuch von Hamlets Schloss Kronborg, mit dem die dänischen Könige jahrhundertelang den schmalen Öresund kontrolliert und Zoll kassiert hatten. Dann ein Stopp bei einem der schönsten Orte für moderne Kunst, dem Louisiana Museum in einem Park an der Steilküste über der Ostsee. Abends ein Novum, ein Empfang der deutschen Botschaft für Michelle und unser gesamtes ESC-Team, das erste Mal, dass sich eine deutsche Vertretung intensiv für den eigenen Beitrag zum ESC engagierte. Die Delegationen anderer Länder hatten uns immer schon belächelt, weil Deutschland nie einlud. Jetzt war der Zuspruch von internationalen Journalisten und anderen Teilnehmern riesig. Ort des Empfangs war der Garten der ältesten Kirche Kopenhagens, Sankt Petri, auch der Botschafter Österreichs kam und überreichte Michelle den Musikpreis Amadeus als beste deutschsprachige Sängerin. Dann trug sie ihr Lied vor und erlebte darauf noch eine nette Überraschung, die Vorjahressieger, die Gebrüder Olsen, enterten mit «Michelle» der Beatles die Bühne und wünschten viel Glück für den Samstag.

Am nächsten Tag das übliche Kommentatorentreffen, was wie immer sehr lustig wurde, weil jeder Kommentator die Aussprache der eigenen Künstler und Autoren vortragen musste, damit die Kollegen üben konnten. Für das irische Fernsehen war nun der äußerst amüsante, herzliche Marty Whelan dabei, ein Sonnenschein, auf den ich mich jedes Jahr neu freute. Später noch ein Absacker in der russischen Botschaft beim Empfang für ihre Rockband, die zu Sowjet-Zeiten sicher Berufsverbot bekommen hätte. Die Partys der Russen waren ein Erlebnis, viel Wodka und Kaviar, aber ständig das mulmige Gefühl, der KGB würde immer noch aufpassen. Freitag die ersten beiden Durchläufe, danach schrieb ich nachts Moderationstexte, schlief ein paar Stunden und arbeitete früh am Samstag weiter. In Stockholm hatte ich noch in eine elektrische Schreibmaschine getippt, diesmal hatte die NDR-Technik zum ersten Mal einen Laptop eingepackt mit einem mobilen

Drucker, der USB-Stick war vielleicht schon erfunden, aber noch nicht bei mir angekommen. Als ich das Manuskript ausdrucken wollte, funktionierte der Drucker nicht, keine Tinte, auch keine Ersatzpatronen. In Panik rannte ich los, suchte ein Computergeschäft oder einen Laden für Büromittel, ich hatte Glück, bekam meine Tinte, druckte aus und hetzte zur letzten Generalprobe. Kurzes Luftholen vor der Sendung, das Parken-Stadion war zu einer Riesenhalle geworden, der Rasen war abgedeckt, das Dach geschlossen. Unsere Kommentatorenkabinen waren wieder zu klein, heiß und eng, dazu waren die Wände klangdurchlässig. Wenn der gute Sound die Arena erfüllte, vibrierte der Boden der Box, hieß also, während der Musik Mikro ausschalten, was ich sowieso immer so handhabte, im Gegensatz zu meinem direkten Nachbarn, Terry Wogan von der BBC, der gerne mal mit spitzem Humor in die Songs reinplapperte. Zur Stimmungsaufhellung wurden von Terrys Assistenten vor der Show Eiskühler mit Champagner und Baileys die Treppen hochgeschleppt, der Meister nahm während des Jobs gerne einen Drink, kein Wunder, dass er so lustig war. Zur Bühne waren es etwa hundertfünfzig Meter, die Künstler versanken förmlich im Boden der riesigen Fläche, am besten kam damit das griechisch-schwedische Duo Antique mit einer temperamentvollen Latin-Nummer zurecht, von Sängerin Helena Paparizou sollten wir noch hören. Das Stadion war vielleicht für Rock-Acts wie die Stones, U2 oder Bruce Springsteen der richtige Ort, aber für eine Show wie den ESC gänzlich ungeeignet. Es fehlte die Nähe, die Atmosphäre war kühl und unpersönlich, es herrschte ein ständiges Grundrauschen der 38 000 Besucher, die hin und her liefen, Bier holten, redeten, lachten, grölten, und das an den falschen Stellen. Michelle sang besser als bei jeder Probe, es war ein brillanter Auftritt, der ihr den guten achten Platz einbrachte. Zum Schluss gab es einen überraschenden Sieger, Estland mit einer durchschnittlichen Soulnummer. Als die meist dänischen Zuschauer im Stadion merkten, dass der zweitplatzierte dänische Song nicht mehr gewinnen konnte, buhten sie die Sieger aus und riefen wie beim Fußball «Danmark, Danmark». Bei aller dänischer ESC-Liebe, der Abend im Parken war definitiv nicht das, was ein Eurovision Song Contest sein wollte und sollte. Nach Ende der Show traf ich vor meiner Kabinentür Terry Wogan, der mich entgeistert fragte: «Wo sollen wir hin? Wie heißt das, Tallinn? Haben die überhaupt Hotels dort?»

Es ging 2002 also nach *Tallinn*, und ja, sie hatten Hotels ...

Wo die Briten schließlich in der schönen alten Hansestadt Tallinn wohnten, war mir nicht bekannt, die deutsche Delegation hatte sich ein ruhiges relativ kleines intimes Hotel nahe der historischen Altstadt gesucht, die zum UNESCO-Welterbe zählte. Tallinn hatte 400 000 Einwohner und bot eine Menge, hundert Nacht-Spots, über zweihundert Cafés und Restaurants, das hatten einige ESC-Touristen aus westlichen Metropolen nicht erwartet. Corinna May hatte nun doch ihren Traum wahr gemacht, siegte im deutschen Vorentscheid mit einem Lied von Ralph Siegel gegen die Grand-Prix-Legende Joy Fleming und war für den 47. ESC auf Platz 2 gewettet. Für die sympathischen Esten war der 25. Mai ein großer Tag, zum ersten Mal fand der Grand Prix in einem baltischen Land und in einem befreiten Teil der früheren Sowjetunion statt. Praktischerweise hatte man in Tallinn gerade eine nagelneue Halle gebaut, die von außen aussah wie vier Bierdosen und ein Dach, tatsächlich war eine große Brauerei der Sponsor. Drinnen war sie überschaubar, fast gemütlich, anders als der monströse Unsinn von Kopenhagen. Estland hat nur 1,4 Millionen Einwohner, aber klein hieß nicht unterentwickelt, im Gegenteil, ich war vom Grad des technischen Fortschritts verblüfft, man konnte neidisch werden. Estland hatte die höchste Internetrate in Zentraleuropa, prozentual viel mehr Internetnutzer als Deutschland, alle Schulen waren vernetzt, wir schrieben das Jahr 2002. Es gab sogar spezielle Straßenschilder für öffentliche Internet-Zugangsstellen. 52 Prozent der Esten hatten schon Mobiltelefone, deren Karten sie sogar an Bankautomaten aufladen konnten. Das Fernsehen Estlands wurde für den ESC finanziell vom Staat unterstützt und bewältigte die Mammutaufgabe ganz hervorragend: Es war ein sympathischer Grand Prix, die Organisation perfekt, die Show professionell und fantasievoll, die Fernsehbilder toll, ich war begeistert. Für den guten Ton hatte ich allerdings schwer zu schleppen. Um eine bessere Tonqualität des Kommentars zu erreichen, versuchten wir eine Übertragung per Internet, dazu brauchte es einen Decoder, den ich in einem großen Koffer aus Hamburg mitbringen musste. In den späteren Jahren standen diese Codecs dann schon vor Ort zur Verfügung. Musikalisch war der Jahrgang weniger aufregend, eine gute junge Sängerin aus dem UK wurde Dritte, Malta schrammte als Zweite wieder am großen Ziel vorbei, drei schicke Stewardessen aus Slowenien entpuppten sich als Herren, der österreichische Sänger rockte zu einer Kopie von Frees «Alright Now», die EBU ließ es überprüfen und hielt es für kein Plagiat. Große Enttäuschungen gab es für Francine Jordi aus der Schweiz und für Corinna May, die auch an den eigenen Nerven scheiterte, aus der Favoritenrolle wurde Platz 21, ich hatte noch nie den Wetten vertraut. Überraschend siegte die Sängerin Marie N aus dem Nachbarland Lettland, deren cleverer Auftritt in einem Trickkleid mit drei

Garderobenwechseln vom Anzug zum Abendkleid für gehöriges Aufsehen sorgte, deren Song-Hybrid aus Pop und Latin mich aber zu sehr an Mambo No. 5 erinnerte, um spannend zu sein.

2003 würde der gute Terry also ein weiteres baltisches Land kennenlernen, das jetzt ein Jahr Zeit hatte, um das passende Hotel für ihn zu bauen ... Auf nach *Riga*.

So fuhren wir wieder in eine 800 Jahre alte historische Hansestadt, die größte Stadt des Baltikums. Nach der Enttäuschung von Tallinn hatte Ralph Siegel seinen Abschied vom ESC verkündet, dann einen Rückzieher vollzogen und siegte beim Vorentscheid in Kiel gegen starke Konkurrenz mit der Sängerin einer Tanzband aus dem Badischen. Lou, eigentlich Marie-Luise Hoffner, sie stach heraus mit ihren schrill rot gefärbten Haaren und ihrer durchdringenden Stimme.

In Riga waren an Straßen und Häusern die Spuren der jahrzehntelangen Sowjetherrschaft noch deutlicher spürbar als im kleineren Tallinn, allerdings waren die historischen Kontorhäuser der Hansekaufleute in der Altstadt schon restauriert. Der ESC bot wie bei den estnischen Nachbarn Lettland eine sehr gute Chance, sich als touristisches Ziel zu präsentieren. Als ich den Veranstaltungsort des ESC zum ersten Mal in Augenschein nahm, war ich verblüfft, die nicht übergroße Skonto Hall war direkt mit dem nationalen Fußballstadion verbunden, das man durchqueren musste, um ins Pressezentrum zu gelangen, das in einer weiteren Sporthalle untergebracht war. Zur Einordnung: Das Stadion hatte nur Platz für 9000 Zuschauer, in die Halle passten etwa 6000 Besucher. Wladimir Klitschko hatte dort früher geboxt, nun waren er und sein Bruder Vitali angereist, um die Premiere der Ukraine beim ESC zu feiern und ihren Freund, den Sänger Oleksandr, moralisch zu unterstützen. Für den größten Wirbel in der ESC-Woche in Riga sorgte die Tatsache, dass Russland seinen erfolgreichsten Pop-Act an den Start brachte, das Duo T. A. T. U., das gerade weltweit an der Spitze der aktuellen Charts stand. Fans des Duos aus ganz Europa und besonders auch aus Russland bevölkerten die lettische Hauptstadt, warteten vor dem Hotel oder der Halle, um die beiden skandalträchtigen und für spektakuläre Auftritte bekannten Musikerinnen zu Gesicht zu bekommen. In Deutschland wurde thematisiert, ob Riga denn nun für Ralph Siegel nach sagenhaften siebzehn Grand-Prix-Teilnahmen der letzte Angriff auf die ESC-Krone sein würde. Seit dem letzten Jahr war statt Jürgen Meier-Beer, der mit der Delegationsleitung und seiner Rolle in der Reference Group genug zu tun hatte, Manfred Witt an meiner Seite in der Kabine; er hatte als Pressechef und dann ab 2003 als Delegationsleiter ebenfalls seine «Nebenjobs». Manfred war in den nächsten Jahren ein kongenialer Partner, wenn es darum ging, treffende, witzige und manchmal bissige Kommentare zu erfinden, wir hatten eine Menge Spaß beim Basteln, einige der lustigsten Sprüche haben, zum Glück, die Kabine nie verlassen.

Am 24. Mai begrüßten die Vorjahressiegerin Mari N und der Brainstorm-Sänger Renars Kaupers als Gastgeber das immer größer werdende ESC-Publikum, beide gehörten durch ihre ESC-Erfolge zu den bekanntesten Persönlichkeiten Lettlands. Unvergesslich blieb gleich der zweite Starter, der bizarrste Künstler des Abends. Österreich schickte den Comedian und selbst ernannten Visionär Alf Poier. Der hatte die ganze Woche über mit abgedrehten Aktionen die Grand-Prix-Gemeinde auf Trab gehalten, um Sinn und Zweck des Wettbewerbs zu hinterfragen. Sein Lied «Weil der Mensch zählt» wäre eine Hymne gegen das Kollektiv, propagierte er, «für den Baum und gegen den Wald». Musikalisch erinnerte Poier an Trio, seine Provokation gegen die «normale Banalität» des ESC wirkte wie frischer Wind aus den Bergen der Steiermark, von Europa belohnt mit dem sensationellen sechsten Platz. Wie vielseitig 2003 die Songs waren, zeigte der belgische Beitrag, denn in Belgien ging es immer um die Frage, sollen wir flämisch oder französisch antreten. Diesmal wurde das einfach gelöst, der Song war in einer erfundenen Fantasiesprache, die spannende Musik der Band Urban Trad mixte traditionelle Folk-Klänge mit elektronischen Beats und Sounds, das Ganze erinnerte mich an den hypnotischen Ethno-Pop der samischen Sängerin Mari Boine. Das ESC-Publikum belohnte in diesem außergewöhnlichen Jahr Mut und Risiko, am Ende Platz zwei für Belgien, nur zwei Punkte hinter dem Sieger und ein kleiner Punkt vor den drittplatzierten T.A.T.U., deren schrille und erfolgreiche Rockpower ein letzter Beweis war, dass die seligen Schlagerzeiten des Grand Prix vorüber waren. Bestraft wurde das biedere britische Duo, Jemini stürzte ohne einen Punkt auf den letzten Platz ab, mein Kommentar: «... das große Popmusik-Land UK mit einer konventionellen Euro-Disco-Nummer, das Lied war nicht schräg, dafür einige Töne.»

Bei der griechischen Sängerin fiel zuerst das Kleid auf mit einem vorne offenen Lederoberteil, das nur durch ein paar Schnüre zusammengebunden war und den Inhalt kaum verdeckte. Ich konnte mir diesen Kommentar nicht verkneifen: «Auf ihr Kleid muss ich Sie vermutlich nicht extra hinweisen ... da haben sich die Griechen aber ein starkes Paket geschnürt ...» Was natürlich auf die Ballade der tollen Sängerin gemünzt war. Doch den Sieg ernteten die türkischen Nachbarn, vertreten durch ihren absoluten Topstar Sertab Erener, ihr Hit «Lai» zählt zu den Klassikern türkischer Popmusik. Sertabs ESC-Song war in der Türkei umstritten, weil er in Englisch und mit deutlichen Worten und Gesten die Geschichte einer selbstbewussten Frau erzählte und in der Musik Tradition und sehr Modernes verband. Als Sertab mit «Everyway That I Can» den ersten Sieg für die Türkei überhaupt errang, war sie aber natürlich der Liebling der Nation, auch hier hatten wieder Mut und Risiko gewonnen. Die unbändige jauchzende überschwängliche Freude der türkischen Sängerin und ihrer Tänzerinnen mitzuerleben, die viel für die Frauen ihres machodominierten Landes erreicht hatten, gehörte sicherlich zu den persönlichen Highlights meiner ESC-Jahre.

Mit Ralph Siegels fröhlichem Goodtime-Shuffle «Let's Get Happy» hüpfte Lou auf einen soliden 11. Platz, eine gute Platzierung im Vergleich zum Jahr zuvor und wenn man die starke Konkurrenz in Betracht zog. Lou war enttäuscht und musste getröstet werden, sie hatte offensichtlich mehr erwartet, doch die Zeiten hatten sich gewandelt. Riga war tatsächlich der bisher letzte Halt auf Ralph Siegels Reise als Komponist deutscher Grand-Prix-Lieder. Nach einem Abstecher zur wie immer überfüllten, hektischen und lauten Aftershow-Party setzten sich Manfred Witt und ich im Hotel mit einem Glas Whisky an ein Zimmerfenster und beobachteten den Sonnenaufgang. Einige Hundert Meter entfernt schossen plötzlich Flammen und Rauch aus einem Haus in der Altstadt, Sirenen ertönten, die Flammen schlugen weiter in den Himmel. Vielleicht lag es am Whisky, aber es war ein seltsam faszinierender Anblick für uns, ich überlegte, ob das ein Symbol war, ein Symbol für was?

Ziel der nächsten Reise also die Türkei, *Istanbul* ...

Am 19. März 2004 stand ich in der Arena in Treptow seitlich der Bühne beim deutschen Vorentscheid, der jetzt «Germany, 12 Points!» hieß. Jürgen Meier-Beer hatte mich gebeten, kurze Zwischenkommentare während der Show abzugeben, im Zwiegespräch mit Superstar-Gast Lionel Richie. So hockten Lionel und ich an einem Bartisch, schauten uns wie Statler und Waldorf den Trubel an und wurden immer wieder von den Moderatoren Jörg Pilawa und Sarah Kuttner dazu befragt. Zwischendurch hatten Richie und ich genug Zeit, über alles Mögliche zu plaudern, seine Frau, die angeblich zu viel Geld ausgab, die Ehe ging auch noch im gleichen Jahr auseinander, oder über die Angst des besorgten Vaters um seine Tochter Nicole wegen ihrer wilden Eskapaden mit ihrer Freundin Paris Hilton. Sarah Kuttner war dabei, weil der Vorentscheid 2004 als Kooperation mit dem Musikkanal VIVA organisiert war. Doch die kantige Kuttner und der geschmeidige Pilawa harmonierten überhaupt nicht, immer wieder gab es Reibereien, sodass Jörg Pilawa, während die Musik lief, zu Lionel und mir kam und sich bitter beklagte, dass diese schreckliche Frau ihm ständig reinquatschen würde. Die Kandidaten des Vorentscheids boten einen guten Querschnitt der deutschen Pop-Prominenz mit Scooter, WestBam, Laith Al-Deen oder Sabrina Setlur. Stefan Raab hatte im Herbst 2003 eine Castingshow gestartet mit dem Ziel, einen Kandidaten für den Song Contest zu finden. Anfang 2004 bewarb sich ein groß gewachsener Mann aus dem Schwarzwald, aus Krenkingen bei Waldshut. Er nannte sich Maximilian und sang, dass mir der Mund offen blieb. So eine mächtige und gleichzeitig emotionale Stimme hatte ich in Deutschland seit Joy Fleming nicht gehört. Logischerweise gewann Maximilian den Raab-Contest und konnte über eine Wildcard am Vorentscheid teilnehmen. Bedingung war, dass der Song, den Stefan Raab komponiert und produziert hatte, unter die Top 40 der deutschen Charts kommen musste. Genau in der Sendewoche stieg «Can't Wait Until Tonight» in die Charts ein, auf Platz 1 – Max war dabei, und wie. Lionel Richie war von ihm, seinem Klasse-Song und vor allem seiner großen Stimme schwer begeistert. Beim Telefon-Voting wurden über eine Million Stimmen abgegeben, im ersten Wahlgang erhielt Maximilian 62 %, im Finaldurchgang der besten zwei gegen den berühmten Dance-Act Scooter 92 %, ein Erdrutsch! Am Ende dieses lustigen Abends drückte Lionel mir zum Abschied einen fetten Schmatzer auf die Wange; was für eine «Nightshift», dachte ich überrascht.

So flogen wir mit einem herausragenden Kandidaten nach Istanbul zum 49. ESC. Dort wartete eine wichtige Neuerung, die meine freie Zeit in der ESC-Woche nachhaltig einschränken sollte, nämlich ein Semifinale am Mittwoch. Es war jedoch eine überfällige Entscheidung, die dafür sorgte, dass nun kein Land mehr aussetzen musste, sondern alle die Chance bekamen, über das Semifinale das große Finale am Samstag in einer großen Basketballhalle zu erreichen. Aber davor gab es Gelegenheit, vom Wasser des Bosporus die spektakuläre Kulisse dieser Metropole zwischen Europa und Asien zu genießen. Alle Delegationen wurden auf Fährschiffen vom alten Zentrum geholt, vorbei an der hellblauen Kuppel der Hagia Sophia und den anderen großen Moscheen zum Ciragan Palast, einem wunderschönen Sultanspalast aus dem 17. Jahrhundert, in dessen Garten direkt an der Meerenge zwischen Mittelmeer und Schwarzem Meer der offizielle Begrüßungsempfang der Teilnehmer stattfand.

Zurück zum Contest, die neuen Regeln vereinfachten das Prozedere, sechsunddreißig Länder wollten teilnehmen, viele davon waren erst nach dem Fall des Eisernen Vorhangs dazugestoßen. Die ersten zehn von Riga waren automatisch für das

Finale qualifiziert, dazu die vier Großen, blieben noch zehn freie Plätze, um die sich die zweiundzwanzig übrigen Länder bewarben. Einen Nachteil hatte die Einführung des Halbfinales, auch in den kommenden Jahren, als das Prinzip auf zwei Semis erweitert wurde: Meist schieden die lustigsten, schrägsten oder skurrilsten Beiträge nun aus und waren für das große Publikum, das nur das Finale anschaute, nicht mehr zu sehen, was den Spaß- und Unterhaltungsfaktor der Finalshow merklich verringerte. Für mich als Kommentator fehlten leider nun ein paar Gewürze in der Final-Suppe.

Doch am 15. Mai, dem Finaltag, blieb noch genügend Stoff zum Schmunzeln, der britische Sänger James Fox sah exakt so aus wie ein beliebter deutscher Sportmoderator, also lautete meine Abmoderation «Schunkeln im Dreiviertel-Takt mit Gerhard Delling für Großbritannien». Und als die rumänische Sängerin Sanda mit fast nichts am Körper auf die ESC-Bühne tanzte, musste dieses gesagt werden: «Übrigens, die deutsche Punktevergabe kommt heute auch direkt von der Reeperbahn ... So haben wir uns die Öffnung des Ostens dann doch nicht vorgestellt.» Aber ich konnte mich auch über sehr interessante Musik freuen, die Türkei war damals in einer Phase des positiven Wandels, auch musikalisch. Die Nachfolge von Sertab Erener sollte eine der beliebtesten Bands des Landes antreten, Athena, ihr Song klang nach britischen Ska-Punk à la Madness oder Specials mit geschickten orientalischen Einwürfen und hatte das Zeug zum internationalen Hit. Am Ende landete er auf dem vierten Platz, davor der attraktive turnende Grieche Sakis Rouvas auf Platz 3. Auf Platz 2 eine der schönsten Melodien, die ich je beim ESC gehört hatte, die der serbische Topstar Zeljko Joksimovic mit ethnischen Klängen und modernen Beats unterlegte, «Lane Moje», auch später einer meiner All-Time-Favoriten.

Ich war heilfroh, mit Max Mutzke einen deutschen Sänger kommentieren zu dürfen, dessen Stimme unter die Haut ging und die Herzen traf, und Stefan Raab hatte ihm eine wunderschöne Soulballade dafür geliefert. Max erreichte einen sehr guten achten Platz, und das mit diesem ruhigen Lied und einem sparsamen Auftritt, Max in Schwarz auf einem Barhocker – eine Performance, die später einige überdrehte ESC-Fans kritisierten, weil er nicht spektakulär genug gewesen sei, in deren Sicht musste man beim ESC wohl Torten explodieren lassen, in Glitzer-Klamotten, von fünf sinnfreien Tänzerinnen oder Tänzern umtanzt. Nein, musste man nicht! Allerdings gewann in Istanbul Ruslana, Kultfigur und Superstar aus der Ukraine, mit Tänzern, Fackeln, Peitschen und Feuerwerk.

Erst zweimal hatte die Ukraine am ESC teilgenommen und nun schon gewonnen, das schafften andere in dreißig Jahren nicht. So flogen wir im Mai 2005 nach *Kiew*.

Aber davor klingelte im November 2004 bei mir zu Hause in der Hansastraße das Telefon, am Apparat war Gerd Gebhardt, ein alter Bekannter aus den 70er-Jahren. Damals war er Radiopromoter bei CBS, der später Geschäftsführer von Warner und Erfinder des ECHO-Musikpreises wurde und dann Vorsitzender des Bundesverbandes Musikindustrie war. Er fragte, ob ich nicht zu einem Italiener in der Rothenbaumchaussee kommen könnte, er säße da mit Freunden aus der Branche zusammen, sie wollten über den ESC sprechen und hätten mich gern dabei. Ich war erst kürzlich von der zweiten Reha für meine Hüfte zurück, nahm meine Gehhilfen und machte mich auf den kurzen Weg. Da waren sie versammelt, im Separee in der hintersten Ecke des Lokals wie Mafia-Bosse beim Geheimtreffen, frühere und aktuelle Chefs der größten Schallplattenfirmen Sony, EMI, Polygram/Universal, Virgin und Warner. Sie wollten sich Gedanken machen, wie die Industrie effektiver den deutschen Vorentscheid zum ESC unterstützen könnte. Die Kooperation zwischen NDR und VIVA war beendet worden, jetzt mussten neue Ideen her, wie die Industrie attraktive Kandidaten für die deutsche Auswahl heranschaffen konnte. Ihnen war klar, dass sie ihr Suchsystem verbessern mussten, ich wies sie darauf hin, dass B- und C-Songs für den internationalen Vergleich nicht ausreichten, das hatte ich in den letzten Jahren deutlich gemerkt. Ähnliches hatte ihnen Jürgen Meier-Beer als Verantwortlicher beim NDR auch klargemacht, denn deutsche Firmen schlugen zu oft aussichtslose Künstler vor, um sie wenigstens bei der Vorentscheid-Show mal im Fernsehen untergebracht zu haben. Doch das Dilemma, dass profilierte und chancenreiche Sängerinnen und Sänger sich vor der Teilnahme am Wettbewerb drückten, weil sie Angst vor einer eventuellen Niederlage hatten, konnte die Runde beim Italiener auch nicht lösen. Stars aus Castingshows waren auch kein sofort wirkendes Rezept, denn die hatten ja keine guten Songs, weil sie nur Covers sangen, die guten Lieder mussten dann erst wieder gefunden werden. Der gute Wille des Ältestenrats war vorhanden, aber konkrete Vorschläge blieben aus, und ich konnte nur um mehr Qualität und Charisma betteln, was leicht gesagt war. Ich habe die Akquise von Künstlern und Songs in den kommenden Jahren ständig beobachtet, sie blieb eine unendlich schwierige und undankbare Aufgabe, um die ich niemanden beneidete. Wie kompliziert der Job war, bewiesen ja immer wieder die Labels selbst, bei der sehr oft erfolglosen Suche nach einem Hit.

Bis zum Vorentscheid im März 2005 war mein Qualitätsappell versickert, von der Orientierung an internationalen Erfolgschancen, die Meier-Beer gewünscht hatte, war wenig zu spüren. Beinahe hätte es doch wieder Ralph Siegel geschafft, sein Lied landete beim entscheidenden Voting knapp geschlagen auf Platz 2 hinter der Münchnerin Gracia mit einer soliden, aber nicht spektakulären Rocknummer, der Titel sollte Programm werden, «Run and Hide».

Der 50. Eurovision Song Contest in Kiew trug das Motto «Awakening» – Erwachen –, in frischer Erinnerung an die Orange Revolution wenige Monate zuvor, bei der Millionen Ukrainer den politischen Wechsel erzwungen hatten, unterstützt von viel Musik und vielen Künstlern, wie der leidenschaftlich engagierten Ruslana. Bei einer Stadtrundfahrt konnte ich tatsächlich auf dem Unabhängigkeitsplatz Maidan noch die Reste der Zelte sehen, mit denen Aktivisten und Demonstranten den Platz besetzt hatten. Auch der Song, mit dem die Ukraine an diesem ESC teilnahm, bezog sich auf die politischen Ereignisse, es war die Hymne der Hip-Hop-Band Greenjolly, ihr Slogan «Zusammen sind wir stark» war von Hunderttausenden gesungen worden, für den ESC wurde auf Wunsch der EBU der politische Inhalt leicht abgemildert, die Botschaft aber blieb.

Unser Hotel lag ein wenig abseits direkt am Stadion der Republik, in dem die Länderspiele und die Champions-League-Partien von Dynamo Kiew ausgetragen wurden, von meinem Zimmerfenster konnte ich auf den Rasen schauen. Nicht weit war es auch zur ESC-Halle, dem hässlichen alten Sportpalast, der extra mit grüner blinkender Plane verpackt worden war, der Hallenboden roch noch nach dem Schweiß der Klitschkos, die früher dort geboxt hatten, nun zwar in Hamburg lebten, aber viel Geld in Kiews Modernisierung investierten.

Moldawien war in Kiew zu ersten Mal beim Song Contest

vertreten, und das mit einem denkwürdigen Auftritt. Die Band Zdob Shi Zdub verquickte moldawische Folklore mit Hardrock, Ska und Hip-Hop-Beats, sang über eine alte Frau auf dem Dorf, die eine Trommel schlägt, und hatte die Oma leibhaftig munter trommelnd auf der Bühne. Was für ein Debüt, witzig, knackig und frech, das sensationell den sechsten Platz ertrommelte. Eher peinlich war der Rummel, den die Weißrussen veranstalteten. Deren Sängerin war mit einem russischen Tycoon verheiratet, der sich die Karriere seiner Gattin einiges kosten ließ; man sprach von drei Millionen Dollar für den russischen Top-Produzenten Kirkorow, aufwendige Promotionreisen und glamouröse Bühnenkostüme. Mein Kommentar zum musikalisch schwachen Auftritt: «Es ist nicht alles Gold, was glänzt, die richtigen Töne kann man nicht kaufen.» Ein Wiedersehen erlebte ich mit Maltas Sängerin Chiara, für die es trotz des Erfolgs in Birmingham nicht für eine internationale Karriere gereicht hatte, beim zweiten Versuch sang sie wieder wunderbar und wurde Zweite. Der Sieg ging überlegen und verdient an Griechenland, dort hatte man die Olympischen Spiele ausgerichtet, war Fußballeuropameister geworden, da fehlte nur der ESC-Sieg. Ertanzt und ersungen wurde er mit einem Latin-Dance-Pop-Feuerwerk der Sängerin Helena Paparizou, die wir schon in Kopenhagen mit dem Duo Antique erlebt hatten, der Titel sagte alles, «My Number One». Ach ja, Deutschland kam mit Gracia abgeschlagen auf den letzten Platz. Die nächste schlechte Nachricht erhielt ich auf dem Flug nach Hause, Jürgen Meier-Beer, dem ich den Job als Kommentator zu verdanken und mit dem ich jahrelang sehr gut zusammengearbeitet hatte, verkündete mir, dass Kiew sein letzter ESC gewesen sei. Er würde die Unterhaltungsabteilung verlassen und in die Kulturredaktion wechseln, ich war schockiert und überzeugt, dass beim NDR und allgemein in Deutschland vielen gar nicht bewusst war, wie stark Jürgen national und besonders international für das moderne Bild des ESC verantwortlich war. Zu Hause die nächste unerfreuliche Überraschung, die *BILD* fuhr eine Riesen-Kampagne gegen den NDR mit der Schlagzeile «Holen Sie sich Ihre Gebühren zurück», nicht nur wegen der «Blamage» des letzten Platzes, sondern auch weil die ARD einen unfähigen Kommentator beschäftigte. Der hatte angeblich den unverzeihlichen Fehler begangen, die internationale Bezeichnung Belarus für Weißrussland nicht ins Deutsche zu übersetzen und damit den armen Fernsehzuschauer im Regen stehen lassen. Nur hatte die *BILD* erstens den ESC «European Song Contest» genannt, zweitens nicht Belarus, sondern das nicht existierende Wort «Belrus» geschrieben. Ich rief den *BILD*-Reporter an, der vom ESC berichtete, fragte, was der Unsinn bedeuten solle, und er verriet mir, dass er das auf Anweisung der Chefredaktion schreiben musste. Er hätte sich wohl lieber vorher die Aufzeichnung der Show ansehen sollen, zum Glück nahte umgehend der rettende Engel, Stefan Niggemeier und sein *BILD-Blog*, in dem er die Lügen des Blattes aufdeckte. Stefan stellte ganz einfach meine Moderation aus Kiew online und schrieb: «... an der Stelle, an der das ukrainische Fernsehen ‹Belarus› einblendet, weil die weißrussische Punktevergabe zu sehen ist, sagt der ‹inkompetente› ARD-Moderator Peter Urban wörtlich dies: ‹NUN nach Weißrussland›. Jetzt können Sie natürlich immer noch den Vordruck von *Bild* benutzen, an die ARD schreiben und versuchen, sich Ihre TV-Gebühren zurückzuholen. Aber wenn Sie sich schon über Inkompetenz beschweren wollen, vielleicht schreiben Sie lieber woanders hin?» Niggemeier hatte den Nagel auf den Kopf getroffen, ich war ihm unendlich dankbar, aber die Millionen *BILD*-Leser hatten diese Lügen konsumiert, daran änderte auch die fette Gegendarstellung nichts, zu der *BILD* unverzüglich vom NDR gezwungen wurde. Die Erfahrung mit Gegendarstellungen und ihrer Wirkung kannte ich ja schon ...

2006 übernahm also ein neuer Mann die Verantwortung für den Song Contest, Jan Schulte-Kellinghaus, bisher Leiter der Talk-Redaktion. Der Vorentscheid wurde für drei Jahre in das Hamburger Schauspielhaus verlegt, sicher eines der schönsten und größten Theater in Deutschland, für eine Fernseh-Show-Produktion jedoch reichlich beengt. Es gab nur drei Kandidaten, Thomas Anders, Vicky Leandros und Texas Lightning, die Band guter Bekannter wie Olli Dittrich, Jon Flemming-Olsen und der australischen Sängerin Jane Comerford, die auch als Dozentin am Popmusik-Kurs der Hamburger Musikhochschule tätig war, den ich Anfang der 80er-Jahre mit Hermann Raue, Peter Weihe, Anselm Kluge und Inga Rumpf mitbegründet hatte. Die Show war ein kräftiger Griff in die Nostalgie-Kiste, mit dem betulichen Thomas Hermanns als Moderator, Mary Roos, Joy Fleming, Hape Kerkeling, Georg Uecker, Corinna May oder Michelle als Gästen und früheren Grand-Prix-Gewinnern wie den Olsen Brothers, Dana International und sogar Brotherhood of Man. Technische Probleme nervten Vicky, deren In-Ear-Monitor nicht funktionierte, und Thomas Anders, dessen Halb-Playback nicht startete. Zu meiner großen Freude gewannen Texas Lightning überlegen mit «No No Never», einem grandiosen Lied von Jane, das zwar im Country Stil mit Banjo und Standbass arrangiert war, aber eigentlich ein perfekter melodiöser klassischer Popsong war.

So reiste ich mit Jane, Olli und den anderen nach *Athen*, der Blick von der Dachterrasse des Hotels auf die Akropolis war wie aus einem traumhaften Fotoband, das nüchterne Betonambiente der Olympiahalle, in der der ESC ablief, eher nicht. Nebenan lagen das große Olympiastadion und die übrigen Sportstätten. Die Spiele waren gerade erst zwei Jahre her, aber als ich bei einem Rundgang mir das Gelände ansehen wollte, traf ich meist auf Schranken und Zäune, dahinter abgesperrte Gebäude, Straßen und Tribünen, die offensichtlich nicht mehr genutzt wurden und deren Verfall schon begonnen hatte. Nachhaltige Spiele hätten anders ausgesehen. Der weitere Umkreis der Halle wirkte wie eine Wüste, trist, ohne jedes Grün, Läden und Restaurants suchte man vergebens. Nach den Proben war ich froh, wieder in die Stadt zu unserem Hotel, sozusagen «nach Hause» zu kommen. Von Texas Lightning sah ich wenig, denn auch wenn man im selben Hotel wohnte, waren die Tagesabläufe sehr verschieden, die Künstler hatten ihre eigenen Proben und andere Termine, ich dagegen schaute mir die Durchläufe aller Acts für das Semifinale und das Finale an, besuchte dazu möglichst viele Pressekonferenzen, um selten etwas Erleuchtendes zu erfahren. Die wurden meist dominiert von ESC-Fan-Medien, Radiosendern, Magazinen, Webseiten, deren Vertreter sich mit tiefschürfenden Fragen befassten wie «wie hast du dich bei der heutigen Probe gefühlt» oder «welches Dress wirst du morgen tragen?». Texas Lightning boten allerdings äußerst unterhaltsame Pressetermine, mit lustigen Antworten und kleinen musikalischen Einlagen. Leid tun konnten einem die finnischen Hardrocker von Lordi, die zu jeder Probe, jeder Pressekonferenz in ihren schweren Eidechsen-Gruselmasken und Anzügen aus Plastik antrabten und denen bei frühsommerlichen Athener Temperaturen der Schweiß aus der Verkleidung lief. Für viele waren Lordi im Halbfinale überraschend weitergekommen, ihr Auftritt mit einer krachenden Hardrock-Nummer war Neuland und für viele eingefleischte ESC-Traditionalisten ein Horror, schlimmer als die Masken der Band. Wenn man aber den Lordi-Song «Hard Rock Hallelujah» entkernte und die Gesangsmelodie isoliert vom Hardrock-Klischee des Arrangements betrachtete, erhielt man eine simple populäre, fast schlagerhafte Melodie, die eigentlich ausgezeichnet der traditionellen Farbe eines ESC-Songs entsprach.

Das Finale wurde mit einem Lied eröffnet, dessen Melodien und Harmonien ungemein vertraut klangen - ja, es war der achtzehnte Grand-Prix-Auftritt unseres Großmeisters Ralph Siegel, diesmal für die Schweiz, für die er nach bekanntem Muster eine sechsköpfige internationale Gesangsgruppe zusammengebastelt hatte, am Ende Platz 16.

Und Deutschland? Die SZ hatte vor dem Samstag Texas Lightning in den höchsten Tönen gelobt, sie hätten dem ESC die «Würde wiedergegeben», «No No Never» stand in den deutschen Charts auf Platz 1, eine größere Rückendeckung aus der Heimat war nicht möglich. Meine Ansage im Finale war eine Hymne auf den Song, «der leicht und erfrischend daherkommt, aber immer intensiver leuchtet, wie die aufgehende Sonne, der Charme hat und doch Herz und Seele berührt und den Nerv von Alt und Jung trifft». Doch all das half nicht, die Zuschauer setzten ihn auf Platz 14, eine Enttäuschung. Die SZ analysierte am Montag, Texas Lightning seien «einfach zu gut ... nicht plakativ genug» gewesen. Ich vermutete, dass amerikanisches Country-Flair, Banjo-Picking und Cowboy-Hüte, besonders dem Publikum im Süden und Osten des Kontinents zu fremd, verwirrend und abgehoben erschienen und daher die wahre Klasse des Liedes verschleierten. In einem eleganten Pop-Gewand ohne das Country-Outfit wäre «No No Never» womöglich unter die ersten fünf geflogen.

Die Schönheit eines anderen Liedes war anscheinend leichter zu entschlüsseln, der Serbe Zeljko Joksimovic, der selbst 2004 Zweiter geworden war, hatte dem bosnischen Kollegen mit dem exotischen Namen Hari Mata Hari die Ballade «Lejla» komponiert. Ein Journalist aus dem Südosten verriet mir, «dieser Song öffnet das Herz des Balkan», treffender hätte man es nicht beschreiben können. Platz 3.

Doch zur Siegesfeier wurde das «Hard Rock Hallelujah» gesungen, ich hatte Lordi so angekündigt: «Heute ist Samstag, Fernsehtag, liebe Eltern, kleinere Kinder und zart besaitete Seelen sollten in den nächsten drei Minuten vielleicht besser die Augen schließen oder den Raum verlassen, denn hier kommen Lordi, die Horror-Schocker aus Lappland.» Und nach dem Auftritt: «Liebe Kinder, bitte nicht nachmachen, eure Eltern könnten sich erschrecken.» Es war ein überlegener Triumph, fast alle neununddreißig Länder vergaben hohe Punktzahlen, nur Monaco, Albanien und Armenien nicht, ein eindeutiges Votum des Publikums, das damals noch alleine abstimmte, die Jurys wurden erst 2009 wieder eingeführt. Ein Dammbruch in der ESC-Geschichte, der erste Sieg Finnlands und der erste Sieg einer Hardrock-Band, der bewies, wie breit gefächert, vielfältig und wandelbar die Welt des Song Contests geworden war.

Am Montag freute ich mich über ein weiteres Zitat in der *Süddeutschen Zeitung*: «... dass es trotz des Grauens ein schöner Fernsehabend wird, den in Deutschland 10,49 Millionen Menschen (Marktanteil 39 %) sehen, ist auch Urbans Verdienst. Er kommentiert vorsichtig, mit fast britischem Understatement, stets um Sachlichkeit bemüht.» Umso verwunderter war ich daher im Nachklang über einige Mails, die mir zu starke Parteinahme für den deutschen Song bei gleichzeitiger Geringschätzung der anderen Länder vorwarfen. Mir wurde klar, dass manch ironische Bemerkung sogleich als böse Kritik verstanden wurde und dass die Empfindlichkeiten hoch waren, wobei ich den Eindruck hatte, dass einige meiner Kommentare nicht bis zum Ende des Satzes verfolgt wurden und ein vorschnelles Urteil gefällt wurde, eine Tendenz, die zehn Jahre später durch die «sozialen Netzwerke» noch deutlich zunehmen sollte.

Nächster Halt *Helsinki* ...

Dort war es Anfang Mai 2007 ziemlich kühl, stellenweise lag noch Schnee, die Toolonlahti-Bucht inmitten der Stadt war teilweise zugefroren. In ihrer Nähe lag die Finlandia Hall, ein eindrucksvoller Konzertsaal, in dem häufig das Werk des berühmtesten Komponisten Finnlands, Jean Sibelius, aufgeführt wurde. Am Montagabend war sie jedoch Schauplatz des Eröffnungsempfangs des Bürgermeisters von Helsinki, und das war mal eine richtig coole Veranstaltung. Die Stimmung war fröhlich und entspannt, selbst die Rede des Bürgermeisters war höchst amüsant, das Salz der Party streuten aber die Livemusiker. Zu hören gab es einen Querschnitt durch die blühende Jazz- und Soul-Szene Finnlands mit Musikern wie Jimi Tenor oder dem famosen Trompeter Yukka Eskola mit seinem Five Corners Quintet, das ich zu Hause gerne in meinen Radiosendungen grooven ließ. Eine Spitzenband und dazu noch visuell schrill mit ihren Nadelstreifenanzügen und gepunkteten Schlipsen. Deutschlands Vertreter Roger Cicero, der den Vorentscheid haushoch gewonnen hatte, fühlte sich auch gleich wohl und wäre am liebsten mit eingestiegen.

Mit zweiundvierzig Teilnehmern bewarb sich in Helsinki die bisher größte Zahl von Nationen. Also mussten achtundzwanzig durch das Semifinale, und achtzehn schieden dabei aus. Die zehn für das Finale Qualifizierten kamen alle aus dem Osten, der Westen schäumte. Ich fragte mich, warum? Erstens trafen Songs mit ethnischen Rhythmen und Klängen einen gemeinsamen Musikgeschmack, nicht nur auf dem Balkan, weiterhin waren diese Künstler nicht nur im Heimatland bekannt und beliebt, sondern waren überall im Südosten Europas unterwegs, und drittens war in diesem Halbfinale die westeuropäische Konkurrenz einfach zu schwach; zu den kläglich Ausgeschiedenen gehörte der hochfavorisierte DJ Bobo aus der Schweiz. Für 2008 wurde die Regelung geändert, es sollte zwei Halbfinals geben, die alle Länder durchlaufen mussten, ausgenommen die Big Four und der Gastgeber.

Das Finale, das in der Helsinki Arena wegen der Zeitverschiebung um 22 Uhr finnischer Zeit begann, startete mit einer positiven Überraschung aus Ungarn, mit einem Song und einer Sängerin, die wahrlich nicht osteuropäisch klangen. Nicht Madonna oder Pink, sondern Janis Joplin war das Vorbild der erst einundzwanzigjährigen Magdi Rusza, und der soulige Blues, den sie selbst geschrieben hatte, verschaffte dem Song Contest ein neues Musikerlebnis. «Unsubstantial Blues» enthüllte eine unglaublich beeindruckende Stimme und die Erkenntnis, dass es auch ohne Fummel und Glitzerkleidchen ging, einfach mit guter Musik, die einen berührte.

Roger Cicero hatte eine Superwoche in Helsinki hinter sich, professionelle Proben, eindrucksvolle Liveauftritte, der Empfang beim deutschen Botschafter, tolle Kritiken und Anerkennung von Künstlern anderer Länder, von Journalisten und überraschten Kommentatoren, die sich Swing auf Deutsch gar nicht vorstellen konnten. Es war ja auch kein Ladenhüter am Start, Cicero hatte über dreihundertfünfzigtausend Alben verkauft und den ECHO gewonnen als erfolgreichster Popsänger des Jahres, und singen konnte der sympathische und bescheidene Sechsunddreißigjährige wie kaum ein anderer. Doch wahrscheinlich war Roger mit seinem Song «Frauen regieren die Welt» der ESC-Zeit voraus. Die TV-Zuschauer in Europa verstanden offensichtlich weder die Botschaft des hauptsächlich auf Deutsch gesungenen Texts, noch hatte sie das Swing- und Big-Band-Revival erreicht. Ein überaus enttäuschender neunzehnter Platz war das Ergebnis. Auf einen ausgezeichneten fünften Platz trommelte sich ein Duo aus Bulgarien, das nur mit Percussion und einer Frauenstimme einen magischen Mix erzeugte, der die typischen Skalen und Farben bulgarischer Volksmusik mit hypnotischen Beats verschmolz. Ich fand es immer spannend, beim ESC ethnische Einflüsse aus den musikalischen Traditionen Europas kennenzulernen

Einer der Topfavoriten war die Kunstfigur Verka Serduchka aus der Ukraine. Die provokante, schrille und umstrittene Verka wurde schon 1991 vom Schauspieler und Komiker Andreij Danilko geschaffen und war nach vielen Tourneen und Millionen verkaufter Alben in allen Staaten der früheren Sowjetunion ein Star. Ihr oder sein Auftritt war ein funkelndes und Funken sprühendes Erlebnis, wie eine jüngere Dame Edna auf dem Dancefloor, im Text ein bissiger Nadelstich für den großen Nachbarn, «Russia goodbye». Dafür vergaben die russischen Zuschauer acht Punkte, schließlich erreichte Verka Platz 2.

Zum ersten Mal seit Einführung der freien Wahl der Sprache siegte ein Lied in der Landessprache, alle anderen Gewinner seit 1999 hatten auf Englisch gesungen. Seit dem Halbfinale leuchtete immer intensiver der Song aus Serbien, dessen Sängerin Marija Šerifović mit ihren zweiundzwanzig Jahren überhaupt nicht wie ein junges Popsternchen wirkte, sie sang mit Leidenschaft und Inbrunst wie bei einem dramatischen Chanson. Dazu bewegten sich Marija und ihre fünf Begleiterinnen in einer mysteriösen feierlichen Schrittfolge, ein ähnliches beinahe religiöses Ritual hatte es beim Song Contest bisher nicht gegeben. «Molitva», das Gebet, hieß das Lied, ich fragte mich, trug sie die Last einer Maria Magdalena? Wofür betete sie, für Trost, für Liebe und Hingabe? Mit Marija aus Serbien schlug der ESC wieder eine neue spannende Seite im vielfältigen Bilderbuch seiner Gewinner auf.

Die Final-Show war erst nach 1.30 Uhr zu Ende, nach Zusammenpacken und TV-Interviews war es halb drei. Zur After-Show-Party musste man fast einen Kilometer laufen, am Pressezentrum vorbei durch den Tunnel unter einer Schnellstraße. Ich war um zehn vor drei in der sparsam dekorierten Messehalle, besorgte mir einen Drink und klagte mit den Kollegen Marty Whelan aus Irland und Andi Knoll aus Österreich über das schwache Abschneiden unserer Länder. Da ging kurz nach drei plötzlich das Saallicht an, die Musik stoppte und die Party Helsinki-Style war vorbei – die kürzeste After-Show-Party der ESC-Geschichte. Ratlose Gesichter, auf Nachfrage hieß es, es läge an der finnischen Sperrstunde für Alkoholausschank, dazu der freundliche Hinweis, bitte nach draußen zu gehen, die Shuttlebusse warteten. Na dann, gute Nacht.

Auf nach *Belgrad* ...

Aber zuvor unternahm ich im August 2007 einen Abstecher und kommentierte im Ersten den Eurovision Dance Contest. Da wurde nicht gesungen, sondern es wurden Beine und Hüften bewegt. Zur Premiere fand der allererste EDC in der Heimat der Fernseh-Tanzshows statt, in London bei der BBC in deren berühmten kreisrunden White City Studios. Die Stadt war voller Touristen, viele angereist, um Prinzessin Dianas zu gedenken, deren Tod genau zehn Jahre her war, die Blumenmeere vor dem Kensington Palace gaben Zeugnis. Beim Eurovision Dance Contest kämpften Tanzpaare aus sechzehn europäischen Ländern um den Sieg, nach verwirrenden Kriterien zusammengewürfelt, manche waren professionelle Tänzer, andere Schauspieler, Moderatoren, Eiskunstläuferinnen oder sogar Ringer. Durch die Show führte der damals im Vereinigten Königreich als TV-Moderator und Comedian schon sehr erfolgreiche Graham Norton, aber eine Verbindung zum ESC hatte er damals noch nicht, er löste erst 2009 Terry Wogan als Kommentator ab. Ich fühlte mich jedenfalls ohne Erdung, es war nicht mein Metier, das hatte ich schon mit vierzehn bei der Tanzstunde in Quakenbrück gewusst. Ich glaube, die Show und mein Kommentar liefen einigermaßen reibungslos, aber ein gewisses Unwohlsein verließ mich nie, ich war froh, als es vorbei war und ich mich wieder auf vertrautem Boden bewegte.

Der deutsche Vorentscheid zum ESC 2008 war wieder im Hamburger Schauspielhaus und von drei auf fünf Kandidaten erweitert worden, die allerdings alle den deutschen Pop-Mainstream repräsentierten. Im Finaldurchgang siegten sehr knapp die No Angels vor der Musicalsängerin Carolin Fortenbacher. Nun flogen die Angels nach Belgrad, was zumindest zwölf Punkte aus Bulgarien versprach, dem Heimatland von Lucy. Im neuen Stadtteil Novi Beograd lag die riesige Arena, die bis zu 25000 Menschen Platz bot, für den ESC passten etwa 18000 hincin. Das ebenfalls weitläufige Pressezentrum lag in der Nähe auf dem Weg zu unserem Hotel. Von Belgrad selbst blieb bei mir wenig hängen, ein Ausflug in das alte Zentrum auf der anderen Seite der Sava, auf dem Weg ein Ausblick auf den Zusammenfluss der beiden großen Flüsse Sava und Donau. «Confluence of Sound» lautete daher das etwas gestelzte Motto dieses Song Contests, Zusammenfluss von Musik, Kultur, Menschen, ob das auch für alle Teile Ex-Jugoslawiens galt? Ich hatte ein privates Problem, denn meine Tochter Chiara feierte am Morgen nach dem Finale ihre Erstkommunion, wie sollte ich es schaffen, rechtzeitig in Hamburg zu sein? Nachts nach der Show gab es keinen Flug, sogar am Sonntagvormittag flog keine Maschine direkt nach Hamburg. Die einzige Verbindung, die mich pünktlich in die St. Elisabeth-Kirche Ecke Oberstraße und Hochallee bringen könnte, flog um sieben Uhr von Wien aus. Ich musste also über Nacht von Belgrad nach Wien kommen, aber nach Ende der Show um kurz vor eins fuhr kein Zug mehr. Ich hatte unseren Produktionschef Thomas Kutsche schon in Hamburg um Hilfe gebeten, er beruhigte mich, das würde man schon hinkriegen. Ich war gespannt.

2008 war vieles neu. Dreiundvierzig Länder, so viele wie nie, nahmen teil, vor dem großen Finale gab es zwei Halbfinale, aus jedem kamen zehn Länder ins Finale. Im ersten Halbfinale konnte man den Tiefpunkt des früheren Dauersiegerlandes Irland erleben. Nach dem miserablen Ergebnis 2007 war die irische Grand-Prix-Welt komplett in der Düsternis des Misserfolgs versunken – die Rettung sollte ein Truthahn bringen. Wenn man genauer hinschaute, entpuppte sich Dustin the Turkey als höchst erfolgreiche Comedy-Figur, eine schräge Handpuppe, die es aus dem Kinderfernsehen ins Abendprogramm geschafft hatte und alles auf die Schippe nehmen durfte, acht Nummer-1-Hits hatte Dustin auch schon. Nun war der Grand Prix dran, ganz auf Truthahn-Französisch mit «Irlande douze pointes», so hieß das Chanson. Ich war sprachlos, natürlich fiel Irland mit Dustin the Turkey krachend im Halbfinale durch.

Die Leitung des ESC beim NDR sollte Mitte 2008 wechseln, nach Jan Schulte-Kellinghaus, der sich meist im Hintergrund gehalten hatte, würde der neue Leiter der Hauptabteilung

Film, Fiktion, Show, Talk und journalistische Unterhaltung auch den ESC übernehmen, und das war mein alter Bekannter Thomas Schreiber, ich freute mich. Thomas war für das Finale angereist, um vor Ort Erfahrungen für die neue Aufgabe zu sammeln. Er schaute in unserer Kabine vorbei, die luxuriös in eine Loge gebaut war, wir hatten ein eigenes WC, sogar eine Dusche, das hatte ich noch nie erlebt.

Deutschland musste schon an Startnummer 4 antreten, das Drama nahm seinen Lauf. Ich kündigte die No Angels mit netten Worten an, wie üblich, inklusive «Daumen drücken» und dem Hinweis, dass das deutsche Fernsehpublikum den Song gewählt hatte. Die erfolgreichste deutsche Girlgroup startete in ihren Song «Disappear», alles schien normal zu klingen, ich nahm für eine Weile die Kopfhörer ab. Dann meine Absage: «Vier Angels für Europa, das war ihr größter Moment und ein sehr guter Auftritt.» Als ich wieder in Deutschland war, prasselten von allen Seiten Fragen auf mich ein, von Journalisten, Zuschauern, Freunden. Was denn mit meinen Ohren geschehen wäre, ob ich denn nicht die vielen schiefen Töne gehört hätte? Ich sah mir die Aufzeichnung an und fiel aus allen Engelswolken, beim Lärm aus der Halle, bei den lauten Bässen und durch das zwischenzeitliche Abnehmen der Kopfhörer hatte ich einen völlig anderen Gesamteindruck gewonnen, wie peinlich. Nachträglich wunderte sich niemand, auch ich nicht, über die Platzierung, Platz 23 von fünfundzwanzig Startern.

Die Palette von Songs war auch in Belgrad wieder vielfarbig, Finnland wollte Lordi wie harmlosen Pop aussehen lassen und goss Stahlbeton in die Ohren, die Metalband hieß genau so, Teresbetoni. Kroatien dagegen servierte zauberhaft leichte Straßenmusik direkt aus der Fußgängerzone Zagrebs, Portugal erinnerte an die Tradition des Fado, erzählte von Traurigkeit, Sehnsucht und der Weite des Meeres. Neben uns in der Kabine des französischen Fernsehens saß der Modedesigner Jean-Paul Gaultier als Co-Kommentator mit einer anderen französischen Berühmtheit auf der Bühne, Sebastian Tellier, mit seinen Kollegen Daft Punk und Air Meister des Elektropop. Kritik hatte es vonseiten der französischen Regierung gegeben, weil erstmals Frankreichs Grand-Prix-Song fast vollständig in Englisch gesungen wurde, nur dreizehn Worte waren französisch.

Für Schweden kehrte eine Königin des Grand Prix von 1999 zurück, die immer noch erst dreiunddreißigjährige Charlotte Nilsson hatte in der Zwischenzeit erfolgreich Musicals gesungen, geheiratet und hieß nun Pirelli. Ihr letzter Musicalpart war in «Die Schöne und das Biest», man konnte spekulieren, welche Rolle sie gespielt hatte. Im Ernst, ich war erschrocken, denn die schwedische Diva hatte etwas Mumienhaftes, Künstliches wie eine Puppe, wohl das Ergebnis einer Überdosis Botox. Das Comeback scheiterte, Platz 18. Gegen Schluss ein Schwergewicht, Russland, das in den letzten Jahren immer gut platziert gewesen war, aber noch nie gewonnen hatte. Diesmal sollte es klappen, dazu trat Dima Bilan an, Russlands erfolgreichster Jungstar. Man hatte keine Kosten gescheut. Timbaland, der damalige Nummer-1-Popproduzent der Welt, hatte den Titel produziert, auf der Bühne halfen der berühmte ungarische Geiger Edwin Marton mit einer echten Stradivari und der russische Olympiasieger und Weltmeister im Eiskunstlauf, Yewgeny Plushenko, der auf einer künstlichen Eisfläche den Sänger umkurvte. Mehr ging nicht. Auftrag erfüllt, Dima Bilan siegte mit großem Vorsprung.

Die Wiederholung des Siegersongs und mein Schlusswort waren kaum vorbei, der Abspann lief noch, da war ich schon an der Kabinentür. Ein Wachmann lief im Eilschritt vor mir, ein anderer mit meinem Koffer hinter mir, schnell durch die herausströmenden Massen, die Treppen hinunter. Unten wartete ein BMW X5. Thomas Kutsche hatte mithilfe des Sicherheitschefs Andi Schmitz einen serbischen Geschäftsmann engagiert, der zusammen mit einem zweiten Fahrer mich zum Wiener Flughafen bringen sollte, die Fahrstrecke betrug gut sechshundert Kilometer, die übliche Fahrzeit sechs Stunden. Ich musste aber spätestens um 6.30 Uhr einchecken, da blieben noch gut fünf Stunden. Ich machte es mir auf dem Rücksitz bequem, dreieinhalb Stunden ESC-Finale schlauchten. Doch nichts tat sich, wir standen und warteten. Endlich kamen eine Frau und ein Kind, der Fahrer signalisierte mir, er müsse die beiden zunächst nach Hause fahren. Vor einem Hochhaus stiegen sie aus, dann erklärte mir der Mann, er müsse noch den Kollegen abholen, wieder in schneller Fahrt durch die Stadt. Als der zweite Fahrer im Auto saß und wir Richtung Norden starteten, war es Viertel vor zwei. Ich sah meinen gut ausgeklügelten Plan zerbröckeln. Der erste Teil der Fahrt auf der Autobahn bis Novi Sad lief zügig, doch weiter war die Strecke noch nicht ausgebaut, hinter Novi Sad ging es auf einer zwei-, manchmal dreispurigen Nationalstraße bis zur ungarischen Grenze. Ich kannte die Tempobeschränkungen in Serbien nicht, aber wir flogen über den rumpeligen Asphalt, ich wurde auf der Rückbank hin und her geschleudert, das Nickerchen, das ich geplant hatte, konnte ich vergessen. Ich schielte auf den Tacho, der X5 raste mit 170 bis 180 km/h über die fast leere Straße, ich bekam eine Heidenangst, konnte das gut gehen? Endlich näherte sich die ungarische Grenze, dort der nächste Schreck, eine lange Schlange vor dem Übergang, an dem vor dem Eintritt in den Schengen-Raum die Papiere genau geprüft wurden. Unser Fahrer scherte aus, fuhr zu einem Grenzbeamten und sprach mit ihm, ich verstand nur die Worte Eurovision, German und Airport, es wirkte, wir durften vorfahren und die Grenze überqueren. Von dort führte die E 75 über Szeged, an

Budapest und Győr vorbei zur Grenze nach Österreich und von dort Richtung Wien-Schwechat. Um kurz vor sechs erreichten wir den Flughafen, ich bedankte mich zitternd, checkte ein und hatte sogar Zeit, im Duty Free einzukaufen. Dann rechnete ich unsere Durchschnittsgeschwindigkeit aus und kam auf 150 km/h, mir wurde nachträglich schwummerig. Um 8.30 Uhr landete ich in Hamburg, um neun war ich in der Hansastraße, zog mich um, trank einen Kaffee, um halb zehn saß ich mit Laura, Chiara und Jonah in der Kirchenbank. Ich schloss die Augen, die vergangenen zwölf Stunden rauschten im Höllentempo vorüber. Plötzlich eine Stimme von hinten: «Ihr Kommentar gestern Abend war ja wieder klasse!» Ich seufzte und murmelte «Danke». Halleluja!

14
SATELLIT ÜBER OSLO

IM MÄRZ 2009 HOLEN MICH DIE FOLGEN DER MISS-glückten ersten Hüftoperation von 2004 ein. Damals hat das zu hart eingeschlagene Kunstgelenk für eine Fraktur des Oberschenkelknochens gesorgt, und sechs Wochen nach der ersten OP wurde mir daher eine zweite Prothese in den spiralförmig gebrochenen Knochen einzementiert. Dieses Ersatzgelenk verursacht nun fünf Jahre später starke Schmerzen, die jeden Schritt zur Qual machen. Das Ergebnis der ärztlichen Diagnose ist so eindeutig wie bitter: Die Prothese hat sich gelockert und rutscht bei jeder Bewegung hin und her. Eine Reise zum ESC nach Moskau ist in diesem Zustand unmöglich, auch eine sofortige Operation würde mich nicht rechtzeitig fit machen. Blutenden Herzens muss ich Thomas Schreiber und der ESC-Redaktion für Moskau absagen, es wäre mein dreizehnter Song Contest als deutscher Kommentator in Folge gewesen ...

So erlebe ich den 54. ESC im Mai 2009 nicht in der Kommentatoren-Box der Moskauer Olympia-Arena, sondern allein in meinem Hamburger Klinikzimmer. Aus den Nachrichten erfahre ich von der brutalen Niederschlagung der LGBT Demo durch russische Behörden, sehe dann abends mit viel Frust im Bauch den Triumph des singenden Geigers Alexander Rybak aus Norwegen und den 20. Platz des deutschen Duos, den das Luxusgastspiel der amerikanischen Burlesque-Lady Dita Von Teese auch nicht aufwerten kann. Liegt es an meiner persönlichen Enttäuschung oder an den starken postoperativen Medikamenten, jedenfalls leide ich während der gesamten Show unter dem, was ich da höre, steigere mich in die Wahnvorstellung, ich müsse, wie immer, das Mischpult in der Sprecherkabine anschalten und dringend meine Kommentare loswerden – aber der einzige rote Knopf, der leuchtet, ist die Notrufklingel für die Nachtschwester. Ein Jahr ist doch gar nicht so lang, sage ich mir zum Trost, 2010 würde ich doch wieder dabei sein – in Norwegen.

Nach Klinik und Reha erholte ich mich weiter zu Hause. Aber am 6. Juli klingelte das Telefon, Stefan Niemann von der Redaktion Zeitgeschehen des NDR-Fernsehens war dran. Michael Jackson war am 25. Juni gestorben, für den 7. Juli war eine große Trauerfeier im Staples Center von Los Angeles geplant, das Erste wollte ab 18 Uhr übertragen, und man brauchte einen Kommentator. Ich warf ein, dass ich noch krankgeschrieben sei, ließ mich aber in diesem Ausnahmefall überreden. So fuhr ich am 7. Juli nachmittags nach Lokstedt, hoppelte mit meinen Gehhilfen über das Gelände zu einem kleinen Studio. Neben mir sollte ein Simultandolmetscher für längere Reden sitzen, es gab keinerlei Informationen über Inhalt und Ablauf der Feier. Wir gingen um 18 Uhr auf Sendung, doch in Los Angeles passierte nichts, man sah eine Bühne und Menschen, die in die noch fast leere Halle strömten, einige erkannte ich, andere nicht. Glücklicherweise hatte ich mir einen Stapel Backgroundmaterial mitgebracht, erzählte von Jacksons spannender Karriere. Dazu lagen einige kurze Einspielfilme bereit, aber dennoch war es reichlich mühselig, die Zeit zu füllen, die sich mehr und mehr ausdehnte. Schließlich kam ab 19 Uhr Bewegung in die Feier, Pastor Lucius Smith sprach, es gab Reden und Gesang von Mariah Carey, Lionel Richie oder Queen Latifah. Der Simultandolmetscher übertrug jedes kleine Wort, auch «Ja», «Danke» oder «Bitte», und textete dadurch die Originalstimmen zu, deren Intonation, Betonung und Dynamik gerade bei einem afroamerikanischen Trauergottesdienst besonders spannend waren. Ich hätte lieber zusammenfassend übersetzt, das wäre besser gewesen. Der goldene Sarg wurde hereingetragen, es folgten Auftritte von Berry Gordy, Stevie Wonder, Kobe Bryant, John Mayer, Brooke Shields, Magic Johnson, Jennifer Hudson und vielen anderen, die das Publikum im Ersten nicht mehr miterlebte, denn um 20.15 Uhr blendeten wir uns aus, das normale Abendprogramm sollte ungestört laufen. Ich hielt das für einen Fehler, die Höhepunkte der Feier waren noch nicht erreicht. Tatsächlich profitierten von dieser Entscheidung die kleinen Nachrichtenkanäle, deren Quoten bis in den späten Abend nach oben schossen. Ich schaute weiter, machte Notizen, denn nach Ende der Feier editierten wir wenigstens eine dreißigminütige Zusammenfassung, die ich dann nach 23.30 Uhr live im Ersten kommentierte. Am nächsten Morgen freute ich mich sehr über eine Dankesmail des Chefredakteurs Fernsehen, Andreas Cichowicz, der sich für den «phänomenalen Einsatz» und die «herausragende Kommentierung» bedankte, das hätte «Seelmann'sche Qualitäten» besessen. Nun, schließlich wurde ja der King of Pop verabschiedet.

Ich war längst wieder zurück in meinem Hauptjob als Redakteur beim NDR-Radio am Rothenbaum, als im September die Zusammenarbeit der ARD mit dem Privatsender Pro 7 beim Vorentscheid 2010 verkündet wurde. «Unser Star für Oslo»

(USFO) hieß die Kooperation von NDR und Raab TV/Brainpool, der Star sollte in acht Castingshows gefunden werden, man konnte sich bundesweit bewerben. Das Interesse war riesig, der ESC hatte seinen Reiz nicht verloren, viertausendfünfhundert Talente und solche, die sich dafür hielten, wollten schließlich am Eurovisionsruhm schnuppern. Ich beäugte damals Castingshows wie DSDS mit Skepsis. Junge Leute imitierten bekannte Vorbilder ohne die Chance, Eigenes zu entdecken, wurden kurz mit der Illusion einer Karriere geködert und einer oft zynischen Öffentlichkeit vorgesetzt, sie verschwanden dann meist spurlos im Alltag der Enttäuschung. Auch für einen Stefan Raab, der den Vorentscheid zu einer nationalen Aufgabe verklärte, würde es schwer werden, unter viertausendfünfhundert Sandkörnern die eine Perle zu finden, nicht immer lockt man ein solch grandioses Talent an wie 2004 Maximilian Mutzke. Doch wieder schlug das Glück zu: In die mobile Casting-Box, einen Kasten, in dem Bewerber ein kurzes Video aufnehmen konnten, verirrte sich eher zufällig eine achtzehnjährige Gymnasiastin aus Hannover, sang, tanzte, alberte und strahlte so umwerfend, dass sie es unter die 20 Finalisten schaffen musste. Ich sah Lena Meyer-Landrut erstmals in der Eröffnungsshow von USFO am 2. Februar, schon nach dem ersten Auftritt war ich mir sicher, dass niemand sonst das Ticket für Oslo gewinnen konnte. Lena hatte alles: Ausstrahlung, unbedarfte Lockerheit, Witz, Originalität. Sie sang zwar Songs nach, aber formte sie zu ureigenen Kreationen und nicht zu Kopien. Marius Müller-Westernhagen sagte als Stargast der Show den weisen prophetischen Satz zu Lena: «Du hast Star-Appeal, die Menschen werden dich lieben ...» Er sollte recht behalten.

Während Lenas Weg nach Oslo vorgezeichnet war, stand meiner noch in den Sternen. Genauer gesagt, er ruhte in den

Redaktionsräumen des NDR-Fernsehens in Lokstedt. Ich war zwar erstaunt, dass ich nichts Offizielles über die Vorbereitungen hörte, war aber nicht beunruhigt. Als im Februar Lokstedt immer noch schwieg, rief ich in der Redaktion an und erhielt die Antwort, man sei bei der Kommentatoren-Frage noch «in der Diskussion». Ich war sprachlos. Nun waren die «Neuen» unter den Verantwortlichen während meiner ersten Jahre als Kommentator nicht mit dem Thema ESC befasst gewesen, hatten mich aber hoffentlich schon das ein oder andere Mal gehört. Gab es sachliche Argumente gegen meine Rückkehr? Ohne Selbstüberschätzung konnte ich bilanzieren: Zwölf ESC-Shows seit 1997, mittlerweile erkannten mich in München oder Berlin Kassiererinnen im Supermarkt oder Passagiere am Flughafen allein von der Stimme, dazu schmeichelnde Artikel in *SZ*, *FAZ*, *WELT* oder *TAZ*, viel Lob und Zustimmung von Zuschauern, Kritikern und Kollegen für meine mit Ironie und Wortspielerei versetzten Kommentare – Fußballreporter-Legende Manni Breuckmann hat das mir gegenüber später so zusammengefasst: «Peter, du hast da eine Marke geschaffen, lass dir das nicht wegnehmen.» Und diese Marke hatte sicherlich dazu beigetragen, das Interesse am Song Contest auch in Jahren magerer deutscher Erfolge hochzuhalten ...

Ich saß mit Freunden in meinem Stammlokal «Meisenfrei» im Eppendorfer Weg, als Thomas Schreiber anrief. «Du bist dabei», war die erlösende Nachricht, mir fiel ein Sack voller Frust von der Seele. Thomas war seit 2007 Leiter der Abteilung für Fiktion und Unterhaltung beim NDR-Fernsehen und daher für den ESC verantwortlich, dazu noch ARD-Unterhaltungskoordinator. Ich bin sicher, ich habe es der Loyalität, dem Gespür und einer Chefansage von Thomas Schreiber zu verdanken, dass ich seit Mai 2010 wieder viele Stunden in einer ziemlich engen Kabine unter Hallendächern und auf Stadionrängen verbracht habe, um das größte TV-Musikevent der Welt zu kommentieren – und genau das wollte ich unbedingt, einmal im Jahr auf einem anderen Planeten landen, mit allen lachenden, allen weinenden Konsequenzen!

Lena Meyer-Landrut wurde wie erwartet am 12. März zu unserem «Star» für Oslo gekürt. Das eigenwillige TV-Publikum entschied sich aber überraschend nicht für den Song, den Großmeister Raab für die nationale Mission in Oslo geplant hatte. Die typische Neo-Pop-Funknummer, die er nicht zufällig selbst verfasst hatte, passte aber auch weitaus weniger zu Lenas Stil als das coole wavige «Satellite». Doch eigentlich hatte nicht der Song gesiegt, sondern Lenas brillanter Tanz zwischen spontan unbedarft, bewusst frech und unverdorben charismatisch. Deutschland hatte einen neuen Star, der aber nicht alles von sich preisgeben wollte, und damit kamen einige der schreibenden und sendenden «Journalisten» aus der Klatschbranche gar nicht klar. Sie stürzten sich auf der Jagd nach Infos über die privaten und familiären Verhältnisse wie die Geier auf die Achtzehnjährige, die darauf oft spöttisch und abweisend reagierte und sich nicht von der «Wichtigkeit» eines Bilderblattes beeindrucken ließ. Dass Lena von beleidigten Leberwürsten in den diversen Redaktionen als Retourkutsche daraufhin den Ruf einer Zicke angedichtet bekam, entsprach den Gesetzen der Branche, tat ihrem durchschlagenden Erfolg bei allen Altersklassen der deutschen Öffentlichkeit aber keinen Abbruch, sie blieb in aller Munde, in Augen und Ohren. Lenas «Satellite» hob ab und kreiste wochenlang auf Platz 1, dazu gab es Top-Plätze in Österreich, der Schweiz, selbst in anderen Ländern Europas – eine absolut perfekte Vorbereitung für den europäischen Wettbewerb in Oslo.

Freitag, 21. Mai, Abflug nach Oslo, noch nie war unser Team so groß gewesen, Redaktion, Reporter, Produktion, Online-

Berichterstattung, Maske und Kommentator reisten von Hamburg an, die Künstlerin mit Betreuungsstab aus Köln. Im Osloer Flughafen das erste persönliche Treffen mit Lena, sie wirkte freundlich, sympathisch und keineswegs überdreht. Ausstaffiert mit den üblichen schwarz-rot-goldenen Fähnchen und angeführt von einer großen Deutschlandflagge rollte die vereinte Delegation zum Ausgang. Bei diesen Aktionen verzog ich mich gerne in den Hintergrund, ich war schließlich kein nationaler Wettkampfteilnehmer, sondern begleitender Beobachter - schon früher hatte ich vergeblich versucht, diese Rolle als Kommentator einem überehrgeizigen Ralph Siegel zu erklären. Am Ausgang und auf dem Weg zum Bus ein Heer von Fotografen und TV-Teams, Lenas Cinderella-Story hatte sich herumgesprochen. Kaum anders die Szenerie bei unserer Ankunft am Plaza, dem höchsten Gebäude Norwegens, einem steilen Hotelturm beim Zentralbahnhof. Dort wohnten mehrere Delegationen der insgesamt neununddreißig Teilnehmerländer, dementsprechend das Gewirr aus schweren Koffern und mehr oder weniger verständlichen Sprachfetzen. Ich war froh, dem zu entkommen und in meinem Zimmer im 30. Stock den Blick auf das berühmte Osloer Opernhaus direkt am Fjord zu genießen. In dieser ESC-Woche hielt ich mich hauptsächlich an zwei Orten auf, in der Halle bei Proben, Konferenzen und Shows und im Hotelzimmer, meiner Schreibstube, wo ein guter Blick beim Nachdenken und Erholen half. Im 37. Stock entdeckte ich den Hotelpool mit noch schönerem Blick über die Bucht, die beste Gelegenheit, meine Reha fortzusetzen.

Am Samstag die erste Fahrt im Bus zur Halle, zunächst durch kilometerlange Tunnel, die die Osloer Altstadt vom Durchgangsverkehr freihielten, dann am Fjord entlang zum Vorort Baerum, wo die Telenor Arena, Heimat des Erstliga-Klubs Staerbaek FC lag, der 2008 sogar norwegischer Meister geworden war. Für den ESC sollten achtzehntausend Zuschauer in dem überdachten Fußballstadion mit Kunstrasen Platz haben. Die Teilnehmer an den beiden Halbfinals hatten schon geprobt, jetzt waren die schon für das Finale qualifizierten «Big Four», die finanzkräftigen «Großen» Frankreich, Spanien, United Kingdom und Deutschland, dran, dazu der Gastgeber Norwegen. Großes Hallo in Garderobengängen, in denen sich die Künstler treffen, jedes Jahr neu entpuppte sich der Wettbewerb als positive Blaupause für harmonischen, respektvollen, ja freundschaftlichen Umgang von Menschen untereinander, die aus verschiedensten Nationen und Kulturen zusammenkommen, trotz Konkurrenz, Ehrgeiz und Erwartungsdruck aus der Heimat. Lena und die Backing-Sängerinnen verschwanden mit Reiseleiter Raab in der Kabine, der dort seine Qualitäten zeigte als perfekter Coach. Stefan an der Akustikgitarre dirigierte und motivierte die Mädchen beim Einsingen, verbreitete dabei eine wunderbar lockere, fröhliche und animierende Stimmung, die selbst die müdeste Pfadfindertruppe zum Tanz um das Lagerfeuer verführt hätte. Während der Rest der deutschen Delegationsgruppe in der Backstage-Lounge herumhing, machte ich mich auf zum Pressezentrum, die Tasche für die Journalisten abholen, Infomaterial einsammeln, das Kommentatoren-Postfach checken. Dann in die leere Halle zu Lenas ersten Schritten auf der wie immer gigantischen ESC-Bühne. Warum trägt sie dazu zwei verschiedene Schuhe, hohe Pumps, fragte ich mich. Sie wirkte kaum nervös, sang und tanzte locker dreimal durch ihren Song – und das als Schülerin kurz vor dem Abitur, ohne Bühnenerfahrung. Respekt. Ach ja, die Schuhe, sie wollte nur prüfen, welche in der Kamera besser aussahen ...

Nach der ersten Probe Lenas Auftritt bei der üblichen Pressekonferenz mit anschließendem Fototermin. Das «Pressecorps» des Eurovision Song Contests war schon immer eine bunte Mischung von mehrheitlich männlichen Print-, Radio- und TV-Journalisten, bei denen professionelles Interesse meist nahtlos mit Fanbegeisterung verschmolz. Sie arbeiteten für traditionelle Medien, aber auch für kleine Fanmagazine und Radiosender in aller Welt. Erst als in den 2000er-Jahren immer mehr neue Länder zum ESC strömten, seine Bedeutung als internationales TV-Event zunahm und die Rolle der Berichterstattung für und über das Internet wichtig wurde, wuchs auch die Zahl der Medienleute stark. Das ESC-Pressezentrum wurde immer größer, diverser, vielfältiger. Zurück zu Lenas Pressekonferenz-Debüt, ich hatte Dutzende von solchen Auftritten von ESC-Teilnehmern erlebt, aber nie hatte eine junge unerfahrene Sängerin mit Charisma, Charme, Witz, mit frechen, lieben, lockeren Sprüchen und einer Prise sympathischer Planlosigkeit einen ganzen Saal von neugierigen Medienmenschen innerhalb so kurzer Zeit so erfolgreich um den Finger gewickelt.

Am Sonntagvormittag erfüllte ich mir als Skisportfan einen langjährigen Wunsch und tuckerte mit einer gelben Straßenbahn durch immer wohlhabendere Wohnstraßen auf den Hausberg Oslos, den Holmenkollen. Die legendäre alte Holzschanze hatte das reiche, moderne Norwegen kürzlich abgerissen und durch eine monströse Betonkonstruktion ersetzt, das Stadion mit Loipen und Zuschauerrängen war noch im Bau für die Nordische Ski-WM 2011, überall roch es nach Mörtel und Asphalt. An frühere Idylle erinnerte nur noch der unzerstörbare Blick von oben durch die Nebelschwaden auf die im Sonnenlicht glitzernde Stadt und den Fjord.

Am Sonntagnachmittag stand die zweite Probe an, es war der 23. Mai, Lenas 19. Geburtstag. Im Bus verteilte die Jubilarin Partyhüte, es herrschte beste Kindergeburtstagsstimmung. Vor der Garderobe ein süßes Ständchen des norwegischen Sängers und seines Begleitchors und spontane Glückwünsche von anderen Teilnehmern aus der Nachbarschaft. Auf der Rückfahrt von der Arena zum Hotel setzte sich eine zurückhaltende freundliche Dame neben mich, Lenas Mutter Daniela, die für den Geburtstag angereist war. Im Gespräch äußerte sie die Befürchtung, dass der gewaltige Rummel für ihre Tochter zu viel sei. Ich konnte die Mama beruhigen, denn für mich zeugte die lockere, aber bestimmte und konsequente Art, wie Lena mit Journalisten und vor allem den Boulevardmedien umging, von Selbstbewusstsein und Stärke. Ich sagte ihr, Lena sei klug genug, um sich vor falschen Entscheidungen und schlechten Ratschlägen in der Zukunft zu schützen, sie solle sich weiter auf ihr Gefühl verlassen, authentisch und bei sich bleiben.

Denn der Rummel ging in die nächste Runde. Am selben Abend: die bedrohlich mächtigen Turmhäuser des etwas düsteren Backsteinbaus, davor wie eine gigantische Zunge ein langes lila Band. Oslo, das norwegische Fernsehen und die EBU luden zum Begrüßungsempfang in das Osloer Rathaus ein, berühmt durch seine grandiose Eingangshalle mit ihren historischen Fresken, in der jährlich im Dezember die Friedensnobelpreise verliehen werden. Fast zwei Stunden dauerte allein der Weg Lenas über den lila Teppich zum Eingang, jedes TV-Team wollte ein Statement, jeder Fotograf ein Bild, das Geburtstagskind war ganz klar der Star. Unsere Delegation schlich hinterher, bis ich einen günstigen Zeitpunkt erblickte, um an der Medientraube vorbei ins Rathaus zu schlüpfen, wo mich die unglaubliche Schönheit des hohen Raums fast erschlug, eine Schönheit, die man wegen der kühlen Außenarchitektur des Gebäudes kaum erwarten konnte. Drinnen nahm die Party ihren Lauf, eine Mixtur aus PR-Event, Kennenlerntreffen und offizieller Eröffnung mit Interviews, Fotos, Verbrüderungsszenen von aufgestylten Künstlerinnen und Künstlern und weniger schicken Funktionären, unterbrochen von den üblichen langweiligen Reden und einem Gastauftritt des Siegers von 2009, Alexander Rybak, der auch hier wieder wie schon bei den Proben in der Arena Lena ziemlich plump anflirtete, warum auch immer, Emotion oder doch nur Promotion?

Am Montag begann für mich die vertraute Routine einer ESC-Woche, also Kommentatoren-Sitzung mit dem Wiedersehen lieber Kollegen nach meiner Zwangspause, die Durchlaufproben für das erste Halbfinale am Dienstag anschauen und dabei Eindrücke notieren zu Auftritt, Act, Kostüm, Gesang und Song, recherchieren im Pressezentrum, Manuskript schreiben im Hotelzimmer. Da der Mensch auch essen sollte und das Angebot im Plaza langweilig und teuer war, ging ich auf die Suche und entdeckte hinter dem Hotel einen kleinen Park, auf dessen Bänken sich gerne der Rentner aus der Nachbarschaft, manch Obdachloser, aber auch offensichtlich ein paar Drogendealer niederließen. Direkt nachdem man den Park möglichst zügig durchquert hatte, eröffnete sich in der Christian Krohgs Gate ein intensiv duftendes Paradies von kleinen Restaurants, die die Bandbreite von Nationalitäten und Ethnien präsentierten, die in Norwegen eine neue Heimat gefunden hatten. Neben nordafrikanischen, arabischen, mediterranen, osteuropäischen Lokalen lag ein vietnamesischer Imbiss, der mein Hauptversorger wurde. Wunderbare Ironie der Geschichte, dass dieses Viertel den treffenden norwegischen Namen «Vaterland» trug.

Am Dienstagabend dann mein erster Auftritt beim ersten Halbfinale. Halbfinale wurden wie schon berichtet beim ESC eingeführt, um die große Zahl von etwa 40 Teilnehmerländern in zwei Qualifikationsrunden auf 25 zu verringern, die im großen Finale am Samstag dabei sein durften. Daher waren seitdem die schwächsten fünfzehn Länder nicht mehr im Finale am Start, und das bedeutete leider, dass den Finalzuschauern die skurrilsten, amüsantesten Auftritte entgingen, gerade die, die einem Kommentator besonders feines Futter für ironische Bemerkungen lieferten. So konnte ich eine Band aus Estland als «einen Haufen durchgefeierter Abiturienten» schildern oder eine lettische Sängerin «im Morgenrock auf der Suche nach den richtigen Tönen», der polnische Sänger Marcin erinnerte mich an «das Phantom der Oper, das sich an der Trachtengruppe vergreift», und der hyperaktive Mazedonier Gjoko habe «alles getan, um vom Song abzulenken» ... und leider würden die fast 20 Millionen Zuschauer des Finales all diese unfreiwilligen Highlights nicht mehr genießen können.

Während ich meiner Routinearbeit nachging, liefen für Lena die Aktivitäten weiter. Im Hotel, zwei Zimmer neben mir, war die Maske und Garderobenabteilung eingezogen, ständig klapperten ziemlich früh am Morgen die Türen, weil die Künstlerin vor öffentlichen Auftritten vor den Schminkspiegel zitiert wurde. Da gab es eine Presse-Tour auf einem alten Segelschoner mit den anderen Big-Four-Artisten, den schon traditionellen Empfang in der deutschen Botschaft oder eine Clubshow mit den Acts aus der Ukraine und Israel. Der Effekt blieb nicht aus, am Mittwoch strahlte Lenas Bild auf der Titelseite der bekanntesten Zeitung Norwegens, Kollegen unter den Kommentatoren fragten mich nach diesem Mädchen aus, das so frisch und «untypisch» für einen deutschen Act daherkam. Der Song Contest in Oslo versprach eindeutig einen positiven Ausgang, an mehr wollte ich als lange von schwachen Ergebnissen geplagter Skeptiker nicht denken. Aber als mich am Donnerstag bei einem Empfang für Lena auf der großen Kiel-Oslo-Fähre ein Reporter der *Hamburger Morgenpost* anrief, den ich zehn Jahre nicht gesprochen hatte und der mich nach der Stimmung in der deutschen Delegation aushorchte, mir irgendwelche Exklusiv-Geschichten rund um Lena und Stefan Raab entlocken wollte, wurde mir deutlich, wie aufgeheizt und erwartungsvoll die Öffentlichkeit zu Hause sein musste. Mit jedem Tag nahm die Zahl der Reporter und TV-Teams aus Deutschland zu, die vom Lena-Kuchen abbeißen sollten.

Am Mittwochabend war die deutsche Jury, die das erste Semifinale am Dienstag von zu Hause bewertet hatte, in Oslo eingetroffen, um die ESC-Welt live und vor Ort zu erleben. Ein kurzes Treffen mit Radio-Chef Jochen Rausch von WDR 1LIVE, Grand-Prix-Legende Mary Roos, Moderatorin und DJane Hadnet Tesfai, Sänger Johannes Oerding und Jury-Präsident Hape Kerkeling als Hape Kerkeling in der Sky-Bar im obersten Stockwerk, dann musste ich mich auf die Sendung vorbereiten.

Im zweiten Halbfinale am Donnerstagabend waren zwar weniger Skurrilitäten als im ersten zu bewundern, aber dafür durfte man den endgültigen Untergang des Schlagers beim ESC miterleben. Die Niederlande hatten einen hoffnungslos antiquierten Mitklatsch-Gassenhauer aus der Kitschkiste geholt, der vielleicht den «Grand Prix der Volksmusik» zum Kochen gebracht hätte, nicht aber den Grand Prix de la Chanson 2010. Europa rieb sich die Ohren und ließ die arme Sieneke aus Nimwegen krachend scheitern. Noch steiler geriet der Absturz des Schweizer Sängers, letzter Platz. Das bedeutete, dass unsere Nachbarn Niederlande und die Schweiz beim Finale am Samstag nicht dabei sein würden, die Zuschauerresonanz dort würde sinken, und das konnte Lenas Chancen auf zwölf Punkte aus diesen Nachbarländern schmälern. Schlimmer noch, obwohl Lenas «Satellite» auch in Österreich ein Top-Hit war, standen die null Punkte von dort schon fest, denn unsere südlichen Nachbarn hatten 2010 wieder einmal die ESC-Teilnahme komplett abgesagt, konnten also auch nicht mitstimmen. Für die größte Sensation des Abends sorgte aber das völlig überraschende Ausscheiden des schwedischen Songs, eines gehauchten Folkpop-Titels, der zwar hübsch, aber doch zu harmlos war und auch überhaupt nicht dem typischen Klischee des Frohsinns-Pop à la ABBA, Herreys oder Carola entsprach. Zum ersten Mal war Schweden, wenn es am ESC teilnahm, nicht im Finale dabei. Ein Schock für die vierfachen Sieger, auch für meinen vollkommen fassungslosen schwedischen Kollegen Edward, den wir beim Kommentatoren-Treffen am nächsten Vormittag trösten mussten.

Nach dem zweiten Semifinale traf ich in der Hotellobby die Mitglieder der deutschen Jury, die sich die Show live in der Arena angeschaut hatten. War es die Erleichterung, wieder eine gelungene Livesendung hinter mich gebracht zu haben, oder die Vorfreude auf eine sicherlich spannende Finalshow, bei der Deutschland zum ersten Mal seit langer Zeit zu den Favoriten zählte – jedenfalls ließ ich mich schnell von der Jury zu einem Besuch der Aftershow-Party im EuroClub überreden. Den EuroClub die zentrale Feierstätte der ESC-Gemeinde, hatten die Osloer Veranstalter in einer früheren Brauerei eingerichtet, da lagen Bars, die Livebühne und der Dancefloor nebeneinander, und alles war überfüllt. Clubausflüge standen schon länger nicht mehr auf meiner Agenda, ich fühlte mich irgendwie fremd, fast klaustrophobisch, denn schwitzende, tanzende, euphorisierte Menschen, meist Fans und Journalisten oder beides zusammen, drängelten von allen Seiten über das Gelände an die Bars oder zum Tanzen. Glücklicherweise versorgten mich Johannes Oerding und Hadnet Tesfai mit Drinks, wir versuchten, über die Lautstärke hinweg zu kommunizieren, ich vergaß, dass ich eigentlich meine Stimme schonen sollte, und fing an, das wilde Gewusel zu genießen. Wir waren immer noch bester Laune, als wir wieder im Hotelfoyer standen, da fiel mir ein Klavier auf. Ich setzte mich, spielte ein paar Akkorde, Johannes kam dazu, übernahm die andere Hälfte der Tasten und begann, mit seiner unglaublichen Stimme einen Blues zu singen – woher hatte ein Junge aus Geldern am Niederrhein, dessen große Karriere noch bevorstand, so viel Soul und Gefühl? Ich griff ein paar Gospelphrasen, Johannes antwortete, eine befreiende Soulsession groovte durch die Lobby bis zur Rezeption. Wir hatten ganz einfach Spaß an spontaner Musik, noch heute denken er und ich, wenn wir uns treffen, mit einem Lächeln an diesen Moment zurück ...

29. Mai, Finale. Das Foyer des Plaza füllte sich mit aufgeregten Stimmen, die Zeit drängte. Ein Bus nach dem anderen fuhr vor, um die Delegationen zur letzten Generalprobe zu fahren. Am Abend davor im wichtigen zweiten Durchlauf, dem Juryfinale, bei dem die Juroren aus allen 39 Ländern ihre Wertung abgegeben hatten, war Lena souverän und engagiert wie bei den anderen Proben aufgetreten, das war wichtig, weil seit 2009 die Hälfte der Punkte von den Länderjurys vergeben wurden. Dennoch, niemand konnte wissen, wie die diversen Jurymitglieder den deutschen Wirbelwind bewertet hatten, die Jurypunkte würden erst beim Finale mit den Punkten der Publikumsabstimmung addiert und dann verkündet. Ich sank im Bus übermüdet in meinen Sitz, ich hatte nach dem Juryfinale noch bis morgens an meinem Manuskript geschrieben. Während der halbstündigen Fahrt herrschte eine gespannte, aber konzentrierte Ruhe, selbst das Geschnatter der Backgroundsängerinnen war leiser als sonst. Man spürte, es war der Tag der Entscheidung. An der Arena angekommen, wünschte ich Lena noch toi, toi, toi und vor allem viel Lockerheit. Ich bog zum Pressezentrum ab, um mein Postfach zu leeren und meinen Text auszudrucken. Dann die Treppen hoch zu den Sprecherkabinen, die in die obersten Zuschauerränge eingebaut waren.

Zur Bühne war es fast eine Fußballfeldlänge, also über hundert Meter, beim Kommentieren schaute man aber sowieso meist auf den Bildschirm. Dafür hatten wir einen sehr guten Blick auf den Green Room, in dem die Künstler nach ihren Auftritten den Rest der Show verfolgten, denn der war erstmals nicht abgetrennt, sondern mitten in den Zuschauerraum platziert. Jetzt galt es, die Spannung hochzuhalten, es waren ja noch fast sechs Stunden bis zur Show. Da half die Routine, überprüfen, ob die Leitung und die Telefonverbindung nach Hamburg standen, die Grafikeinblendungen absprechen, den Klang und die Lautstärke des Mikrofons testen - mir gefiel die Qualität der damaligen Headsets nicht, daher benutzte ich mein eigenes Studiomikro.

20.15 Uhr, Beginn der Pre-Show, übertragen von der Reeperbahn, auf dem übervollen Spielbudenplatz erwartungsgeladene exzessive Jubelstimmung, die ich nur bruchstückhaft miterlebte, da die Internetverbindung wackelte und routinemäßig ab etwa 20 Minuten vor Sendung ein lauter Peilton zum Synchronisieren von Bild und Ton die Kabine dominierte. Kurz vor 21 Uhr letzte Absprachen mit der Regie in Hamburg, das Kribbeln stieg, ein schnelles Räuspern, dann ertönte die vertraute Eurovisionshymne - und weiter wie in Trance: «Der Eurovision Song Contest, hier ist Peter Urban, ich freue mich wirklich sehr, Sie heute zum Finale begrüßen zu können, guten Abend nach Deutschland», das kam von Herzen. Nach dem Intro erzählte ich von unserem Star für Oslo, der jungen Sängerin aus Hannover, der in kürzester Zeit gelungen war, die Sympathien aller Altersgruppen zu gewinnen, von der Vorschülerin bis zur Großmutter. Aber ich riet auch zur Vorsicht, denn wie hundertdreißig Millionen Zuschauer in ganz Europa abstimmten, war nicht sicher, eine Garantie gab es beim ESC nie. Clever bebilderten die norwegischen Macher ihr Motto

«Share The Moment» mit Schaltungen in die Wohnzimmer von Familien, Freunden und Fans aus Island bis Israel – egal ob spannend, lustig, skurril oder bewegend, der ESC war schon immer einzigartig als internationales multikulturelles Gemeinschaftserlebnis.

Und dann begann der Contest mit einer etwas klebrigen 6/8-Ballade für Aserbaidschan, geschrieben von schwedischen Autoren – denn obwohl Schweden im Halbfinale sensationell gescheitert war, waren diverse Schweden weiter im Wettbewerb, als Komponisten oder Produzenten. Dazu hatten die vom Öl gesegneten Asiri auch noch Beyoncés amerikanischen Choreografen engagiert und ihre Sängerin in ein Kleidchen mit blinkenden LED-Lampen gesteckt, es war das Jahr 2010, und LEDs waren schwer angesagt. Danach versuchte der wuschelköpfige Spanier Daniel Diges Zirkusluft zu versprühen, mit Tänzerinnen, Harlekin und Clowns, bis sich ein Typ im schwarzen T-Shirt in die Choreo einschlich, ein bekannter spanischer Flitzer, der schnell von Sicherheitsleuten von der Bühne geholt wurde, doch der Vorfall warf den Sänger ganz deutlich aus der Bahn. Auch ich musste spontan reagieren, denn einen solchen Eklat hatte es bis dahin nie gegeben, bald kam die Nachricht, dass der Spanier die Chance erhalten sollte, seinen Song am Ende der Show noch einmal aufzuführen. Lena würde vier Plätze davor antreten, mit Startnummer 22. Nun nahm die bunte Parade der Final-Acts ihren geplanten Lauf, mit dem schrillen Gesang der moldawischen Version von Lady Gaga, den sanften Folkklängen des Belgiers Tom Dice über sich und seine geliebte Gitarre und dem Monster-Pony des androgynen serbischen Sängers mit seinem zündenden Balkanbeat-Club-Hit. Die weißrussische Schmetterlingsromanze von Lukaschenkos Gnaden bot nicht nur musikalisch einen Haufen Weihnachtskitsch, der griechische Sänger tanzte und trommelte bei seinem feurigen Appell für Zusammenhalt derart intensiv, als wollte er die Folgen der Wirtschaftskrise in seiner Heimat vertreiben, und die Briten versuchten vergeblich, früheren Glanz zu erzielen, mit einem «sparsamen» Song aus der Hit-Fabrik Stock & Waterman, deren beste Zeit aber leider über zwanzig Jahre zurücklag. Dann punktete die türkische Rockband mit einem kantigen Auftritt in Schwarz-Weiß, Frankreich lieferte eine afrokaribische Fußballhymne, inszeniert als Gruppengymnastik zum Warmmachen, schließlich die Kulturgeschichte Armeniens in drei Minuten: Sängerin Eva besang die Aprikose, die Nationalfrucht des Landes, die auch in der Fremde blühe, als Symbol für die in alle Welt verstreuten Armenier ...

Vierunddreißig Sekunden blieben, um die Bühne freizuräumen, denn nun kam Lena. Vierunddreißig Sekunden, um vor zwanzig Millionen Zuschauern verbal den Teppich auszurollen, und das bitte ohne Versprecher: «Am 1. Februar kannten Lena Meyer-Landrut nur ein paar Freunde und Mitschüler in Hannover, dann folgte in knapp vier Monaten der kometenhafteste Aufstieg der deutschen Popgeschichte, von der Schulbühne zum ESC, vom souveränen Sieg bei Unser Star für Oslo zu 500 000 verkauften Singles und einem Album auf Platz 1 der Charts. Lena hat den unglaublichen Rummel gemeistert, ohne ihm zu erliegen oder sich zu verbiegen und ohne sich zu ernst zu nehmen. Sie hat viele Komplimente von ausländischen Musikern, Journalisten und Fans hier in Oslo bekommen und ist trotzdem cool geblieben ... Jetzt gilt es, wir können nur noch die Daumen drücken ... viel Glück, Lena ...» Und Lena sang in ihrem merkwürdigen Cockney-Akzent, gluckste, tanzte allein auf der dunklen weiten Bühne und flirtete frech mit der Kamera – als hätte sie nie etwas anderes gemacht.

Nach ihrem Auftritt brandete der Jubel hoch bis in meine Kabine unter dem Dach, ich hoffte in der Abmoderation, dass

«Germany's Darling vielleicht auch die Hausfrau in Baku, den Banker in Lissabon oder den Bäcker in Turku beeindruckt» hatte – und falls nicht, wäre das auch kein Beinbruch, sie hatte schon jetzt einen großen Sieg errungen, für sich selbst.

Die drei restlichen Lieder rauschten vorbei, allein der grandiose Israeli Harel Skaat faszinierte mit seinem Neo-Chanson, während das dänische Duo Opfer der Windmaschine wurde und, schlimmer noch, mit Retorten-Pop langweilte. Ach ja, der Spanier durfte auch noch einmal auf die Bühne, das Fehlen des Flitzers fiel kaum auf ...

Der ESC war schon immer eine Show mit Traditionen, eine davon die Kurzzusammenfassung aller Songs, der «Recap», im deutschen Sprachgebrauch fälschlich übersetzt als «der Schnelldurchlauf». Schon in den 15-Sekunden-Ausschnitten des ersten Recap wurde klar, wie außergewöhnlich und natürlich Lenas minimalistische Performance inmitten der anderen oft überinszenierten, überchoreografierten, überladenen und gekünstelten Mini-Musicals wirkte.

Die nächste Tradition, die oft zur kulturellen Selbstdarstellung des Gastgeberlandes benutzt worden war, erlebte in Oslo eine Sternstunde, der «Interval Act». Zum groovenden Dance-Hit «Glow» des norwegischen Duos Madcon hatten die Organisatoren in verschiedenen Städten Europas mit vielen Freiwilligen, Fans, Familien (darunter Prinzessin Mette-Marit und ihre Kinder) eine Tanzroutine einüben und filmen lassen, einen europaweiten Massentanz, eine Art Dance-Flashmob, der live von tanzenden Zuschauern in der Arena und auf der Hamburger Reeperbahn ergänzt wurde. Eine bewegende, ansteckende, sinnliche Gemeinschaftsaktion voller Freude und Spaß – nur schade, dass sie in der Livesendung gekürzt werden musste, um die durch den zweiten spanischen Auftritt verlorene Zeit wieder aufzuholen.

Die Abstimmung war vorüber, die Zuschauer, Kommentatoren, Journalisten und die Sängerinnen und Sänger im Green Room warteten auf die wichtigste Tradition, die Verkündung des Votings, das Kult-Ritual. Aus jedem der 39 Teilnehmerländer meldete sich eine «Spokesperson», die die addierten Punkte aus Jurywertung und Publikums-Voting verkündete. Die ersten Ergebnisse für Lena waren mittelprächtig, doch schon nach der siebten Punktemeldung ging Deutschland in Führung. Die 12er- und 10er-Wertungen purzelten auf die Punktetafel, ich schwankte zwischen Ungläubigkeit, lauter Begeisterung und Fassungslosigkeit hin und her - Lenas Favoritenstellung war auch mir klar gewesen, aber ein Sieg beim ESC? Aufgrund meiner langen ESC-Erfahrungen und der dadurch gewachsenen Skepsis hatte ich mir das nicht vorstellen können. Später wurde mir vorgeworfen, ich hätte nicht euphorisch genug gejubelt. Nun war ich kein lateinamerikanischer Fußballreporter, der sich bei jedem Tor das Zäpfchen aus der Kehle brüllte, aber die meisten Fernsehzuschauer hatten meine begeisterten Reaktionen ohnehin nicht gehört, weil sie selbst in Feierlaune waren und jede hohe Wertung lauthals bejubelten.

Der Triumph wurde konkret, die unglaubliche Geschichte der Abiturientin aus Hannover fand ihr traumhaftes Ende. Lenas Sieg stand eigentlich schon nach 33 Wertungen fest, ich war mir dessen relativ sicher, hatte aber beim Kommentieren keine Zeit zum Kopfrechnen. Mein vorsichtiger Redakteur neben mir wollte kein Risiko eingehen und bremste mich, daher kam unsere Siegesbotschaft erst bei Land Nummer 35. Jubelnde deutsche Delegation im Green Room, riesige Freude oben in der Kabine - aber die wurde schnell getrübt, als eine Mitarbeiterin der EBU auftauchte, um mich abzuholen. Ich hatte vollkommen verdrängt, dass der Kommentator des siegreichen Landes nach der Show die Gewinnerin oder den

Gewinner auf der Bühne interviewen musste, auch das war Tradition. Also die Kopfhörer nach dreieinhalb Stunden Sendung herunter und mit zerzausten Haaren und verschwitzt im Laufschritt aus dem obersten Winkel der Halle Richtung Bühne. Das mit dem Laufschritt erwies sich als schwierig, meine letzte OP war nicht so lange her, danach lernt man zwar in der Reha wieder zu gehen, aber Laufen? Dazu reichte weder Muskelkraft noch Kondition. So humpelte und rumpelte ich eher über Treppen und Gänge, kämpfte mich durch Hunderte Party feiernder betrunkener Norweger die etwa 300 Meter zur Bühne hinunter. Und dann ging es nicht weiter, es gab keine Rampe oder Treppe, und die Bühne war 2 Meter hoch. Oben wartete unsere Cinderella, unten ich wie der Prinz vor der Burgmauer. Irgendjemand hob mich an, ein anderer zog mich hoch. Da war ich, schweißgebadet und so atemlos, dass ich kaum einen vernünftigen Satz herausbrachte – und halb Deutschland schaute zu. Lena war rührend, übernahm die Betreuung und fragte: «Peter, geht's dir gut, erhol dich erst mal!» Einmal tief Luft holen, dann konnten wir mit dem Interview beginnen, das natürlich so ähnlich verlief wie Gespräche mit Fußballern direkt nach dem Spiel, aber die unbändige Freude über diesen Überraschungssieg zählte, nicht irgendeine Analyse. Weit kamen wir nicht, denn bald enterte der in Schwarz-Rot-Gold gehüllte vollkommen euphorisierte Stefan Raab die Bühne und übernahm mit seinem typischen Flachs das Ruder, wer konnte es ihm verdenken, sein funkelnder Star für den ESC war über Oslo aufgegangen. Der große Coup musste weiter gefeiert werden, und dann wartete backstage auch noch Prinzessin Mette-Marit auf eine Audienz mit der jungen Deutschen. Angeführt von Raab mit der Flagge, zog die Jubeltruppe im Gänsemarsch davon. Ich blieb allein auf der leeren weiten Bühne zurück, dachte ich. Plötzlich ertönte ein verzweifeltes «Schnell, mein Gott, wir verpassen den Zug, wir müssen hinterher!». Der Redakteur aus der ESC-Redaktion, der den Posten des Head of Delegation, des Delegationsleiters, innehatte, war von seiner Delegation stehen gelassen worden oder hatte beim Abmarsch den Anschluss verpasst. Während der Verlassene hektisch dem «Zug» hinterherlief, machte ich mich auf den mühsamen Rückweg hoch zur Kabine, packte meine Sachen und versuchte, einen Shuttlebus zum Hotel zu ergattern. Als ich auf den Bus wartete, drangen aus dem Pressezentrum Fetzen der laufenden Siegerpressekonferenz, auf der Teamchef Raab im Überschwang der Glücksgefühle die Titelverteidigung beim kommenden ESC in der Heimat ankündigte. Das erinnerte mich stark an 1990, als Teamchef Beckenbauer nach dem WM-Gewinn in Rom von der zukünftigen Überlegenheit des vereinigten Fußballdeutschlands faselte. Die überrumpelte Lena konnte nur einwerfen: «Ich bin dabei», und damit war das entschieden.

Im Hotel empfing mich ein Schwall von schnatternden Menschen, tiefen Bässen und schrilleren Tönen – ach, ja, in allen Hallen und Sälen des Plaza lief die offizielle After-Show-Party des ESC, man konnte nicht behaupten, dass sie tobte, aber sie trieb und tuckerte vor sich hin. Ich drängte mich durch die Menge, sammelte einige Glückwünsche ein und entdeckte in einer Ecke den einsamen Tom Dice, den belgischen Sänger meines Lieblings «Me and My Guitar». Er erzählte, dass er sehr glücklich über Lenas Sieg sei, sie habe es wirklich verdient. Ich machte ihm Komplimente für sein schönes Lied und den tollen sechsten Platz im Finale und sagte ihm mutig internationale Erfolge als Singer-Songwriter voraus – da irrte ich, Tom ist leider eines der für den ESC typischen Ein-Hit-Wunder geblieben. So intensiv ich mich auch umsah, auf der gesamten Party keine Spur von der deutschen Siegermannschaft. Irgendein Journalist steckte mir schließlich, dass die deutsche Delegation in Bussen zu einer eigenen exklusiven Feier gefahren sei, wumms, das tat weh! Da hatten Plattenfirma und Management wohl eine gute Nase gehabt und vorgeplant, nur, nach einem solchen Triumph hätte man gerne mitgefeiert, doch ohne Einladung oder Infos wurde das schwer. Da hatte ich wohl den «Zug» verpasst ...

Kein Zweifel, der erste deutsche Sieg beim ESC seit 28 Jahren wurde üppig zelebriert – als ich am Sonntagmorgen zum späten Frühstück trottete, wunderte ich mich über die Unruhe und die Masse von Gepäck in der Lobby. Die deutsche Mannschaft war im Aufbruch zum Flughafen, vorausschauende Alphatiere hatten mit der Lufthansa eine Vereinbarung getroffen: Falls Lena gewinnen sollte, stellte die Airline einen «Siegerflieger» bereit, der die Delegation inklusive TV-Teams nach Hannover zum großen Heimatempfang bringen sollte. Ich kämpfte mich zu Lena durch, um noch einmal zu gratulieren und mich für ihre gestrige Fürsorge beim Interview zu bedanken. Ich bestärkte sie noch, auch jetzt nach dem Triumph die Kontrolle zu behalten und bloß so natürlich zu bleiben, wie sie war. Dann wartete der Bus. Ehrlich gesagt, war ich ganz froh, nicht mitfliegen zu müssen, ich konnte den freien Sonntag genießen, weil verabredet war, dass ich in Oslo den Sprechertext für eine Reportage über Lena aufnehmen sollte, die abends nach dem Tatort im Ersten laufen sollte.

Nach dem Frühstück steuerte ich ein Ziel an, das ich seit acht Tagen aus meinem Zimmerfenster bewundert hatte, das grandiose moderne Opernhaus Oslos. Wie ein kantiger Eisberg oder eine gigantische Raumstation in Weiß ragte das Bauwerk am alten Hafen in den Fjord, offen und im wahrsten Sinne des Wortes «durchgängig», das ausladende Dach ein einladender öffentlicher Platz. Ich genoss in der gleißenden Frühlingssonne den fantastischen Blick von dort über das Wasser, als mich plötzlich ein Mann auf Deutsch ansprach, «das war gestern wieder ein toller Kommentar». Er hatte offensichtlich in Oslo die Show im deutschen Fernsehen miterlebt und mich auf dem Operndach erkannt – ich war verblüfft und geschmeichelt, bedankte und freute mich.

Später fuhr ich raus zum Sendezentrum des norwegischen Fernsehens NRK, im Foyer lockte ein schicker Bildschirm mit Internet. Ich erfuhr, dass wir mit der Übertragung des Finales eine Zuschauerzahl von unglaublichen 15 Millionen erzielt hatten. Tatsächlich fand ich den Livestream des NDR-Fernsehens mit der Übertragung von Lenas triumphaler Heimkehr nach Hannover, über die schwankende Verbindung sah ich die Landung des Sonderflugzeugs, die Begrüßung durch den niedersächsischen Ministerpräsidenten Wulff, die Fahrt in die Stadt. Die riesige Begeisterung zu Hause über Lenas Sieg war deutlich greifbar, aber für mich allein in der entspannten Sonntagsatmosphäre Oslos seltsam weit weg. Eine Stunde danach, als ich im Studio den Text für Andreas Ammers wunderbare Reportage über Lena und den ESC in Oslo einsprach, waren die vergangene Woche und der große Finalabend schnell wieder lebendig – ich hatte nicht geträumt. Am Montagmorgen, als ich auf meinen Rückflug wartete, riefen gleich zwei TV-Talkshows an, um mich für ihre nächsten Sendungen einzuladen. In Hamburg angekommen, fing mich auf dem Weg zum Taxi ein Team von Sat.1 ab und wollte aus «erster Hand» erfahren, wie und was in Oslo denn so passiert sei. Vielleicht hatten die alle nur Interesse wegen meines verkrachten atemlosen Interviewauftritts, dachte ich, oder, wenn sie an den Star nicht herankamen, tat es auch der Kommentator – und das war dann doch beinahe ein Kompliment.

15
EUROPHORIA

ES IST FRÜHJAHR 2011. SEIT MONATEN LAUFEN DIE VOR-
bereitungen des Heim-ESC, der in Düsseldorf stattfinden
wird. In Lokstedt ist die dafür eingerichtete Taskforce in
einem speziellen Bürotrakt zusammengezogen worden, schon
Wochen vor dem Tag X zieht sie nach Düsseldorf, um das
größte Fernseh-Musikereignis der Welt vorzubereiten, eine
Mammutaufgabe. Ich habe bisher dreizehn Song Contests aus
nächster Nähe erlebt und gesehen, welch umfassende Organisation dieser Event erfordert, und das auf vielen Gebieten;
Halle, Bühne, Licht- und Soundtechnik, TV-Technik, Logistik,
Transport, Unterbringung von über eintausend Teilnehmern
aus dreiundvierzig Ländern, Pressezentrum für über zweitausend Journalisten, Gästebetreuung und Aufgabenverteilung
für Hunderte von Volunteers, die ihren Urlaub, ihre Freizeit
opfern, um zu helfen. Dazu ist der ESC seit 1997 stetig giganti-
scher geworden, mehr Länder, mehr Teilnehmer, mehr Journalisten und TV-Teams, die Durchführung des Wettbewerbs ist
eine Riesenherausforderung, die mir alle Hochachtung für die
Kollegen abverlangt. Dagegen ist meine eigene Vorbereitung
entspannter, nur die Anzahl der Interviews, die ich im Vorfeld
geben muss, nimmt ständig zu, denn das Interesse in Deutschland am heimischen ESC ist immens. Radiosender, Tageszeitungen, Programmzeitschriften, Blogs wollen aber erst einmal
vor allem wissen, wie ich die erneute Teilnahme von Lena sehe.

Meine Standardantwort lautet, wenn sie das so möchte, sei es gut so, vielleicht wolle sie mit einer zweiten Teilnahme das Thema ESC für sich abrunden und abschließen und dann nach vorne schauen. Für Deutschland sei ihre Teilnahme in jedem Fall positiv.

Meine rechte Hüfte hat wieder angefangen zu schmerzen, Anzeichen, dass sich das künstliche Gelenk erneut zu lockern beginnt. Ärztliche Untersuchungen bestätigen das, man rät mir zur Operation. Ich will aber auf keinen Fall noch einmal einen ESC absagen, einige mich mit dem Arzt auf einen Termin nach dem Sommer unter der Bedingung, dass ich das Bein schone und wenig belaste. Doch wie soll ich in Düsseldorf die weiten Wege rund um die Arena bewältigen? Meine Frau Laura hat die zündende Idee und schenkt mir zum Geburtstag einen Elektroroller mit Sitz, ein ziemlich schweres Gerät, nicht für öffentlichen Verkehr zugelassen, aber es fährt. Der Transporter des NDR holt den Scooter ab, am 6. Mai reise ich nach, hole mein Gefährt bei unserem empathischen Aufnahmeleiter Urs Schilke ab und düse los. Die Düsseldorfer Arena ist ein Fußballstadion für 55 000 Zuschauer, allerdings mit verschließbarem Dach, sodass eine riesige Halle entsteht. Für den ESC hat die Stadt Düsseldorf den damaligen Fußball-Drittligisten Fortuna in ein extra errichtetes mobiles Stadion ausgelagert, was allein 2,5 Millionen Euro gekostet haben soll. Die Entfernungen sind groß, ich werde auf der Fahrt vom Pressezentrum zur Arena von manchen Journalisten um meinen Scooter beneidet, mitnehmen geht leider nicht. An der Arena halte ich bei einem Aufzug, fahre hoch in den dritten Stock, cruise mit meinem Roller rund um die Stadiongänge bis zum Aufgang «Commentators». Danach wird es allerdings beschwerlich, die vielen Stufen der Obertribüne hinauf, danach auf einer hölzernen Baustellentreppe hoch zu den Kabinen. Obwohl etwa gleich groß wie das Parken-Stadion in Kopenhagen, wirkt diese Arena nicht überdimensioniert, sondern fast intim, was vielleicht auch an der grandiosen Bühne von Top-Designer Florian Wieder liegt, deren Ausleger weit in den Zuschauerraum hineinreicht. Das verspricht interessante Inszenierungen der dreiundvierzig Songs. Ich checke das Equipment der Box, das mittlerweile standardisiert und vertraut ist, und rolle zufrieden zurück Richtung Pressezentrum, dort darf mein elektrischer Helfer übernachten und seinen Akku aufladen.

Am 7. Mai herrschte dichtes Gedränge am Rheinufer, die Stadt Düsseldorf empfing die Delegationen der dreiundvierzig Teilnehmerländer in der wunderschönen, aber für den Anlass viel zu engen Tonhalle. Auf dem roten Teppich, über den die herausgeputzten ESC-Kandidaten und ihre Begleiter bei schöner Sonne posierten, war die Stimmung entspannt, drinnen entwickelte sich ein hektisches Gewusel auf den Gängen und im Saal, in dem ein klassisches Orchester um Aufmerksamkeit spielte und die holprige Rede des Oberbürgermeisters erst recht kein Gehör fand, etwas weltgewandter hätte es schon sein dürfen. Am Dienstag stand das erste Semifinale an, wegen der Kooperation von ARD und ProSieben wurde es erstmals gemeinsam übertragen. Aus diesem Grund war mir ein ProSieben-Moderator als Co-Kommentator zur Seite gestellt, Steven Gätjen. Ich mochte den sehr sympathischen Steven, fand seine jährlichen Reportagen von der Oscar-Verleihung souverän und großartig, aber für diesen Anlass waren wir nicht die passende Kombination. So brillant Steven im Bereich Film war, Musik und besonders der ESC waren weniger sein Thema. Wir woll-

ten abwechselnd die Kandidaten an- und absagen, mein Assistent Daniel Ronel und ich hatten ihm Infos und Tipps gegeben, aber unsere Doppelmoderation blieb in Wortwahl, Ton und Dynamik unrund und unharmonisch. Und dann brachen nach einer Weile auch noch die Kommentarleitungen zusammen, wir griffen zum Telefon und sprachen darüber weiter, der Telefonhörer wechselte ständig von Steven zu mir. Unsere Kabine hatte wenigstens einen Festnetzanschluss, aber Kollegen aus anderen Ländern hatten darauf verzichtet und wollten nun über Mobiltelefone kommentieren, was nicht funktionierte, weil das Netz überlastet war, eine Katastrophe. Die Panne dauerte und dauerte, der Fehler musste zunächst gefunden und das System wieder hochgefahren werden, während unten in der Arena die Show weiterging. Nach dreißig Minuten packte mich die Ungeduld, die mir leider manchmal zu eigen ist, ich war sauer und nörgelte spontan on air, also auf Sendung: «Wir senden doch nicht aus Kasachstan, wir senden aus Düsseldorf.» Der Einlauf folgte auf dem Fuß, im Hotel stellte mich Thomas Schreiber zur Rede, er hatte entrüstete Reaktionen der NDR-Technik zu meiner Bemerkung erhalten, sicher zu Recht, ich hätte natürlich vertröstende Worte finden müssen. Schon deshalb, weil die NDR-Technikabteilung überhaupt keine Schuld an dem Breakdown hatte, die Fremdfirma, die für die Technik der Kommentatoren-Boxen zuständig war, hatte versäumt, ein Back-up einzurichten, was bei komplizierten digitalen Anlagen zu empfehlen ist. Ich entschuldigte mich schriftlich für meinen wenig souveränen Ausrutscher, mein guter Draht zu den Technik-Kollegen war geflickt. Wie zu erwarten war, ging die Tonpanne und mein genervter Spruch durch die Presse, fast jedes Medium nahm die Geschichte auf, und womöglich hatten einige Zuschauer den Fauxpas als nachvollziehbar, amüsant und menschlich empfunden. Registriert wurde er auch in

Berlin in der kasachischen Botschaft, als Krönung ließ diese in einem Brief an den NDR mitteilen, dass die Technik in Kasachstan sehr fortschrittlich und auf dem neuesten Stand sei und man gerne anbiete, den Eurovision Song Contest in Kasachstan zu organisieren. Am nächsten Morgen Kommentatorensitzung in einem fensterlosen tristen Raum der Arena. Als ich durch die Tür kam, lautes Gejohle und Gelächter der internationalen Kollegen, Rufe wie «Bravo, German Technology!». Alle hatten in dem halbstündigen Leitungsloch festgehangen, etwas, was in diesem Ausmaß noch nie bei einem ESC vorgekommen war, mir war das höchst peinlich, und ich war immer noch verärgert. Glücklicherweise waren der Chef der zuständigen Firma und Thomas Schreiber als Executive Producer gekommen, um die Ursachen des Breakdowns zu erläutern und zu versichern, dass Derartiges nicht wieder passieren würde.

Das zweite Semifinale verlief weniger dramatisch, den merkwürdigsten Auftritt lieferte erneut die Sängerin aus Weißrussland, ihr Jubellied aufs Vaterland hieß «I Love Belarus» (Ich liebe Weißrussland). Man stelle sich vor, alle Länder würden mit «Ich liebe Frankreich», «Ich liebe Belgien» oder «Ich liebe Portugal» antreten – wollte man so wirklich einen internationalen gesamteuropäischen Wettstreit gewinnen? Oder wollte man in Weißrussland etwas ganz anderes, von oben verordnet? Es klang mehr wie ein trotziger PR-Song, um Lukaschenkos Geltungssucht zu befriedigen und das Image seines Regimes aufzubessern. Was natürlich nicht funktionierte, die Weißrussen schieden klar und deutlich aus.

Es war Gewohnheit geworden, dass ich am Freitag vor dem Finale den ARD-Radiosendern ein Interview gab, um die Lage nach dem zweiten Semifinale zu besprechen; also tuckerte ich mit meinem Rolli zu den Containern hinter der Arena, in denen die ARD-Hörfunk-Redaktion arbeitete. Ausgerechnet der Kollege, der mich in Moskau vertreten hatte und der vermutlich über meine Rückkehr in Oslo enttäuscht gewesen war, führte das Interview. Alles lief normal, nur gegen Ende stellte er Fragen, die eindeutig persönlich motiviert waren, ob ich mit dreiundsechzig nicht zu alt wäre, um einen jünger werdenden ESC zu kommentieren, und ob ich mich überhaupt mit «jungen» Musikstilen wie R&B und Hip-Hop auskennen würde. Wir schrieben das Jahr 2011, R&B gab es schon ewig, Hip-Hop seit fast dreißig Jahren. Ich musste ihn fassungslos angeschaut haben, er lebte nicht in Nordwestdeutschland und hatte wahrscheinlich nie eine Radiosendung von mir gehört, aber mir Unwissen ausgerechnet bei Schwarzer Musik zuzutrauen, war schon ein Knaller. Die Frage nach dem Alter war natürlich reine Provokation, ich antwortete kühl, wenn über Siebzigjährige amerikanische Präsidenten, Minister oder Papst seien, wäre ich ja wohl in der Lage, eine musikalische Unterhaltungsshow wie den ESC zu kommentieren. Danach war das Gespräch zügig beendet.

Am Samstag, das Finale vor 35 000 Menschen, die gebannt auf die Bühne blickten und nicht wie in Kopenhagen herumliefen, um Bier zu holen. Der Opener ging in die Geschichte des ESC ein, als die beste Show-Eröffnung aller Zeiten. Ein Feuerwerk, eine stürmische Rock-'n'-Roll- und Rockabilly-Version von «Satellite» mit Anke Engelke, Stefan Raab, einer tanzenden Judith Rakers, einer Bigband und vierzig Lena-Doubles auf der Bühne inklusive der echten. Ich hatte zwar schon die Proben gesehen, aber war beinahe sprachlos, als die Arena nach diesem visuellen und musikalischen Hurricane förmlich explodierte, besser konnte die Show nicht beginnen. Anke setzte ihren Siegeszug als großartige vielsprachige Moderatorin fort, unterstützt von der lockeren, sympathischen Judith, Stefan hielt sich dezent im Hintergrund,

Im Defilee des Wettbewerbs stolzierte Blue, die wiedervereinte britische Ex-Boy-, jetzt Männerband, steif wie die Zinnsoldaten über die Bühne, die serbische Sängerin zeigte, dass man auch in der Landessprache einen Motown-Retro-Soul-Titel überzeugend in Sechzigerjahre-Pop-Art-Kulisse aufführen konnte. Für Österreich brillierte die junge Nadine Beiler mit einer fantastischen Ballade und erntete dafür leider nur den 18. Platz. Eine traurige, aber zugleich anrührende Geschichte erzählte der Beitrag aus Island. Komponist und Sänger Sjonni Brink wollte beim isländischen Vorentscheid antreten, starb aber überraschend kurz vorher im Alter von nur sechsunddreißig Jahren an einem Hirnschlag. Eine Gruppe seiner Musikerfreunde beschloss darauf mit Einverständnis der Witwe, den Song stellvertretend für Sjonni aufzuführen, und so konnten ihn hundertdreißig Millionen Menschen hören.

Die irischen Zwillinge Jedward hatten im Vorfeld mit ihren hochtoupierten Haartollen heftig für Aufregung gesorgt, die jungen Hüpfer flitzten scheinbar unkoordiniert über die Bühne, ihr 80er-Synthie-Poptitel «Lipstick» war der Hit für die vielen neuen jungen ESC-Fans. Mir tat die Mama der beiden leid, als ich sagte, «wie hat sie diese hyperaktiven Flummis jemals eingefangen?». Platz 8. Große Freude herrschte in der gesamten Eurovisionsfamilie, dass 2011 Italien nach vierzehn Jahren Auszeit wieder dabei war. Logischerweise schickte Italien einen Sanremo-Gewinner, den hochtalentierten Jazzsänger und Pianisten Raphael Gualazzi. Der kannte den ESC nicht, als Italien zuletzt dabei war, war er ja gerade erst fünfzehn. Sein Lied war keine normale Grand-Prix-Kost, Italien kehrte mit einem außergewöhnlichen Künstler zurück, der die Tradition des Canzone mit Jazz und Blues vereinte. Mit «The Madness of Love», dem spannendsten und ungewöhnlichsten Song des Contests, erreichte Gualazzi einen sensationellen zweiten Platz. Sieger wurde ziemlich überraschend ein Duo aus Aserbaidschan mit gefälligem harmlosem Mainstream Pop aus schwedischer Produktion, das vielleicht deshalb gewann, weil, außer dem italienischen, herausragende Titel 2011 Mangelware waren.

Und Lena? Was für einen Weg hatte sie seit 2010 hinter sich! Zwei Nummer-1-Alben, Nummer-1-Singles, eine trotz aller Unkenrufe sehr erfolgreiche Tour und nun der Heim-ESC mit einer Woche voller Proben, Presseterminen, Interviews, Fernsehshows. Jahre später sagte sie in einem Interview, dass sie eigentlich auf den Rummel der Titelverteidigung hätte verzichten können. Das fühlte sich 2011 nicht so an, ihr Song «Taken by a Stranger» gehörte tatsächlich zu den überzeugendsten des Abends und war mit dem guten Platz 10 eigentlich zu schlecht bewertet.

In der Gesamtschau von Bild, Sound, Moderation und Opening gehörte die Finalshow von 2011 sicherlich zu den eindrucksvollsten der langen ESC-Geschichte, Auszeichnungen waren die logische Folge, der Deutsche Fernsehpreis, die Goldene Rose von Luzern und der Live Entertainment Award LEA für die beste Show des Jahres 2011. Bei der Verleihung im April 2012 traf ich Lena wieder, sie erzählte mir stolz, dass sie sich vom dominanten Stefan Raab als Produzent und Hauptkomponist getrennt hatte, sie wollte nun eigene Wege gehen, Dinge ausprobieren. Sie kam gerade aus Stockholm zurück, dort hatte sie mit der Indie-Künstlerin Miss Li gearbeitet. Ich konnte ihr nur gratulieren.

Vor der Reise nach *Baku* war der ESC in Aserbaidschan ein politisches Thema, das Land stand schon länger stark in der Kritik wegen Menschenrechtsverletzungen und der Einschränkung demokratischer Rechte, die ARD berichtete in den Wochen vor dem ESC intensiv über die politische Lage. Weniger laut diskutiert wurde, dass deutsches Know-how und deutsche Firmen in großem Maß an dem Projekt ESC in Baku beteiligt waren. Die nagelneue Crystal Hall war schon 2009 von den deutschen Star-Architekten GMP entworfen worden, wurde aber erst ab 2011 für den ESC in Rekordzeit von acht Monaten von einer bayerischen Firma gebaut. Die Halle für 25000 Menschen entstand auf einer Landzunge in der Bucht von Baku direkt am Kaspischen Meer, für den Bau wurden aber in höchster Eile ohne Vorwarnung Wohnhäuser abgerissen und die Bewohner zwangsweise umgesiedelt, um den Termin zu halten. Präsident Alijew hatte für Baku eine Veranstaltung «auf allerhöchstem Niveau» angeordnet, also holte man Hilfe aus Deutschland, die Produzenten, Bühnenbildner, Lichtdesigner und Techniker, die 2011 den Song Contest in Düsseldorf zum preisgekrönten Ereignis gemacht hatten. Aber da in Aserbaidschan eine einzige Familie regierte, gehörte das letzte Wort immer der Vorsitzenden des Organisationskomitees, die zufällig auch die Frau des Präsidenten war.

Unser Hotel lag direkt am breiten Uferboulevard, nach der Ankunft schaute ich von der Dachterrasse über die Stadt und die weite Bucht, der erste Blick auf Baku war umwerfend. Aserbaidschan war ein beeindruckendes Land und Baku seine faszinierende pulsierende Metropole mit einer von der UNESCO zum Weltkulturerbe erklärten Altstadt. Man spürte den Reichtum, der durch Erdöl und Erdgas erwirtschaftet wurde, Baku wirkte manchmal amerikanisch, manchmal europäisch elegant, manchmal orientalisch. Eine Mischung aus Nizza, Jerusalem und Dubai, deutlich gemacht durch drei angeberische hässliche Hochhaustürme in Flammenform, die Flame Towers. Der

Reichtum schien auf den ersten Blick der Allgemeinheit zugute zu kommen, in Form von Museen, Theatern, Konzerthäusern mit spektakulärer Architektur, mit Parks und üppigen Uferpromenaden. Ging man jedoch einige Hundert Meter von der Prachtstraße weg, merkte man, dass bei vielen Gebäuden nur die vordere Fassade schön war, dass den einfacheren Wohnhäusern dahinter der schicke Glanz fehlte. Aserbaidschan wurde autokratisch regiert, von der Großfamilie Alijew, die sicherlich am meisten vom blühenden Öl- und Gasgeschäft profitierte. Auch in meinem Kommentar der Finalshow machte ich die politische Situation im Land zum Thema und sagte: «Wären da nicht die Schatten, die das Bild trüben: Korruptionsvorwürfe, Menschenrechtsverletzungen, Einschränkung von Pressefreiheit, Gängelung der politischen Opposition. ... Aserbaidschan möchte sich nach Westen orientieren und ist Mitglied im Europarat geworden, damals hat die Regierung demokratische Reformen versprochen, aber ob diese Reformen nun auch realisiert werden, steht immer noch in den Sternen.»

Unser Vertreter in Baku war der einundzwanzigjährige Roman Lob, ein Sänger aus dem Westerwald, der sich in einer wochenlangen Auswahlshow qualifiziert hatte. Betreut wurde er in Baku von seinem Produzenten Thomas D von den Fantastischen Vier, einem überaus sympathischen ruhigen Zeitgenossen, eine Wohltat in der üblichen ESC-Hektik. Für Roman war ein Spitzensong ausgewählt worden, den der britische Jazzstar Jamie Cullum komponiert hatte, Lob sang ihn im Finale so überzeugend, dass ein guter achter Platz herauskam. Vorher blamierte sich das Vereinigte Königreich mit einem Weltstar, dessen größte Erfolge über 40 Jahre her waren. Hundertfünfzig Millionen Platten hatte er verkauft, aber als die BBC verkündete, Engelbert Humperdinck würde das UK beim Grand Prix vertreten, hielten viele das für einen schlechten Scherz. Der Mann war immerhin sechsundsiebzig Jahre alt und war auch in seiner Hochphase nie richtig hip gewesen, sondern mit seinem Schmalzgesang schon damals eher etwas für Muttis Kaffeekränzchen. Die schlimmsten Befürchtungen bewahrheiteten sich, zumal Engelbert leider nicht mehr die hohen Töne richtig traf, Vorletzter, Platz 25. Wie es besser geht, zeigte Serbien, das erneut mit seinem bekanntesten Star punktete, mit Zeljko Joksimovic, auf dem gesamten Balkan eine Legende, 2004 schon einmal Zweiter, in Baku mit einem weiteren grandiosen Lied aus seiner Feder Platz 3. Eine Überraschung kam aus Russland, eine lustige, der Chor der Großmütterchen aus einem kleinen Dorf an der Wolga. Ursprünglich wollten sie nur Geld für den Bau ihrer Dorfkirche sammeln, dann wurden sie zur landesweiten Attraktion. Die kleinste und süßeste der Omas war 86 Jahre alt und damit die älteste Person, die jemals beim ESC auftrat. Die sechs kamen in ihrer Tracht auf die Bühne, buken Plätzchen und sangen ein fröhliches Lied mit ein paar englischen Brocken, wie bei einer Familienfeier zu Hause im Dorf, mitsingen konnte da jeder, falsch klang es sowieso. Platz 2.

Wegen der Zeitverschiebung begann das Finale nach Ortszeit erst um Mitternacht, es war also fast halb vier Uhr morgens, als einer der größten Triumphe der ESC-Geschichte feststand: Loreen gewann für Schweden mit einem Riesenvorsprung. «Euphoria» vereinte alles, was einen überragenden Hit ausmacht, ruhige Spannung am Beginn, dramatisch in Wellen aufsteigende Dance-Beats, große Melodicbögen in Strophe und Refrain, famos von Loreen gesungen, und das bei ihrem physisch fordernden mutigen Bühnenauftritt. Da taumelte sie wie in Trance herum, inspiriert von ihren marokkanischen Wurzeln, so hatte sie erzählt, man konnte auch denken, es wären andere marokkanische Spezialitäten im Spiel gewesen. Aber im Ernst, wir hatten im fernen Baku einen der spektakulärsten Siegersongs aller Zeiten erlebt.

All das beobachteten Autokrat Alijew und seine allgegenwärtige Familie aus seiner speziell umgebauten Loge neben den Boxen der Kommentatoren, von da konnten sie auch zuschauen, was der Schwiegersohn trieb. Der hieß Emin, war Sänger, und da die Familie alles im Griff hatte, durfte der doch tatsächlich als Interval Act auftreten.

2013 also wieder nach Schweden, und da Stockholm 2000 den Gastgeber gespielt hatte, war nun eine andere Stadt dran – *Malmö*.

Um nach Malmö zu gelangen, musste man zunächst nach Hannover, denn am 14. Februar fand dort der deutsche Vorentscheid statt, «Unser Song für Malmö», moderiert von meiner Lieblingsgastgeberin Anke Engelke. Ich saß mit Tim Bendzko, Roman Lob, Anna Loos und Mary Roos in der Jury, die ein Drittel der Wertung bestimmte. Die geheimen Wertungen der Jurymitglieder wurden addiert und danach die vertraute ESC-Rangfolge von 12, 10, 8, 7 bis 1 Punkten erstellt. Nach den Wertungen der Online-Seiten der Radiosender und nach dem Televoting der Fernsehzuschauer lagen der europaweit erfolgreiche Dance-Act Cascada und die wunderbare bayerische Blaskapelle LaBrassBanda gleichauf, das Juryvotum, das zuletzt verkündet wurde, entschied also. Wir gaben Cascada mit «Glorious» 8 Punkte und «Nackert» von LaBrassBanda nur einen Punkt, die Jury hatte den Schwarzen Peter. Cascada gewann das Ticket, aber nur eine 10- oder 12-Punkte-Wertung der Jury für «Nackert» hätte daran etwas ändern können, und auch wenn wie früher nur das Televoting gegolten hätte, wäre Cascada gefahren. Das zur Vorgeschichte, denn es stellte sich als keine gute Idee heraus, «Glorious» zu wählen, eine Dance-Nummer, die markante Ähnlichkeiten in Arrangement und Teilen der Refrainmelodie mit Loreens «Euphoria», dem genialen Vorjahressieger, aufwies. Nachahmer-Songs hatten in der Regel beim nächsten ESC nie eine Chance. Cascada, das war das Projekt der sympathischen Bonnerin Natalie Horler, Tochter des renommierten britischen Jazzmusikers David Horler, der 1980 zum WDR kam und die WDR Big Band mit aufbaute, sein musikalisches Talent hatte er an seine Tochter weitergegeben. Für ihren Malmö-Auftritt wünschte sich Natalie eine durchsichtige Showtreppe aus Acryl, die wurde gebaut und ging mit auf die Reise.

Mich brachte erneut ein unangenehmes Intermezzo meines Hüftgelenks aus der Bahn. Ende März bekam ich Fieber, das Gelenk schmerzte, bei der Kontrolle waren die Entzündungswerte von normal 4 auf 280 angestiegen, das deutete auf eine Infektion am künstlichen Gelenk hin. Nach zehn Tagen im Krankenhaus und Antibiotika-Infusionen beruhigte sich die Lage, ich musste aber weiter Antibiotika als Tabletten schlucken, das Bein schonen und Gehhilfen benutzen. Aber einen E-Roller konnte ich wohl kaum nach Schweden mitführen. Gut war, dass ich in Malmö wieder einen Assistenten neben mir haben würde, zum ersten Mal war Lukas Heinser dabei, ESC-Experte, als Blogger und Autor aktiv, Mitarbeiter unter anderem beim WDR. Mit Stefan Niggemeier hatte er während der letzten drei Song Contests Blogs geschrieben, Oslog, Duslog und den Bakublog für *Spiegel online*. Ich traf ihn zum ersten Mal in Baku, als er mich im Pressezentrum interviewte, das neben der Halle lag und wie ein zukünftiges Autohaus wirkte. Ich musste ihm sogar einen Weckruf für seinen Handywecker einsprechen, «Lukas aufstehen!». Es hat gewirkt, Lukas war immer pünktlich. Über die Jahre wurde er für mich eine wichtige Hilfe, organisatorisch, inhaltlich, menschlich, als Ideengeber, Rechercheur, Elektronik-Wizard und Beobachter der «sozialen» Netzwerke.

Das Spannendste an Malmö war eigentlich die Fahrt dorthin. Wir landeten in Kopenhagen und fuhren per Bus über die eindrucksvolle Öresund-Brücke, die seit 2001 Schweden mit Dänemark und dem Rest Europas verband. Besonders Malmö und der Süden Schwedens profitierten von dieser Verbindung, siebzehntausend Pendler nutzten täglich die Brücke, um in Kopenhagen zu arbeiten, die Dänen reisten zum Einkaufen. Malmö, das in den 1970er- und 1980er-Jahren unter dem Niedergang der Schwerindustrie und des Schiffbaus schwer gelitten hatte, erfand sich selbst neu, zog Universitäten und junge Kreativ- und Technologiefirmen an, wandelte sich zur ökologischen Musterstadt und blühte wieder auf.

Die Arena von Malmö entpuppte sich für meine Situation als sehr angenehm und stressfrei, es gab nämlich Aufzüge bis zu den Logen, in denen die Boxen für die Kommentatoren steckten, die Entfernungen, auch zum Pressezentrum, waren überschaubar.

In den Semifinals tauchten auch in Malmö wieder skurrile Beiträge auf, die das ESC-Archiv bereicherten, aber dem Samstagabend-Publikum, das nur das Finale ansah, leider entgingen. Es musste an der Vorweihnachtszeit gelegen haben, dass das Fernsehpublikum in der Schweiz eine Musikgruppe der Heilsarmee zum nationalen ESC-Beitrag erkor. Was nur als Werbegag für die Sozialarbeit der Heilsarmee gedacht war, wurde ernst. Der Organisationsname «Heilsarmee» verstieß aber gegen EBU-Regeln, also nannte sich die Freizeitkapelle «Takasa», kurz für «The act known as salvation army». Wenigstens lieferte man etwas für die ESC-Geschichtsbücher, Emil Ramsauer, der Bassist der Band, schlug die russische Oma und war mit fünfundneunzig Jahren der bei Weitem älteste ESC-Teilnehmer aller Zeiten. Musikalisch war das Ganze höchstens reif für den Weihnachtsmarkt, nicht für das Finale. Dorthin gelangte überraschend der litauische Sänger Andrus, bei dem ich mehr auf die Füße achtete, er trug nämlich zwei verschiedenfarbige Schuhe. Im Kommentar zitierte ich den Text des Refrains: Er singt tatsächlich «Ich habe zwei Schuhe, der eine ist Liebe, der andere Schmerz». Mein nüchternes Fazit, «ich glaube, der Schmerz war stärker».

Bei Rumänien wurde es dramatisch, man erinnerte an die Provinz Transsylvanien mit einem spektakulären Auftritt, der so camp war, dass ihm ein Platz im Grand-Prix-Archiv sicher war. Gesungen wurde auch, und zwar hoch, von einem international bekannten Counter-Tenor, den die Bühnentechnik immer größer werden ließ. Mein Kommentar: «Das hat die Welt gebraucht, Modern Talking, wiedergeboren als jubilierender Graf Dracula, der gerade neue Opfer gefunden hat.» Die Sängerin der Ukraine wurde von einem 2,40 Meter großen Riesen, einem der längsten Menschen der Welt, in verzweifelter Pose auf die Bühne getragen, es schadete dem komplizierten Song nicht, Platz 3.

Das UK blieb bei seinem Konzept von 2012 und präsentierte mit der 61-jährigen Bonnie Tyler einen Alt-Star mit guten Verbindungen, die amerikanische Songschreiberlegende Desmond Child, der schon Hits für Kiss, Bon Jovi oder Robbie Williams geschrieben hatte, zauberte für sie einen Klasse-Song aus dem Hut. Neu war, dass Bonnie gar nicht mehr so rau wie auf ihren früheren Hits klang und dass nicht nur die Stimme geglättet war. Sie wurde dennoch nur Neunzehnte. Sogar zwei Ränge dahinter, auf 21, endete der Ausflug von Natalie Horler und Cascada. Sie meisterte in ihrem hübschen fleischfarbenen Partydress die Treppe, wirkte aber bei einigen hohen Tönen ziemlich verkrampft. Ich stellte mir vor, wie Stefan Dettl und seine Brassbande über diese Bühne getobt wären, turbulent, amüsant und wenigstens originell.

Meine drei Lieblingssongs in Malmö landeten alle in den Top Ten, Ungarns ByeAlex, ein Nerd mit Brille, Wollmütze und Vollbart, rappte eine poetische Liebeserklärung auf einen hypnotischen Beat, Textprobe: «Meine Liebste wurde von Wölfen aufgezogen, sie badet in wunderschönen Meeren und läuft auf Wolken, Winde zerzausen ihre Haare und flechten sie morgens zu Zöpfen ...» Mein Kommentar, «welche Frau möchte da nicht in Ungarn leben?», Platz 10. Seit 2004 hatten die Niederlande nicht mehr das Finale erreicht, daher war die Freude riesig, als es endlich wieder klappte, und das mit einer sehr bekannten Sängerin und ihrer ungewöhnlichen Ballade, die ganz und gar nicht nach dem typischen Grand-Prix-Rezept gestrickt war. Anouk war seit den 90er-Jahren auch bei uns erfolgreich gewesen, in Malmö schlug sie ganz zarte, melancholische Töne an, sie sang über sterbende Vögel, die von den Dächern fielen. Außergewöhnlich und außergewöhnlich schön, belohnt mit Platz 9. Sogar auf den vierten Platz kam die modernste Produktion mit Margaret Berger aus Norwegen, Dubstep, Elektro, klare Melodien und ein nordisch-kühler Blondinen-Look, der unter der Oberfläche brodelte. Und wer gewann? Der gemeinsame Nenner, ein eher unauffälliger Song mit der zwanzigjährigen Emmelie de Forest aus adeligen Kreisen, der klug einige essenzielle Zutaten zum Erfolgsrezept zusammenrührte, Flötenschlumpf, Trommeln, keltische Melodien und blanke Füße.

Ich habe mich später einige Male gefragt, was eigentlich aus der schönen Acryltreppe wurde, landete sie in Malmö auf dem Müll, oder fristet sie im Fundus des NDR ihr tristes Dasein?

Nachdem ich noch aus Malmö im strömenden Regen am Sonntagmittag im ZDF-Fernsehgarten versucht hatte, die deutsche Platzierung zu erklären, überquerten wir wieder diese unglaubliche Brücke, ich musste an die großartige TV-Serie denken, in der sie die Hauptrolle spielte. Zu Hause schlug ich mein Leib- und Magenblatt auf, die *Süddeutsche Zeitung*, in der Wochenendausgabe blickte mich auf der Meinungsseite mein Foto an, darunter ein überaus schmeichelhaftes Porträt, geschrieben von Hans Hoff. Anke Engelke wurde zitiert, ich sei ihr Reisebegleiter, «er kommentiert, erklärt und unterhält zugleich», und der notorische ESC-Kritiker Hoff resümierte über die «Bombastshow»: «Durch Urbans Ironie ist sie ein Ereignis ...» Mein Sonntag war gerettet.

2014, seit über fünf Jahren leitete Thomas Schreiber nun schon das Projekt ESC, er hatte die Kooperation mit ProSieben und Stefan Raab eingefädelt, die mitgeholfen hatte, große Erfolge in den Jahren 2010 bis 2012 zu erzielen. Thomas wurde von manchen gefürchtet, er ginge angeblich hart mit seinen Mitarbeitern um, würde einsame Entscheidungen treffen. Ich konnte das überhaupt nicht bestätigen, ganz im Gegenteil, ich erlebte ihn kommunikativ und informativ, er war sorgfältig, genau, plante vorausschauend und bezog alle Beteiligten in die Vorbereitungen des Vorentscheids und des ESC-Finales mit ein. Seine regelmäßigen Jour-fixe-Treffen in den Monaten vor dem Contest waren offene Informations- und Diskussionsrunden, die alle Bereiche wie Technik, Aufnahmeleitung, Produktion, Online, Presse, Redaktion, Delegation, Jurybetreuung und Kommentar auf den aktuellen Stand brachten. Ich genoss diese Treffen sehr, sie waren effektiv, räumten Missverständnisse und Unklarheiten aus und schufen innerhalb des großen Teams eine menschliche, harmonische, gemeinschaftliche

Atmosphäre, die ich in keiner anderen Abteilung derart positiv, produktiv und unterstützend erfahren hatte. Mit den Mitarbeitern des ESC-Teams zusammenzuarbeiten, machte ganz einfach Spaß.

Kopenhagen hatte ein Problem, die Metropole war für ihre klassischen Bauten bekannt, aber besonders für ihre moderne Architektur, die Nationalbibliothek und die neue Oper. Nur hatte man leider keine passende zeitgemäße Halle für ein Großereignis wie den ESC. Also fand man eine Notlösung, eine riesige, seit Jahren verlassene Werfthalle auf einer heruntergekommenen Hafeninsel, die etwas hochtrabend jetzt Eurovision Island genannt wurde. Als ich aus dem kleinen Fenster meines Zimmers im Hotel Admiral, einem früheren Hafenspeicher, über das Wasser schaute, lag die Insel und die alte Werft vor mir, etwa einen Kilometer entfernt. Das dänische Fernsehen hatte mit Riesenaufwand eine hochmoderne Showarena in die abgetakelte Halle gebaut, die bei Bühne und Technik State of the Art war. Drinnen war alles tipptopp, aber drum herum herrschte der Charme einer öden abgewrackten Industriebrache, da war bei Journalisten und Besuchern aus ganz Europa schon eine Menge guten Willens notwendig. Vielleicht war bei dem gigantischen Aufwand für Technik und Bühne in der Halle kein Geld mehr da, um auch draußen für akzeptable Zustände zu sorgen. Die Insel konnte nur über eine schmale zweispurige Straße erreicht werden, was natürlich für riesige Staus sorgte, eigentlich war auch der Transport über Wasser möglich, der Weg vom Anleger zur Halle entpuppte sich aber als weit und beschwerlich, zumal es die gesamte ESC-Woche über regnete.

Die Wege auf der Insel und auf der alten Werft waren matschig, von Pfützen übersät, der Gang zum Pressezentrum war für mich ein Abenteuer, ich lief nach zwei Operationen im Herbst 2013 noch mit Gehhilfen. In der Halle wurde es nicht leichter, man hatte die Kommentatoren-Boxen auf den Oberrang der provisorischen Tribünen in fünfundzwanzig Meter Höhe gesetzt, der Aufstieg erfolgte über eine wackelige Konstruktion mit acht Baustellentreppen, die immer stärker schwankte, je höher man kam. Oben wogte es etwa einen halben Meter hin und her. Ich sah Kolleginnen oder den schwergewichtigen spanischen Kommentator José Maria, die sich beim Hochsteigen an das Geländer klammerten, weil sie Angst hatten abzustürzen oder ihnen wegen der Höhe schwindelig wurde. Schwindelfrei war ich, aber nach jeder Treppe musste ich eine Pause einlegen, Lukas war so lieb, meine Krücken hochzutragen, eigentlich war die Kletterei eine gute Reha-Übung. Wenn man oben war, tauchte das nächste Problem auf, an das die Organisatoren auch nicht gedacht hatten: Wie geht man auf die Toilette? Der Auf- und Abstieg und der Weg zu den WC-Containern außerhalb der Halle dauerte viel zu lang für die während der Show möglichen Zeitfenster wie Recap oder Pausen-Act. Nach Beschwerden baute man in luftiger Höhe ein Chemie-WC ein, ob das je genutzt wurde, entzog sich meiner Kenntnis.

Die beim ESC 2014 von der ultramodernen TV-Technik produzierten Bilder waren allerdings Weltklasse, Videoeinspielungen an Seiten und Rückwänden waren ja schon Standard, aber hier wurde der gesamte Bühnenboden bespielt, Performer konnte auf den Boden projizierte Straßen entlanglaufen, die sich mitbewegten, oder auf Wiesen, Feldern Wellen oder Wolken tanzen, ein spektakuläres Novum in der TV-Geschichte. Moderiert wurden die drei Shows von einem Trio, zu dem einer der bekanntesten Schauspieler Dänemarks gehörte, Pilou

Âsbek, einer der Hauptakteure der brillanten dänischen Polit-Serie «Borgen». Wo er in der Serie düster, ehrgeizig und mysteriös agierte, zeigte er nun seine komische und höchst unterhaltende Seite.

Über dem gesamten Song Contest schwebten jedoch der russische Überfall auf die Krim drei Monate zuvor und der eskalierende russisch-ukrainische Konflikt. Die russische Delegation verweigerte jegliche Äußerung zu diesem Thema, was sollten die russischen Sängerinnen, zwei siebzehnjährige Schwestern, schon dazu sagen? Beim Eröffnungsempfang im Kopenhagener Rathaus trug die Delegation der Ukraine schwarze Trauerschleifen im Gedenken an die Opfer der Auseinandersetzungen, Sängerin Marija sagte, sie singe für sechsundvierzig Millionen Landsleute in Ost und West und versprühte Hoffnung, «Konflikte enden, Musik lebt». Leider hat sie sich geirrt. Im Wettbewerb lagen die beiden Länder am Ende eng beieinander, die Ukraine auf Platz 6, Russland auf Platz 7, was aber bedeutete ein ESC-Ergebnis schon, angesichts des politischen und militärischen Angriffs auf ein Nachbarland.

Deutschland wurde von Elaiza vertreten, einem Trio aus Berlin mit einer aus der Ukraine stammenden Sängerin, Elaizas Lied «Is It Right» war eingängig, freundlich, harmonisch, stimmungsvoll, aber ihr Auftritt für diese grandiose Kulisse etwas zu bescheiden und zu wenig auffällig. Leider nur Platz 18. Die frühere deutsche ESC-Ikone Ralph Siegel war trotz aller Abschiede noch immer ehrgeizig und aktiv, zum dritten Mal hintereinander versuchte Siegel für das kleine San Marino das Finale zu erreichen, und in Kopenhagen gelang es, ich habe ihn selten so glücklich erlebt. Siegel saß sogar mit auf der Bühne, am Flügel wie 1982, allerdings reichte es dann im Finale nur zum 24. Rang.

Absolut hingerissen war ich vom niederländischen Song,

einem meiner All-Time-Favoriten, «Calm After the Storm» von Common Linnets, deutsch die Finken. Dahinter steckte eine der erfolgreichsten Sängerinnen der Niederlande, die 36-jährige Ilse DeLange, und ihr Duettpartner Waylon, zusammen hatten sie unter dem Namen Common Linnets in Nashville ein Album aufgenommen und präsentierten wunderschön entspannten ehrlichen Country-Pop aus Holland. Ergebnis Platz 2 und in den Monaten nach dem ESC ein europaweiter Hit mit größerem kommerziellem Erfolg als der Siegersong. Der kam nach achtundvierzig Jahren mal wieder aus Österreich, mit einem Auftritt, der vorher stark polarisiert hatte. Der fünfundzwanzigjährige Tom Neuwirth träumte immer vom Showbusiness, von Glitzer und glamourösen Kleidern. So erschuf er sich eine Kunstfigur, Conchita Wurst, eine Dragqueen, die auch noch einen Bart trug, als vollkommene Provokation. Da war der ESC die perfekte Bühne, der sei, so Conchita, eine Veranstaltung ohne Vorurteile, Hass und Diskriminierung. Dann kam diese unglaublich fulminante Performance, eine fantastisch gesungene James-Bond-Ballade vor einer in Flammen stehenden Kulisse. Ich konnte nur sagen: «Aufgestiegen aus der Asche, in der Österreich beim Song Contest seit Ewigkeiten festsaß, ob Mann oder Frau, mit oder ohne Bart, bei Conchitas flammendem Auftritt ist der Rest doch eh Wurscht.» Der Sieg war überlegen und verdient, Stimmen aus allen Teilen Europas, auch aus Ländern im Osten und Südosten, in denen Homosexuelle noch diskriminiert wurden, ein Zeichen des Aufbruchs, ein Sieg der Toleranz und der Menschlichkeit.

Für uns Kommentatoren da oben in fünfundzwanzig Metern Höhe hatten unsere lieben Dänen noch eine kleine Überraschung. Mitten in der Show, vor dem ersten Recap, schalteten die Moderatoren zu Graham Norton von der BBC, ein paar Boxen neben der unseren. Nach einer Minute Small Talk hieß es, wir haben noch ein kleines Geschenk für euch. In dem Moment explodierte mit lautem Knall ein Feuerwerk direkt vor unseren Kabinenfenstern, ich war zu Tode erschrocken, dachte sofort an einen Anschlag, und als ich den schlechten Witz erkannte, fluchte ich laut ins offene Mikrofon: «F****** Hell, wollt ihr uns umbringen?» Ich glaube, keiner der Kommentatoren fand die Aktion komisch, die Dänen und ihr Humor ...

Die Geschichte des ESC 2015 in *Wien* begann gleich mit einem Drama, dem Drama von Hannover. Im Vorentscheid war alles so gelaufen, wie ich es mir gewünscht hatte, der stärkste Song, der stärkste Sänger Andreas Kümmert hatte mit 79 Prozent der Zuschauerstimmen die Fahrkarte nach Wien gewonnen, ich freute mich schon. Da nuschelte Kümmert auf der Bühne etwas zu Moderatorin Barbara Schöneberger, ich verstand nicht, was er meinte. Die Botschaft war: Er verzichtet. Kurz geschockt, holte Barbara Luft und sagte zur zweitplatzierten Ann Sophie: «Dann fährst eben du.»

Der Rückzug von Andreas Kümmert war deswegen ein Drama, weil ihm und Deutschland eine große Chance aus der Hand glitt, mit Kümmerts Stimme und seinem ausgezeichneten Song wäre er in Wien unter die ersten fünf gekommen, da war ich mir sehr sicher. Man wusste doch von Kümmerts Ängsten, war da kein Betreuer der Plattenfirma, kein Manager, der beruhigend auf ihn einwirken konnte? Denn den Stress, den ein ESC-Künstler vor und während des Song Contests durchstehen muss, hätte man eventuell steuern oder minimieren können, er hätte in Wien nicht jeden Pressetermin mitnehmen, nicht jede Verpflichtung erfüllen müssen, sondern sich auf die

Musik konzentrieren können. Ich empfand seinen Abgang schmerzlich für alle, dazu voreilig und unnötig, so albern es klang, wahrscheinlich hatte man sich nicht genug um ihn und seine Sorgen gekümmert.

Ich hatte die opulente und gleichzeitig morbide Schönheit Wiens länger nicht genossen, der Blick aus meinem großen Zimmerfenster unseres ungewöhnlichen Hotels auf das Museumsviertel stimmte mich ein, die Fahrt über den Ring an Staatsoper, Hofburg, Volksgarten, Burgtheater vorbei zum Eröffnungsempfang im Rathaus holte mich in den Wiener Zauber zurück, auch das hatte ich dem Song Contest zu verdanken.

Die Wiener Stadthalle war ein Bau aus den späten 50er-Jahren. Österreichs größte Halle, aber nicht riesig, sondern manchmal verwinkelt und eng, aber beinahe gemütlich, besonders in den Gastronomieräumen, die den Charme von altmodischen Kantinen versprühten. Nichts war weitläufig, nichts großkotzig. Es war der 60. Grand Prix, und zum Jubiläum hatte die EBU den treuen australischen Sender, der seit Langem den ESC «Down Under» übertrug, selbst zum Wettbewerb eingeladen, sogar mit einem garantierten Finalplatz.

Ebenfalls gemütlich ging das Finale los, eine Reise durchs schöne Österreich, Erinnerungen an Udo Jürgens und an Conchitas Auferstehung, die Wiener Sängerknaben, ein Kinderchor, der Rapper Leftboy, dazu das Radio-Symphonieorchester, drei eloquente Moderatorinnen, der seit 2013 übliche und hier besonders pompöse Einmarsch der vierzig Kandidaten, schon waren über zwanzig Minuten vergangen, bevor der erste Starter die Bühne betrat. Tanzstimmung kam mit Israels Lied auf. Wie bei einem pubertären Teenager wechselte auch «Golden Boy» spontan die Stimmung, es begann mit einer Trauerklage, der Boy heulte sich bei der Mama aus, weil er Liebeskummer hatte,

Mamas Lösung «Tanzen gehen», und dann folgte ein fröhlicher Trip durch die Clubs von Tel Aviv zu einer mitreißenden Melodie und unglaublich ansteckenden orientalischen Tanzbeats. Nur Platz 9, leider. Der Abend war voller hochklassiger Songs, der spannendste landete am Ende auf Platz 8, eine Bowie-ähnliche Ballade des norwegischen Sängers und Songschreibers Kjetil Mörland und seiner Duettpartnerin Debrah Scarlett, welch passender Künstlername. Das Thema von «A Monster Like Me» war eigen, es ging um einen in der Kindheit begangenen Mord und das andauernde Gefühl von Schuld und Angst, das jede Liebe zerstörte. Geheimnisvoll und gruselig kribbelnd, aber auch schön und zart, eine mörderische Liebesballade, die unter die Haut ging. Ähnlichen Effekt hatte Lettlands Sängerin Aminata Savadogo mit einer hypnotischen modernen Elektronummer, belohnt mit einem tollen 6. Platz.

Zur heiß erwarteten Premiere Australiens kam einer der beliebtesten Sänger des fünften Kontinents, Guy Sebastian. Guy kannte große Auftritte, er hatte schon vor dem Papst und der Queen gesungen, aber bei der größten Show der Welt anzutreten, war auch für ihn etwas Besonderes. Er war professionell und erfolgreich, aus dem Stand Rang 5.

Davor auf Platz 4 der junge Belgier Loic Nottet mit hoher R&B-Stimme und abgehackten Tanzbewegungen, ein cooler moderner Auftritt in Schwarz-Weiß, auch wenn er aussah wie ein bockiger Gymnasiast.

Friedenslieder hatten beim ESC schon immer Konjunktur, doch in Wien waren es gleich drei. Eines kam, gut ein Jahr nach der Besetzung der Krim, aus - man glaubte es kaum - Russland. Doch vielleicht war die Auswahlkommission des russischen Fernsehens gar nicht Kreml-gesteuert und meldete den Song als subversive Friedensbotschaft? Die arme Sängerin Polina Gagarina konnte einem leidtun, sie hatte ja nun nicht die Krim okkupiert, wurde aber permanent ausgebuht. Dabei sang der russische Superstar die Ballade «A Million Voices» absolut brillant, ich notierte: «Großes Kino, besser kann man einen solchen Song nicht singen, aber ihr Friedensappell bitte in Gottes, Pardon, Putins Ohr.» Platz 2. Ich fürchte, in den letzten Jahren war der Song nicht mehr im Repertoire russischer Radiosender.

Der Sieg ging an Schweden, dort war Mans Zelmerlöw schon seit fast zehn Jahren ein Star. Sein Song war gut, aber nicht unbedingt Weltklasse, dafür waren die visuellen Tricks mit einem gezeichneten Strichmännchen, das neben dem Sänger agierte, sensationell und brachten letztlich den Erfolg.

Deutschland belegte den letzten Platz, Ann Sophie erhielt genau wie die Gastgeber aus Österreich null Punkte, das hatte es seit fünfzig Jahren nicht mehr gegeben. Nach der Show stand ich wieder vor den Kameras und suchte nach Erklärungen, die fingen beim antiquierten Bewertungssystem des ESC an. Bei siebenundzwanzig Startern im Finale litt die untere Hälfte des Tableaus natürlich umso stärker, denn von jeder einzelnen Länderjury, von jedem nationalen Televoting erhielten nur die zehn Top-Platzierten jeder Wertung Punkte, die restlichen siebzehn bekamen null Punkte. Und wenn man nie bei einer Jury oder bei einem Televoting unter die Top Ten kam, blieb es bei null, das klang kompliziert, war aber ganz einfach. Das Wertungssystem des ESC gehörte längst grundlegend geändert, alle siebenundzwanzig oder sechsundzwanzig Teilnehmer des Finales sollten von jeder Jury, jedem Televoting in der jeweiligen Rangfolge mit siebenundzwanzig Punkten hinunter bis zu einem Punkt bewertet werden, dann entstünde eine exaktere Rangfolge und mehr Gerechtigkeit. Allerdings wäre auch in einem anderen Voting-System Ann Sophie Letzte gewesen, allerdings mit Punkten. Ihr Lied war in diesem Angebot von

Klasse-Songs nicht konkurrenzfähig und war untergegangen. Ich dachte nur wehmütig an Andreas Kümmert. Aber ich hatte mir angewöhnt, den ESC losgelöst vom deutschen Ergebnis zu bewerten, denn für mich war die Wiener Ausgabe ein sehr sympathischer schöner Song Contest und, ja, ein sehr gemütlicher, das Finale dauerte exakt vier Stunden, ein bis dahin einsamer Rekord.

2016 also wieder *Stockholm*, davor die Vorentscheidungsshow bei Brainpool in Köln-Mühlheim mit zehn sehr unterschiedlichen Kandidaten von Hardrock, Pop, Singer-Songwriter, Gregorianischen Gesängen bis zu Schlager. Ich war als Off-Kommentator beteiligt, Barbara Schöneberger hatte die Bühne im Griff. Es siegte Jaimie-Lee Kriewitz, eine junge schüchterne Sängerin aus Springe bei Hannover, die den Vorteil hatte, schon «The Voice of Germany» gewonnen und mit dem ESC-Kandidatensong «Ghost» einen Top-Ten-Hit gehabt zu haben, also eigentlich perfekte Voraussetzungen für eine gute Rolle in Stockholm hatte. Nachher ist man immer schlauer, aber wenn man sich den zauberhaft schwebenden Song des Berliner Duos Keoma noch einmal anhörte, der sehr modern nach Portishead oder Air klang, hätte man beim immer fortschrittlicheren ESC sicher bessere Chancen gehabt. Doch so war nun einmal das Prinzip: Das TV-Publikum der ARD entschied nach seinen Vorlieben, die offensichtlich selten mit denen des internationalen Publikums übereinstimmten.

Stockholm zeigte sich im Mai 2016 von der besten Seite, Sonne und glitzerndes Wasser, über das ich von meinem Hotelzimmer direkt auf das wunderschöne Rathaus, das Stadshuset, schaute. In dessen eindrucksvoller Kulisse fand der Eröffnungsempfang statt, mit den früheren schwedischen Siegerinnen Loreen und Carola und mit Björn von ABBA, der eine brillante Rede über Politik, Gesellschaft und Musik hielt, es war eine der stilvollsten Feiern meiner ESC-Karriere. Davor noch ein Ausflug per Boot durch die Inseln nach Djurgarden, das roch nach Urlaub, doch meine ESC-Realität begann spätestens am Montag –

Treffen der Kommentatoren, Start der Semifinalproben bis zum Samstag, Finaltag, wieder mal. Nach kurzer Nacht ein spätes Frühstück. Im Fahrstuhl ein Mann mit Sonnenbrille im langen Mantel, sah aus wie Bryan Ferry. Es war Ferry, der abends im Saal des Hotels ein Konzert geben würde. In der Lobby wartete die deutsche Delegation auf die Abfahrt zur letzten Probe, ich wünschte der deutschen Sängerin viel Glück. Mit ehrlicher Absicht, sie würde jede Unterstützung brauchen. Später die letzten Korrekturen am Text, stimmten die Vergleiche, biss die Ironie oder plätscherte sie zu nett? War ich zu frech oder flapsig oder gar ungerecht? Nach acht Tagen voller Proben drehte sich auch das dünnste Lied als Wurm im Ohr, man hörte Enten wie Englein singen. Melodien und Meinungen schwirrten umher, wer war Favorit, wer Außenseiter, wer chancenlos? Wie würden Millionen in ganz Europa abstimmen?

Nachmittags stand eine andere Entscheidung an, verzweifelt versuchte ich, mit wackeligem Internetstream die Bundesligareportagen zu verfolgen. Warum musste der letzte Spieltag auch immer auf das Datum des ESC-Finales fallen? Allerdings war Bayern schon Meister, der HSV im sicheren Mittelfeld. Das entspannte die Lage etwas. Das Manuskript schickte ich zum Gegenlesen an meinen Assistenten Lukas Heinser, ich durfte den Stick zum Ausdrucken nicht vergessen.

Unser Wagen wartete schon, nach sieben gleißenden Sonnentagen lag Stockholm heute in diesigem Grau. Die Fahrt führte am Wasser entlang Richtung Globen, dem futuristischen Riesenei im Süden der Stadt. Langsam kroch kribbelnde Unruhe in mir hoch, pendelte zwischen Anspannung und Vorfreude. Der Weg zu den Sprecherkabinen war diesmal höchst komfortabel, keine Klettertouren über schwankende Baustellentreppen und geländerlose Tribünenaufgänge. Durch die überfüllte Lobby des angeschlossenen Hotels, mit dem Fahrtstuhl zum Restaurant, an Küche und speisenden Gästen vorbei direkt zu den Logenrängen des Globen. Dort reihten sich die Boxen der Kommentatoren aneinander wie Adlernester, belohnten uns mit einem grandiosen Blick von der Spitze des Globus in die Halle, daran hatte sich seit 2000 wenig geändert. Kurze Small Talks in der Kommentatoren-Lounge, aufmunternde Wünsche der befreundeten Kollegen in den Gängen, die Briten schleppten schon wieder den Champagner heran, sie würden aber wahrscheinlich nichts zu feiern haben. Dann ab in die Kabine, Check mit der Regie in Hamburg, standen die Internetverbindungen, wie klang die Stimme? Hörte ich mich gut? Unten auf der Bühne rumorte schon der unsägliche Anheizer, fütterte aufgeregte Fans mit dem Leierkasten nimmermüder Eurovisionsklassiker. Das Fahnenmeer wogte, die Uhr tickte, einmal Räuspern, ein Schluck Wasser, einmal Durchatmen. Punkt neun die Eurovisionshymne, Mikro an, rotes Licht: «Guten Abend in Deutschland, hier ist der Eurovision Song Contest aus Stockholm!» Und wieder lief ein Finale, zu Beginn schrill und aktuell, schwedische DJ-Sounds für den Catwalk der Teilnehmer von den Top-Acts der schwedischen Dance-Szene: Avicii, Swedish House Mafia, Alesso und Galantis, der Globen mit über zehntausend Menschen rockte. Zweiundvierzig Länder hatten gemeldet, sechsundzwanzig durften im Finale antreten, über fünfzig Nationen schauten live zu, auch China und zum ersten Mal die USA.

Die sahen viele Highlights, darunter einen Song, den die lettische Vorjahressechste Aminata nach ähnlichem Muster komponiert hatte, ihre Elektrobeats funktionierten auch mit männlicher Stimme für den vom Liebesschmerz getroffenen Sänger, mein mitfühlender Kommentar: «Die Leiden des jungen Letten – es zerreißt ihn ja fast!» Der einzige nur auf Französisch gesungene Titel bei diesem Grand Prix stammte nicht aus Frankreich, sondern von Zoe aus Österreich, eine charmante Überraschung auf Platz 13. Schweden trat diesmal ganz cool, undramatisch und erfrischend auf, mit dem siebzehnjährigen Frans, dessen Song «If I Were Sorry» ein Dauerbrenner in den Charts und im Radio wurde, in Stockholm aber nur Rang 5 erreichte. Die neunundzwanzigjährige Poli Genova aus Sofia vertrat Bulgarien, ihr war mit «If Love Was a Crime» ein richtig guter zeitloser Rocksong gelungen, Platz 4.

Für den russischen Beitrag wurde wieder mal geklotzt, der größte Star des Landes, der dreiunddreißigjährige Sergeij Lazarow, langweilte mit einer durchschnittlichen Euro-Hymne, aber dann kamen die teuersten Video- und Bühnendesigner ins Spiel, um einen spektakulären Auftritt zu kreieren, das hatte im vergangenen Jahr mit den Strichmännchen ja auch funktioniert. Es wurde gnadenlos alles herausgeholt, was Videotechnik so hergab, bis dem Sänger Flügel wuchsen und er schwerelos durchs All flog, willkommen beim Eurovision Video Contest. Rang 3. Das Lied der Australierin Dami Im hatte das Zeug zum Welthit und wurde von der zierlichen Sängerin mit koreanischen Wurzeln so überragend und einfühlsam gesungen, dass sie in jedem anderen Jahr gewonnen hätte, Platz 2.

Dann trat die ukrainische Sängerin Jamala mit einer modernen Elektro-Nummer auf und erzählte in dem Song «1944» die Geschichte ihrer Urgroßmutter, die von Stalins Geheimpolizei mit Hunderttausenden anderer Tataren von der Halbinsel Krim nach Zentralasien verschleppt wurde. «Es geht um meine Familie und meine Wurzeln, nicht um aktuelle Politik», meinte die Sängerin zu dem Vorwurf, mit ihrem Song auf die russische Annexion der Krim 2014 anzuspielen. Jamalas Lied war eine bewegende und intensive Geschichtsstunde voller Trauer, Schmerz und Gefühl. Das europäische Publikum fühlte mit und wählte sie auf Rang 1. Aber niemand hätte gedacht, der Song könnte wieder aktuelle Bedeutung bekommen. Anfang März 2022 musste Jamala vor dem brutalen russischen Angriff mit ihren zwei Kindern aus ihrer Heimatstadt Kiew fliehen, ihr Mann blieb dort.

Zurück zum Jahr 2016, Jamie-Lee mit koreanisch-japanischem Decora-Kopfschmuck gab ihr Bestes, aber sie erreichte mit ihrem Song weder die Herzen noch die Aufmerksamkeit der 200 Millionen, Deutschland blieb wie im Vorjahr weit abgeschlagen auf dem letzten Platz.

Vor dieser Nachricht erlebten wir jedoch einen der spektakulärsten Interval-Acts aller Zeiten. Es wurden schwedische Musiker, Produzenten und Komponisten gefeiert, Leute wie Max Martin, der Dutzende von Welthits geschrieben hatte, auch für den Stargast des ESC in Stockholm, Sänger, Schauspieler und einer der größten Stars der internationalen Musikszene, Justin Timberlake mit einer groovenden Liveband und der Premiere eines Dance-Klassikers «Can't Stop the Feeling». Die Halle und alle Teilnehmer tanzten, das runde Dach zitterte, wirklich jeder hatte ein Lächeln auf dem Gesicht, Musik ging in Herzen und Beine und schuf etwas Einfaches und Schönes: gemeinsamen Spaß. Den boten danach auch noch die beiden Hosts Petra Mede und Mons Zelmerlöw, als großartige Comedy präsentierten sie den gemeinsamen Faden aller sechzig Siegersongs der ESC-Geschichte, «wissenschaftlich geprüft», ihr Erfolgsrezept hieß «Love Love, Peace Peace» als äußerst lustiges All-Time-Winner-Mini-Musical.

Stockholm 2016 gehört sicherlich zu meinen All-Time-Favoriten, ein rundum perfekter ESC, wenn ich Show, Präsentation, Interval-Act, Spannung, die Qualität der Songs oder Comedy betrachtete, auch als Kommentator fühlte ich mich in meiner kugeligen Lieblingshalle sehr wohl. Wäre da nicht wieder das schwache deutsche Abschneiden gewesen, das das Kommentieren in der Voting-Phase kompliziert machte. Da wünschte ich mir manchmal, zu Hause in Deutschland würde der ESC als das genommen, was er sein sollte, ein Spiel, eine Unterhaltungsshow, die Spaß machen sollte. Er war keine Abstimmung zur Europawahl, sondern ein internationales Vergnügen an vielfältiger Musik, modernen, verrückten, traditionellen, klischeebeladenen oder originellen Sounds, an spektakulären Bildern und Inszenierungen, an schönen, geschmacklosen oder riskanten Outfits. Kurz gesagt, man sollte die Sache nicht so ernst nehmen, sich zurücklehnen, nicht nur auf den eigenen Vertreter schauen, sondern das gesamte bunte Treiben genießen. Wenn Deutschland dann einen guten Platz erzielte, war es ja umso schöner, wenn nicht, ging die Welt auch nicht unter.

2017 war die Ukraine und *Kiew* zum zweiten Mal nach 2005 Gastgeber für das Mega-Ereignis ESC, in krisengeschüttelten Zeiten, geprägt von den bewaffneten Auseinandersetzungen im Osten des Landes und dem Konflikt um die von Russland besetzte Krim. Wir hatten miterlebt, wie ein Land seine Freiheit und Unabhängigkeit in der Orangen Revolution erstritten und dann genutzt hatte, um eine selbstbewusste, moderne, vorwärtsschauende, demokratische Nation zu werden, einen Weg, den es mit den Maidan-Protesten 2013/2014 verteidigen konnte und auf den prompt 2014 die russische Annexion der Krim und der von Russland geschürte Bürgerkrieg im Osten des Landes folgten. Auch für mich war es der zweite Besuch, diesmal wohnten wir im Zentrum, fünf Minuten vom Maidan entfernt, in einer Altstadtgegend mit vielen kleinen interessanten Geschäften, Restaurants, Kunstcafés. Von den politischen Problemen spürte man oberflächlich kaum etwas in der lebendigen Metropole Kiew, die im Vergleich zu 2005 aufgeblüht war. Ich sah renovierte Straßen und Gebäude, goldglänzende Kirchenkuppeln, moderne Hochhäuser, belebte Plätze wie den zentralen Maidan, voll mit Menschen. Wir besuchten eines der interessantesten Restaurants in Kiew, das Ostannya Barycada, die letzte Barrikade, ein Lokal voller Erinnerungen und Reliquien des Freiheitskampfes. Es lag direkt unter dem Unabhängigkeitsplatz Maidan und kochte nur mit Lebensmitteln aus der Ukraine, servierte ausgezeichnetes Essen und sensationellen ukrainischen Wodka. Bei Gesprächen spürte man, wie groß die Angst der Ukrainer vor der Übermacht des russischen Nachbarn war, aber auch wie groß ihr Stolz und ihr Wille, sich zu verteidigen. Wir Westler dachten, eine übertriebene unnötige Befürchtung ... Die deutsche ESC-Delegation erinnerte sich aber auch an die Gräueltaten der Nazis, es war ein sehr bewegender Besuch der Holocaust-Gedenkstätte und der Schlucht Babyn Jar, in der 1941 innerhalb von sechsunddreißig Stunden über dreiunddreißigtausend Kiewer Juden, Männer, Frauen und Kinder, von SS und Wehrmacht ermordet worden waren.

Der russisch-ukrainische Konflikt verschonte auch den ESC nicht, Russland nominierte provozierend eine Sängerin, die von der Ukraine mit einem Einreiseverbot belegt worden war, das Ergebnis dieser unnötigen Streitereien: Russland zog sich von diesem Contest zurück, so nahmen zweiundvierzig Nationen an einem außergewöhnlichen Song Contest teil, der jenseits des Dnjepr auf dem Messegelände im tiefer gelegenen modernen Teil Kiews organisiert wurde. In der neu gestalteten deutschen Vorauswahl hatte sich die Sängerin Levina mit dem Song «Perfect Life» qualifiziert.

Bei der letzten Sitzung der Kommentatoren am Freitag wurde mir eine süße Überraschung serviert, eine Torte zu meinem zwanzigsten ESC-Jubiläum, überreicht von ESC-Boss Jan Ola Sand und organisiert von unserem unersetzlichen Betreuer Ivor Lyttle, die EBU nannte ihn «Verbindungsoffizier». Ivor hatten wir auch die Commentators' Lounge zu verdanken, ein Ruhe- und Arbeitsbereich in der Hektik zwischen Proben und Shows. Beim Tortenessen mit Marty aus Irland, Ole aus Dänemark, Gisli aus Island, Sven und Jean-Marc aus der Schweiz, Andi aus Österreich, Edward aus Schweden, Olav aus Norwegen, Andrej aus Slowenien oder Cornald aus den Niederlanden wurde eines klargestellt. Obwohl ich seit zwanzig Jahren aktiv war, gehörte der Hut des Alterspräsidenten Jean-Marc Richard, dem Kommentator des französischsprachigen Schweizer Senders RTS, der seit 1991 bei jedem ESC entweder für Radio oder TV kommentiert hatte.

Die erste Überraschung des Finales lieferte Weißrussland, denn da gab es freundlich-fröhlichen amerikanischen Folkrock original auf Weißrussisch zu hören. Den letzten Sieg beim ESC hatte Norwegen 2009 mit Alexander Rybak erlebt, 2017 vollzog Norwegen einen Sprung in die aktuelle Popszene mit einer richtig attraktiven DJ-Nummer, Platz 10.

Das Motto des Song Contests in Kiew war «Celebrate Diversity – feiert die Vielfalt», und das erfüllte keiner besser als der Beitrag aus Ungarn. Zum ersten Mal kürte das ungarische Fernsehpublikum einen Künstler aus der Volksgruppe der Roma und Sinti. Der war sich seiner wichtigen Rolle als Repräsentant einer ethnischen Minderheit bewusst: «Ich glaube, das ist ein Durchbruch: Ich bin der erste Roma, der Ungarn stolz beim europäischen Wettbewerb vertreten wird.» Joci Papai tat das mit hypnotischen Gypsy-Klängen und schnellen Wortkaskaden, dass man denken konnte, Rappen sei in Ungarn erfunden worden. Platz 8. Der lange Zeit hoch favorisierte Francesco Gabbani aus der Toskana war einer der prominentesten und auffälligsten Künstler dieses ESC. Gabbani hatte das Sanremo-Festival gewonnen und war momentan der erfolgreichste Sänger Italiens, sein rhythmischer, aber gleichzeitig tiefsinniger Song «Occidentali's Karma» war europaweit ein Hit, dennoch nur Rang 6. Erfolgreicher sang die siebzehnjährige Schülerin Blanche aus Brüssel mit tiefer Stimme von den Lichtern der Großstadt, «City Lights», das war dunkel und geheimnisvoll, eine coole Indie-Nummer, Platz 4. Die Geschichte des Sunstroke Project aus Moldau klang verrückt: 2007 lernten sie sich beim Armeeorchester kennen und gingen als Tanzband auf Tournee, schon 2010 vertraten sie ihr Land in Oslo mit einem eigenwilligen Mix aus Dance-Beats, Geige, Saxofon, wurden aber nur 22. Doch das Saxofon-Solo erreichte im Internet Weltruhm. Unter dem Namen Epic Sax Guy wurden vier Takte zu einem Zehn-Stunden-Loop zusammengeschnitten und über dreißig Millionen Mal angeklickt. 2017 waren die drei wieder dabei und trieben ihren Spaß bis auf Rang 3. Beeindruckend reif sang der siebzehnjährige bulgarische Sänger Kristian Kostov seine dramatische Ballade «Beautiful Mess» und erklomm Rang 2.

Doch der überraschendste und erfolgreichste Beitrag des Jahres kam aus Portugal, es war der allererste Sieg des Landes nach achtundvierzig Teilnahmen. Der siebenundzwanzigjährige Salvador Sobral stammte aus einer Adelsfamilie, studierte Psychologie, gab aber bald seiner wahren Liebe nach und begann ein Jazzstudium in Barcelona. Beeinflusst war Salvador von Bossa-Nova, Chanson, portugiesischem Fado, aber besonders von Jazztrompeter und Sänger Chet Baker. Seine ältere Schwester Luisa, eine Jazzmusikerin, schrieb ihrem Bruder einen passenden wunderschönen Song, den sie in Vertretung bei den Proben auch selbst singen musste, weil ihr herzkranker Bruder erst zum Semifinale anreisen konnte. Bei den Finalproben improvisierte er ständig unterschiedliche Versionen, mal sang er, mal scattete er, mal ahmte er eine Trompete nach, ein freier Geist. Es war eine Sensation, ein portugiesischer Jazzsänger gewann den ESC mit ungewöhnlich leisen Tönen und einem zarten, intimen und berührenden Lied. Salvador Sobrals «Amar Pelos Dois», ein denkwürdiger unvergesslicher Moment in der Geschichte des Song Contests. Ich freute mich unendlich, war es doch der ultimative Beweis, dass der Eurovision Song Contest sich grundlegend gewandelt hatte und offen war für vielfältige aufregende Musik, weg von alten ESC-Klischees und konturloser Fließbandware.

Das Schicksal meinte es weniger gut mit Deutschlands Beitrag, Levinas Auftritt wirkte kühl in einem langen silbergrauen Rock vor weiß-grauer Kulisse, dabei handelte ihr Song vom perfekten Leben, da wäre ein wenig mehr Farbe schön gewesen. Die erste Strophe sang Levina auf dem Rücken liegend, was Stimme und Timbre nicht guttat, erst im Stehen erreichte sie normale Stimmkraft. In der Rückschau war auch das musikalische Arrangement des eigentlich soliden Songs zu konventionell und undynamisch, um gegen die Qualitäten der Konkurrenz eine Chance zu haben. Da hätte auch die genialste Inszenierung nicht helfen können, wenn die musikalische Grundlage nicht genügte. Auch dieser deutsche Auftritt berührte nicht die Herzen, Seelen oder Gefühle der Zuschauer und litt dazu, wie schon oben erwähnt, am störrischen Voting-System des ESC. Das Ergebnis der 25., vorletzte Platz mit sechs Punkten, einem Pünktchen vor Spanien. Die Bestürzung war natürlich groß, jetzt würde wieder aus allen Ecken Kritik vor allem auf den NDR als verantwortlichem Sender niederprasseln. Dabei arbeitete auch nach Stefan Raabs Abschied vom ESC 2012 der NDR sehr eng mit Raabs Produktionsfirmen Brainpool und RaabTV bei den Vorentscheiden und bei der Kandidaten- und Songakquise zusammen. Bei Konzept, Inhalt, Auswahl und Organisation spielten die Raab-Firmen eine bedeutende Rolle bei der Findung der deutschen Beiträge seit 2010, zunächst mit großem Erfolg, später mit weniger. Das Problem war, dass bei der sehr schwierigen Aufgabe einer Vorauswahl eine gute Basis von Kandidaten, Songs und Alternativen vorhanden sein musste, um eine gute Wahl zu treffen. Schon früher hatten die Plattenfirmen mit ihren Angeboten diese Basis zu selten liefern können, später garantierten Kandidaten, die sich über Webseiten und YouTube beworben hatten, ebenfalls nicht immer ein solides Potenzial, Glück war ein notwendiger, aber nie planbarer Faktor. Vor allem: Woher sollte man außerordentliche, überragende Songs nehmen, gut reichte nämlich nicht aus, es brauchte diesen besonderen Kick, dieses spezielle Etwas, das einen normalen durchschnittlichen Song zu einem erfolgreichen machte und die Fähigkeit besaß, die Menschen in Europa zu erreichen.

Der Nachtclub im obersten Stockwerk unseres Hotels erlebte dann aber doch noch eine ausgelassene After-Show-Party der deutschen Delegation, die sich den Frust aus den Beinen tanzte. Mir wurde noch eine besonders nette Geste zuteil, nachdem die großartigen Steffi Stradmann und Nina Straube schon meine Kabine mit Girlanden, Ballons und einer großen «20» geschmückt hatten, wurde nachts um halb fünf ein wunderschöner kleiner Jubiläumsfilm vorgeführt, den Lukas Heinser gefertigt hatte, mit guten Wünschen und lustigen Grüßen von meinen liebsten Kommentatoren-Kollegen, vom früheren Head of Delegation Torsten Amarell, vom 2017er-Team und mit einem lieben Handy-Videogruß von Lena.

Auf nach *Lissabon*, endlich wieder in den Süden!

Für 2018 wurde die Zusammenarbeit mit Brainpool und RaabTV beendet und nach vielen Diskussionen und Überlegungen ein neues Auswahlsystem eingeführt, mit zwei Jurys, einem hundertköpfigen Panel von ESC-Fans und einer internationalen Fachjury mit etwa zwanzig Mitgliedern, die aus erfahrenen Juroren ihrer Länder zusammengesetzt war. Diese Gremien suchten per Audio- und Videoanalyse sechs Kandidaten für den Vorentscheid, der im Februar in Berlin-Adlershof organisiert wurde, außer den beiden Jurys sollte auch das Voting des TV-Publikums in die Entscheidung einfließen. Linda Zervakis und Elton moderierten, ich war wieder als Livekommentator aktiv. Zuvor war als wichtige Neuerung ein Songwriter-Camp veranstaltet worden, bei dem erfolgreiche Autoren mit den Kandidaten an deren Songs arbeiteten. Das Ergebnis war höchst erfreulich, Michael Schulte wurde von allen drei Gremien am besten bewertet und siegte überlegen mit seinem Lied «You Let Me Walk Alone». Ursprünglich hatte Michael zuvor auch über einen schnelleren Song nachgedacht, der neue ESC-Redakteur Christoph Pellander spielte mir die beiden Alternativen vor, auch mein Votum ging eindeutig an die bewegende Ballade «You Let Me Walk Alone», in der Michael zu einer feinen Melodie den frühen Verlust seines Vaters in persönlichen Worten thematisierte.

Vom Fenster unseres Hotels am Parque Eduardo VII hatte ich einen herrlichen offenen Blick über die portugiesische Hauptstadt, eine wahre Perle. Der Eröffnungsempfang wurde in Belèm direkt am Meer auf einem blauen Teppich zelebriert. Die schöne Arena mit einem hölzernen Dach, das Pavilhao Atlantico, lag ebenfalls am Wasser, an der Bucht, in der sich der Fluss Tejo ins Meer ergießt. Die Sonne, der weite blaue Himmel, die wunderbare Luft, das glitzernde Wasser, die Gerüche des einfachen Außenrestaurants am Hafenbecken entfalteten eine entspannte Atmosphäre, wie ich sie bei kaum einem Song Contest zuvor erfahren hatte. Für mich hörte die Entspanntheit aber beim Weg in die Halle und zu den Kabinen auf, es ging durch die Zuschauertribünen etwa vierzig Treppenstufen ohne Geländer steil nach oben, die Regelungen in Europa für Sicherheit schienen trotz EU doch wohl weit auseinanderzuklaffen. Der Blick aus der Box auf die nahe Bühne entschädigte dann aber für vieles. Nuno, der überaus sympathische Kommentator Portugals, begrüßte uns, er war auch für die Künstlersuche in Portugal zuständig, er hatte den famosen Salvador Sobral für den ESC gefunden, ihm hatten wir also eigentlich den Trip nach Lissabon zu verdanken. Zur Entspannung trug die sehr unaufdringliche, aber effektiv und schnell operierende portugiesische Polizei bei, die das Hotel absicherte und jeden Bustransport von rasenden Motorradpolizisten begleiten ließ, die uns durch den dichten Verkehr manövrierten, Kreuzungen freihielten, rote Ampeln überfuhren und Autos zur Seite drängten, ich fühlte mich an Dublin erinnert.

Beim Finale geschah zunächst etwas Sensationelles für die portugiesische Musikszene, die berühmtesten Fado-Sängerinnen des Landes, Anna Moura und Mariza, die sich nicht gerade grün waren, standen zum ersten Mal gemeinsam auf einer Bühne. Dazu erlebte das Finale die Rückkehr des Salvador Sobral, fünf Monate zuvor war dem kranken Sänger ein Herz transplantiert worden, beim Heim-ESC nun der erste Auftritt seit dem Eingriff – zusammen mit der brasilianischen Ikone Caetano Veloso, ein stiller bewegender Moment, vom Publikum bejubelt.

Ein Comeback im Wettbewerb versuchte der norwegische Champion von 2009 Alexander Rybak. Der setzte auf den gleichen Charme wie früher, kam aber mit einem schwachen Song nur auf Rang 15. Frischer Wind blies aus Tschechien mit dem hochbegabten Sänger, Rapper und Tänzer Mikolas Josef, Platz 6.

Michael Schultes Lied fand schon vor dem Finale bei Journalisten und meinen Kommentar-Kollegen große Beachtung, da hatten sie die großartige Bühneninszenierung des Songs noch nicht gesehen. Nach einem Aufruf hatten Fans aus aller Welt, die ein ähnliches Schicksal wie Michael erfahren hatten, Fotos hochgeladen. Michael stand zunächst auf einer schwarzen Bühne, dann erschienen auf einer Videowand hinter ihm Kernworte aus dem Songtext, One Love, Two Hearts, Three Kids, Home oder Shelter from the Storm, dazu die Fotos auf dem schwarzen Hintergrund. Dann breitete Michael bei der Stelle, an der der Refrain dramaturgisch gesteigert wurde, die Arme aus, die Bewegung wurde von der Grafik aufgenommen, multipliziert und wandelte sich auf der halbkreisförmigen Videowand zu einer rotierenden Scheibe in Weiß, Rot und Schwarz, aus der noch einmal die Kernworte hervorschossen, ein unglaublicher Effekt, der am Ende wieder im tiefen Schwarz aufging, in dem Michael die letzten ruhigen Zeilen sang. Stille, und dann riesiger Jubel. Es war eine der besten Inszenierungen, die ich je beim ESC gesehen hatte, aber nicht ohne diesen großen Song denkbar, sie deckte das Lied nicht zu, sondern komplementierte und steigerte die Dramaturgie und die Botschaft der Musik und der Worte. Um diesen Geniestreich zu ermöglichen, musste allerdings zunächst ein großes Problem gelöst werden, denn in Lissabon gab es zum ersten Mal seit vielen Jahren keine LED- oder Videowand auf der Bühne, also brachte das deutsche Team eine aufblasbare Videowand in Halbkreisform mit, auf die Bilder und Grafik projiziert werden konnten. Und diese riesige Luftmatratze wurde tatsächlich innerhalb von dreißig Sekunden aufgeblasen und nach dem Song in derselben Zeit wieder entleert, allein das ein Meisterstück. Der britische Kommentator Graham Norton, der in der Box neben uns saß, sagte mir nach der Show, wie sensationell die Inszenierung des deutschen Songs gewesen sei und dass sein Erfolg hochverdient sei. Als ich ihn auf die britische Sängerin Surie ansprach, deren Auftritt von einem politischen Wirrkopf gestört worden war, indem er ihr das Mikrofon entrissen hatte, antwortete Graham nur lakonisch mit englischem Humor: «Vielleicht hat es ihr ja sogar geholfen.» Surie wurde 24., Drittletzte.

Michael Schulte lag schon nach der Juryabstimmung auf Rang 4, den er auch halten konnte, als die Publikumspunkte verkündet wurden, er kam sogar bis auf zwei kleine Punkte an den Dritten, den Österreicher Cesar Sampson, heran, die beste deutsche Platzierung seit Oslo. Der neue Modus hatte funktioniert, auch durch das Glück, einen tollen Sänger mit einem berührenden Song und einer kongenialen Performance gefunden zu haben.

Austrias Cesar, früher Sänger bei den DJ-Päpsten Kruder und Dorfmeister, Produzent und Personal Trainer gleichzeitig, lag bei den Jurys auf dem Platz 2, rutschte noch mit dem athletischen Vortrag seines starken Songs auf Platz 3. Eleni

Foureira brannte für Zypern ein Flammengewitter ab, bei dem man froh sein konnte, dass das schöne Holzdach der Halle nicht abgefackelt wurde. Ihr Latin-Disco-Kracher «Fuego» hätte in anderen Jahren sicher für den Sieg gereicht, in Lissabon wurde sie von der bekennenden israelischen LGBT-Sängerin Netta daran gehindert. Deren schriller wie cleverer Song «Toy», bei dem sie ihre Stimme mit einer Loop-Station auf der Bühne vervielfachte, war seit März weltweit durch die Decke gegangen. Zeilen wie «ich bin nicht dein Spielzeug, du dummer Junge» kamen natürlich in der MeToo-Debatte genau richtig. Nettas Auftritt war bunt, wild und stolz und gewann den 63. Song Contest für Israel. Übrigens, die Portugiesen schafften das Finale in unglaublichen drei Stunden und elf Minuten.

Schon 2019 zeigte es sich, dass auch das beste Auswahlsystem seine Schwächen hatte, denn es konnte trotz der Beteiligung einer internationalen Fachjury, deren Mitglieder in ihren Ländern auf die richtigen Sieger gesetzt hatten, keinen dauerhaften Erfolg garantieren. Gewählt wurde beim deutschen Vorentscheid das frisch geformte Duo S!sters mit dem Schwestern-Song «Sister», und zwar mit Höchstpunkten von Fachjury und TV-Publikum, während das ESC-Fan-Panel nur sechs Punkte beisteuerte. Das Publikum hatte das mutigste Lied des Abends, «Surprise» der Würzburgerin Lilly Amon Clouds, mit der zweitbesten Wertung und zehn Punkten belohnt; wären die beiden Jurys dem gefolgt, hätte die etwas spröde, aber außergewöhnliche Lilly eine Chance auf den Sieg gehabt. Es war zwar müßig zu spekulieren, aber mit der anrührenden, intimen und besonderen Stimmung der Lilly-Ballade wäre Deutschland weitaus näher an der aktuellen musikalischen Entwicklung des ESC gewesen als mit einer unspektakulären trägen Mainstream-Nummer im Medium-Tempo, die es nicht einmal in die Playlisten des Mainstream-Radios schaffte. Ich fühlte mich an Keoma 2016 erinnert, aber was konnte ich kritisieren? «Sister» war gemäß der Regeln korrekt und deutlich gewählt worden. Nun hoffte ich, dass die Dauernörgler nach einem Misserfolg ihre Häme nicht wieder nur über dem NDR-Team ausschütten würden, denn mit dem neuen Modus der zwei Jurys war die Entscheidungsgewalt auf mehrere Schultern verteilt.

Die Reise nach *Tel Aviv* war ein Traum, das Hotel lag direkt am Mittelmeer, das war in der israelischen Metropole fast normal, der breite Küstenboulevard war endlos lang. Vom Balkon meines Zimmers im 22. Stock schaute ich den schon sehr belebten Strand entlang, das Wetter war mild, die Sonne schien intensiv. Allerdings verbrachte ich das Gros des Tages in einer dunklen Halle oder vor dem Laptop am Schreibtisch. Zur ESC-Halle musste man rund vierzig Minuten in den Norden der Stadt fahren, zum Convention Center. Dort hatte das israelische Fernsehen für die Finalshow Weltstars aufgeboten, es moderierte Topmodel Bar Refaeli, Wonder Woman Gal Gadot führte uns die Essenz von Tel Aviv vor, als Interval-Act wollte Madonna die Gelegenheit nutzen, vor zweihundert Millionen Menschen ihr nächstes Album zu promoten, angeblich ließ sie sich dafür von einem israelischen Geschäftsmann fürstlich entlohnen. Ab Freitag wurde die Halle für die Proben des Superstars mehrfach geräumt, damit niemand zuschauen konnte. Man hatte nur vergessen, dass die Hallenwände an mehreren Seiten offen waren, dazu versäumte man, das PA-System auszuschalten, so konnten wir, ob wir wollten oder nicht, der Lady bei der Probe zuhören. Und das klang nicht gut, sie traf die Tonlage des Playbacks nicht, doch ich dachte, die überprofessionellen Amerikaner würden das schon regeln, zur Not könnte sie ja auch zum Vollplayback mimen, wie sie es manchmal bei Livekonzerten zu tun pflegte.

Vor dem Finale musste ich zunächst die Nachricht verdauen, dass der von mir hochgelobte österreichische Song von Paenda ausgeschieden war. Das war Pop-Avantgarde, sparsam, reduziert, intensiv, aber für das Halbfinale zu schwere Kost, da werteten nämlich nicht alle Länder mit, sondern nur die beteiligten plus zwei der Big Five, nach Italiens Rückkehr gehörten auch die Italiener zu den fünf fest Qualifizierten.

Eine krachende Performance aus Island hatte es allerdings ins Finale geschafft, da konnte ich nur warnen: «Hier nähert sich die isländische Band Hatari, und jetzt wird's laut und schrill, schicken Sie vielleicht die Kinder zum Getränkeholen – Hatari wollen mit ihrer krassen Performance Populismus, Diktaturen und Auswüchse der Konsumgesellschaft kritisieren.» Der Song hieß «Hatrið mun sigra – Hass wird siegen, wenn wir nicht Liebe dagegenstellen», und das 2019 mit Rammstein-Gewalt in die Welt geschrien.

Mein privates Plädoyer für künstlerische Klasse einer ungewöhnlichen Sängerin wie Lilly Among Clouds fühlte sich durch den wagemutigen Beitrag Australiens bestätigt. Die ausgebildete Opernsängerin Kate Miller-Heidke war gleichzeitig eine der renommiertesten Popkünstlerinnen Australiens mit zahlreichen Hits, sie sang am Royal Opera House in London und an der Met in New York. Ihr ESC-Song erinnerte an Kate Bush, und sie nahm den Songtitel wörtlich: «Zero Gravity» – null Schwerkraft. Wir erlebten das fünfte Element vom fünften Kontinent, ein atemberaubendes Bild, fliegende Frauen im Weltraum, und es war kein Bildtrick, wir sahen es ja von unserem Kabinenfenster genau. Die australische Gesangsqueen saß auf einer schaukelnden fünf Meter langen Stange und jubilierte dabei in den höchsten Tönen, es war ein Wahnsinn, der Kate auf Rang 9 trug.

Für die Schweizer Kollegen, die auch in unserem Hotel wohnten, war der Finaltag, der 18. Mai, wie Weihnachten. Zum ersten Mal seit fünf Jahren hatte die Schweiz das Finale erreicht und sprang mit dem dynamischen Luca Hänni auf den Platz 4, wobei er ganz knapp an Platz 3 vorbeischrammte. Große Jubelparty später in der Hotelbar.

Als der sechsundzwanzigjährige italienische Sänger Mahmood im Februar 2019 das Sanremo-Festival gewann und damit ESC-Vertreter des Landes wurde, kritisierten rechte Politiker wie Innenminister Salvini diese Entscheidung. Mahmood hieß eigentlich Allessandro Mahmoud, wuchs als Kind einer sardischen Mutter und eines ägyptischen Vaters auf, der die Familie früh verließ. Die Beziehung zu seinem Vater, der nur Interesse an seinem Geld und nicht an ihm hatte, war auch Thema seines eindrucksvollen Songs, der lang an der Spitze der italienischen Charts stand. In Tel Aviv musste er sich knapp geschlagen mit Rang 2 zufriedengeben.

Gewinner des ESC wurde der Niederländer Duncan Laurence, als Jugendlicher erlebte er Mobbing, schrieb Songs und Gedichte, spielte Klavier. Musik war sein Zufluchtsort, an dem er frei und sicher war. Sein Song «Arcade» erzählte vom Verlust eines lieben jung verstorbenen Menschen. Es war faszinierend, wie es Duncan Laurence schaffte, 7000 Menschen in der Halle und wahrscheinlich auch Millionen an den Fernsehern zu berühren.

Das gelang dem Weltstar Madonna nicht. Die erfolgreichste Künstlerin aller Zeiten, eine lebende Legende, wollte die Plattform des ESC nutzen, um ihr neues Album «Madam X» vorzustellen und gleichzeitig den 30. Geburtstag ihres Albums «Like a Prayer» zu feiern. Die Feier ging in die Hose, sie erschien in einer Mönchskutte und stieg eine lange Treppe hinunter, dabei sang sie eine zu tiefe und zu langsame Version ihres Welthits, genauso schief wie bei den Proben. Ich konnte es nicht fassen, hatte sie keine Berater oder Manager, die sie vor einem solch katastrophalen Fehler beschützten? Sich vor zweihundert Millionen Menschen zu blamieren, war keine Kleinigkeit, wenigstens lief der zweite Titel, das Cumbia-inspirierte «Future» mit dem US-Rapper Quavo, im Vollplayback, das klang dann in Ordnung. Danach sagte ich in milden Worten: «Madonna, Sie haben am Anfang gemerkt, hier wird live gesungen. Auch Weltstars müssen mit solchen Situationen kämpfen, manchmal hört man sich nicht gut, so geht's auch den ESC-Stars.» Ich verkniff mir den Zusatz, dass diese mit der modernen In-Ear-Technik fast nie mehr falsch sangen.

Richtig gut sang das deutsche Duo S!sters seinen Song, vielleicht hätte eine außergewöhnliche Inszenierung dem Titel helfen können, aber so liefen die beiden Sängerinnen auf einem Catwalk durch das Publikum, ohne wirkliches Konzept, ohne Dynamik oder Steigerung. Es wurde der 25. und vorletzte Rang, einen Platz vor dem UK-Sänger, dessen Lied wie das deutsche von der kanadischen Autorin Laurell Barker stammte, eine Seltenheit. Aber Laurell zeichnete nicht nur für die beiden letzten Plätze verantwortlich, sondern auch für den vierten Rang des Schweizers Luca Hänni, so eng – oder so weit – lagen Glück und Pech beieinander. Übrigens brachen die Israelis den Wiener Rekord, die Finalshow von Tel Aviv dauerte unglaubliche vier Stunden und elf Minuten bis 2.11 Uhr Ortszeit. Als wir um halb vier ins Hotel zurückkehrten, luden uns die Schweizer zum Trost wenigstens zu ihrer Feier ein ...

Im Frühjahr 2020 schlug Covid zu, wie vieles wurde auch der geplante Song Contest in Rotterdam abgesagt, Thomas Schreiber gelang es mit seiner neuen Head of Delegation Alexandra Wolfslast, wenigstens eine Ersatzveranstaltung in der Elbphilharmonie unter Pandemiebedingungen zu organisieren.

2021 stand wieder *Rotterdam* im Fokus, der 65. ESC sollte im Mai dort stattfinden. Da für mich als Risikopatient der Impfschutz noch nicht vollständig war, bat ich die Redaktion, den ESC aus Hamburg kommentieren zu dürfen. Dafür wurde in der Wagenhalle, in der auch der Ü-Wagen mit Ton- und Bildregie parkte, eine mobile Kommentatoren-Box aufgestellt. Die guten Feen Steffi und Nina betreuten mich großartig, ich hatte einen kurzen Weg zu meinem Toningenieur Sammy Kassem und einen angenehmen zur nächsten Toilette, mein Assistent Lukas Heinser saß in der Kabine in Rotterdam, um mich auf dem Laufenden zu halten, ich konnte mich also über nichts beklagen. Doch es war nicht dasselbe, es fehlten die Atmosphäre, das Kribbeln, die Kontakte, Gespräche vor und nach den Proben oder abends im Hotel. Der Zuschauer wird es meinem Kommentar kaum angemerkt haben, aber ich selber spürte es, mir fehlte eine Menge, obwohl ich mich wie durch einen Tunnel oder einen Film nach Rotterdam in die Ahoy-Arena und die dortige Kabine versetzte. Einmal, während des Finales, wollte ich, wie von den früheren Contests gewohnt, aus dem Fenster die Reaktion des Publikums nach einem tollen Auftritt beobachten, ich stand auf, blickte aus dem Fenster – und starrte gegen die graue Garagenwand der Wagenhalle, ein harter Schnitt in die Realität. Aber nicht nur für mich waren es andere Bedingungen, die Pandemie hatte auch den ESC im Griff. Duncan Laurence, der Sieger von 2019, konnte nicht wie geplant im Finale live als Gaststar auftreten, er war positiv getestet in Quarantäne. Die Rückkehr des ESC war nur mit Erlaubnis der niederländischen Regierung unter strengen Hygiene-Vorschriften möglich. Die teilnehmenden Länder-Teams wurden ständig getestet und durften sich nur in Hotels und der Halle aufhalten. Bei einem positiven Test wurde isoliert, und es gab Bühnenverbot. So erging es der isländischen Band, die mit einem Video teilnahm und dennoch den vierten Platz erreichte. Ein ESC mit Kontakten, Gesprächen, normaler Kommunikation oder gar einem Stadtbesuch war es also auf keinen Fall.

Trotz der Umstände wurde der Rotterdamer ESC ein Meilenstein, der letzte Beweis für den neuen, jüngeren, offenen, vielfältigen, toleranten, modernen Song Contest. Nach der Punktevergabe befand sich unter den ersten zwölf Platzierten nur ein einziger Mainstream-Titel, nämlich auf Platz 10 Griechenland, sonst wählte Europa (plus Israel und Australien) auf die vorderen Ränge ausnahmslos Lieder diverser Stile, ein Querschnitt durch aktuelle ausdrucksstarke originelle Popmusik mit Persönlichkeit, fern vom Durchschnitt: Soul, Rap, Hardrock, Chanson, Ethno-Trance, Synthi-Pop, R&B, Singer-Songwriter.

Portugal schickte mit Black Mamba eine klassische Soulband, die ihr süßes Gift verspritzte, für Russland rappte Manizha, eine engagierte Kämpferin gegen häusliche Gewalt, für Frauenrechte und die LGBTQ-Community. Sie sang über den Aufbruch der russischen Frauen und wurde zu Hause angefeindet. Platz 9.

Die ukrainische Band Go A verschmolz traditionellen osteuropäischen Folkgesang mit treibenden modernen Elektro-Beats, hypnotisch, Platz 5. Mit schwebenden geheimnisvollen Tönen, die in höchste Höhen aufstiegen, brillierte der junge Schweizer Sänger Gjon's Tears, Rang 3. Emotional und berührend war der Auftritt der Französin Barbara Pravi, im

6/8-Takt kreiselte sie sich hoch zu einem packenden Finale, die legitime Erbin der französischen Chanson-Tradition, und die Piaf passte im Himmel auf sie auf.

Der Triumph gehörte der römischen Band Maneskin, sie war Vertreter der jungen Musikergeneration Italiens, die Wut und Rebellion ausdrücken und den Respekt der Älteren einfordern wollte, den bekam diese fantastische Band im Übermaß. Seit dem ESC-Sieg machten Maneskin Weltkarriere, wurden in den USA für einen Grammy nominiert.

Deutschlands Beitrag «I Don't Feel Hate» von Jendrik brachte eine weitere Enttäuschung und wurde mit drei Punkten Vorletzter. Ich verstand nicht, warum der Song von beiden zuständigen Jurys zum Kandidaten gekürt worden war. Jendriks Bewerbungsaktion für den ESC mit lustigen Making-of-Videoclips war zwar sympathisch, aber davon wussten Europas Zuschauer nichts, sie hatten nur den hektischen sprunghaften Song, einen Trip durch vier Stile in drei Minuten und seine hyperaktive atemlose Performance zu bewerten, danach wunderten die null Punkte vom Publikum nicht. In den Livesendungen hielt ich mich aber aus Respekt vor dem deutschen Beitrag und aus Loyalität mit derartiger Kritik stets zurück und erntete dafür viel negatives Feedback mit dem Tenor, ich wäre zu nett und kritiklos den deutschen Teilnehmern gegenüber. Ich hielt dennoch an diesem Prinzip fest, meist hatten ja auch die Fernsehzuschauer Künstler und Lied mit ausgewählt. Rückblickend hätte ich aber schon öfter mal aus meiner Sicht als Kommentator schwächere Auftritte, Mängel oder Versäumnisse ansprechen können, ohne die nötige Fairness zu verletzen.

Am Schluss des Finales wollte ich im Namen des gesamten Teams unserem scheidenden Teamchef Thomas Schreiber für Energie, Einsatz und Leidenschaft danken, mit der er zwölf

Jahre den ESC im deutschen Fernsehen erfolgreich betreut und zu großen Erfolgen geführt hatte. Doch das niederländische Fernsehen startete den Abspann über eine Minute zu früh, vielleicht weil man unter vier Stunden bleiben wollte. So wurde mein Dank mitten im Wort abgeschnitten. Daher musste ich den Dank auf einem anderen Weg nachreichen ...

Am 24. Februar 2022 stellte sich endgültig heraus, dass die Befürchtungen, die wir 2017 in der Ukraine gehört hatten, berechtigt gewesen waren. Wir hatten uns alle täuschen lassen. Auch der ESC 2022 in *Turin* stand unter dem Eindruck des russischen Angriffs, das Finale begann mit einer von allen Künstlern, Moderatoren und Zuschauern zusammen gesungenen Friedensbotschaft, John Lennons «Give Peace a Chance».

Ich kommentierte wieder aus Hamburg, angesichts angestiegener Fallzahlen mit der Gefahr einer Ansteckung auf der Reise, die eine zehntägige Quarantäne im Turiner Hotelzimmer bedeutet hätte, schien mir die Heim-Variante für alle Seiten die sicherste zu sein.

Die Vielfalt und die hohe Qualität des ESC von Rotterdam fanden auch 2022 in Turin ihre Fortsetzung, in der bisher längsten Finalshow überhaupt, dreißig Sekunden länger als Tel Aviv. Die niederländische Sängerin und Autorin S10 ging in ihren Songs sehr offen mit ihren psychischen Problemen um, zu denen akustische Halluzinationen, Depressionen und eine bipolare Störung gehörten; ihr ESC-Song «De diepte – Die Tiefe» war ein sensibler Blick in einen dunklen Tunnel. Die Portugiesin Maro sang mit ihren fünf Kolleginnen in schönster Harmonie über «Saudade», die spezifisch portugiesische Form des Weltschmerzes, da wurden Sehnsucht und Melancholie zur stillen Freude. Der moldawische Song «Der kleine Zug» handelte von einer Bahnfahrt zwischen Chişinău und Bukarest, den Hauptstädten von Moldau und Rumänien, der Bahnverkehr war im Verlauf der Pandemie eingestellt, und das treibende dampfende Tanzlied feierte kräftig die Wiedereröffnung der Zugverbindung. Die serbische Künstlerin Konstrakta meditierte über körperliche und geistige Gesundheit und die serbische Gesundheitsversorgung. Da saß sie auf der Bühne, wusch sich die Hände, ließ sich Handtücher reichen und kreierte mit minimalistischen Tönen ein frappierendes Stück Musiktheater, großartig, Platz 5.

Nach dem letzten Platz des UK in Rotterdam war die BBC neue Wege gegangen, beauftragte eine erfolgreiche Agentur und fand einen Top-Kandidaten, den zweiunddreißigjährigen Sam Ryder mit seiner formidablen 1970er-Jahre-Retro-Ballade, brillant und Platz 2.

Deutschland hatte in einem Vorentscheid den Teilnehmer bestimmt, die Kandidaten waren von einigen Musikchefs der ARD-Pop-Wellen nach dem Kriterium «radiotauglich» ausgesucht worden, das mochte für deutsche Sender genügen, aber nicht für den ESC. Mir schien, das Gremium hätte sich die Top Ten des ESC 2021 genauer ansehen und anhören sollen. Dennoch war Malik Harris mit «Rockstars» für Turin ein guter Kandidat mit positiver Ausstrahlung und einem modernen Song, der absolut in Ordnung war. Sein letzter Platz mit sechs Publikumspunkten und keinem der Jurys blieb für mich nicht so recht verständlich. Dass man Abstimmungen im veralteten ESC-System manchmal doch weniger ernst nehmen sollte, besonders in schwierigen Zeiten mit wichtigeren Problemen, bewies auch der schwache 20. Rang von Rosa Lynn aus Armenien mit ihrem hübschen Ohrwurm «Snap». Der entwickelte sich dennoch über den Sommer in vielen Ländern Europas zum meistgestreamten Hit des ESC 2022.

Lange war unsicher, ob die ukrainischen Musiker des Kalush Orchestra nach Turin würden reisen können. Doch sie kamen, als Botschafter, Hoffnungsträger und Stimme ihres gepeinigten Landes. Das Kalush Orchestra verband Rap mit traditionellen Folk-Motiven, sein Lied war eine Ode an die Mutter von Rapper Oleh Psjuk, der hatte dafür einen Satz geschrieben, der durch den Krieg beklemmend aktuell geworden war: «Ich werde immer zu dir zurückkehren, auch wenn alle Straßen zerstört sind.»

Nach dem Auftritt stand das gesamte PalaOlympico in Blau-Gelb, als Zeichen der Solidarität. Es war von Beginn an klar, dass das geschundene Land den Contest gewinnen würde, das Voting war eine internationale Volksabstimmung gegen den russischen Angriffskrieg. Musik konnte keine Aggressoren und Kriegsverbrecher stoppen, konnte keine Kriege beenden, aber sie konnte aufrütteln, klagen und anklagen, trösten und vielleicht irgendwann heilen.

Der nächste ESC konnte nicht in der vom Krieg getroffenen Ukraine veranstaltet werden, daher springen die zweitplatzierten Briten ein. Der 67. ESC findet in Liverpool statt, von Dublin etwa 200 Kilometer über die Irische See entfernt, es soll mein fünfundzwanzigster seit 1997 sein und mein letzter als Kommentator, da schließt sich doch irgendwie der Kreis. Es war mir eine Ehre und ein Vergnügen!

NACHSPIEL – URBAN POP

HERBST 2022. SEIT ÜBER ELF JAHREN WOHNEN WIR IN einem Haus im Grünen, das meine Frau 2010 entdeckt hatte, die Wohnung in der Hansastraße war für vier Personen zu klein geworden. Laura hatte in schwierigen Zeiten die Familie organisiert, hatte sich um die Erziehung der Kinder gekümmert, wenn ich abwesend war, wegen Klinikaufenthalten, Dienstreisen oder sehr späten Arbeitszeiten, die sich oft bis weit nach Mitternacht erstreckten. Ich war ihr dankbar dafür, freute mich, wenn wir vier zusammen waren, denn ich liebe meine temperamentvolle Familie. Laura ist ausgebildete Patissière, sie kreiert und produziert vorzügliche und gefragte Köstlichkeiten und gründete ihre eigene Firma, «Laura Urban Patisserie». In den vergangenen fünfzehn Jahren waren wir immer häufiger auf dem gesellschaftlichen Parkett zu Gast, das mir früher vollkommen fremd war. Da waren Einladungen zu Musical-Premieren von «König der Löwen», «Tarzan», «Das Wunder von Bern» und vielen anderen bis zum sensationellen «Hamilton»; Hamburg war und ist Musical-Hauptstadt und überzeugte auch einen früheren Musical-Skeptiker wie mich mit großartigen Aufführungen von hoher Qualität. Da waren die jährlichen glanzvollen Galaabende für den Deutschen Radiopreis in der Elbphilharmonie oder gegenüber im Schuppen 52 mitten im Hafen oder die blendend organisierten Opening-Shows des Reeperbahn Festivals, dazu Neujahrsempfänge und Sommerfeste. Ja, wir besuchten sogar eine Veranstaltung, bei der ich früher wahrscheinlich die Augen verdreht hätte – ich erinnere nur an mein gespaltenes Verhältnis zum Tanzbein –, den Presseball. Dabei rettete einmal Laura den damaligen Ersten Bürgermeister Olaf Scholz vor unangenehmen Journalistenfragen, indem sie seelenruhig mit dem dankbaren

Scholz über dessen Spaß bei Walzer und Foxtrott parlierte, während die Presseleute genervt mit den Hufen scharrten. Mittlerweile kam ich immer mehr zu der Überzeugung, dass wir nicht wegen meiner «Prominenz» als Radiomoderator und ESC-Kommentator zu diesen gesellschaftlichen Ereignissen eingeladen wurden, sondern wegen der auffallenden Schönheit meiner Frau. Wie auch immer, ich begann, Spaß an farbigen Teppichen zu entwickeln.

Nach über zwei Jahren Pandemie mit Online- oder Hybridunterricht schloss Jonah im Juni 2022 das Gymnasium mit einem soliden Abiturzeugnis ab, er ist seit Langem mein unverzichtbarer Helfer in technischen und digitalen Fragen und dazu ein fabelhafter Rechercheur. Die beiden letzten Jahre von Chiaras Anglistikstudium fanden ausschließlich online statt, sie verfasste eine brillante Arbeit über «Das feministische Vermächtnis von *Sex and the City*» und krönte ihren Bachelor-Abschluss im August 2022 mit einer großartigen mündlichen Prüfung. Nicht überraschend ist sie für mich eine sehr wichtige Musikberaterin und Serienexpertin. Beide Kinder geben gute Beispiele für typisches Verhalten eines Teils ihrer Generation ab, sie hören kein Radio. Sie besorgen sich ihre musikalischen Inhalte von Spotify oder YouTube, informieren sich über Nachrichtenformate wie *tagesschau24* oder auf Social-Media-Plattformen wie *Reddit* oder *Instagram*, sie sehen ihre Serien, Dokus und Filme nicht im linearen Fernsehen, sondern über Streamingdienste, Mediatheken und YouTube, und das ausschließlich im englischen Originalton, was ihre hervorragenden Englischkenntnisse erklärt. Schon seit sie sechzehn war, durchforstete

Chiara bei Spotify das Repertoire der 50er-, 60er- und 70er-Jahre. Gleichzeitig verfolgte sie die aktuelle Szene, war die Erste, die mir Taylor Swifts grandiose Pandemie-Alben «Folklore» und «Evermore» näherbrachte oder Harry Styles' fabelhaftes drittes Album «Harry's House» und das beeindruckende Debüt der jüngeren Cyrus-Schwester Noah. Ich profitiere auch von Chiaras musikalischen Tipps, wenn sie in den vielen neuen und älteren Serien, die sie und Jonah schauen, unbekannte oder lange nicht gehörte Songs entdeckt, die oft auf geniale Weise die Atmosphäre der besten Filme vertiefen.

Doch nicht nur die junge Generation, auch die Kernhörergruppe vieler Popwellen nutzt in immer stärkerem Maß neue Medien und Unterhaltungs- und Informationsangebote der «Konkurrenz» von Spotify und YouTube oder konsumiert Serien, die oft bewusst Musik aus allen Epochen und Genres einsetzen. Der Großteil der Hörer besorgt sich seine Wunschmusik aus den Streamingdiensten, Teenies entdecken die Beatles, seitdem die auf Spotify greifbar sind, Ältere hören mal wieder Soul- oder Pophits aus den 80ern, andere durchsuchen das Repertoire der großen Pop-Superstars der 70er, 80er und 90er, die Stadien und Konzerthallen füllen. Dieses Publikum folgt Musik und Stars, ohne besonders auf Epochen oder Genregrenzen zu achten, die sowieso eher unwichtig sind – auch «neue» Musik von heute klingt manchmal wie 80er oder gar 70er oder 90er, den Leuten ist das egal, Hauptsache, die Musik ist attraktiv, spannend, bloß nicht redundant und langweilig.

Was machen aber viele Radiosender? Sie halten sich an eine unsinnige Epochenbeschränkung, wiederholen immer die gleichen alten Hits aus dieser Epoche, obwohl es Massen von Alternativen gäbe, sie halten sich bei neuen Titeln starr an die Vorgaben und Wünsche der Musikindustrie und präsentieren anonyme Singles und weniger bekannte One-Hit-Künstler oder nur die Single-Hits erfolgreicher Alben, verzichten dabei darauf, ihr eigenes Repertoire durch andere, oft interessantere Songs dieser Alben aufzufrischen und abwechslungsreicher zu machen, so wie es Nutzer/Hörer von Streamingdiensten für ihre persönlichen Musiklisten längst getan haben. Wozu sollten sie dann noch Radio hören? Musik wie News erhalten sie aus ihrem Mobiltelefon, Pad oder Laptop, wo bleibt der Anreiz? Das ist überspitzt dargestellt, denn viele Popwellen haben noch immer eine große treue Zuhörerschaft, aber damit die Hörerzahlen nicht schwinden, gilt es, die Programme attraktiver zu machen, auch durch Musik mit größerer Auswahl und Bandbreite, so wie sie wahrscheinlich auf den privaten Musiklisten der Hörer zu finden ist.

Bei aller Wertschätzung der musikalischen Vergangenheit war mir immer wichtig, auch über die aktuelle Musikszene im Bilde zu bleiben, offen und neugierig zu sein für neue Trends und Entwicklungen. Es stimmt auf keinen Fall, dass früher alles besser gewesen ist, denn es gibt heute in einer viel größeren und in viele Richtungen strebenden Musikszene unendlich viel gute Musik, mit vielen Querverbindungen. Das Publikum muss sie nur kennenlernen, um sich einen Überblick zu verschaffen. Und da ist immer noch trotz YouTube und Spotify das Radio ein ganz wichtiges Medium.

In den Abendsendungen für Musikfans sollten neue Tracks aus vielen Richtungen, Albumtracks prominenter und aufstrebender spannender Acts präsentiert werden, ergänzt durch Rückblenden auf klassische Werke der Popgeschichte, mit denen jüngere Musikinteressierte noch nicht vertraut sind. Radio sollte Beratung, Information und Anreize anbieten, sich in dem gigantischen Musikangebot von Spotify und YouTube zurechtzufinden, Neues oder auch wieder Älteres zu entdecken. So könnte ein informatives, spannendes und dabei unterhaltendes Programm für Popmusik-affine Spotifynutzer von zwanzig aufwärts entstehen, denn einen großen Vorteil haben wir: Wir sind keine Algorithmen, wir können empfehlen, kuratieren, wir präsentieren keine anonymen Playlisten, wir bieten Fachwissen, Glaubwürdigkeit, Meinung, Kreativität, Emotion, Witz und Personality.

Natürlich muss Radio, wenn es eine Zukunft haben will, auch online präsent sein. Es ist nicht einzusehen, dass Radiosendungen, die schon vom Gebührenzahler finanziert worden sind, nicht im Internet dauerhaft genutzt werden können, als Podcast oder als Stream-on-Demand, und nicht nur mit der oft üblichen Sieben-Tage-Beschränkung. Oder warum sollten das Fachwissen und die Archive der öffentlichen Sender nicht über digitale Internetangebote zugänglich gemacht werden? Oder warum sollten öffentlich-rechtliche Sender über Internetkanäle nicht Musikprogramme mit vielen verschiedenen Musiksparten anbieten dürfen, für die das Know-how vorhanden, für die aber auf den traditionellen Radiofrequenzen der Platz fehlt? Das große Vorbild ist für mich, wie so oft, die BBC, deren Radio-Internetauftritt *BBC Sounds* nicht nur die sechs BBC-Live-Radioprogramme inklusive Alternativ-Versionen bietet, sondern Features, Podcasts und Streaming-Kanäle verschiedenster Genres. Ich stelle mir nur vor, wenn ich die riesige Kiste mit Hunderten von Kassetten-Mitschnitten meiner Sendungen und Interviews aus den 70er- und 80er-Jahren sehe, man hätte damals schon die digitalen Speichermöglichkeiten gehabt. Dann stünde uns ein interessantes Musikarchiv aus jenen Epochen zur Verfügung.

Ich habe mein gesamtes Berufsleben für öffentlich-rechtliche Sender gearbeitet und habe mich dort immer wohlgefühlt, habe viele hochprofessionelle, engagierte Kollegen getroffen, die ihren journalistischen Auftrag ohne Druck erfüllen und ihrem kulturellen Anspruch gerecht werden konnten. Ich habe kein verknöchertes «Behördendenken» kennengelernt, keine lethargische Bequemlichkeit, die früher dem öffentlich-rechtlichen Rundfunk aus bestimmten Kreisen vorgeworfen wurde. Nein, stattdessen habe ich Fachwissen, Kreativität, Unabhängigkeit und Leidenschaft erlebt. Daher schmerzt es mich umso mehr, wenn wegen der zu Recht kritisierten unhaltbaren Verfehlungen einiger Herrschaften aus den Chefetagen, die den Boden der Realität verlassen haben, die großartige Arbeit Tausender Mitarbeiter der ARD diskreditiert und das gesamte öffentlich-rechtliche System dazu in Sippenhaft genommen wird, sogar von interner Seite. Warum sollte man die inhaltliche und regionale Vielfalt der Rundfunksender und der dritten Fernsehprogramme aufgeben für ein gleichförmiges, von Ecken und Kanten glatt poliertes Programm ohne regionale und kulturelle Diversität? Sollte man aufgrund des Drucks von politischen und kommerziellen Kräften beispielsweise ein vorzügliches Programm wie Radio Eins vom RBB wegrationalisieren, um dann in ganz Deutschland nur noch die vom Research ermittelten «besten Hits aller Zeiten» zu hören? Und was ist die Alternative? Etwa die sogenannten «Privaten», eine schöne Verschleierung der Tatsache, dass sie Geschäftsmodelle von Kapitalgesellschaften sind, die anscheinend ihren Zweck erfüllen und trotz schwacher Resonanz beim Publikum Profit machen. Auf dem freien Markt der Einschaltquoten befinden sie sich jedenfalls gegenüber ZDF und ARD ständig im Minus. Schaut man sich Marktanteile und Quoten genau an, so schafft es sogar RTL nur an wenigen Tagen, die dritten Programme der

ARD zu schlagen, die übrigen Privatsender liegen weit dahinter. ZDF und Das Erste bleiben haushoch überlegen, da hat selbst RTL nicht die Spur einer Chance. Die «privaten» Sender hatten über dreißig Jahre Zeit und Gelegenheit, sich zu einer gleichrangigen Konkurrenz von ARD und ZDF zu entwickeln, sind damit jedoch auf dem Medienmarkt eindeutig gescheitert. Sollte man also das Feld einem beim Publikum wenig erfolgreichen System überlassen, dessen Programme weder inhaltlich und kulturell vielfältig sind und noch dazu vom Publikum Tag für Tag auf die hinteren Ränge verwiesen werden? Selbst Wirtschaftsbosse, Politiker, Journalisten, Medienforscher und bestimmte Intendanten der ARD müssten erkennen, dass es dem Wunsch der Zuschauer entspräche und in dieser Lage auch aus marktpolitischen Gründen sinnvoll ist, das öffentlich-rechtliche System zu stärken, anstatt es zu schwächen.

Als im Spätsommer 2019 Doris Schiederig, die Talkredakteurin von NDR Info, vorschlug, einen Talk über Musik als Podcast zu produzieren, rannte sie bei mir weit offene Türen ein. Ich hatte schon früher aus den vielen Reaktionen auf meine längeren Features und Serien gelernt, dass bei der Hörerschaft ein starkes und intensives Interesse an längeren Formaten besteht, dass man mehr über Musiker und ihr Werk erfahren möchte, als die handelsüblichen Beiträge von zwei Minuten dreißig leisten können. Schon Ende der 90er-Jahre hatte ich an Plänen für eine Musik-Talkshow im Fernsehen gearbeitet, eine Idee, die damals leider platzte. Vor einigen Jahren hatten Kollegin Sandra Maahn und ich einen Musik-Talk mit dem Titel «Dr. Pop» für eine Kreuzfahrtlinie konzipiert, waren aber am

Veto der dortigen Entertainment-Chefin gescheitert. Bei NDR Info fand Doris Schiederig für mich den perfekten Talk-Partner, den Kulturredakteur Ocke Bandixen. Wir produzierten zwei Pilotfolgen, eine über Bruce Springsteen, der gerade 70 geworden war, und eine über das Beatles-Album «Abbey Road», das damals 50 Jahre alt wurde. Es war September 2019, wir warteten, doch NDR Info befand sich in einer Reformphase und bereitete sich auf die Umstellung zum 24-Stunden-Informationsformat vor, Entscheidungen wurden vertagt. Dazu war mittlerweile ein «Think-Tank» für neue Sendeformen und Podcast-Entwicklung eingerichtet, der ebenfalls sein Placet geben sollte. Ich hatte das Projekt schon fast vergessen und war in Kontakt zu kommerziellen Anbietern, die mich gerne für ähnliche Podcast-Konzepte gewinnen wollten, als im Oktober 2020 endlich grünes Licht aufleuchtete. Zweimal im Monat sollte eine neue Folge des Podcasts ins Netz gestellt, zugleich aber auch linear auf NDR Info gesendet werden, als Titel bot sich das mehrdeutige *Urban Pop* an. Zu den ersten Themen gehörten die Aktivitäten der Beatles nach Ende der Band, die Schwestern Annette und Inga Humpe, die politische Relevanz Schwarzer Musik, Fleetwood Mac, Bruce Springsteen (eine Überarbeitung der Pilotfolge), David Bowie, Taylor Swift, Eric Clapton, Joni Mitchell, Bob Dylan, Beyoncé oder Paul Simon. Ich kann mir keinen besseren Sparringspartner als Ocke Bandixen vorstellen, informiert, sensibel, spontan, uneitel führt er durch die Gespräche, in denen wir Leben und Werk älterer wie jüngerer Musikerinnen und Musiker aufrollen. Ich schöpfe aus Interviews und persönlichen Erinnerungen an Begegnungen und Konzerte, frische mein Gedächtnis aber durch Lektüre von Büchern und Fachzeitschriften auf. In den Tagen vor einer Podcast-Aufnahme befinde ich mich in einem Tunnel, bewege mich wie in einem Film aus dem Leben des betreffenden Künstlers.

Wichtig ist vor allem das erneute Hören des jeweiligen Repertoires. Wie wirkt die Musik von früher heute, hält sie einem kritischen Urteil stand, besitzt sie noch die gleiche Ausstrahlung, hat die Zeit die Wahrnehmung verklärt, oder berühren die ursprünglichen Emotionen genauso intensiv wie früher?

Der Erfolg von *Urban Pop* war von Beginn an überwältigend, seit dem Start der Reihe Ende 2020 gehört der Podcast zu den meistgehörten Musikpodcasts in Deutschland, stand lange auf Platz 1 der Podcast Charts. Bis Ende 2022 sind die gut fünfzig bisherigen Folgen über eine Million Mal aufgerufen worden, begleitet von einer Welle von Mails mit Reaktionen, Lob, Danksagungen, Ratschlägen und Kritik. Bei der Leserwahl der Zeitschrift *Rolling Stone*, bei der die beliebtesten Podcasts des Jahres 2022 gefragt waren, erreichte unser Podcast einen großartigen Platz zwischen den «Giganten» wie *Fest & Flauschig*, *Gemischtes Hack*, *Lanz & Precht* und *Baywatch Berlin*.

Ein besonders bewegender Moment kam, als ich eines Nachts im Februar 2021 eine Handynachricht von Udo Lindenberg erhielt, nachdem er die *Urban Pop*-Folge über sich selbst gehört hatte:

> hab grad euer podcast gehört mit oke , der panik präsident 👑 🎉 🥃 🥃 🥃 sooooo toll sooooo intressant gesprochen lieber peter, war selbst ganzberührt, so liebevoll u emotional , unsre frühe sessionzeit im pö, der übereifrige jazzeroni trommler , der suchhund 🐕 alles so spannend erzählt ‼️ ‼️ - und , auch deine freude an meinem überleben' u comeback , da haste dich am mikro nochmal wieder so richtig mitgefreut, konnte man hören , ich war echt ganz getoucht, weil mir das alles nochmal wie so n film wieder vor augen geführt hat . einfach meega toll. thanx & all my 💜 4 ever dein freund udo der udonaut 🚀 🚀 🚀 🚀 🚀 🚀 ohhhh wie wir die bühnen vermissen 🔥 🎤 🎤 🎤 🥁 🎹 🎸 🎸 🎸 . muss doch verrybald wiedda was werden . auch liebe grüsse an deine süsse 🎬 🎬 🎉 ✨ ✨ ✨ 💜 🥃 🥃 🥃
> 05:26

Über zwei Jahre musste der zukünftige Ehrenbürger Hamburgs warten, bis er ab Mai 2022 mit dem Panikorchester wieder die Bühnen betreten konnte. Für Udo wie für viele andere Künstler war und ist es das Lebenselixier, der elektrisierende Funke, auf der Bühne zu stehen und die Vibrationen der eigenen Musik zusammen mit der Reaktion des Publikums zu spüren. Es ist wunderschön, große Musik von Vinyl und von gut gemasterten CDs zu hören, ja, es wäre sogar akzeptabel, sie aus digitalen Speichern über Streamingdienste zu konsumieren, wäre da nicht das beunruhigende Wissen, dass vor allem Autoren und Musiker von den Bezahlmodellen dieser Dienste eklatant benachteiligt werden, gerade die kreativen Köpfe, die diese Musik komponieren, musizieren und produzieren. In diesem Punkt ist dringend eine radikale Reform überfällig, sonst stirbt die Musik, die Kreativität, weil talentierte, leidenschaftliche Musiker mit großem Potenzial nicht mehr von ihrer Kunst leben können.

Doch besonders bei Livekonzerten bedeutender Künstler kann man erhebende, erfüllende Momente erleben, die unvergessen bleiben und die unübertroffene Kraft der Musik aufblühen lassen. So als 2013 der damals 79-jährige Leonard Cohen drei Stunden lang mit seiner unnachahmlichen Stimme ein stilles Feuer nach dem anderen anzündete und als tänzelnder Verführer «Dance Me to the End of Love» hauchte. Oder 2019, als der irische Troubadour Glen Hansard mit seinem magischen Ensemble die Elbphilharmonie verzauberte und bewies, dass man in diesem grandiosen Musiktempel ein Konzert mit Rock, Folk und viel Seele in wunderbarer Klangqualität zelebrieren kann, wenn man die Feinheiten und die Dynamik des Saales achtete. Große Musik besitzt Tiefe, Herz und die Fähigkeit, zu überraschen, spontan zu sein. Damit beglückte im August 2010 der englische Pianist und Sänger Jamie Cullum auf der Open-Air-Bühne des Hamburger Stadtparks viertausend im strömenden Regen ausharrende Zuschauer. Er improvisierte und eröffnete mit «Singin' in the Rain» und Rihannas «Umbrella» ein denkwürdiges Konzert, tanzte durch die Pfützen auf der Bühne singend hinaus zu den Zuschauern, trotzte den Schleusen des Himmels und initiierte dampfende Regentänze Tausender bis auf die Haut nasser, lächelnder Menschen. Gute Musik kann vereinen, glücklich machen, Lachen bringen, Trauer und Schmerz ausdrücken, trösten, die Seele reinigen, aber um sie zum Klingen zu bringen, braucht es Toleranz, Neugier, Offenheit, Mut, Wahrheit, Leidenschaft und viel Gefühl. So wie Joan Armatrading uns aufforderte:

Show some emotion
Put expression in your eyes
Light up if you're feeling happy
But if it's bad then let your tears roll down

IM ANDENKEN AN:

Karl und Anni Urban, Anna Tandler, Sigrid Urban, Paula Herzog, Werner Burkhardt, Horst Königstein, Manfred Miller, John Peel, Annelene Schneider, David Crosby, Harry Belafonte, Alexis Korner, Wolfgang Knauer, Rudy Holzhauer, Peter Marxen, Harriet Maué, Andreas Schulz, Günter Amendt, Rosita Falke, Chris Wood, Karl Krüger, Alex Heidorn, Oliver Adolf, Roger Cicero, Holger Czukay, Andreas Herbig, Friedrich de Buhr, David Warner, Johannes Kleinstück, Fritz Fischer, Hans Klinkicht. Werner Voss, Helga Wellershaus, Bob Ingram, Andrea Cova, Terry Wogan, Rüdiger Knott, Ingrid Krantz, Antje Tietjen, Jo Vormann, Peter Radzun, Mary McCusker, Elisabeth Hüners

MEIN GANZ BESONDERER DANK GEHT AN:

Laura, Chiara und Jonah

und an: Klaus und Verena Urban, Gaby Urban, David und Nele Urban, Ernst Tandler, Clara Polley, Ulrich Wank, Susanne Frank, Katrin Finkemeier, Abi Wallenstein, Reinhard Lehmann, Michael Schlüter, Jochen Brückner, Alex und Natalie von Oswald, Udo Lindenberg, Bonnie Raitt, Gerd Karrenbrock, Dick Bird, Uli Kringler, Martin Prill, Heinz Lichius, Caro Josee Tollenaar, Bernhard Becker, Dieter Buschkämper, Karen Hollihan, Karsten Jahnke, Jürgen Meier-Reese, Joachim Knuth, Lutz Marmor, Thomas Schreiber, Lukas Heinser, Lena Meyer-Landrut, Anke Engelke, Dieter Meier, Ulla Meinecke, Stefan Gwildis, Heinz Rudolf Kunze, Jan Krüger, Uriz von Oertzen, Olli Dittrich, Horst Brockmüller, Markus Lanz, Carlo von Tiedemann, Doris Schiederig-Perlebach, Ocke Bandixen, Bärbel und Per Ruppel, Alexander Schulz, Sandra Maahn, Katie Fechler, Henning Nadolny, Achim Reichel, Uwe Tessnow, Gerd Gebhardt, Heinz Canibol, Imre Grimm, Hermann Rauhe, Tom Garn, Mike Oldfield, Peter Heinrich Brix, Andre Rademacher, Johannes Oerding, Niels Frevert, Ralf Kokemüller, Peter Köpke, Elfi und Hartwig Küster, Wulf Wallrabenstein, Uli Wittmann, Reinhard Wendland, Franz-Gerd Milleg, Joachim Rehkamp, Dierk Bröring, Jürgen Schnülle, Johannes Müller, Hanns Kynast, Gaby Buchholz, Irmi Henze, Gerhard und Gerlinde Köster, Eberhard Haar, Hans-Gert Pöttering, Anne Hellmann, Agnes Lennartz, Bernd Middendorf, Wolfgang Hoffmann, Herbert Böhme, Siegfried Schmidt-Joos, Angela Gobelin, Hans-Georg Martin, Gitti Gülden, Natascha Milde, Torsten Engel, Harald Mönkedieck, Ruth Rockenschaub, Angie Meister, Carola Conze, Manfred Witt, Nina Straube, Urs Schilke, Thomas Kutsche, Stefanie Stradmann, Iris Bents, Andreas Cichowicz, Alex Wolfslast, Andreas Gerling, Jan Feddersen, Stefan Niggemeier, Andi Knoll, Marty Whelan, Edward af Sillén, Sven Epiney, Ivor Lyttle, Daniel Ronel, Günter Fink, Dirk Steenbeck, Olli Schönhoff, Michael Schultz, Moritz Klessmann, Michael Plötz, Teja Schwaner, Jürgen Legath, Heinrich Oehmsen, Karl Forster, Claus Hock, Thomas Volkinsfeld, Nils Haustedt, Kai Krüger, Dirk Neumann, Dieter Emeis, Laura Tibbs, Tessa Hawkins, Glynne Stackhouse, Hugh Whitaker, Mike and Dot Phelan, Brigitte und Jörg Küchenmeister, Paul und Wolfgang Kirschke, Frank Rübcke, Guido Kunde, Wolfgang Stockmann.

BILDNACHWEISE

Tafel 1 oben: NDR
Tafel 1 Mitte: David Urban
Tafel 4/5: aus dem «Bersenbrücker Kreisblatt», 1964 und April 1965/Archiv des Autors
Tafel 5 Mitte: Franz-Gerd Milleg
Tafel 7 oben: picture-alliance/dpa/Georg Wendt
Tafel 9 oben: Copyright by METELMANN Photographie
Tafel 10 Mitte: aus «Onkel Pös Carnegie Hall», Programm Juli 1975/Archiv des Autors
Tafel 10 unten: Hanne Jordan
Tafel 11 oben: sireena.de/Archiv des Autors
Tafel 11 Mitte: sireena.de/Archiv des Autors
Tafel 11 unten: Bernd Naumann
Tafel 12 oben: Bob Gruen
Tafel 12 Mitte rechts: Public Address Presseagentur
Tafel 12 Mitte links: Fotex/Rainer Drechsler
Tafel 13 oben: Moni Kellermann - www.kellerfrau.com
Tafel 14 unten: Rolf Klatt
Tafel 15 oben: Lukas Heinser
Tafel 16: Jan Northoff

Alle übrigen Fotos stammen aus dem Archiv des Autors.